Cet ouvrage est une production de l'AFCDP (Association Française des Correspondants à la protection des Données à caractère Personnel), réalisé avec la collaboration de Pascal Alix, Jeanne Bossi Malafosse, Philippe Boucher, Armande Bru-François, Isabelle Cantero, Eric Caprioli, Johanna Carvais, Emmanuel Cauvin, Isabelle Charpentier, Dominique Ciupa, Georges Courteline, Amandine Delsuc, Florence Eon, Stéphanie Faber, Corentin Hellendorff, Christophe Jolivet, Joëlle Jouret, Garance Mathias, Aurélie Merquiol, Bruno Rasle, Julien Rossi, Clémence Scottez

Titre basé sur une idée d'Alessandro Fiorentino

Assistants de publication : Patrick Blum et Frédéric Duplaix

Livre collectif conçu sur une proposition et sous la direction de Bruno Rasle, Délégué général de l'AFCDP

L'AFCDP diffuse, chaque mois, une lettre de veille gratuite et électronique, intitulée « L'Actualité des données personnelles ». Pour la recevoir il vous suffit d'adresser un courriel à delegue.general@afcdp.net, en indiquant vos coordonnées professionnelles.

ISBN : 978-2-9552430-0-8. Dépôt légal mars 2015. Prix de vente : 24 euros

Imprimé par Lulu Press, Inc. 3101 Hillsborough Street, Raleigh, NC 27607 U.S.A. sur papier non-acide, sans plomb, élaboré à partir de la pulpe de bois et certifié FSC (*Forest Stewardship Council*). Ce papier respecte la norme ISO 9706 pour le papier permanent.

CORRESPONDANT INFORMATIQUE ET LIBERTÉS

BIEN PLUS QU'UN MÉTIER

Alors que l'on fête en 2015 les dix ans de la création du correspondant Informatique et Libertés, l'AFCDP donne la voix à des professionnels de la protection des données en publiant ce livre collectif et démontre ainsi sa capacité à rassembler cette communauté. Depuis sa création, la CNIL a toujours souhaité collaborer régulièrement avec les membres de l'AFCDP pour être au plus près du « terrain » et partager des retours d'expériences qui nourrissent ainsi, depuis une dizaine d'années, les réflexions que nous avons sur le métier de CIL ou sur l'élaboration de cadres de références sectoriels.

En parcourant cet ouvrage, j'observe une grande diversité des sujets publiés qui témoignent de l'universalité de notre matière et de sa vive actualité. Avec des articles aussi variés que ceux traitant du *Big Data*, de la mutualisation du CIL, des transferts internationaux de données, des labels de la CNIL, ou de l'évolution du CIL en DPO, s'illustre parfaitement l'importance des questions qui n'auront jamais autant fait débat, tant au niveau national bien sûr qu'au niveau européen avec la perspective fin 2015 d'une nouvelle réglementation en matière de protection des données.

Dans ce contexte de transformation numérique de notre société, doit s'élaborer la meilleure régulation possible pour protéger nos droits et libertés individuelles tout en accompagnant l'innovation. C'est pour cette raison que je suis particulièrement attachée au rôle clé joué par le CIL dans cette approche qui contribue, *de facto*, à la dynamique d'une régulation vertueuse et efficace du monde numérique.

Etre CIL est *bien plus qu'un métier* car au-delà de ses compétences et de ses moyens, il y a souvent une motivation liée aux valeurs portées par la protection des données et un investissement sans cesse renouvelé sur une matière qui nous concernent tous en tant que professionnel, parent, consommateur ou simple citoyen, qu'il s'agisse de la sphère publique ou privée.

Je suis dès lors convaincue que la lecture de cet ouvrage contribuera à attiser votre curiosité et au-delà, à continuer d'avancer ensemble.

Isabelle FALQUE-PIERROTIN

Présidente de la Commission Nationale Informatique et Libertés
Présidente du Groupe Article 29

Cher lecteur,

S'il existe plusieurs excellents ouvrages consacrés au droit des NTIC ou à la loi Informatique et Libertés, les livres dédiés au CIL sont encore rares. Vous tenez entre vos mains l'un d'entre eux, le premier ouvrage publié par l'AFCDP, intitulé *Correspondant Informatique et Libertés : bien plus qu'un métier*.

Les articles qui le composent sont d'une très grande variété. Certains de ces textes sont juridiques, d'autres plus techniques. Certains traitent de l'un des aspects du métier de CIL, tandis que d'autres concernent un secteur d'activité en particulier. Certains sont très opérationnels, d'autres, au contraire, sont plus théoriques. Certains font œuvre d'histoire quand d'autres rebondissent sur une actualité récente ou se projettent dans l'avenir.

Cette hétérogénéité reflète l'extrême variété d'activités qu'embrasse un CIL dans sa pratique professionnelle – sans doute l'un des facteurs qui explique son intérêt et la passion qui anime les femmes et les hommes qui exercent ce métier d'avenir.

Le point commun des articles sélectionnés ? Ils ont tous pour objectif d'intéresser les Correspondants Informatique et Libertés et, plus largement, tout professionnel de la protection des données à caractère personnel et de la conformité à la loi transposée de la directive 95/46CE.

Le choix de ces textes a été ardu, tant la qualité des articles proposés était élevée. Je voudrais donc remercier ici tous les professionnels qui nous ont fait l'honneur de soumettre une proposition au comité de lecture. Les travaux de ce comité ont été, sans surprise, l'un des moments forts que nous partageons régulièrement entre membres de l'AFCDP.

Ce volume peut être considéré comme un florilège ou des miscellanées (recueil d'écrits divers, mélanges, par emprunt au latin *miscellanea*, les « choses mêlées ») de témoignages et de réflexions sur un métier passionnant à exercer. Peut-être sera-t-il votre *vade-mecum*, manuel que l'on garde avec soi pour le consulter ?

J'espère donc que ce livre collectif répondra à vos attentes et vous en souhaite bonne lecture.

Paul-Olivier GIBERT

Président de l'AFCDP

Les articles qui composent cet ouvrage ont été sélectionnés par un comité de lecture, composé de :

BOSSI MALAFOSSE Jeanne, Counsel - Life Science et IP&T, DLA Piper France
BOULLEY-DUPARC Florence, Chargée de mission Informatique et Libertés, Vivendi
BRUN Régis, Adjoint du CIL de Groupama
CANTERO Isabelle, CIL externe, Société d'avocats Caprioli & Associés
CAPRIOLI Eric, Avocat, Société d'avocats Caprioli & Associés
CHAMPOUSSIN Christophe, Consultant Informatique et Libertés, Anaxil
DUBUS Stéphane, Attaché de direction, Urssaf
DUPLAIX Frédéric, Membre AFCDP
EON Florence, Directrice du service juridique de l'ASIP Santé
FORAY Bernard, Coordinateur pédagogique, formateur, gérant associé de la Manufacture numérique
LABEYRIE Patrick, CIL d'IBM France
MATHIAS Garance, Avocat
PROVOT Christophe, CIL de la ville de Vitry sur Seine
RIME Michel, CIL des groupes ARGOSYN et 3SI (3 Suisses)
SCHUMACHER Anne-Sophie, Avocat
SEUME Golo, CIL de Robert Bosch France

Les réunions de ce comité ont été organisées par Bruno RASLE, avec l'aide précieuse de Nathalie BRUNET et Corentin HELLENDORFF.

Les idées et opinions émises dans cet ouvrage n'engagent que la responsabilité de leurs auteurs respectifs et pas celle de l'AFCDP.

[illegible]

SAFARI OU LA CHASSE AUX FRANÇAIS
par Philippe BOUCHER

L'AFCDP remercie vivement Monsieur Philippe Boucher pour son autorisation de publier, au sein de cet ouvrage, le texte intégral de son article, paru dans le journal Le Monde du 21 mars 1974[1].

Tandis que le ministère de l'intérieur développe la centralisation de ses renseignements, une division de l'informatique est créée à la chancellerie

En ordre dispersé, les départements ministériels tentent de développer à leur profit, à leur seul usage, l'informatique et son outil, l'ordinateur. Ce n'est pas tout à fait un hasard si, à l'époque où le Journal officiel va publier un arrêté créant une « division de l'informatique » au ministère de la justice, celui de l'intérieur met la dernière main à la mise en route d'un ordinateur puissant destiné à rassembler la masse énorme des renseignements grappillés sur tout le territoire : pas un hasard non plus si le projet SAFARI (Système Automatisé pour les Fichiers Administratifs et le Répertoire des Individus) destiné à définir chaque Français par un « identifiant », qui ne définisse que lui, maintenant terminé, est l'objet de convoitises ardentes ; le ministère de l'intérieur y souhaite jouer le premier rôle. En effet, une telle banque de données, soubassement opérationnel de toute autre collecte de renseignements, donnera à qui le possèdera, une puissance sans égale. Ainsi se trouve d'évidence posé un problème fondamental,

---

[1] L'article est visible dans une vitrine située à l'accueil de la CNIL.

même s'il est rebattu : celui du rapport des libertés publiques et de l'informatique. Son importance exigerait qu'il en fût, au Parlement, publiquement débattu. Tel ne paraît pas être, pourtant, la solution envisagée par le premier ministre dans les directives qu'il vient d'adresser au ministère de la justice, intéressé au premier chef si l'on s'en rapporte à la Constitution qui, dans son article 66 fait de l'autorité judiciaire le gardien des libertés individuelles.

« Safari » ou la chasse aux Français

Rue Jules-Breton, à Paris 13e, dans les locaux du ministère de l'intérieur, un ordinateur Iris-80 avec biprocesseur est en cours de mise en marche. À travers la France, les différents services de police détiennent, selon la confidence faite par un très haut magistrat, 100 millions de fiches, réparties dans 400 fichiers. Ainsi se trouvent posées – et à terme, théoriquement résolues – les données d'un problème comprenant, d'une part, l'énormité des renseignements collectées ; de l'autre, la méthode à définir pour faire de cet ensemble une source unique, à tous égards, de renseignements.

L'histoire du très puissant appareil qu'est l'Iris-80 est exemplaire du secret qui entoure l'épanouissement de l'informatique dans les administrations quelles que puissent être les informations qui filtrent ici ou là.

Puissant, cet Iris-80, une comparaison le démontre sans contestation. L'appareil employé pour engranger les données de l'opération Safari qui concerne l'identification individuelle de l'ensemble des 52 millions de Français, a une contenance de 2 milliards d'octets ; celle de l'ordinateur du ministère de l'intérieur est de 3,2 milliards d'octets.

C'est dire que la mise en route d'Iris-80 – dont la location coûte 1 million de francs chaque mois – a été précédée d'études, de tests, pour en éprouver les possibilités. D'autant qu'à lui seul il doit remplacer les trois GE 400 et le 10070 de la C.I.I. qu'employait jusqu'alors la Place Beauvau.

De vastes ambitions

C'est sur ce dernier ordinateur qu'ont lieu les essais. Pour 20 % consacré à la gestion du personnel de la Ville de Paris. Mais, pour le reste (80 %), il a servi à tester les programmes devant être fourni à l'Iris-80 afin de rendre cohérentes entre elles les données contenues dans les 400 fichiers que possèdent les services de police : renseignements généraux, direction de la surveillance du territoire, police judiciaire, etc.

À titre d'anecdote, on peut rappeler que ce 10070 de la C.I.I., à l'origine, budgétairement, n'était pas du tout prévu pour la tâche qu'il a finalement assurée, mais pour « traiter » les données administratives du Fichier National des Constructeurs (F.N.C). Il s'agit donc apparemment d'un détournement manifeste de crédits d'études, ce qui n'était sans doute pas le vœu du Parlement qui les vota.

Il n'y a pas que cela. Le ministère de l'intérieur a d'encore plus vastes ambitions. Détenteur, déjà, du fichier national du remembrement, les services de M. Jacques Chirac font de grands efforts pour, affirme-t-on, s'en adjoindre d'autres : le cadastre, le fichier de la direction nationale des impôts et, plus grave peut-être, celui du ministère du travail.

De telles visées comportent un danger qui saute aux yeux, et que M. Adolphe Touffait, procureur général de la Cour de cassation, avait parfaitement défini le 9 avril 1973 devant l'Académie des sciences morales et politiques en disant : « *La dynamique du système qui tend à la centralisation des fichiers risque de porter gravement atteinte aux libertés, et même à l'équilibre des pouvoirs politiques.* »

C'est si vrai que la régie nationale des usines Renault, par exemple, dispose déjà d'une base de données établie à partir d'un fichier du personnel.

On admettra, dans ces conditions, que l'ouverture d'un débat public paraîtra particulièrement urgente pour définir les limites de l'emploi des banques de données. Or ce débat paraît, dans le principe, écarté par le Premier ministre, qui, dans une lettre directive adressée voici quelques semaines à M. Jean Taittinger, avait écarté une telle procédure au profit de circulaires, voire de décrets, préservant en tout état de cause le secret de décision de l'administration. On connaît le peu d'efficacité immédiate que peut avoir devant le juge administratif le recours en annulation d'actes du gouvernement... Ce n'est pas, pourtant, que les avertissements aient manqué. Le Conseil d'État en 1970, puis le ministère de la justice en 1972 (qui avait rappelé le rôle dévolu à l'autorité judiciaire de « gardien des libertés individuelles » et donc réclamé voix au chapitre) ont insisté sur la nécessité d'une intervention législative qui préciserait les quelques éléments essentiels de l'emploi de l'informatique appliquée aux particuliers : réglementation de l'accès des tiers aux fichiers, de l'intercommunication de ceux-ci, droit de rectification des personnes fichées si les renseignements retenus sont inexacts, etc.

De plus, tous les exemples étrangers incitent à ce débat sur une utilisation de l'informatique à laquelle, par définition, il ne s'agit pas de renoncer, mais à qui doivent être tracées des limites, si grand est le danger qu'elle implique. La désignation par le gouvernement d'une commission de « sachants » dans les semaines à venir ne saurait suffire à remplacer le débat parlementaire dont il se méfie si visiblement.

En fait de débats parlementaires, il y a d'ailleurs des précédents qui sont le fait, précisément, du ministre de la justice et qui n'ont pas compromis le développement des fichiers. Avec le casier judiciaire, depuis, longtemps, la chancellerie a l'expérience de semblables fichiers. Quel que soit le jugement qui peut être porté sur le principe d'un tel outil, il n'apparaît pas – sauf erreurs négligeables, relativement – que l'accès d'un tiers ou le droit à contrôle des personnes visées – par demande d'un extrait – ait jamais provoqué des bavures préjudiciables à la légalité.

De même, le fichier national des conducteurs, dans sa partie judiciaire, est prévu par une loi, et il faut regretter que les textes d'application aient permis des illégalités injustifiables – mais connues.

« À la hussarde »

Fort, pourtant, de ces avantages, le ministère de la justice paraît curieusement se laisser dépasser par des querelles internes peu compréhensibles. L'arrêté signé le 18 mars par M. Jean Taittinger le montre. La création d'une « division de l'informatique », place Vendôme, serait en soi une bonne chose du point de vue de l'efficacité, si les conditions de sa création, engagée vraiment voici trois mois, ne prenaient l'allure d'une peu élégante tentative d'élimination dirigée contre certains esprits novateurs ayant eu le mauvais goût de s'intéresser trop tôt à l'informatique.

Il serait, en effet, bien étonnant que les membres de la commission de l'informatique au ministère de la justice, que préside M. Adolphe Touffait, ne s'offusquent pas d'une décision qui, en soi, ne peut avoir pour but de « vider de sa substance »ladite commission. D'autant qu'il est d'ores et déjà connu que M. Touffait a été rayé de la liste des « sachants ». Il semble d'ailleurs que les réactions vives qui sont enregistrées portent moins sur le renouvellement des structures, jugées inévitables, que sur la méthode « à la hussarde » employée par tel membre de l'entourage de M. Taittinger pour mener à bien ses projets de rénovation dans le domaine judiciaire.

Est-ce à dire de plus que les choix que l'on entend promouvoir soient nécessairement les plus opportuns ? Tout indique, pour l'instant, que, si le ministère de l'intérieur a définitivement choisi le « matériel lourd » pour s'équiper, la chancellerie, au contraire, s'oriente vers un réseau de mini-ordinateurs placés auprès de chaque tribunal de grande instance important.

Dans cet ordre d'idée, le choix déjà décidé de M. Jean Malbec, vice-président à Bobigny (Seine-Saint-Denis), comme futur chef de la division de l'informatique, (au point qu'il a déjà, dès à présent, effectué des missions d'information à Lille, Nice, Lyon et Marseille dans les semaines passées), est significatif. Il est, en effet, à Bobigny, l'apôtre d'un système « mini » qu'il souhaite étendre à l'ensemble de l'institution judiciaire. Ce n'est sans doute pas non plus par hasard que la télévision, lundi, après avoir donné des extraits du discours de M. Taittinger à Gap sur la justice civile et les nécessités d'un *aggiornamento* technique, a illustré son discours par un large reportage sur les équipements du tribunal de Bobigny – plus réduits, donc plus rapides à réaliser, ainsi plus vite source d'orgueil pour leurs créateurs.

C'est donc un doute global qui pèse sur les intentions du gouvernement, en général, et du ministère de la justice en particulier : ce dernier département, qui rappelle à tous sa mission de protection des libertés individuelles, a apparemment accepté sans broncher la suppression d'un éventuel débat public, ce qui jette sur les déclarations « libérales » de M. Taittinger en d'autres domaines une suspicion qui n'est pas de bon aloi.

Mais dans cette entreprise, le ministère de la justice, même s'il fait preuve d'une grande mollesse pour la défense de ses idéaux, car il ne s'agit pas seulement à présent de « *protéger des délinquants* », n'est pas essentiellement en cause. Ce qui l'est, c'est une entreprise dont on a tout lieu de suspecter la pureté tant on prend soin de cacher sa réalisation.

DE SAFARI À EDVIGE : 35 ANNÉES D'UNE HISTOIRE OUBLIÉE MALGRÉ LA CRÉATION DE LA CNIL[2]

par Dominique CIUPA

Le fichier Edvige, « Exploitation documentaire et valorisation de l'information Générale », du Ministère de l'Intérieur a suscité beaucoup d'émotions, de polémique et fait couler beaucoup d'encre... Tout cela était pourtant prévisible et aurait pu être anticipé. Nous revenons ici sur l'Histoire, avec un grand H, que l'on a oubliée, ce qui n'a pas permis à nos dirigeants d'éviter une crise. La CNIL trouve sa genèse en 1974 à la suite d'un « malentendu » analogue. Le système informatique s'appelait alors Safari (« Système Automatisé pour les Fichiers Administratifs et le Répertoire des Individus »). De nombreux fichiers seront ensuite mis en œuvre sans tapage médiatique ... jusqu'à Edvige.

Le 21 mars 1974, Philippe Boucher signe dans les pages « Justice » du quotidien « le Monde » un court article intitulé « SAFARI ou la chasse aux Français » qui allait éveiller

2 Cet article a été publié dans le n°21 du magazine Mag-Securs en octobre 2008. Il est le fruit de discussions entre Monsieur Dominique Ciupa, Monsieur Christian Aghroum, à l'époque Commissaire divisionnaire, chef de l'OCLCTIC, et Monsieur François Renault – aujourd'hui décédé – à l'époque Président de l'AFAI. L'échange portait sur un constat : la préparation du système Edvige avait été une véritable catastrophe, et il aurait été possible de trouver une approche intelligente et surtout équilibrée (permettant la protection de la société ET des libertés individuelles), principalement en tirant des leçons de l'affaire Safari, qui semblait manifestement collectivement oubliée. C'est Sylvaine Luckx, rédactrice en chef de Mag Securs, qui a complété le dossier après avoir rencontré Monsieur Philippe Boucher, l'auteur de l'article « Safari ou la chasse aux Français ». L'AFCDP remercie Dominique Ciupa et Sylvaine Luckx de leur autorisation qui permet d'insérer dans cet ouvrage l'article dans son intégralité et de mieux comprendre le contexte de l'époque.

l´opinion publique et propulser la France au-devant des nations sur les questions de libertés individuelles. Jacques Chirac est alors ministre de l´intérieur dans le gouvernement de Pierre Messmer depuis le 27 février de la même année, après avoir succédé à Raymond Marcelin, sous la Présidence de George Pompidou. Ce sont les équipes de Raymond Marcelin qui avaient préparé Safari en 1973.

L´interconnexion et le croisement des fichiers créent le scandale en 1974

Techniquement, le sujet est celui de la création d´un identifiant unique pour interconnecter un grand nombre de fichiers administratifs et permettre une exploitation combinée de ceux-ci. Mais la question est très sensible… Les services de la démographie de l´administration vichyssoise avaient attribué, en 1941 des numéros spécifiques aux juifs et aux étrangers. Le sort fait par l´administration française à ces populations, sous couvert d´accords avec le régime Nazi, fait partie des pages les plus noires et les plus honteuses de notre histoire[3]. Le débat public est alors lancé. La polémique enfle. Qu´adviendrait-il de l´usage d´un tel outil si la France devait remettre son pouvoir un jour, dans le futur, à l´issue d´une crise économique et politique gravissime dans un monde tourmenté, à une administration telle fut celle de Vichy ? Le seul fait d´avoir permis la constitution insouciante d´un tel outil sous un régime démocratique et en temps de paix et de prospérité pourrait ensuite être qualifié de complicité de crime contre l´humanité si nos institutions politiques devaient tomber entre des mains dictatoriales,

[3] On estime à 140.000 le nombre de déportés en France lors de la seconde guerre mondiale : de l´ordre de 80.000 pour raison raciale ou religieuse, (dont seuls 2.500 en sont revenus) et 60.000 pour raisons diverses, dont plus de 40.000 pour faits de résistance (dont 23.000 sont revenus vivants).

ou même simplement entre des mains d´une structure complice d´une dictature.

Le Président George Pompidou meurt le 2 avril 1974. Valéry Giscard d'Estaing est élu le 19 mai avec le soutien de Jacques Chirac en éliminant au premier tour le gaulliste Jacques Chaban-Delmas et le socialiste François Mitterrand au second tour. Il nomme Jacques Chirac Premier ministre, lequel nomme Michel Poniatowski ministre de l´intérieur. Le « scandale Safari » n´est pas terminé après l´élection.

On a l'habitude, en France, de dire que l´on noie tout problème insoluble en créant un comité Théodule ou une commission. Dès le 4 avril 1974, sous le feu de la critique médiatique, le député Pierre Bernard Cousté (Union des démocrates pour la République) dépose à l´Assemblée nationale une première proposition de loi « tendant à créer une Commission de contrôle des moyens d´informatique afin d´assurer la protection de la vie privée et des libertés individuelles des citoyens[4] ». Le travail parlementaire se poursuit[5]. Le garde des sceaux, Jean Lecanuet, s´empare du dossier et dépose le 9 août 1976 un projet de loi relatif « à l´informatique et aux libertés[6]». Finalement, la loi dite « Informatique et Libertés » est votée le 6 janvier 1978 et créée une « Commission Informatique et Libertés[7] ».

Le conseiller d'État Bernard Tricot résumait en 1977 le débat dans un rapport qui servit de fondement à la loi du 6 janvier 1978.

---

[4] www.senat.fr/leg/ppl73-1004.html

[5] www.senat.fr/dossierleg/pjl77-005.html

[6] www.senat.fr/leg/pjl76-2516.html6

[7] http://legifrance.gouv.fr/affichTexte.do?cidTexte=JORFTEXT000000886460

Il y expliquait :

- l´ordinateur est réputé infaillible. C´est faire bon marché des déductions inexactes, tendancieuses, moralement ou juridiquement critiquables qui peuvent entacher les données et devant lesquelles il n´aura « aucune capacité d´étonnement » ;
- le recours à l´informatique, fondée sur la logique et les mathématiques, renforce une tendance de notre civilisation à la catégorisation des situations et des individus ;
- la conservation massive et systématique des données relatives à chaque personne tend à figer les situations en attachant aux individus des étiquettes jadis plus rares et plus approximatives et dont il leur était plus facile de se débarrasser ;
- en renforçant les moyens pour l´État de suivre, analyser, confronter les diverses activités humaines, l´informatique agit dans le sens de l´efficacité technique mais non dans celui de la liberté ;
- une circulation trop fluide des informations entre les différents services de l´administration abattrait d´utiles barrières et conférerait à tout fonctionnaire détenteur d´une parcelle de la puissance publique des pouvoirs excessifs sur les administrés.

La réflexion internationale était également déjà engagée dans d´autres pays. Aux États-Unis, le *Privacy Act* du 31 janvier 1974 avait institué une publicité systématique de tous les fichiers et réglementé le traitement des données, que leur traitement soit ou non automatisé. En Suède, la loi définit un statut protecteur en matière informatique le 11 mai 1973. La République fédérale allemande vote de même une loi le 10 novembre 1976 qui entre en application le 1er janvier 1978. Le gouvernement belge a déposé, en 1976, sur le bureau du Sénat, un projet de loi relatif à la protection de certains aspects de la vie privée. L´Autriche, la Norvège et le Danemark travaillent de leur côté sur des projets de loi similaires.

La CNIL française ne fut pas un énième comité Théodule, mais une institution qui parvient à s´imposer, se faire respecter et se faire reconnaître sur le plan international.

La loi évolue à plusieurs reprises[8]

La plus importante modification est celle apportée par la loi du 6 août 2004, dite loi CNIL2[9]. De multiples fichiers sont créés sans scandale. Safari était finalement assez éloigné de la question du fichier des renseignements généraux. L´Histoire continue et les questions de fichiers sont discutées avec plus ou moins de bonheur ou de discrétion. On a parlé du STIC, « Système de Traitement des Infractions Constatées » qui est une base de données répertoriant toute personne ayant été concernée par une procédure judiciaire, condamnée ou non. On a parlé de JUDEX[10], « système JUdiciaire

---

[8] Textes modifiant la loi du 6 janvier 1978 : Loi n° 88-227 du 11 mars 1988, Loi n° 92-1336 du 16 décembre 1992, Loi n° 94-548 du ler juillet 1994, Loi n° 99-641 du 27 juillet 1999, Loi n° 2000-321 du 12 avril 2000, Loi n° 2002-303 du 4 mars 2002, Loi n° 2003-239 du 18 mars 2003, Loi n° 2004-801 du 6 août 2004, Loi n° 2006-64 du 23 janvier 2006, Loi n° 2008-696 du 15 juillet 2008.

[9] La version consolidée de la loi se trouve sur www.legifrance.gouv.fr/affichTexte.do?cidTexte=LEGITEXT000006068624&dateTexte=20080921

[10] [Note AFCDP] Par sa décision n°2015-005 du 2 février 2015 et sa délibération CNIL n°2015-054 du 12 février 2015, la CNIL a mis en demeure les ministères de la justice et de l'intérieur concernant les problèmes relatifs au TAJ (Traitements d'Antécédents Judiciaires) et ses ancêtres JUDEX et STIC et plus particulièrement de l'exercice du droit d'accès indirect et de modification.

de Documentation et d´Exploitation », de la gendarmerie nationale. On a parlé de SIS, « Système d´Information Schengen », dont l´infrastructure technique est à Strasbourg. SIS prévoit que les autorités de chaque État peuvent « signaler aux fins de non admission » les étrangers dont l´entrée sur leur territoire leur paraît dangereuse pour la sécurité ou l´ordre public, ou qui ont fait l´objet d´une interdiction de séjour. Son objectif est aussi la surveillance discrète et le contrôle pour la répression d´infractions pénales, la prévention de menaces pour la sécurité publique ou pour la prévention de menaces pour la sûreté de l´État.

Il y a encore EUROPOL et son système informatique TECS, « The Europol Computer System », qui relie l´ensemble des États membres.

Ce système est composé de trois éléments :

- un système d´information qui contient un ensemble de données à caractère personnel sur les personnes soupçonnées d´avoir commis ou de commettre une infraction. Il est accessible par les Officiers de liaison Europol et les services de police nationaux via les Unités nationales Europol ;
- un système d´analyse destiné à étudier un phénomène ou un groupe criminel particulier comportant des données relatives aux auteurs, témoins et victimes d´infractions et dont le caractère sensible explique la limitation de leur accès aux seuls analystes ;
- un système d´index qui permet aux officiers de liaisons des États non participants de consulter l´index des données contenues dans le fichier d´analyse, afin, le cas échéant, de s´y associer.

Et on a longtemps parlé du fichier des RG (Renseignements Généraux) avec ses données nominatives soumis à un contrôle indirect (art. 39 de la loi n° 78-17 du 6 janvier 1978[11]). Ce fichier contient selon la CNIL des informations sur 2,5 millions de citoyens. Ce fichier a pour objet d´informer le gouvernement sur les personnes jouant un rôle significatif en matière politique, religieuse, philosophique, économique et sociale. Les RG gèrent trois grands fichiers : un fichier des personnes morales (associations, partis politiques ...), un fichier des personnes physiques (fichier des dossiers individuels), un fichier central du terrorisme. Ces fichiers sont audités par la CNIL tous les 5 ans, le dernier audit a eu lieu en 2006.

Le décret du 14 octobre 1991 prévoit, sous certaines conditions, la communication aux personnes qui s´adressent à la CNIL du contenu de leur fiche détenue par les renseignements généraux et autorise la Commission à indiquer aux requérants inconnus des « RG » qu´ils ne sont pas fichés. Il en est de même pour les informations de STIC et de JUDEX. Concernant SIS, on peut également, par l´intermédiaire de la CNIL, savoir si on est fiché ou pas, et éventuellement à quel titre.

On notera également dans l´histoire du ministère de l´intérieur, l´échec du projet Inès, « Identité Nationale Electronique Sécurisée », en 2004 et 2005, qui devait être la carte nationale d´identité sécurisée avec puce et données biométriques embarquées. Mal préparé, le projet est abandonné devant un feu nourrit de critiques et de peurs. Le slogan « Inès : Inepte, Nocif, Effrayant, Scélérat » l´emporte sur toute analyse rationnelle.

---

[11] www.cnil.fr/index.php?id=301#Article39

Cristina, « Centralisation du Renseignement Intérieur pour la Sécurité du Territoire et les Intérêts Nationaux » est pour sa part un projet de la nouvelle Direction Centrale du Renseignement Intérieur (DCRI), fusion de la DST (contre-espionnage) et des renseignements généraux. Cristina a pour mission « la surveillance des individus, groupes, organisations et l´analyse des phénomènes de société, susceptibles, par leur caractère radical, leur inspiration ou leurs modes d´action, de porter atteinte à la sécurité nationale ». Ce fichier relevant de questions de sûreté défense n´est pas soumis aux mêmes exigences de publication et d´information du public que les fichiers de police.

Edvige, avant son abandon par le gouvernement, devait relever de la nouvelle Direction Centrale de la Sécurité Publique (DCSP) et être soumis à avis de la CNIL. Ce fichier allait affronter le feu de la critique et être abandonné après un cafouillage médiatique et politique. Lui succède Edvirsp, nouveau projet de fichier transmis à la CNIL. L´histoire des fichiers de renseignements n´est pas terminée. Elle est connue, analysée, préparée et discutée depuis plus de 30 ans. Mais les conseillers connaissaient-ils tous l´Histoire ?

LES QUATRE MODÈLES DE *DATA PROTECTION OFFICER* EN EUROPE

par Julien ROSSI

Les correspondants à la protection des données sont au cœur du dispositif institutionnel de protection des données de plusieurs États membres, et devraient voir leur rôle renforcé dans le futur règlement de protection des données venant réformer la directive actuellement en vigueur. Cet article dresse un portrait synthétique des différentes façons dont les États membres de l'Union ont transposé les dispositions de la directive de protection des données sur ces correspondants. En se basant sur les études de la Confederation of European Data Protection Organisations (CEDPO) et celle de l'Autorité pour la protection des données et la liberté de l'information de Hongrie (NAIH), il est possible de dégager quatre modèles de correspondant à la protection des données : le modèle du correspondant comme organe déconcentré de l'autorité de supervision de la protection des données, celui de la co-régulation, celui de la coopération informelle, et enfin celui qui se concentre sur les obligations des responsables à la sécurité des systèmes d'information.

I. Introduction

Le premier pays à avoir adopté dans sa loi sur la protection des données des dispositions sur les Correspondants à la Protection des Données Personnelles (CPDP) est l'Allemagne (*Bundesdatenschutzgesetz*, 1977). La France a suivi en 2004 (loi du 6 août 2004). D'autres pays, comme le Royaume-Uni, n'ont toujours pas officialisé ce rôle dans leur législation. L'article 18 de la directive 95/46/CE sur la protection des données personnelles ne prévoit qu'une possibilité, pour les États membres, d'adopter une exemption du devoir de notification préalable des traitements à l'autorité de supervision, lorsque le responsable du traitement désigne un CPDP. Le rôle de ces correspondants, qui bénéficient en principe de conditions de travail garantissant leur indépendance, est d'assurer une supervision interne au sein de l'organisme responsable de traitements de données personnelles.

Il existe dans plusieurs États européens des associations professionnelles regroupant les CPDP, comme l'Association Française des Correspondants à la protection des Données Personnelles (AFCDP). Plusieurs de ces associations (dont l'AFCDP) se sont regroupées au sein de la *Confederation of European Data Protection Organisations* (CEDPO[12]). Cette association a publié un document qui résume dans un tableau les principales dispositions législatives relatives aux CPDP.

Ce document montre une diversité importante en matière d'incitation à nommer des CPDP, mais aussi des divergences dans leurs devoirs et le cadre légal de leurs relations avec l'Autorité nationale de Protection des Données Personnelles (APDP). Le présent article s'appuie sur l'étude de la CEDPO et les résultats d'une enquête réalisée en 2014 par l'Autorité Nationale pour la Protection des Données et la Liberté de l'Information hongroise sur les modalités pratiques des relations entre les APDP et les CPDP

---

[12] www.cedpo.eu. CEDPO a été créée en septembre 2011 par autre associations européennes de professionnels de la protection des données personnelles, à savoir, l'AFCDP pour la France, l'APEP (*Asociación Profesional Española de Privacidad*) pour l'Espagne, la GDD (*Gesellschaftfür Datenschutz und Datensicherheit*) pour l'Allemagne, et la NGFG (*Nederlands Genootschaap van Functionarissenvoor de Gegevensbescherming*) pour les Pays Bas. Depuis, des associations irlandaise et polonaise ont rejoint les quatre fondateurs.

dans différents pays européens (NAIH-610/2014/H)[13]. Ces informations ont permis de dégager quatre modèles de relations entre CPDP et APDP en Europe. Cet article présentera d'une part, les principales orientations dessinées par le projet de règlement de la Commission visant à remplacer la directive 95/46/CE actuellement en vigueur, et d'autre part l'activité de la CEDPO.

II. Panorama non-exhaustif des principales dispositions législatives

II.1. Incitation ou obligation de désignation

L'Allemagne, premier pays où le métier de CPDP s'est développé, est aussi le seul avec la Slovaquie parmi les États membres de l'Union européenne étudiés où il existe une obligation presque généralisée de désigner un CPDP (section 4f de la BDSG de 2003 consolidée) (art. 19, 25, 29 et 30 de la loi 428 de 2002). Dans un nombre important d'autres pays, seul un nombre limité de responsables est soumis à cette obligation. En Hongrie, sont soumis à cette obligation certains responsables de traitement publics de l'État, les institutions financières, les fournisseurs de services de télécommunication et les opérateurs de services publics[14].

D'autres législateurs ont opté pour une solution incitative. En France, il n'existe pas d'obligation de nommer un CPDP (ou Correspondant Informatique et Libertés, CIL, dans la terminologie en vigueur en France). Cependant, les responsables de traitement ayant désigné un CIL bénéficient d'une exemption de l'obligation de

[13] Cet article ne cherche cependant pas à refléter un avis officiel de la NAIH et est de la seule responsabilité de son auteur.
[14] Art. 24 de la loi CXII de 2011 portant droit à l'auto-détermination informationnelle et à la liberté de l'information (2011. *évi CXII. törvény az információs önrendelkezési jogról és az információszabadságról*)

notifier préalablement à la Commission Nationale Informatique et Libertés (CNIL) les traitements qu'ils mettent en œuvre, sauf lorsque leur mise en œuvre nécessite l'avis conforme préalable de cette dernière[15]. Aux Pays-Bas également, le modèle retenu est incitatif, sauf pour deux exceptions relevant du secteur public. Les responsables ayant nommé un CPDP doivent tenir, comme en France, un registre des traitements, qui exempte de l'obligation de notifier à l'APDP[16]. Au Royaume-Uni, où la loi ne prévoit pas l'existence de CPDP, il n'existe logiquement aucune incitation. La Hongrie, bien qu'elle prévoie dans la loi la possibilité voire dans certaines hypothèses l'obligation de nommer un CPDP, n'offre cependant aucune incitation ni simplification des procédures pour les responsables en ayant désigné un.

II.2. Obligations des CPDP

Dans les États membres étudiés, et sauf là où les fonctions du CPDP ne sont pas réglementées, tous doivent tenir un registre des traitements de données du responsable auprès de qui ils travaillent. Ils agissent généralement comme point de contact au sein d'un organisme pour gérer les requêtes et les plaintes des sujets des données personnelles, même si parfois, il n'y a pas de priorité explicite qui leur soit accordée sur les requêtes qui parviennent d'abord à l'APDP nationale[17]. Ils doivent s'assurer de la légalité des

[15] Art. 22-III de la Loi n°78-17 du 6 janv. 1978 relative à l'informatique, aux fichiers et aux libertés, dite Loi informatique et libertés

[16] Art. 27 de la loi du 6 juil. 2000 portant protection des données personnelles (*Wet bescherming persoonsgegevens*)

[17] C'est le cas en Hongrie où l'article 24 de la loi CXII de 2011 précise qu'un CPDP peut recevoir de telles requêtes, mais ne précise pas ce que l'APDP doit faire si elle reçoit une demande au sujet d'un responsable de traitement ayant désigné un CPDP. Dans un tel cas, la pratique au sein de l'APDP hongroise est de traiter la demande, tout en coopérant

traitements de données personnelles au sein de l'organisation, assurer la sensibilisation et la formation à ces questions, servir de point de contact et dans l'essentiel des cas, assurer le lien entre l'APDP et le responsable de traitement. Ce rôle est relativement normalisé à travers l'Europe.

Dans l'essentiel des États membres étudiés, le CPDP a une obligation d'alerter l'APDP en cas de doute sur la légalité d'une opération de traitement. Ainsi, l'article 38 de la loi suédoise portant protection des données personnelles dispose[18] :

> Si le représentant à la protection des données personnelles a des raisons de suspecter que le responsable de traitement de données personnelles contrevient aux dispositions applicables au traitement de données personnelles, et si aucune rectification n'est mise en œuvre avec diligence, le représentant à la protection des données personnelles doit notifier cette situation à l'autorité de supervision.

Le texte en anglais de la loi maltaise portant protection des données personnelles contient mot pour mot la même disposition à l'article 31-2 de la loi XXVI de 2001 consolidée portant protection des données. En Slovaquie, un CPDP ne notifiant pas sans délai à l'APDP une violation constatée des règles de protection des données personnelles est passible personnellement d'une amende de plus de 3.000 euros[19]. Les Pays-Bas s'inscrivent en faux par rapport à cette

---

informellement avec le CPDP, mais il n'y a pas comme aux Pays-Bas de notion de priorité au CPDP.

[18] Traduction de l'article 38 de la loi du 24 octobre 1998 portant protection des données personnelles. Texte disponible en anglais via l'URL : http://www.sweden.gov.se/content/1/c6/01/55/42/b451922d.pdf

[19] Ou 100.000 SKK

logique, puisque « le CPDP n'est pas destiné à être un informateur ou un lanceur d'alerte[20] » à l'égard de l'APDP.

II.3. Dispositions sur le rôle des APDP vis-à-vis des CPDP

Certaines législations prévoient des obligations de formation. Ces obligations correspondent soit à des exigences préalables à l'obtention de la qualité de CPDP, avec des notions parfois vagues de « qualification requise » ou « qualification suffisante » dans les textes français ou néerlandais[21]. Seuls quelques pays, parmi lesquels l'Estonie, ne prévoient aucune obligation de compétence ou de formation. Au Luxembourg, il existe un contrôle strict de la formation des CPDP. Non seulement les CPDP doivent justifier d'une formation préalable adéquate, mais ils doivent en plus, pour exercer, solliciter un agrément de l'APDP luxembourgeoise[22] (la Commission Nationale pour la Protection des Données). Cette exigence se double d'une obligation de participer au moins une fois par an à une formation continue[23], sous peine de perdre l'agrément délivré par l'ADPD[24].

À l'exception notable de l'Allemagne, l'essentiel des États membres prévoyant l'existence de CPDP prévoit l'existence d'un registre tenu par l'APDP nationale.

---

20 « *The DPO is not intended to be an informant nor a whistleblower* » (CEDPO, 2012)

21 Article 22-III de la loi Informatique et Libertés (France) ; Article 43 du décret du 20 octobre 2005 (France) ; Article 63-1 de la loi portant protection des données personnelles

22 Luxembourg. Loi relative à la protection des personnes à l'égard du traitement de données à caractère personnel (2 août 2002. Article 40)

23 L'adhésion à l'AFCDP est considérée par la CNPD comme valant « formation » des CPD luxembourgeois.

24 Luxembourg. Règlement grand-ducal du 27 novembre 2004 concernant le chargé à la protection des données et portant exécution de l'article 40, paragraphe (10) de la loi relative à la protection des personnes à l'égard du traitement de données à caractère personnel.

En France, la loi prévoit qu'un CPDP « peut saisir la Commission nationale de l'informatique et des libertés des difficultés qu'il rencontre dans l'exercice de ses missions » (Loi Informatique et Libertés, art. 22-III). Par ailleurs, sauf cas prévu par la loi, « lorsqu'il envisage de mettre fin aux fonctions du correspondant pour un motif tenant à un manquement aux devoirs de sa mission, le responsable des traitements saisit la Commission nationale de l'informatique et des libertés pour avis par lettre remise contre signature, comportant toutes précisions relatives aux faits dont il est fait grief » (décret 2005-1309, art. 53).

III. Les quatre modèles

Les modèles présentés ici correspondent à des catégories génériques, sauf pour le modèle de la co-régulation, propre aux Pays-Bas. Aucun État membre sauf ce dernier ne pratique une version « pure » de ces modèles. Mais contrairement à l'étude des APDP européennes, qui ne peuvent être étudiées par le biais d'une grille typologique tant elles sont diverses et leurs caractéristiques variables ne se recoupent pas, l'étude réalisée par la NAIH hongroise a permis de dégager quatre idéaux-types de système de CPDP en Europe.

III.1. Modèle du CPDP comme agent déconcentré de l'APDP (modèle 1)

L'essentiel des législations européennes conçoit le correspondant comme une forme d'organe déconcentré de l'APDP agissant au sein de l'organisation responsable du traitement de données personnelles. Ce modèle se caractérise par une double tutelle : le CPDP est certes un employé du responsable de traitement, mais l'APDP dispose de pouvoirs importants et le CPDP doit informer l'autorité des problèmes qu'il rencontre, et le cas échéant du fait que le responsable de traitement agit de façon illégale et/ou refuse de se conformer à la demande du CPDP de cesser un tel comportement.

Dans ce modèle, les CPDP ont un devoir d'information auprès de l'APDP, d'abord, comme dans les exemples cités en première partie de l'article, en cas de violations par le responsable du traitement des règles de protection des données, mais aussi dans un certain nombre de cas par le biais de rapports annuels à remettre à l'APDP.

Les modalités de la double-affiliation varient d'un pays à l'autre, et dépendent beaucoup de la taille et des moyens de l'APDP nationale, comme des dispositions légales. Certaines APDP ont une relation de contrôle avec un régime de sanctions (notamment la Slovaquie), d'autres appliquent des dispositions protectrices à l'égard des CPDP (notamment la France avec ses CIL).

En Hongrie, l'article 25 de la loi CXII de 2011 prévoit que l'APDP hongroise organise au moins une fois par an (et en pratique deux fois par an) une Conférence nationale des responsables internes à la protection des données, dont sont membres d'office les CPDP dont la désignation est obligatoire, mais qui est ouverte également aux autres. Ces conférences sont en pratique des conférences magistrales qui suivent une logique très *top-down.* Les conférenciers sont membres de l'APDP hongroise, pour des séminaires d'une demi-journée dont l'initiative et l'ordre du jour lui reviennent.

Au Luxembourg, la logique de l'agrément et les obligations de formation continue sont également une modalité de contrôle des CPDP. En Slovaquie, il existe des amendes à l'encontre des CPDP qui manqueraient à leur devoir d'informer l'APDP en cas de doutes sur la légalité d'un traitement.

En France, l'article 22-III de la loi Informatique et Libertés précise qu'un CIL peut être révoqué à la demande de la CNIL, mais celui-ci peut saisir la CNIL pour l'aider dans l'exercice de ses fonctions, et le responsable du traitement doit demander l'accord de la CNIL selon une procédure fixée par décret pour démettre un CIL de ses fonctions.

Un nombre important de pays, comme l'Estonie ou la Hongrie, qui correspondent à ce modèle n'ont pas d'association professionnelle indépendante regroupant les CPDP, mais ceci n'est pas un critère. L'Allemagne, qui bien qu'étant dans une situation ambigüe au regard de cette typologie puisqu'il n'existe notamment pas d'obligation de notifier à l'APDP compétente la désignation d'un CPDP, comme la France, et depuis peu le Luxembourg et la Suède, disposent de leurs associations[25], qui entretiennent des relations de coopération avec l'APDP. Ainsi, l'autorité luxembourgeoise reconnaît la participation aux conférences de l'AFCDP comme remplissant les critères de la formation continue annuelle obligatoire des CPDP. En Allemagne comme en France, des représentants de l'APDP sont invités aux événements organisés par l'association professionnelle des CPDP, et l'AFCDP participe à certains ateliers organisés par le service de la CNIL en charge des CIL. Une rencontre annuelle entre les présidences des deux organisations est aussi organisée, l'idée étant principalement d'encourager l'échange d'expertise. Ainsi, ces associations peuvent jouer un rôle important, mais elles ne sont pas indispensables au

[25] Luxembourg : Association pour la Protection des Données au Luxembourg; Suède : *Forum för Dataskydd* (Forum pour la Protection des Données)

fonctionnement du modèle du CPDP vu comme organe déconcentré de l'APDP.

III.2. Modèle de la co-régulation (modèle 2)

Les Pays-Bas ont mis en place depuis 2005 un système original, poussant à son terme la logique de co-régulation qui sous-tend le principe du CPDP. Les caractéristiques originales du système néerlandais diffèrent substantiellement de la pratique d'autres États-membres, et c'est pourquoi, bien qu'il ne s'applique qu'à un seul État membre parmi l'échantillon étudié, il mérite sa propre catégorie.

L'existence d'une association regroupant les CPDP n'est pas accessoire à ce modèle, mais centrale. L'association néerlandaise des CPDP, la NGFG, pour *Nederlands Genootschap van Functionarissen voor de Gegevensbescherming* (Amicale Néerlandaise des Fonctionnaires pour la Protection des Données), a signé en avril 2005 un accord avec le *College Bescherming Persoonsgegevens* (Collège pour la Protection des Données Personnelles), l'APDP néerlandaise. Cet accord, qui n'est cependant pas juridiquement contraignant, délimite les tâches des CPDP et de l'APDP. Le principe est celui d'une « coopération souple » (*soepel samenspel*) selon lequel « le [CPDP] n'est pas le bras du CBP ». Ce principe a pour but d'améliorer la confiance des responsables de traitement à l'égard de l'institution du CPDP alors nouvellement créée, et constitue la principale différence avec le groupe d'États-membres précédemment étudiés.

Pour le CBP, cela se traduit concrètement par l'engagement de se montrer réservé dans sa supervision des responsables de traitement ayant désigné un CPDP. Ces derniers sont systématiquement impliqués si le CBP a à traiter des dossiers qui ont trait à l'activité du responsable de traitement auprès desquels ils ont été désignés, et ce dès la préparation y compris des procédures de contrôle. Lorsque le CBP reçoit une plainte ou une requête visant ce responsable de traitement, celle-ci est transmise au CPDP.

Le CBP désigne une personne au sein de son personnel comme point de contact. La NGFG participe à la rédaction des codes de conduite sectoriels prévus par la législation néerlandaise, que les CPDP sont appelés à mettre en œuvre. Ces codes de conduite et leur mode de négociation souple diffèrent du modèle français dans lequel, bien que cela ne se fasse pas sans échange avec l'AFCDP et d'autres acteurs de la protection des données personnelles, les normes simplifiées et les autres décisions de type réglementaire faisant partie des compétences de la CNIL, l'APDP française, sont des actes qui revêtent dans la forme un caractère strictement unilatéral.

En résumé, le modèle néerlandais de co-régulation repose sur trois piliers :

- l'existence d'un système incitatif : allègement des procédures (absence de notification préalable) et exercice d'une « réserve » de la part du CBP dans la supervision des responsables ayant désigné un CPDP, ces derniers étant considérés comme un pont entre l'APDP et le responsable de traitement, mais en aucun cas le bras de l'APDP ;
- l'existence d'une association nationale des CPDP et d'un accord entre celle-ci et l'APDP nationale, fixant et délimitant de façon souple les compétences et les devoirs de chacun ;
- l'existence de codes de conduite sectoriels négociés de concert avec les CPDP et leur association nationale.

Notons également que depuis 2012, les CPDP néerlandais ne sont plus tenus de communiquer au CBP leur rapport annuel[26].

III.3. L'absence de formalisation en Irlande et au Royaume-Uni (modèle 3)

Un certain nombre d'États membres n'ont pas prévu dans leur législation de dispositions concernant les CPDP. L'Irlande et le Royaume-Uni sont tous deux dans ce cas. Cela n'empêche pourtant pas l'existence dans ces pays d'associations de CPDP, ce qui montre bien que le métier existe.

Il n'existe logiquement pas de registre des CPDP. Le site Internet de l'APDP britannique, l'*Information Commissioner's Office* (ICO), ne dispose pas de rubrique dédiée, contrairement par exemple aux sites des APDP française, néerlandaise, maltaise ou hongroise. Au Royaume-Uni, les relations avec les CPDP sont confiées au *Strategic Liaison Office*, qui a la tâche générale de maintenir les relations avec les responsables de traitement et de communiquer avec ces derniers.

Il existe au Royaume-Uni deux organisations professionnelles, la *National Association of Data Protection Officers* (NADPO) et le *Data Protection Forum* (DPF), qui ont vocation à fusionner[27]. L'ICO encourage les CPDP britanniques à devenir membres de la NADPO, et participe à ses activités. Cependant, l'ICO considère que la décision de nommer ou non un CPDP est de la compétence

---

26 CBP. « Functionaris voor de gegevensbescherming » : http://www.cbpweb.nl/Pages/bro_fg.aspx

27 Selon le site Internet du *Data Protection Forum* : « *The Data Protection Forum Committee are currently in talks with NADPO to merge, more details shortly.* »

exclusive de l'entreprise, ce qui rejoint une vision plus libérale de la protection des données.

En Irlande, l'association nationale organise des conférences, groupes de travail et des programmes de formation, comme les associations professionnelles d'autres États membres, auxquels le Commissaire irlandais à la protection des données participe. Cependant, comme au Royaume-Uni, la fonction de CPDP comme les relations avec l'APDP nationale sont entièrement informelles étant donné l'absence de législation, et la nomination d'un CPDP, dont l'indépendance ne bénéficie pas de garanties légales, n'est accompagnée d'aucune incitation administrative à l'égard du responsable de traitement.

III.4. Le modèle privilégiant le réseau de correspondants à la sécurité de l'information (modèle 4)

L'Espagne et la Belgique sont deux cas dans lesquels l'accent est mis non pas sur les CPDP mais sur l'idée selon laquelle ce à quoi un responsable de traitement a véritablement intérêt est la sécurité de ses données, et que par conséquent, l'engagement du responsable à maintenir un niveau élevé de sécurité est plus susceptible d'être de bonne foi que celui de maintenir un niveau élevé de protection des données au sein même de l'organisation. La législation espagnole en particulier dresse des critères très stricts et exhaustifs en matière de sécurité des données.

Il existe en Belgique quelques cas particuliers où sont prévus des CPDP. En Espagne, il existe une association professionnelle nationale, l'APEP (*Asociación Profesional Española de Privacidad*). Dans ce dernier cas, bien que la relation entre l'APDP espagnole et cette dernière n'ait pas été étudiée plus en détail, il est probable d'envisager la même forme de coopération informelle qu'au Royaume-Uni et en Irlande. La véritable originalité du système espagnol réside ainsi non pas dans le réseau de CPDP mais dans celui des responsables de sécurité des systèmes d'information (*responsable de seguridad*), dont la responsabilité est confiée à l'APDP nationale, préfigurant un rapprochement perceptible ailleurs également du droit sur la protection des données avec les normes de sécurité informatique.

Le décret royal n° 1720/2007 crée trois niveaux de sécurité selon le type de traitement de données. À partir du deuxième niveau, la désignation d'un RSSI (Responsable de la Sécurité du Système d'Information) est obligatoire (art. 95 du décret royal 1720/2007). Le nom de la personne désignée doit figurer dans un document détaillant les procédures de sécurité auxquelles sont soumis les traitements de données personnelles. Son rôle est de garantir l'application des règles, très détaillées, contenues dans ce décret. Le RSSI n'entretient pas de relations particulières avec l'APDP.

En Belgique, il existe dans le secteur public un conseiller en sécurité de l'information, réglementé par un arrêté royal de 2012[28]. Le nom des conseillers doit être communiqué aux comités sectoriels de l'APDP belge (la Commission pour la Protection de la Vie Privée, CPVP) compétents, et ces professionnels doivent prouver qu'ils remplissent les critères de qualification requise. Les conseillers sont des fonctionnaires protégés dans leur indépendance. Ainsi, l'article 3 de l'arrêté royal mentionné précédemment dispose : « Le conseiller en sécurité et les collaborateurs éventuels

---

[28] Belgique. Arrêté royal relatif aux conseillers en sécurité institués par la loi du 15 août 2012 relative à la création et à l'organisation d'un intégrateur de services fédéral. 17 mars 2013.

ne peuvent pas être relevés de cette fonction en raison des opinions qu'ils émettent ou des actes qu'ils accomplissent dans le cadre de l'exercice correct de leur fonction. »

IV. Conclusion

Les quatre « modèles types » présentés ici correspondent à une image schématique des relations entre APDP et CPDP en Europe aujourd'hui. Nous devons cependant nous attendre à voir des évolutions rapides vers une harmonisation européenne.

Le projet de règlement visant à remplacer l'actuelle directive 95/46/CE prévoit dans son chapitre 4 une harmonisation en matière de CPDP en créant le *Data Protection Officer* (DPO). Sa désignation, selon les projets de la Commission, est obligatoire pour toute entreprise de plus de 250 salariés, ou toute entreprise dont le cœur de l'activité réside dans l'exploitation de données personnelles, ou pour tout organisme public (COM(2012)11, art. 35). Cette disposition rend caduc le modèle 3 (absence de formalisation), et modifie significativement le modèle 4 (réseau de correspondants à la sécurité). Le responsable de traitement devra communiquer l'identité du DPO à l'APDP. L'obligation de notification préalable à l'APDP est supprimée, ce qui a un impact sur tous les États membres où aucune incitation n'existait. Il n'existe pas de mécanisme de sanction par l'APDP du DPO comme en Slovaquie, ni véritablement de système de protection, comme en France, ou de contrôle par la formation continue, comme au Luxembourg. D'une façon assez large, le projet de règlement semble alors pencher vers le modèle de co-régulation expérimenté aux Pays-Bas, mais le passage véritable à ce modèle nécessite une démarche de l'APDP dans ses relations avec les CPDP, qui ne peut se décréter.

Le retard pris par la forme de la directive 95/46/CE fait peser des doutes sur l'issue du processus. Mais ce projet n'est pas le seul susceptible à harmoniser les pratiques présentées dans cet article.

La déclaration de Varsovie de la CEDPO[29] appelle à la mise en œuvre de six mesures d'incitation à la désignation de CPDP qui passe par des mesures législatives, comme l'exonération de l'obligation de déclaration préalable des traitements, mais aussi par une forme d'accord à la néerlandaise entre l'autorité et les CPDP pour que, par exemple, le fait d'avoir désigné un CPDP soit un facteur atténuant les sanctions dont le responsable peut faire l'objet par l'APDP, et que cette dernière prévienne de façon systématique le ou les CPDP compétents avant de lancer un contrôle, pour les impliquer dans le processus (CEDPO, 2013). Cette déclaration s'accompagne d'une recherche de prise de contact avec des associations professionnelles nationales, et pourrait bien s'accompagner d'un mouvement de création d'associations dans les États qui n'en disposent pas encore. De telles créations sont de nature à bouleverser les relations entre l'autorité et les CPDP dans les pays comme la Hongrie, et favoriseraient ainsi l'autonomie professionnelle des CPDP.

---

[29] Appel à mesures d'incitation afin de promouvoir la désignation de délégués à la protection des données, accessible sur www.novosite.nl/editor/assets/cedpo/CEDPO_Warsaw_Declaration_final%20in%20French.pdf

COOKIES, ENJEUX D'UNE MISE EN CONFORMITÉ : LES BONNES PRATIQUES DU CIL

par Jérémie OUEDRAOGO

Les enjeux de la conformité sur la problématique des cookies, vont de pair avec l'évolution du « business » de plusieurs entreprises. L'impact premier peut se trouver sur l'image de marque de l'entreprise. En effet, les internautes et en particulier les utilisateurs des sites de e-commerce sont de plus en plus sensibles aux méthodes de traçabilité ainsi qu'aux nouvelles sollicitations commerciales, qu'ils soupçonnent d'avoir pour origine la collecte de leurs données de navigation. Par conséquent, une absence de prise en compte de leurs attentes en la matière pourrait se répercuter sur l'activité commerciale. Les autres impacts sont naturellement liés au risque de sanction pour non-conformité à la législation sur la protection des données personnelles, incluant tant la Loi informatique et libertés que la Loi pour la Confiance dans l'économie numérique. L'intérêt est tel que les associations professionnelles dans le secteur du marketing et du e-commerce en particulier n'ont pas tardé à réagir par des publications de guide de bonnes pratiques. Quelles sont les contraintes pour l'entreprise et quel peut être le rôle du correspondant informatique et libertés ?

I. Introduction

Les cookies informatiques sont beaucoup moins connus que leurs homonymes culinaires. Le grand public les a découverts récemment et de nombreux professionnels de la protection des données personnelles peuvent se rendre très rapidement compte qu'ils n'ont pas la saveur des fameux biscuits aux pépites de chocolat. S'ils ont été découverts au milieu des années quatre-vingt-dix ce n'est que plus tard que le monde de la protection des données les a connus, dès lors que leurs fonctions de reconnaissance et d'identification voire de suivi ont été mises en avant. Cette existence, d'une certaine manière cachée, n'a pas favorisé leur révélation au monde en général et à celui de la protection des données en particulier. Pourtant, ils se sont révélés très utiles par plus d'un aspect, notamment par leur capacité « d'espionnage » sans qu'on ne comprenne encore ce dont il s'agissait réellement.

Cependant, une réglementation était d'ores et déjà nécessaire. En Europe, cette réglementation s'est fondue dans celle relative aux communications électroniques en général. À l'origine, les obligations portaient essentiellement sur l'information des utilisateurs afin d'éviter de surprendre leur consentement.

La méthode était passive et simple. En la ramenant à une méthode plus active en exigeant un consentement exprès, c'est-à-dire libre, spécifique et informé (le fameux passage à l'*opt-in*), le législateur européen leur a donné un goût un peu plus amer. Les enjeux sont nombreux et plus importants : risque de non-conformité, sanction plus élevée, coût de la conformité, impact sur l'activité commerciale, etc. C'est à la fois ce contexte dynamique et ces enjeux de plus en plus capitaux qui justifient qu'un intérêt particulier soit porté aux cookies dans l'optique de la protection des données personnelles.

Les interrogations sont nombreuses :

- Qu'est-ce qu'un cookie informatique ?

- Quel est le rôle du CIL ? En quoi le CIL est-il concerné ? Est-ce une question de protection des données personnelles ?
- Comment le CIL peut-il encadrer le risque lié à la législation ?
- Comment la réforme entre-t-elle dans le périmètre de l'activité du CIL et comment ce dernier doit-il anticiper les solutions ?
- Quels outils ou méthodes de protection peut-on mettre en place ?
- Comment mettre en œuvre les contraintes légales relatives aux cookies ?
- Quelles sont les méthodes d'implémentation connues ?
- Les cookies sont-ils dépassés face à l'émergence de nouvelles technologies de traçabilité telles le *fingerprinting*[30]?

En somme, comment appréhender les nombreuses contraintes qu'impose la réforme du « Paquet télécom » dans un environnement interne et externe par moment hostile, sous l'angle du métier de CIL ? Notre objectif est de susciter un intérêt sur le sujet, d'amener un éclairage sur les points de vigilance à observer par le CIL dont le métier est en pleine construction, sans prétendre répondre de manière précise à chacune des interrogations. Ce travail ne se veut donc pas exhaustif, mais espérons-nous avoir jeté

[30] Une empreinte digitale d'appareil (aussi appelée empreinte digitale d'ordinateur ou empreinte digitale de navigateur; en anglais, *device fingerprint*) est une information collectée sur un dispositif informatique distant à des fins d'identification. Cette empreinte digitale peut être utilisée pour identifier/distinguer totalement ou partiellement un internaute ou un appareil, même lorsque les témoins (cookies) sont désactivés.

les bases d'une réflexion utile aux professionnels de la protection des données à caractère personnel.

II. Avez-vous dit cookies ?

Il n'est pas aisé de trouver une définition légale des cookies, pour la simple raison que la quasi- totalité des textes de référence se contente de spécifier le cadre légal de leur implémentation, sans en donner une réelle définition. Or, c'est précisément en termes de définition que se pose la première et une des plus grandes difficultés au sujet des cookies. Qu'est-ce qu'un cookie ? Quel sens la loi entend lui donner ? Y-a-t-il unanimité sur le sens du cookie informatique ?

En revanche, sur le plan technique, la définition du cookie est, en apparence simple. Or, on se rend assez rapidement compte que c'est par des critères variables que se caractérisent les cookies et que certaines technologies leur sont fortement semblables.

III. Approche juridique

En France, c'est l'ordonnance du 24 août 2011 qui a permis l'insertion de l'article 32 II de la loi Informatique et Libertés modifiée, pour donner les critères d'une définition qui se résument dans un texte finalement assez dense, la réglementation sur les cookies.

L'ordonnance n° 2011-1012 du 24 août 2011 relative aux communications électroniques indique :

> Tout abonné ou utilisateur d'un service de communications électroniques doit être informé de manière claire et complète,

sauf s'il l'a été au préalable, par le responsable du traitement ou son représentant :

- de la finalité de toute action tendant à accéder, par voie de transmission électronique, à des informations déjà stockées dans son équipement terminal de communications électroniques, ou à inscrire des informations dans cet équipement ;
- des moyens dont il dispose pour s'y opposer.

Ces accès ou inscriptions ne peuvent avoir lieu qu'à condition que l'abonné ou la personne utilisatrice ait exprimé, après avoir reçu cette information, son accord qui peut résulter de paramètres appropriés de son dispositif de connexion ou de tout autre dispositif placé sous son contrôle.

Ces dispositions ne sont pas applicables si l'accès aux informations stockées dans l'équipement terminal de l'utilisateur ou l'inscription d'informations dans l'équipement terminal de l'utilisateur :

- soit a pour finalité exclusive de permettre ou faciliter la communication par voie électronique ;
- soit est strictement nécessaire à la fourniture d'un service de communication en ligne à la demande expresse de l'utilisateur (Article 32 II Loi informatique et libertés).

La CNIL a par la suite, probablement dans l'intention de pallier l'absence de définition légale, défini les cookies comme une information stockée dans un équipement terminal d'un utilisateur (internaute) par un site Internet. Elle compare le procédé au fait d'étiqueter le terminal d'un internaute par une étiquette contenant un numéro d'identification unique qui permettrait de distinguer les internautes, en réalité les terminaux (ordinateurs, tablette, etc.). La doctrine de la CNIL ne peut être résumée dans cette seule phrase, puisqu'elle en décline le contenu dans une fiche pratique sous forme de questions-réponses[31]. Elle a ensuite adopté des recommandations relatives aux cookies et autres traceurs[32].

III.1. Cookies et donnée à caractère personnel

L'application de la loi Informatique et Libertés et de manière générale de la législation européenne relative aux cookies a suscité des contestations quant à la qualification de « données à caractère personnel » concernant les cookies.

En effet, l'article 2 de la loi Informatique et Libertés[33] réserve l'application de la loi aux seuls traitements de données à caractère personnel.

Si l'on ne peut exclure que l'action d'inscription ou de modification d'informations sur un terminal constitue un traitement au sens de loi, il aurait fallu rechercher dans le contenu, la finalité ainsi que les

---

31 CNIL, « Ce que le Paquet Télécom change pour les cookies », 26 avr. 2012. http://www.cnil.fr/en-savoir-plus/fiches-pratiques/fiche/article/ce-que-le-paquet-telecom-change-pour-les-cookies/

32 CNIL. Délibération n° 2013-378 du 5 décembre 2013 portant adoption d'une recommandation relative aux Cookies et aux autres traceurs visés par l'article 32-II de la loi du 6 janvier 1978 « Constitue une donnée à caractère personnel toute information relative à une personne physique identifiée ou qui peut être identifiée, directement ou indirectement, par référence à un numéro d'identification ou à un ou plusieurs éléments qui lui sont propres. Pour déterminer si une personne est identifiable, il convient de considérer l'ensemble des moyens en vue de permettre son identification dont dispose ou auxquels peut avoir accès le responsable du traitement ou tout autre personne. »

33 CNIL. « Constitue une donnée à caractère personnel toute information relative à une personne physique identifiée ou qui peut être identifiée, directement ou indirectement, par référence à un numéro d'identification ou à un ou plusieurs éléments qui lui sont propres. Pour déterminer si une personne est identifiable, il convient de considérer l'ensemble des moyens en vue de permettre son identification dont dispose ou auxquels peut avoir accès le responsable du traitement ou tout autre personne. »

associations faites par l'auteur du cookie, s'il y a des éléments permettant une identification d'une personne physique, afin de justifier l'application de la loi. Il serait alors possible de rencontrer des cookies correspondant à la définition de la donnée à caractère personnel et d'autres qui n'y correspondraient pas.

III.2. Indifférence de la qualification de donnée à caractère personnel

Depuis l'adoption de la directive 2002/58/CE, la qualification ou non des cookies de données à caractère personnel est indifférente à l'application de la loi. Cette position est reprise à la fois par la CNIL[34] et le Groupe « Article 29 ».

Elle est justifiée par les textes qui ne distinguent pas selon que le cookie contienne ou non des données à caractère personnel ou se rapporte à des données à caractère personnel. En d'autres termes, la nature des informations contenues dans le cookie importe peu. Le critère relevé par contre est le stockage sur le terminal de l'utilisateur. Ainsi, toute donnée contenue dans l'équipement informatique de l'utilisateur relève de la sphère privée et doit être protégée.

À ce titre, le groupe « Article 29 » relève que : « c'est la protection d'un domaine réputé relever de la vie privée de la personne concernée qui est l'élément déclencheur des obligations visées à l'article 5, paragraphe 3, et non le fait que les informations soient ou non des données à caractère personnel. »

---

[34] CNIL. Article 1er de la Délibération n° 2013-378 du 5 décembre 2013 portant adoption d'une recommandation relative aux Cookies et aux autres traceurs visés par l'article 32-II de la loi du 6 janvier 1978

La CNIL est plus explicite dans sa recommandation : « L'article 32-II précité s'applique donc dans les hypothèses où les informations précitées sont des données à caractère personnel et dans celles où elles ne sont pas des données à caractère personnel. »

Il ne reste plus qu'à rajouter cette recommandation : si vous cherchez une bonne recette des cookies, la délibération de la CNIL peut-être bien utile pour le Correspondant Informatique et Libertés en quête de bonnes pratiques.

IV. Les bonnes pratiques du CIL

Dans un premier temps, il conviendrait que le CIL épouse une vision précise de son rôle et de sa position au sein même de son entreprise, en rapport avec la mission de conformité de manière générale et en particulier celle relative aux cookies. (« Adopter une démarche interne ») Il doit ensuite agir méthodiquement (« Auditer ses cookies ») selon une méthode et un système de valeur propre à toute démarche de conformité informatique et libertés (« Maîtriser la mise en conformité »).

IV.1. Adopter une démarche interne

IV.1.1. En mode *Privacy by Design*

Le *Privacy by Design* loin d'être une panacée, correspond parfaitement à la démarche à adopter en matière de cookies. De même, la meilleure politique de gestion des cookies est celle qui sera simple, sans contrainte, conviviale, en « donnant le pouvoir aux utilisateurs ». Elle cumulera les points suivants :

- Demander le minimum de contraintes aux utilisateurs, notamment lorsqu'il s'agira des aspects techniques, tel le paramétrage des navigateurs ;
- Ne pas gêner la navigation de l'utilisateur. Lui fournir le service de communication sollicité avec le moins d'inconvénients en termes de confort de navigation ;
- Le cas échéant, lui permettre une mise en œuvre facile de ses choix et options : opposition, protection de la confidentialité, etc. ;
- Les solutions techniques ayant des fonctions de confidentialité intégrées ;
- Fournir à l'utilisateur les outils alternatifs de ses choix (consentement notamment).

En résumé, elle devra parvenir à une simplicité dans un environnement complexe et dynamique. Quant au CIL, il devra y rajouter, une approche par le *risk management*, en se substituant aux utilisateurs afin de mieux cerner leurs attentes.

IV.1.2. Communiquer en interne avec les services concernés

Le CIL a un véritable rôle de communicant qui prend une importance particulière au sujet des cookies. Il devra concilier dans un environnement parfois de défiance, les contraintes de plusieurs acteurs en interne : service informatique, service marketing, direction des projets, service juridique, etc. Créer un cadre favorable d'échange tel un comité *ad hoc* qui pourra pour un moment se réunir régulièrement pour parvenir à la mise en place d'une politique de gestion pérenne des cookies. Cela suppose qu'il soit organisé des rencontres en vue de prévoir des évolutions éventuelles : une sorte de comité de suivi. Nul besoin de préciser que le succès de cette action dépend fortement de la crédibilité du CIL, ainsi que du soutien qu'apportera la direction.

IV.2. Auditer ses cookies

IV.2.1. Sites Web

Il convient tout d'abord d'inventorier ses cookies, en commençant par établir une fiche d'audit permettant de lister et classer les cookies selon un critère de classification. L'ICO[35] a proposé de classer les cookies selon les catégories suivantes :

- Cookies techniques, strictement nécessaires : pour cette catégorie, expliquez aux utilisateurs que le refus de ce type de cookies empêche la fourniture du service de communication électronique. Dans le même sens, la CNIL préconise qu'une information claire et conviviale soit délivrée, même si le consentement exprès de l'utilisateur n'est pas requis ;
- Cookies de performance, qui collecte en principe des informations anonymes sur la navigation, afin de déterminer par exemple les pages les plus visitées. Si aucune autre finalité ne leur est adjointe, ils peuvent être classés comme relevant de l'exception du consentement. Une information claire est vivement recommandée cependant ;
- Cookies de personnalisation, qui mémorisent les choix des internautes sur le site afin de les réutiliser lors d'une prochaine visite sur le site ;

---

[35] *Information Commissioner's Office* : Autorité nationale de protection des données personnelles en Grande-Bretagne

- Cookies de traçabilité ou cookies de publicité, qui servent à identifier les centres d'intérêt de l'utilisateur en vue de lui proposer des publicités correspondant à son profil.

Sur le critère Cookies *on-site*/Cookies *off-site*[36], distinguez les marqueurs pour lesquels l'entreprise est responsable primaire et ceux relevant de tierces parties, en vue du cadrage contractuel des responsabilités.

Vous devez ensuite établir une grille de validation des cookies relevant de l'exception du consentement selon des critères précis. Pour tous les autres, prévoir la gestion du consentement. Enfin, inventoriez les contrats passés avec les tiers émettant des cookies sur votre site (régies publicitaires).

L'audit des contrats a pour objectifs de s'assurer notamment de :

- savoir qui, de l'entreprise ou de la régie, procède aux obligations relatives au consentement ou à l'information, la CNIL ayant admis qu'il était inutile d'y procéder en doublon ?
- préciser les conditions de la responsabilité de chacune des parties ;
- maîtriser les cookies *on-site* et les cookies tiers (dans les deux cas, l'organisme éditeur du site web est toujours responsable au sens de la loi Informatique et Libertés) ;
- d'interroger les régies publicitaires (le cas échéant) sur leur adoption de la loi modifiée et des moyens qu'elles mettent en œuvre pour permettre à l'internaute de définir son consentement et gérer son profil *opt-out*.

---

[36] Dits aussi « Cookies tiers ».

IV.2.2. Revoir les informations « légales »

Vous devez prendre en compte, entre autres :

- les mentions légales du site ;
- les politiques de confidentialité ou de gestion des cookies ;
- les conditions générales de vente et/ou d'utilisation.

Votre objectif est de :

- réorganiser le contenu de manière à le rendre plus aisé à comprendre pour le client. Commencez donc par une lecture des informations en ayant à l'esprit certains critères d'appréciation : accessibilité, visibilité, clarté, pertinence, concision, réalité, etc.). Un travail d'équipe serait ici utile ou alors prévoir une appréciation par plusieurs catégories de personnes ;
- avoir une vision distincte des différents aspects : gestion des données personnelles, gestion des cookies à proprement parler et utilisation du site ;
- lister et détailler les cookies de son site en apportant des exemples ;
- référencer les régies publicitaires et fournir les liens de gestion de cookies de ces régies.

IV.2.3. Prévoir la mise en place de la gestion de consentement

Procédez en premier à une analyse des solutions techniques possibles et réalisez un *benchmark* sur les solutions d'implémentation qui font références et un choix concerté de commun accord avec les services concernés en interne. Les recommandations et autres guides de la CNIL vous seront utiles.

IV.2.4. La conformité par les navigateurs Internet

Les navigateurs dans leurs dernières versions proposent en général aux internautes d'assurer la gestion des cookies et leur profil *opt-out* avec des solutions propriétaires. Il n'y a pas de norme actuellement. Globalement aucune de ces solutions n'est suffisamment mature et complète pour répondre aux besoins de l'internaute. Il vous faut donc surveiller les prochaines versions qui devraient proposer des adaptations allant dans le sens de la loi européenne, ainsi que l'évolution des travaux entre les éditeurs de navigateurs et les autorités de contrôle.

Les navigateurs de par leurs paramètres par défaut n'expriment pas un consentement au sens de la loi.

Il est possible de proposer aux utilisateurs des solutions additionnelles (module à rajouter aux navigateurs - *Add-on*) pour une meilleure gestion de la confidentialité de leur navigation.

IV.3 Maîtriser la mise en conformité

IV.3.1. Le processus d'amélioration continue

L'amélioration continue est une « Activité régulière permettant d'accroître la capacité à satisfaire aux exigences ». Une exigence étant un « Besoin ou attente formulés, habituellement implicites, ou imposés ». Plus concrètement l'amélioration continue est avant tout une démarche, résultant de la volonté d'un organisme de mettre en œuvre un ensemble de règles et de méthodes en vue d'accroître la satisfaction que pourra tirer l'utilisateur final, de son produit ou de ses services.

Rapportée à la protection des données personnelles et à l'exigence de conformité à la législation sur les cookies, l'amélioration continue serait une démarche mise en œuvre sous la responsabilité du CIL, avec l'appui de l'ensemble des dirigeants et opérationnels d'une entreprise, en vue de parvenir à ce que nous appellerons une « Totale Conformité Informatique et Libertés » (TCIL). Cette « Totale Conformité Informatique et Libertés » étant bien entendu un critère de la satisfaction globale des utilisateurs des produits ou services de l'entreprise. En d'autres termes, il s'agit de la recherche de la satisfaction des utilisateurs par une démarche répondant aux exigences légales.

Pourquoi l'amélioration continue s'impose-t-elle au CIL ? Deux critères essentiels nous paraissent bons à retenir : la transversalité de la fonction de CIL et la nécessité de pérenniser l'activité de conformité dans un contexte d'évolutions législatives et de solutions techniques.

L'ensemble des actions que le CIL mènera sera d'une grande diversité. Il est capital qu'il ait une vision 360 ° du besoin de conformité des cookies.

De façon plus concrète, le CIL mettra en œuvre une démarche basée sur des outils tels que le PDCA (*Plan, Do, Check, Act*) ou la « Roue de Deming », en partant du principe que chaque action déjà menée doit être pérenne, et que l'activité de *cookies compliance* du CIL augmentera en charge.

Il mettra en place, des outils et un inventaire tel que nous l'avons décrit plus haut, puis entreprendra une démarche de sensibilisation et de formation portant sur les besoins de conformité des cookies. On peut supposer qu'il a auparavant établi une cartographie des risques et contraintes relatives aux cookies, en fonction du domaine d'activité de l'entreprise. Il sera principalement en mode planification. Il devra ensuite se mettre en mode déploiement, tout en allant au-delà des premières actions menées (actions à pérenniser). Enfin, il devra entreprendre des « audits » de contrôles des conformités précédemment acquises, et mettre en place des actions correctives pour toutes les non-conformités constatées et classifiées selon un critère de criticité. Dès lors, il est dans un processus qui est amené à se renouveler.

IV.3.2. L'approche « FORC-P » ou la logique Informatique et Libertés

Il s'agit d'une adaptation du principe des « cinq règles d'or » prôné par la CNIL. Elle a l'avantage d'être moins technique et accessible en principe pour le CIL. Notez que la démarche est valable tant du point de vue de l'éditeur de site (première partie ou responsable primaire) que de celui de la tierce partie (émettant des cookies sur un site ou une application tierce).

Les points peuvent être abordés autrement que dans l'ordre ci-dessous. Le sigle « FORC-P » n'est qu'une approche mnémotechnique permettant de retenir plus facilement la méthode : F pour Finalités, O pour Obligations (du responsable de traitement), R pour Respect (des droits des utilisateurs), C pour Conservation (des cookies), et P pour Pertinence et Proportionnalité.

- Finalités des cookies :
    - faire l'inventaire détaillé des cookies et noter leurs utilités ;
    - classifier les cookies répertoriés selon le critère de leurs utilités ;

- donner une description du nommage en interne des cookies ainsi que leurs finalités respectives ;
- distinguer les cookies de la première partie de ceux des tierces parties dès cette étape.

– Obligations du responsable de traitement :
    - s'assurer s'il y a des formalités éventuelles à accomplir, les identifier et y procéder en fixant des délais ;
    - distinguer les obligations de la première partie (éditeur du site) et celles des tierces parties et les signifier aux personnes concernées ;
    - définir une solution de recueil du consentement en accord avec les services concernés ;
    - définir les canaux de communication entre vos utilisateurs et vos sites ;
    - rédiger ou réviser toutes les mentions d'informations ;
    - veiller à l'équilibre entre les obligations légales, la vision de l'entreprise ainsi que ses objectifs en termes d'objectifs commerciaux ;
    - encadrer les relations avec les tiers, notamment les sous-traitants et les régies publicitaires externes : revoir les contrats ;
    - lister les partenaires, les cookies qu'ils émettent ainsi que leurs catégorisations ;
    - faire des renvois vers les sites et/ou politiques de confidentialités des partenaires ;
    - veiller à la sécurité des communications par l'émission des cookies. Les cookies étant susceptibles de contenir des données telles que les mots de passe utilisateur, ils représentent un risque

de détournement ou de vol par des tiers malveillants. Le responsable de traitement pourrait se voir reprocher au titre de l'article 34 de la loi Informatique et libertés, le manquement à l'obligation de sécurité.

- Respect des droits des utilisateurs des sites et applications de l'entreprise :
    - idéalement, s'assurer de pouvoir restituer les choix des utilisateurs sur requête ;
    - enregistrement et gestion des choix des utilisateurs ;
    - gestion des oppositions (*opt-out*) ;
    - s'assurer que les contenus répondent aux critères de clarté, de complétude et de convivialité ;
    - respect des consentements émis.
- Conservation des cookies :
    - adopter une véritable politique de gestion des durées des cookies- durée de la session, durée exprimée en mois ou années, etc.) ;
    - s'assurer de justifier chaque durée retenue ;
    - le cas échéant, prévoir une anonymisation consistant à purger les données à caractère personnel ou données éventuellement sensibles ou à ne pas les rapprocher des cookies.
- Pertinence et proportionnalité ;

    La pertinence et la proportionnalité doivent correspondre en réalité à un état d'esprit que le CIL adoptera tout au long de la démarche. Il s'assurera ainsi :

    - que les cookies émis ne sont pas excessivement intrusifs ;

- de limiter l'émission des cookies, notamment ceux qui s'avèrent ne pas être indispensables au regard des objectifs et de la vision de l'entreprise ;
- d'un usage légitime des cookies ;
- de porter une attention particulière sur les cookies traceurs.

V. Conclusion

La confidentialité de la navigation sur Internet divise, sans nul doute. D'un côté les publicitaires ayant parfois à leurs côtés les fabricants de solutions techniques et technologiques favorisant la collecte et l'analyse de données de plus en plus massive : *Big data*, *Data mining*, *Open data*, etc.

Ces méthodes sont séduisantes et les solutions techniques ingénieuses. À les suivre, on en arriverait presque à se convaincre que l'avenir des communications électroniques s'écrira sur des lignes sinueuses au détriment de la confidentialité, mais surtout, à l'insu même des utilisateurs d'équipements informatiques : un hold-up presque consenti. De l'autre côté, les acteurs et militants de la protection de la vie privée, qui apparaissent démunis malgré les efforts des différents législateurs pour mettre à disposition les outils juridiques utiles au respect de la confidentialité.

Comment le Correspondant informatique et libertés relèvera-t-il les nouveaux défis de la conformité ?

En d'autres termes, de quoi sera faite la conformité de demain ?

Nous proposons quelques leviers :

- réconcilier confidentialité et activité commerciale : l'objectif est d'arriver à concilier les visions de son entreprise avec les bonnes pratiques de la confidentialité. Cette dernière devient de plus en plus un argument marketing. Ce qui est incompréhensible par les individus c'est de savoir son consentement surpris ou son opinion trompée. Dès lors qu'une information suffisante et claire est loyalement fournie, la confiance est établie et c'est le chiffre d'affaires de l'entreprise qui en profite ;
- donner le pouvoir aux personnes concernées, c'est-à-dire les utilisateurs de services de communications électroniques. La confidentialité ne se construira pas uniquement en laboratoire pour ensuite s'imposer aux utilisateurs, comme un équipement automobile fourni. Les possibilités d'options des utilisateurs à travers des solutions simples et conviviales devront être maintenues ;
- la normalisation et la labellisation : il s'agit de trouver simplement des références et des standards communs, critères essentiellement d'évaluation de la conformité. Des outils qui sont à ce jour encore absents du paysage de la conformité ;
- valoriser les professions de la protection des données et éviter que les Correspondants Informatique et Libertés soient perçus comme un danger, bien au contraire.

TIC ET DONNÉES DE SANTÉ : POUR UN CADRE JURIDIQUE EN PHASE AVEC LES ÉVOLUTIONS TECHNOLOGIQUES ET LES BESOINS DU SYSTÈME DE SANTÉ

par Jeanne BOSSI et Florence EON

Le développement des nouvelles technologies de l'information et de la communication dans les domaines sanitaire et médico-social peut constituer l'une des réponses aux enjeux et problématiques que traverse actuellement notre système de santé : difficulté à assurer une égalité d'accès aux soins pour tous les usagers en tout point du territoire dans un contexte économique contraint ; conséquences du vieillissement de la population et de la dépendance ; coordination du suivi médical tout au long du parcours de soins étendu au domaine médico-social et multidisciplinarité croissante de l'exercice médical. Ces facteurs accroissent en effet le besoin d'échange et de partage des données de santé dans l'intérêt d'une meilleure prise en charge des personnes. Les données personnelles de santé qui permettent d'identifier un individu sont toutefois toujours susceptibles de révéler l'intimité de la vie privée. À ce titre, le droit leur reconnaît un statut particulier et impose le respect de règles ayant pour objectif de garantir leur confidentialité.

Comment alors permettre le développement des échanges de données de santé dématérialisés, nécessaires à l'amélioration du système de soins et de la prise en charge des personnes, sans toutefois renier les principes fondamentaux de la protection de la vie privée ? Au-delà de l'impulsion d'une politique publique volontariste, comment encadrer le développement spontané et très rapide des technologies dans le secteur des systèmes d'information de santé ? Nous aborderons cette problématique en commençant par dresser un état des lieux du cadre légal qui régit actuellement l'échange et le partage de données de santé. Nous verrons ensuite comment ce cadre juridique est désormais complété par des référentiels permettant d'assurer la confidentialité et la sécurité des données. À la lumière de cet état des lieux, nous pourrons enfin déterminer les limites du cadre juridique actuel et proposer des pistes de réflexions pour faire face aux nouveaux enjeux soulevés par les évolutions simultanées des secteurs sanitaire et numérique.

I. La nécessité d'un cadre juridique capable de s'adapter au besoin d'échange et de partage des données de santé

Les données de santé font l'objet en France d'un encadrement juridique qui vise à protéger leur confidentialité. Le cadre actuel de l'échange et du partage des données de santé s'articule autour de différents textes de lois qui consacrent le droit au respect de la vie privée et à la confidentialité des informations et traitent également de leurs conditions d'utilisation. L'analyse des principes et conditions que ces lois ont successivement posés met en évidence une complexité réelle, qui constitue un frein, d'une part, à son appropriation par les acteurs directement concernés et, d'autre part, à la prise en compte de l'évolution rapide des nouvelles technologies utilisées qui répond aux nouveaux besoins d'échange et de partage de ces données. Les réformes récentes et à venir vont toutefois dans le sens d'une simplification du cadre juridique de l'échange et du partage des données de santé et d'une homogénéisation des règles applicables aux différents acteurs intervenant dans les secteurs sanitaire, social et médico-social, quel que soit leur mode d'exercice.

I.1. Les principes et conditions de l'échange et du partage des données de santé, en cours de refonte au niveau national

Les textes de loi intervenus récemment insistent sur la nécessité d'une coordination des acteurs intervenant tout au long du parcours du patient, en particulier à l'aide de systèmes d'informations. Ce parcours présente un périmètre qui n'est pas restreint aux soins. Il s'articule autour de la prévention, du sanitaire, du médico-social et du social. Il présente une dimension à la fois *temporelle* (organiser une prise en charge coordonnée et organisée du patient) et *spatiale* (organiser cette prise en charge sur un territoire, dans la proximité de son domicile).

La création des Maisons pour l'Autonomie et l'Intégration des malades d'Alzheimer (MAIA) par la loi n° 2010-1594 du 20 décembre 2010 de financement de la sécurité sociale pour 2011 s'inscrit dans cette logique de parcours multidimensionnel et promeut concomitamment le partage des données des personnes prises en charge à l'aide d'un système d'information adapté. Conformément au décret d'application[37] de 2011 fixant le cahier des charges de ces MAIA, chacune doit en effet être dotée « d'un système d'information permettant la circulation optimale de l'information. La tâche des gestionnaires de cas devant être facilitée par l'existence d'un système sécurisé permettant l'échange d'informations avec les professionnels concernés ». Le recueil du consentement de la personne concerné est requis.

Plus récemment, l'article 48 de la loi du 17 décembre 2012 de financement de la sécurité sociale pour 2013 est intervenu pour

---

[37] Décret n° 2011-1210 du 29 septembre 2011 relatif au cahier des charges des maisons pour l'autonomie et l'intégration des malades d'Alzheimer, pris en application de l'article 78 de la loi n° 2010-1594 du 20 décembre 2010 de financement de la sécurité sociale pour 2011

permettre la mise en place des expérimentations de collaboration entre structures médico-sociales et sanitaires dans le cadre de l'optimisation du parcours de santé des Personnes Âgées En Risque de Perte d'Autonomie (PAERPA). Le décret n° 2013-1090 du 2 décembre 2013 précise les conditions à respecter pour la transmission d'informations entre les professionnels participant à la prise en charge sanitaire, médico-sociale et sociale des personnes âgées en risque de perte d'autonomie. Il fixe la liste des professionnels concernés et les informations susceptibles d'être échangées en fonction de chaque profil.

Conformément au cahier des charges des projets pilotes PAERPA, l'ASIP Santé (Agence des Systèmes d'Information Partagés de Santé) apporte sa contribution en déployant le service MSSanté (Messagerie Sécurisée de Santé) qu'elle opère, auprès des acteurs des territoires pilotes qui ne disposeraient pas de messagerie sécurisée conforme à la réglementation. Le service MSSanté est ainsi opérationnel depuis juin 2013. Le DMP (dossier médical personnel) est également mis à profit pour permettre aux professionnels de santé des territoires pilotes de partager, avec l'accord du patient, les informations médicales utiles à la coordination de la prise en charge.

On constate donc que le décloisonnement entre les acteurs du secteur sanitaire et ceux du médico-social est désormais incarné dans de nouvelles structures et modes d'exercice reconnus par la loi. Toutefois, toutes les conséquences qu'il engendre n'ont pas encore été prises en compte par le droit.

Ainsi, il n'existe pas encore aujourd'hui de cadre législatif général qui fonde l'échange et le partage des données personnelles au sein même du secteur social et médico-social et *a fortiori* avec le secteur sanitaire.

Le cadre applicable au secteur sanitaire doit lui-même faire l'objet d'une refonte eu égard à la complexité des règles qu'il instaure. La loi a en effet mis en place un dispositif de « secret partagé » et en a précisé les limites en le réservant aux seuls professionnels de santé exerçant en établissement de santé et constituant une équipe de soins (voir article L1110-4 du code de la santé publique). Dans ce cas, ce sont toutes les informations concernant la personne prise en charge qui sont réputées confiées à l'équipe de soins qu'ils forment entre eux. Les professionnels faisant partie de cette équipe peuvent donc, en pratique, non seulement échanger mais également partager des données de santé, sauf opposition de la personne concernée. L'échange d'informations entre des professionnels de santé n'exerçant pas dans la même structure et ne faisant pas partie de la même équipe de soins reste toujours possible. Deux ou plusieurs professionnels de santé peuvent en effet, sauf opposition de la personne dûment avertie, échanger des informations relatives à une même personne prise en charge, afin d'assurer la continuité des soins ou de déterminer la meilleure prise en charge sanitaire possible. Enfin, depuis la loi n° 2011-940 du 10 août 2011 dite « loi Fourcade », les professionnels exerçant au sein de maisons et centres de santé peuvent, comme les professionnels de santé exerçant en établissement de santé, échanger et partager les informations relatives aux personnes qu'ils prennent en charge, sans toutefois que le législateur ait imposé la condition de l'appartenance à la même équipe de soins. En revanche, il a imposé de recueillir le consentement exprès de la personne ainsi que l'adhésion des professionnels au même projet de santé.

À côté de ce régime de droit commun complexe, stratifié, le législateur a fixé un cadre juridique propre aux services nationaux de partage de données de santé que sont le Dossier Pharmaceutique (DP), le Dossier Médical Personnel (DMP) et l'historique de remboursement en imposant notamment le recueil du consentement de la personne concernée, sous différentes formes.

La coexistence de ces différents régimes juridiques n'offre pas les conditions d'un réel décloisonnement entre les secteurs sanitaires et social et médico-social, tenant compte de la réalité du parcours des patients et qui peut, en pratique, être facilité par les nouvelles technologies.

Enfin, il est impératif de tendre vers une homogénéité des règles applicables (information préalable, droit d'opposition, consentement exprès) au partage des données de santé autour de la notion de parcours, en élargissant la notion actuelle d'exercice en équipe. Elle devrait en effet pouvoir couvrir le cas de plus en plus fréquent, et encouragé par les pouvoirs publics, d'équipes constituées entre des professionnels appartenant à des structures différentes (réseau, équipe de professionnels constitués dans le cadre de PAERPA, équipe « territoriale » constituée pour mutualiser les ressources et assurer la permanence des soins, etc.) et dont les parties prenantes ne sont pas nécessairement toutes des professionnels de santé (ex : radio physiciens, psychologues, ostéopathes, assistants sociaux…).

Le projet de loi de santé publique annoncé dans le cadre de la Stratégie Nationale de Santé présentée le 23 septembre 2013 et actuellement en cours de préparation pour une présentation au Parlement début 2015 devrait aller dans ce sens et intégrer ces orientations nécessaires. Il a notamment pour objectifs « de parvenir à simplifier le système de santé et à promouvoir une prise en charge globale des déterminants de santé donnant toute sa place à la prévention ». Il est en outre annoncé qu'elle favorisera en particulier le recours aux technologies.

Le projet de loi propose à cet égard une nouvelle définition de l'équipe de soins qui prend désormais en compte la réalité de l'exercice médical et qui devrait répondre aux difficultés juridiques actuelles d'échange et de partage de données personnelles entre professionnels quels que soient leur mode d'exercice et leur secteur d'activité.

Outre le respect des règles fixées par le code de la santé publique, tout échange ou partage des données de santé à l'aide des technologies de l'information et de la communication nécessite de s'assurer du respect des principes et conditions d'utilisation fixés par la loi n° 78-17 du 6 janvier 1978 modifiée relative à l'Informatique, aux fichiers et aux libertés dite loi Informatique et Libertés.

I.2. Les principes et conditions de la licéité des traitements de données personnelles de santé, en cours de réforme au niveau européen

Le recours aux outils technologiques pour échanger ou partager les données de santé donne lieu à la création de « traitement » de données personnelles au sens de la loi Informatique et Libertés. La notion de traitement est entendue de façon large puisqu'elle recouvre au sens de la loi précitée « toute opération ou tout ensemble d'opérations portant sur de telles données, quel que soit le procédé utilisé, et notamment la collecte, l'enregistrement, l'organisation, la conservation, l'adaptation ou la modification, l'extraction, la consultation, l'utilisation, la communication par transmission, diffusion ou toute autre forme de mise à disposition, le rapprochement ou l'interconnexion, ainsi que le verrouillage, l'effacement ou la destruction. »

Les données de santé à caractère personnel[38] sont considérées par la loi Informatique et Libertés (article 8-I) comme des données dites sensibles dont la collecte et l'utilisation dans le cadre d'un traitement sont par principe interdits. Toutefois, le II du même article procède à l'énumération limitative des cas dans lesquels leur traitement est admis. Les conditions posées diffèrent toutefois selon la finalité poursuivie : recherche médicale, intérêt public, médecine préventive, évaluation des pratiques, etc.

Parmi ces exceptions et cas particuliers, on retrouve les traitements mis en œuvre à des fins de coordination des soins et qui nécessitent le partage de données de santé, dont la CNIL a considéré qu'ils relevaient de l'intérêt public. Il s'agit là par exemple du régime juridique retenu pour le Dossier Médical Personnel lancé en 2011 et déployé par l'ASIP Santé.

Le traitement des données personnelles est également admis dans le cas d'une expression du consentement exprès de la personne, sauf si la loi prévoit que l'interdiction ne peut être levée par ce consentement.

Dans certains cas en effet, le consentement de la personne est sans effet parce que la loi elle-même interdit la collecte et le traitement

---

[38] On rappellera que conformément à l'article 2 de la loi Informatique et Libertés, le caractère « personnel » de la donnée de santé comme de toute donnée, tient au fait que cette donnée permet une identification, de façon directe ou indirecte, de la personne physique à laquelle elle se rattache par référence à un numéro d'identification ou à un ou plusieurs éléments qui lui sont propres.

des données de santé. C'est le cas de l'interdiction pour le médecin d'une compagnie d'assurance d'accéder à un dossier médical ou à un employeur d'exiger d'un futur candidat des examens médicaux ou l'accès à son dossier médical.

Les conditions d'utilisation à respecter pour tout traitement organisant l'échange ou le partage de données de santé, définis dans la loi Informatique et Libertés, se concentrent en application de la loi Informatique et Libertés autour de cinq principes clés :

- une finalité de traitement déterminée et légitime ;
- des données pertinentes (principe de proportionnalité) ;
- une durée de conservation déterminée à l'avance et dont la réalité est appréciée au regard de cette finalité ;
- le respect du droit des personnes et de leur information ;
- et enfin la mise en place de mesures de sécurité de nature à garantir la confidentialité des données (article 34 de la loi Informatique et Libertés).

Du point de vue des producteurs des données de santé, la mise en œuvre de ces principes et conditions n'est pas toujours aisée, en particulier lorsqu'il s'agit d'apprécier la question fondamentale de la responsabilité du traitement. Le responsable de traitement est défini comme celui qui détermine la finalité et les moyens du traitement de données. L'utilisateur final (le professionnel de santé libéral utilisant un logiciel de gestion de cabinet, par exemple) est classiquement qualifié de responsable de traitement alors même qu'il n'est pas en mesure d'apprécier et de proposer les moyens permettant d'assurer la protection des données, nombre de ces aspects techniques et sécurité étant mis en œuvre, développés et contrôlés par les industriels. Il lui appartient toutefois de choisir le produit qui lui semble présenter la plus grande fiabilité.

L'exemple des hébergeurs de données de santé à caractère personnel est à cet égard symptomatique d'une situation dans laquelle c'est la société qui héberge qui maîtrise les moyens du traitement et non le responsable au sens de l'article 3 actuel de la loi Informatique et Libertés. Cette difficulté est aujourd'hui démultipliée par le développement des architectures informatiques qui associent de multiples acteurs dans plusieurs pays.

Une autre difficulté réside dans le développement des services en ligne. Comme le souligne la CNIL dans son rapport d'activité pour 2013, « les nouvelles technologies et leurs applications qui sont entrées dans le quotidien des citoyens et développés par des opérateurs mondiaux, ne connaissent plus de frontières physiques ». Cela accroît la difficulté d'assurer une protection efficace des données de santé sans pour autant bloquer les innovations technologiques.

Face à ces nouveaux enjeux liés au nouveau contexte du numérique, la Commission européenne a présenté le 25 janvier 2012 une proposition de règlement européen avec pour objet de réviser les règles sur la protection des données fixées par la directive 95/46/CE du Parlement européen et du Conseil, du 24 octobre 1995. Si le texte peut encore faire l'objet de nombreuses modifications avant son approbation définitive par le Parlement européen et le Conseil de l'Union Européenne, le statut particulier des données de santé et la protection renforcée qu'il induit sont maintenus (article 9). L'article 81 oblige les États membres à prévoir, outre les conditions applicables à des catégories particulières de données, des garanties spécifiques en cas de traitement de données concernant la santé.

Sans énoncer tous les apports de la proposition de règlement européen, il y a lieu de souligner la possibilité d'une co-responsabilité dans la mise en place d'un traitement de données à caractère personnel : le responsable de traitement est défini comme « la personne physique ou morale, l'autorité publique, le service ou tout autre organisme qui, seul ou conjointement avec d'autres, détermine les finalités, les conditions et les moyens du traitement de données à caractère personnel; lorsque les finalités, les conditions et les moyens du traitement sont déterminés par le droit de l'Union ou la législation d'un État membre, le responsable du traitement peut être désigné, ou les critères spécifiques applicables pour le désigner peuvent être fixés, par le droit de l'Union ou par la législation d'un État membre » (voir article 4 relatif aux définitions – 5°).

La proposition de règlement consacre également de nouvelles obligations à la charge de tout responsable de traitement dont le principe de *Privacy by Design* qui impose de prendre en compte la protection des données dès la conception du traitement (voir article 23). Pour mettre en œuvre ces obligations, le responsable de traitement pourra utilement s'appuyer sur le délégué à la protection des données dont le même texte prévoit l'élargissement des missions.

Consciente de l'intérêt de cette approche prochainement rendue obligatoire par le législateur européen, l'ASIP Santé la met déjà en œuvre dans le cadre des projets qu'elle mène, comme l'illustre la récente étude de faisabilité de la refonte du SI des SAMU Centre 15 réalisée de façon participative avec les experts du secteur. Cette étude dont l'objectif consiste à définir et sécuriser le futur système d'information pour permettre aux SAMU de répondre aux défis, d'aujourd'hui et de demain en matière d'entraide, de gestion de crise et de pilotage des situations médicales d'urgence a mobilisé une expertise diversifiée et indépendante permettant d'en aborder toutes les dimensions dont la dimension juridique. Sont ainsi pris en compte le plus en amont possible les enjeux relatifs à la protection des données de santé produites dans le cadre de l'activité de régulation médicale urgente.

Si tous les textes actuels et en cours de préparation posent des principes forts pour assurer la protection des données personnelles de santé, la difficulté de leur application concrète et en particulier l'inadaptation des moyens prévus pour assurer la sécurité et la confidentialité de ces données face au développement de systèmes d'information organisés de façon non concertée rendent indispensables la normalisation et la sécurisation de l'échange et du partage de l'information. C'est précisément cette idée qui a mené à la création de l'ASIP Santé, en 2009 : il s'agit d'instaurer un pilotage stratégique et cohérent des systèmes d'information de santé au niveau national et de définir le cadre fonctionnel et de sécurité pour l'échange et le partage des données de santé.

II. Un cadre fonctionnel et de sécurité pour l'échange et le partage des données de santé faisant appel au droit souple

Ce cadre fonctionnel est constitué de règles de nature législative ou réglementaire, mais également de référentiels dans les champs de l'interopérabilité (capacité des systèmes à échanger des informations) et de la sécurité. Ce cadre fonctionnel est construit selon un mode pragmatique et de nature à s'adapter au caractère mouvant des nouvelles technologiques. Il doit en outre s'accompagner de dispositifs de contrôle adaptés.

II.1. Des référentiels désormais accessibles

La loi n° 2009-879 du 21 juillet 2009 dite loi HPST a introduit de nouveaux référentiels : les référentiels de sécurité et d'interopérabilité définis par l'ASIP Santé (L1111-8 alinéa 4).

II.1.1. Le Cadre national d'Interopérabilité des Systèmes d'Information de Santé (CI-SIS)

Mis en place par l'ASIP Santé dès sa création et à la suite d'une concertation avec l'ensemble des industriels, ce référentiel spécifie les standards (le plus souvent internationaux) à utiliser dans les échanges et lors du partage de données de santé entre SIS (Systèmes d'Information de Santé), et contraint la mise en œuvre de ces standards par des spécifications d'implémentation.

L'interopérabilité est définie comme la capacité que possède un produit ou un système informatique à fonctionner avec d'autres produits ou systèmes existants ou futurs. C'est la possibilité qu'ont des systèmes à fonctionner en synergie, à « communiquer », ce qui implique d'utiliser un langage (interopérabilité sémantique) et des référentiels techniques (interopérabilité technique) communs. Les spécifications et outils du CI-SIS sont modulaires et répartis en trois couches : une couche de contenus interopérables, qui concentrent les moyens de l'interopérabilité sémantique – c'est-à-dire, la structuration et la signification de l'information échangée entre les SI de santé – une couche de services d'interopérabilité et une couche de transport qui représentent quant à elles le socle d'interopérabilité technique du référentiel.

La version actuelle du référentiel CI-SIS est la version 1.3 publiée le 18 octobre 2012. En outre, le cadre d'interopérabilité est en évolution constante au gré de l'implémentation de nouveaux volets et des commentaires que les utilisateurs peuvent remonter à l'ASIP Santé via son site Web, esante.gouv.fr. En 2013, l'ASIP Santé a ajouté deux nouveaux volets de contenu au cadre d'interopérabilité : l'obstétrique périnatalité et l'Accident Vasculaire Cérébral (AVC).

Les applications du CI-SIS sont nombreuses et visibles dans le quotidien des professionnels intervenant tout au long du parcours de santé.

Ainsi par exemple, le programme « Santé connectée », lancé par la HAS[39] (Haute Autorité de Santé) et l'ASIP Santé en novembre 2013, vise à amener progressivement les professionnels de santé à saisir et utiliser des données standardisées en cours de consultation. La HAS et l'ASIP Santé développent des *DataSets* de bonnes pratiques dans les logiciels métiers. Ces *DataSets* visent à développer trois types de fonctionnalités, au service des professionnels de santé, dans les logiciels métiers :

- l'accès à des éléments de bonnes pratiques adaptés au profil du patient en cours de consultation ;
- l'évaluation de la qualité et de la sécurité des soins et l'analyse des sous-populations de malades pour adapter les prises en charge à leur besoin ;
- l'échange et le partage de données cliniques clés entre professionnels de santé via le Volet de Synthèse Médicale ou d'autres documents de synthèse inscrits dans le cadre d'interopérabilité.

---

39 La Haute Autorité de Santé, autorité publique indépendante à caractère scientifique dotée de la personnalité morale, a été créée par la loi française du 13 août 2004 relative à l'assurance maladie.

Une alerte et des mémos, liés aux informations cliniques du patient, pourront ainsi s'afficher pour rappeler au médecin quelle conduite tenir.

Ces fonctionnalités reposent sur des données structurées, standardisées et codées. La HAS cible tout d'abord certaines pathologies ou parcours prioritaires, et définit les éléments de bonnes pratiques à mettre en œuvre pour ces pathologies. Ensuite, l'ASIP Santé élabore les standards correspondants et les ajoute au CI-SIS, pour que les industriels, concertés en amont, les implémentent dans leurs logiciels.

Par exemple, dans le cadre des expérimentations PAERPA, quatre types de documents de synthèse dématérialisés devront être échangés par messagerie sécurisée ou partagés dans le DMP : le Plan Personnalisé de Santé (PPS), le Volet Médical de Synthèse (VMS), le Dossier de Liaison d'Urgence (DLU) pour les résidents en EHPAD (Établissement d'Hébergement pour Personnes Âgées Dépendantes), le compte-rendu d'hospitalisation (CRH). Les modèles de ces documents seront élaborés en collaboration entre la Haute Autorité de Santé et l'ASIP Santé. Compte tenu des délais d'implémentation des documents structurés dans les logiciels des professionnels, la mise en œuvre de ces modèles se fera dans un premier temps via des documents non structurés puis, après définition et intégration dans le cadre national d'interopérabilité des systèmes d'information de santé publié par l'ASIP Santé, ces modèles seront intégrés en version structurée dans les logiciels des professionnels de santé.

II.1.2. Les référentiels et guides de la politique générale de sécurité des systèmes d'informations de santé (PGSSI-S)

Conscient de ces enjeux et face à ces risques, l'État élabore une Politique Générale de Sécurité des Systèmes d'Information de Santé (PGSSI-S), en concertation avec l'ensemble des acteurs partie prenante, afin de fixer le cadre de la sécurisation des SI de Santé. L'ASIP Santé a été missionnée par la Délégation à la Stratégie des Systèmes d'Information de Santé (DSSIS) en juillet 2011 pour structurer et construire cet ensemble documentaire.

Cette PGSSI-S doit être applicable à l'ensemble des acteurs publics ou privés des domaines de la santé et du médico-social (professionnels de santé quel que soit leur mode d'exercice, intervenants professionnels dans ces secteurs, établissements de soins, offreurs de services du domaine, ministères et organismes publics, etc.). Elle s'applique aussi aux services proposés directement aux personnes concernées par les données (de type réseau social santé, site Internet communautaire lié à une pathologie, ...). La PGSSI-S a également vocation à structurer l'offre logicielle des industriels du secteur.

La PGSSI-S est constituée de deux types de documents :

- des documents à vocation normative qui, à terme, pourront être rendus opposables par arrêté ministériel. Lorsque cela apparaît judicieux, une logique de palier est adoptée, le palier minimal comportant les exigences de sécurité indiscutables. L'ASIP Santé a par exemple publié en juillet dernier le « Référentiel d'authentification des acteurs de santé », qui permet de choisir des moyens d'authentification (ex. mot de passe, carte de professionnel de santé...) d'un niveau de sécurité adapté aux usages ;
- des documents d'information et d'aide pour une utilisation sécurisée de l'informatique de santé : des guides pratiques,

par exemple dans quelles conditions permettre l'accès à son système d'information dans le cadre d'une télémaintenance, et des guides d'aide à la mise en œuvre de la sécurité. Par exemple, le mémento de sécurité informatique pour les professionnels de santé en exercice libéral, qui propose des règles simples (l'importance de la sécurisation des locaux, la politique des mots de passe, etc.).

Le processus d'élaboration de la PGSSI-S et le statut juridique des différentes composantes du corpus documentaire doivent permettre une prise en compte rapide et efficace des évolutions industrielles et technologiques (accès en mobilité, tablettes, offres en mode SaaS, etc.) et faciliter l'appropriation par les acteurs directement concernés, dans le respect du cadre légal.

II.2. L'hébergement des données de santé

L'article L 1111-8 alinéa 1 du code de la santé publique dispose que « Les professionnels de santé ou les établissements de santé ou la personne concernée peuvent déposer des données de santé à caractère personnel, recueillies ou produites à l'occasion des activités de prévention, de diagnostic ou de soins, auprès de personnes physiques ou morales agréées à cet effet ». Aussi, pour être considéré comme hébergeur de données de santé à caractère personnel, il faut conserver des données de santé à caractère personnel pour le compte d'un tiers et produites dans le cadre des activités précitées.

Dans l'esprit de la loi, il s'agit d'organiser le dépôt et la conservation des données de santé dans des conditions de nature à garantir leur pérennité et leur confidentialité, de les mettre à la disposition des personnes autorisées selon des modalités définies par contrat, et de les restituer en fin de contrat. Les conditions d'agrément des hébergeurs sont fixées par le décret n° 2006-6 du 4 janvier 2006 en Conseil d'État pris après avis de la Commission nationale de l'informatique et des libertés et des Conseils de l'ordre des professions de santé. L'agrément est délivré pour trois ans par le ministre en charge de la santé après avis de la CNIL et du Comité d'Agrément des Hébergeurs (CAH), portant sur les aspects financiers, éthiques et de sécurité de leur activité.

L'ASIP Santé a défini en concertation avec les industriels et la CNIL le référentiel de constitution des dossiers de demande d'agrément pour l'hébergement des données de santé à caractère personnel. Chargée par le ministère en charge de la santé de la pré instruction des dossiers de candidature et du secrétariat du comité d'agrément des hébergeurs, elle joue un rôle central pour assurer l'application des dispositions du décret du 4 janvier 2006, pour observer et mesurer les évolutions de l'activité d'hébergement des données de santé et les évolutions possibles de la procédure.

Si la consécration au niveau législatif de cette procédure et de son caractère obligatoire est essentielle pour asseoir la légitimité de la procédure d'agrément, le rôle des autorités et instances susvisées est primordial pour qu'elle ne soit pas qu'une procédure administrative. Elles contribuent en effet à amener les hébergeurs vers un état de l'art qui évolue nécessairement avec le temps et en fonction des progrès technologiques dont les hébergeurs sont eux-mêmes les instigateurs (nouvelles offres intégrant le *cloud computing*, développement de solutions de mobilité, etc.). Elles ont également pour mission d'apprécier le périmètre de cette procédure avec l'objectif de ne pas créer de nivellement dans la protection des données de santé par une lecture des textes qui ne tiendrait pas compte de l'évolution des technologies et de la diversité des acteurs qu'elles concernent. Cette mission relève plus particulièrement du comité d'agrément des hébergeurs, qui est conduit de plus en plus souvent à devoir se prononcer sur la recevabilité d'un dossier de demande d'agrément au regard de la catégorie du demandeur, de la nature des données hébergées ou encore du service d'hébergement proposé, avant même d'analyser le contenu du dossier. Si l'article L1111-8 distingue les notions d'établissements de santé et de professionnels de santé, il ne précise pas que la notion de « professionnel de santé » vise uniquement les professionnels de santé exerçant à titre libéral en cabinet individuel. Pour le CAH et la CNIL, il n'exclut donc ni les autres modes d'activité (activité salariée par exemple) ni les lieux d'exercice autres que les établissements de santé.

Le comité d'agrément et la CNIL ont ainsi déjà eu à se prononcer sur des dossiers de demande d'agrément relatifs à l'hébergement de données de santé à caractère personnel collectées par des Établissements d'Hébergement pour Personnes Handicapées (EHPAD), des services de santé au travail, des fédérations sportives ou encore par un groupement d'organismes d'assurance maladie complémentaire. Toutefois, le CAH et la CNIL constatent que cette interprétation large des textes peut être délicate à mettre en œuvre compte tenu des exigences posées par le décret du 4 janvier 2006 précité, fortement orienté pour des prestations d'hébergement de dossiers médicaux. Une adaptation du décret et par conséquent du référentiel de constitution des dossiers de demande d'agrément sera indispensable afin que la constitution desdits dossiers soit à la portée de toutes les entités tenues d'être agréées. Il sera intéressant à cet égard de suivre les débats parlementaires du projet de loi de santé publique qui propose dans sa rédaction actuel de s'orienter vers un processus de certification, en tout cas pour les aspects liés à la sécurité.

II.3. Les dispositifs d'identification et d'authentification des acteurs

Ces dispositifs sont majeurs et sans eux, aucun partage ou échange de données de santé à caractère personnel ne peut être réalisé de façon sécurisée.

S'agissant des professionnels de santé, leur identification repose sur la mise en place du Répertoire Partagé des Professionnels de Santé (RPPS). Créé par l'Arrêté du 6 février 2009, ce répertoire dont l'ASIP Santé est le gestionnaire, permet, à partir de données d'identification transmises par les autorités d'enregistrements (ordres professionnels, ARS - Agence Régionale de Santé) de certifier les identités et d'attribuer un numéro RPPS à chaque professionnel de santé (Ordonnance n° 2009-1586 du 17 décembre 2009 relative aux conditions d'enregistrement des professions de santé).

Le RPPS constitue ainsi un référentiel d'identité national dont les données sont rendues opposables en application des décrets d'application (dits décrets RPPS), qui décrivent pour les professions concernées les procédures d'enregistrement de ces données dans le répertoire et la répartition des responsabilités d'entre l'ASIP Santé et les autorités d'enregistrement.

Le RPPS contient à ce jour les médecins, pharmaciens, sages-femmes et chirurgiens-dentistes. Les masseurs-kinésithérapeutes et les pédicures-podologues devraient y figurer prochainement. Il a vocation à se substituer à terme au répertoire ADELI[40].

Attestant de cette identité, le professionnel de santé peut alors devenir titulaire d'une Carte de Professionnel de Santé (CPS) ou d'un dispositif équivalent qui permet de s'authentifier lors de l'échange et du partage de données tout en sécurisant leur transfert par des protocoles de sécurité spécifiques.

Le principe de l'obligation d'utilisation de la carte de professionnel de santé ou d'un dispositif équivalent agréé par l'ASIP Santé est consacré à l'article L1110-4 du code de la santé publique. La Carte CPS est une carte d'identité professionnelle électronique et une clé d'accès pour le professionnel de santé. Elle contient les données d'identification de son porteur (identité, profession, spécialité) mais aussi ses situations d'exercice (cabinet ou établissement).

L'usage de la carte de professionnel de santé est rendu obligatoire pour la conservation et la transmission par voie électronique d'informations médicales à caractère personnel. Initialement cantonnée à la télétransmission des feuilles de soins électroniques, la CPS permet aujourd'hui d'identifier le professionnel de santé lors de la consultation ou de la création du Dossier Médical Personnel de ses patients, à la messagerie sécurisée de santé (MSSanté), réaliser des actes de télémédecine… Les applications potentielles sont encore nombreuses.

---

[40] Répertoire de l'automatisation des listes. En application de l'arrêté du 12 juillet 2012, ce traitement assure la gestion de l'enregistrement et des listes départementales des personnes dont les professions sont réglementées par le code de la santé publique, sous réserve qu'elles ne soient pas prises en charge par le traitement prévu par l'arrêté du 6 février 2009 susvisé relatif au RPPS. Le traitement ADELI assure également la gestion de l'enregistrement et des listes départementales des personnes exerçant la profession d'assistant de service social et de celles usant des titres de psychologue, d'ostéopathe, de chiropracteur. Il est également le support du registre national des psychothérapeutes.

Cependant, la dématérialisation accrue des données de santé qui accompagne les nouveaux modes d'exercice de la médecine amène à rechercher d'autres moyens d'accès aux données de santé qui permettent de conserver le même niveau de sécurité que celui apporté par l'usage de la CPS là où l'usage de celle-ci s'avère impossible ou mal adapté. Le législateur lui-même en a acté le principe puisque l'article L1110-4 a été complété par la loi n° 2009-879 du 21 juillet 2009 dite « loi HPST » qui introduit à côté de l'utilisation de la CPS tout autre « dispositif équivalent agréé par l'organisme chargé d'émettre la carte de professionnel de santé », rendant ainsi caduques les dispositions du décret de 2007.

Des dispositifs alternatifs à la CPS sont d'ores et déjà identifiés Par exemple, l'authentification par mot de passe à usage unique (ou OTP, *One Time Password*) qui consiste à transmettre par courriel, SMS ou message vocal un mot de passe à l'utilisateur au moment où il effectue sa demande d'accès au service en ligne, constitue aujourd'hui un dispositif sécurisé d'accès aux données de santé qui peut être retenu, dans la mesure où il est un mode d'authentification forte reposant à la fois sur un élément connu et un élément dont l'accès est détenu par la personne qui le met en œuvre. Ce dispositif est d'ores et déjà opérationnel pour l'accès direct au dossier médical personnel par ses titulaires (accès patient). Il est également mis en œuvre pour la messagerie sécurisée de santé en alternative à la CPS dès lors qu'une première authentification avec la carte a été réalisée pour générer cet OTP. Le mot de passe généré automatiquement par le service en ligne doit être saisi par l'utilisateur et n'est valable que pour une seule session. Le mécanisme d'authentification par mot de passe à usage unique requiert une phase « d'enrôlement » préalable de tout utilisateur. Notons que la CNIL, dans sa délibération du 25 avril 2013 sur le service national de messagerie sécurisée de santé dont l'ASIP Santé est le responsable de traitement, a considéré que les mesures ainsi mises en place « … qui apparaissent conformes aux dispositions de l'article L1110-4 du code de la santé publique, sont de nature à garantir une authentification fiable des émetteurs et destinataires des messages. »

La reconnaissance de ces dispositifs alternatifs permet de réduire considérablement les usages où, faute de CPS, aucune sécurité acceptable n'est mise en œuvre.

Cette nouvelle approche apparaît en tout cas indispensable aujourd'hui pour le développement des nouveaux modes d'exercice des professionnels de santé notamment en situation de mobilité. La CPS ne doit pas, et n'est plus en pratique le seul moyen de s'authentifier pour l'accès aux données de santé à caractère personnel. Mais le système d'identification porté par le système CPS à travers le Répertoire partagé des professionnels de santé doit rester la référence pour certifier l'identité des professionnels de santé.

II.4. L'identification des patients

L'identification des patients, qui garantit que leurs données sont appariées de façon certaine à une même identité, doit être assurée par l'Identifiant National de Santé (INS), prévu par L'article L.1111-8-1 du code de la santé publique, qui dispose qu'un « identifiant de santé des bénéficiaires de l'assurance maladie pris en charge par un professionnel de santé ou un établissement de santé ou dans le cadre d'un réseau de santé défini à l'article L. 6321 est utilisé, dans l'intérêt des personnes concernées et à des fins de coordination et de qualité des soins, pour la conservation, l'hébergement et la transmission des informations de santé ». Un décret doit intervenir pour fixer le choix de cet identifiant ainsi que ses modalités d'utilisation.

Dans l'attente de la détermination de cet identifiant, l'ASIP Santé a mis en place dès 2009 une première version de l'INS afin de ne pas retarder le déploiement du cadre d'interopérabilité et permettre la sécurisation de l'accès au DMP. Un INS dit « INS-C » est ainsi calculé localement à partir des traits d'identité contenus dans la carte vitale. Il comporte des imperfections tenant essentiellement à l'absence de déploiement par la CNAMTS de carte d'assurance maladie individuelle qui permettrait d'identifier de façon autonome les ayant-droits. Néanmoins, il est apparu plus sécurisant pour le patient d'améliorer les conditions de son identification alors que la situation actuelle reste très insatisfaisante pour le déploiement des systèmes d'information partagés de santé.

Le déploiement actuel des SI de santé autour du patient et de la notion de parcours impose en effet de faire le choix d'un identifiant simple, pérenne, fondé sur des outils de certification déjà existants et reconnus et, dans un contexte budgétaire très contraint, de privilégier l'efficacité à des solutions coûteuses. Le numéro de sécurité sociale, ou « NIR », présente ces caractéristiques.

En outre, l'utilisation du NIR permettrait de disposer de données de santé fiables directement issues des processus de soins et qui viennent nourrir les bases de données médico-administratives permettant ensuite aux chercheurs de distinguer les éléments utiles à la définition d'une politique de santé publique efficace. Enfin, cette solution réglerait la question d'un identifiant commun aux secteurs sanitaire et social qui reste un frein à la coordination des soins, notamment dans la prise en charge des maladies chroniques et de la dépendance.

La doctrine initiale du cantonnement selon laquelle chaque secteur d'activité doit disposer d'un identifiant qui lui est propre justifiée en son temps par les architectures des systèmes d'information et les conditions d'interrogation des bases, n'est plus efficiente aujourd'hui et conduit en pratique à introduire des risques d'erreur d'identification. En effet, les solutions techniques de rapprochement et d'interconnexion plus ou moins automatisées de bases de données n'utilisant pas le même identifiant existent et l'usage d'un identifiant différent ne garantit pas un cantonnement efficace tout en générant des risques importants de collision en cas de rapprochement licite. L'intérêt majeur du NIR aujourd'hui est qu'il est fondé sur un processus de certification éprouvé, effectué par le RNIAM[41], lui-même mis à jour en temps réel par le RNIPP[42].

Mais, si le NIR doit être utilisé pour prévenir tout risque de doublons ou de collisions, porteur de risque médical pour la personne, il ne saurait être utilisé comme un moyen de sécuriser l'accès aux données. En effet, son caractère non confidentiel en fait un trait d'identité fiable et discriminant mais en interdit l'usage comme moyen de connexion à une base.

La position de la CNIL a évolué puisque dans son rapport d'activité pour 2013, elle explique que, « sans préjuger de l'avis qu'elle rendra sur le projet de décret dont elle sera saisie, la CNIL s'est

---

[41] Répertoire national inter régimes des bénéficiaires de l'assurance maladie. Le ministère du Travail et des Affaires sociales responsable de ce fichier. Sa gestion technique a été confiée à la Caisse nationale d'assurance vieillesse des travailleurs salariés (CNAVTS) pour le compte et sous le contrôle des organismes d'assurance maladie.

[42] Répertoire National d'Identification des Personnes Physiques, tenu par l'Insee depuis 1946. Ce fichier est l'image des registres d'état civil.

montrée ouverte à une évolution de sa position sur la question de l'utilisation du NIR dans la sphère de la santé où il s'est progressivement répandu ». Conformément à la position adoptée lors de la séance plénière du 15 octobre 2013, la Commission rappelle qu'elle considère désormais que « le NIR pourrait être utilisé comme identifiant du dossier médical, à la condition que des garanties très strictes soient mises en place sous son contrôle pour en circonscrire l'utilisation à la seule nouvelle finalité ainsi définie. Un tel élargissement aurait pour conséquence que le NIR resterait strictement cantonné à la sphère « médicosociale », moyennant une étanchéité renforcée avec les autres secteurs. »

Notons qu'aucune des solutions qui ont pu être étudiées dans le cadre des réflexions sur l'INS menées avec la CNIL n'éliminait la présence du NIR dans les bases en tant que trait d'identité ce qui reviendrait à multiplier les tables d'équivalences plus ou moins partielles (les bases d'identités de certains groupes hospitaliers contiennent plusieurs millions d'identités).

Ces solutions, au-delà des coûts financiers très importants qu'elles portent en elles, restent celles qui nécessitent le plus de moyens nouveaux à mettre en œuvre en termes d'infrastructures informatiques et de nouvelle gouvernance (choix du tiers de confiance, diffusion de l'INS, définition précise des modalités d'accès aux tables de correspondance, etc.).

La solution qui consiste à adopter le NIR comme identifiant ne nécessite qu'une adaptation des systèmes déjà existants et ne se heurte plus au risque d'accès non autorisés aux bases dès lors qu'il n'est pas utilisé comme moyen de sécurisation de l'accès aux données. Il ne nécessiterait pour être opérationnel que de compléter la mise à jour des cartes Vitales du régime général telle que déjà prévue par les textes.

II.5. De nouveaux outils juridiques pour faciliter l'adaptation des règles à l'évolution des technologies appliquées à la santé

Le cadre fonctionnel et de sécurité des données de santé auquel contribue l'ASIP Santé s'appuie sur des textes législatifs et réglementaires mais également sur des référentiels et des normes, qui s'inscrivent dans ce que l'on appelle la *soft law* ou encore le droit souple.

II.5.1. Le recours à des outils juridiques souples

Dans l'étude annuelle de 2013 qu'il a consacrée au droit souple, le Conseil d'État apporte une définition des outils du droit souple. Ils répondent à ces conditions cumulatives :

- Ils ont pour objet de modifier ou d'orienter des comportements de leurs destinataires en suscitant dans la mesure du possible leur adhésion ;
- Ils ne créent pas par eux-mêmes de droits ou d'obligations pour leurs destinataires ;
- Ils présentent par leur contenu et leur mode d'élaboration, un degré de formalisation et de structuration qui les apparentent aux règles de droit.

La Haute Juridiction administrative constate également qu'il existe des règles de droit qui, tout en ne remplissant pas ces conditions, créent des obligations définies en termes lâches, qui ménagent en pratique une certaine souplesse d'application à ceux qui y sont assujettis. Ces règles s'insèrent dans une échelle de normativité graduée entre le droit souple et le droit dur. Cette normativité graduée, poursuit le Conseil d'État, montre qu'il existe entre droit dur et droit souple un continuum, le droit souple pouvant d'ailleurs être appréhendé par le juge soit pour en contrôler l'application soit en le prenant en compte dans son raisonnement juridique.

Ces nouveaux outils juridiques interviennent pour répondre aux nouvelles situations et risques suscités par le développement des nouvelles technologies appliquées à la santé. Comme le constate Bertrand Warusfel dans *Le droit des nouvelles technologies : entre technique et civilisation*[43], « dans de nombreux cas, la technologie ne se contente pas de modifier les conditions d'application du droit. Elle fait émerger des situations complètement inédites, voire de nouveaux « objets » non identifiés et auxquels les règles classiques ne peuvent pas s'appliquer ». C'est particulièrement vrai dans le secteur de la santé, comme en témoigne l'explosion récente des objets connectés et des applications mobiles au service du bien-être de ses utilisateurs : masque servant à optimiser son temps de sommeil, balance intelligente, tensiomètre connecté, etc. La plupart de ces objets permettent que les données arrivent directement sur le smartphone de l'utilisateur et, le cas échéant, qu'un professionnel de santé puisse en être tout de suite informé.

Ces outils permettant l'échange et le partage de données de santé sont susceptibles d'être soumis non seulement au cadre juridique de la protection des données de santé mais également à celui des dispositifs médicaux, de logiciels d'aide à la prescription ou encore de la télémédecine. Ce sont la finalité et les caractéristiques propres à chaque outil qui doivent permettre d'identifier les différentes combinaisons possibles de ces règles. En tout état de cause, il y a

[43] Bertrand Warusfel, « Le droit des nouvelles technologies : entre technique et civilisation », Revue des anciens élèves de Sciences-Po, n° 127, juin 2002, pp. 52-59

lieu de veiller à assurer une protection juridique des données de santé à caractère personnel capable de faire face aux nouvelles situations créées par ces nouveaux objets technologiques. Le recours aux outils juridiques sus-décrits, au degré de normativité variable, s'inscrit dans cet objectif. Ils constituent un moyen non pas d'éviter ou de contourner la règle fixée par la loi mais au contraire d'en faciliter et d'accompagner sa mise en œuvre dans un contexte mouvant.

Quel que soit leur degré de normativité, l'effectivité de ces outils juridiques constituant le cadre fonctionnel et de sécurité propre à l'échange et au partage de données de santé est toutefois conditionnée par l'existence d'un contrôle de leur bonne application par les acteurs « connectés » auxquels ils s'adressent.

II.5.2. Le recours à de nouveaux outils de contrôle

Comme le souligne l'étude annuelle précitée du Conseil d'État de 2013, « des sanctions de nature non juridique, telles que la réprobation des pairs, ou la désaffection des consommateurs, ou la fuite des investisseurs peuvent avoir le même effet. »

On constate une tendance récente des autorités administratives qui veillent à leur application à aller dans ce sens en mettant en œuvre de nouveaux outils de contrôle, qui s'appuient sur la dynamique déjà existante au sein des entreprises consistant à s'engager dans des démarches de vérification de conformité de leur activité à des normes, afin d'apporter un gage de qualité au service ou produit délivrés à leurs clients.

Ainsi, la CNIL a mis en place un label à des produits ou à des procédures tendant à la protection des personnes à l'égard du traitement des données à caractère personnel (voir article 11-3-c de la loi n° 78-17 du 6 janvier 1978 modifiée dite loi Informatique et Libertés). Les entreprises restent libres de s'y soumettre. La loi n° 2014-344 du 17 mars 2014 relative à la consommation a habilité la CNIL à « déterminer, de sa propre initiative, les produits et procédures susceptibles de bénéficier d'un label » (voir article 17 de la loi n° 2014-344 du 17 mars 2014). La CNIL réfléchit en outre à la définition d'un label pour inciter les éditeurs d'applications mobiles d'e-santé à mieux informer les utilisateurs sur l'utilisation de leurs données personnelles.

Dans le domaine des systèmes d'information de santé, il appartient à la Haute Autorité de Santé (HAS) de procéder à la certification des systèmes d'aide à la prescription, à la décision et à la dispensation de médicaments.

Dans la continuité des travaux initiés fin 2010 à la demande de la Direction Générale de l'Offre de Soins (DGOS) et de la Direction de la Sécurité Sociale (DSS), l'ASIP Santé a créé le label « e-santé logiciel maisons et centres de santé ». S'inscrivant dans une démarche volontaire, formalisée par voie contractuelle, les éditeurs peuvent demander un premier niveau de labellisation, qui englobe des fonctionnalités « standard », ou opter pour un second niveau, qui inclut en outre des fonctionnalités « avancées ».

Dans le cadre du Programme Hôpital Numérique, un chantier est consacré à la mise en place d'un dispositif de labellisation de l'offre hospitalière, pour lequel l'ASIP Santé a été mandatée en 2013 par la délégation à la stratégie des systèmes d'information de santé. Deux axes sont envisagés. Tout d'abord, un « référentiel en matière de démarche qualité », qui organise la relation entre l'industriel et son client hospitalier. Le second axe est la définition d'un référentiel fonctionnel. Il recouvrira les différents blocs fonctionnels du Programme Hôpital Numérique et définira pour chacun de ces blocs un ensemble minimum de fonctionnalités à satisfaire, des conditions d'interopérabilité avec les autres modules" du système d'information et une partie sécurité.

III. Et demain ? Vers une nouvelle conception de l'encadrement juridique des Systèmes d'Information de Santé

Ces réflexions et l'expérience désormais acquise en matière d'échange et partage dématérialisés de données de santé permettent de dégager une vision prospective des principes qui devront à l'avenir guider leur développement.

III.1. Pour un cadre juridique consacrant l'élargissement de l'accès aux données de santé au secteur médico-social

Tout d'abord, au-delà de l'élargissement de l'accès des données de santé au secteur médico-social et de la mise en place d'une loi sur le secret professionnel partagé, il faut aller vers une redéfinition de la notion de donnée de santé, telle qu'elle semble prônée par les instances européennes. La proposition de règlement du parlement européen et du conseil du 5 janvier 2012[44] sur la protection des données définit ainsi la donnée de santé comme « toute information relative à la santé physique ou mentale d'une personne, ou à la prestation de services de santé à cette personne ». Le considérant n° 26 de ce même projet de texte apporte la précision suivante : « les données à caractère personnel concernant la santé devraient

---

[44] Proposition de règlement du Parlement européen et du Conseil relatif à la protection des personnes physiques à l'égard du traitement des données à caractère personnel et à la libre circulation de ces données (règlement général sur la protection des données), COM(2012) 11 final.

comprendre, en particulier, l'ensemble des données se rapportant à l'état de santé d'une personne concernée. »

Cette approche européenne de la donnée de santé conforte l'idée selon laquelle la qualification de donnée de santé résulte non pas – ou en tout cas pas seulement - du statut du professionnel qui collecte la donnée mais essentiellement de la finalité de cette donnée : sont des données de santé les données qui concourent à décrire l'état de santé de la personne, et non strictement la pathologie de la personne mais son état de santé. Certaines informations collectées par les professionnels relevant du secteur social et médico-social peuvent en effet contribuer à caractériser l'état de santé de la personne concernée alors même qu'elles ne décrivent pas strictement sa pathologie. Ces données « médico-sociales » sont aussi sensibles et importantes que les données de santé. Elles contribuent à la prise en charge globale de la personne.

Cette définition élargie doit guider une rénovation des textes au niveau national permettant une communication plus aisée des informations dans une optique d'amélioration de la coordination des soins, sans pour autant déroger aux principes fondamentaux de la protection de la vie privée et de l'intimité des personnes.

Une définition unifiée permettrait également d'aller vers la mise en place d'une véritable gouvernance des données de santé qui régisse tous les aspects de leur utilisation : coordination des soins, comme on l'a vu, mais également utilisation secondaire.

III.2. Pour un cadre juridique facilitant la réutilisation des données

On parle d'utilisation secondaire des données de santé lorsque les données collectées sont utilisées à des fins de statistiques, pour la recherche ou encore pour la mise au point d'indicateurs utiles au pilotage des politiques publiques. L'utilisation secondaire doit être distinguée de l'*open data.* Selon les termes du rapport d'information établi par MM. Gaëtan Gorce et François Pillet, cette notion vise uniquement les données des administrations publiques. Elle recouvre deux principes : la mise en ligne des données que ces administrations détiennent et la libre réutilisation par les citoyens ou les entreprises des données ainsi publiées.

L'utilisation secondaire des données personnelles de santé peut prendre diverses formes, et couvrir des domaines très différents : études épidémiologiques, recherches « biomédicales », activités observationnelles (dont la veille sanitaire), bases médico-administratives.

Or, la France dispose de bases de données médico-sociales et économiques nationales centralisées, couvrant de façon exhaustive et permanente l'ensemble de la population dans divers domaines stratégiques pour la santé publique et la recherche, qui « constituent un patrimoine considérable, vraisemblablement sans équivalent au monde[45] » : Le PMSI[46] et le SNIIRAM[47] en sont les exemples les plus connus.

---

[45] HCSP. *Pour une meilleure utilisation des bases de données nationales pour la santé publique et la recherche*, collection documents, mars 2012. www.hcsp.fr/explore.cgi/hcspr20120309_bddadmination.pdf

[46] Wikipedia. Programme de médicalisation des systèmes d'information http://fr.wikipedia.org/wiki/Programme_de_m%C3%A9dicalisation_des_syst%C3%A8mes_d'information

[47] Ministère des Affaires sociales, de la Santé et des Droits des femmes, Système national d'information inter-régimes de l'assurance maladie. www.sante.gouv.fr/IMG/pdf/CNAMTS___Le_SNIIRAM_et_les_bases_de_donnees_de_l_assurance_maladie_en_2011.pdf

Construites de façon dédiée, elles portent toutefois en elles leurs propres limites. Soit parce qu'elles ignorent le sujet de la santé publique, soit en raison de leur finalité précise et organisée (cohortes), l'accès à ces bases est aujourd'hui techniquement hétérogène et difficile. Il nécessite plusieurs avis préalables d'instances qui complexifient l'accès et participent ainsi à une absence de transparence réelle.

En outre, la validité scientifique des données auxquelles on accède peut être discutée (conditions de collecte, durée de conservation…).

L'accès aux données contenues dans ces bases et surtout l'utilisation d'autres sources de données plus proches de la réalité de l'administration des soins devraient révolutionner notre approche de l'épidémiologie, de la veille sanitaire et des politiques de santé publique qui en découlent. Il faut aujourd'hui prendre en compte l'ensemble des sources de données possibles. On ne peut ignorer la production de données par exemple par les objets connectés. Il y aura dans les dix-huit prochains mois plus de données produites par ces dispositifs qu'il y en a eu depuis le début du numérique.

Pour faire face à ces problèmes et exploiter enfin tout le potentiel de la e-santé pour l'amélioration du système de soins, il sera nécessaire de définir une nouvelle gouvernance des données de santé.

Le Haut conseil pour la santé publique propose deux modèles[48] de gouvernance, en précisant toutefois qu'une entité créée *ad hoc* ne se substituerait pas aux autorités délivrant les autorisations règlementaires d'accès aux données :

---

[48] HCSP. *Pour une meilleure utilisation des bases de données nationales pour la santé publique et la recherche*, collection documents, mars 2012 – p. 40

- Gouvernance décentralisée : chaque organisme public gestionnaire de bases de données fixe des règles explicites d'accès (incluant une politique tarifaire et la possibilité de refuser l'accès à ses données) et met en place un « guichet » destiné à traiter les demandes et accompagner les demandeurs ;
- Gouvernance centralisée : une structure centrale gère un guichet unique et fait office d'interface entre les demandeurs et les organismes gestionnaires de bases de données, selon des règles homogènes et sous le contrôle d'une instance de gouvernance unique.

Cette gouvernance devra s'accompagner d'une prise en compte de la dimension de santé publique dès la conception des systèmes d'information partagés de santé. Par exemple, en prévoyant dans l'architecture des projets, à côté de la fonction de production de soins, une fonction destinée à produire de la connaissance et une fonction de retour d'information permettant de valoriser les personnes qui les produisent, les professionnels de santé.

De manière concomitante à l'élargissement de l'accès aux données de santé, devront être prises des mesures dites d'*empowerment*, destinées à informer et même former dans certains cas les patients à toutes ces nouvelles situations dans le cadre de leurs parcours de santé.

Conclusion

Les dispositifs juridiques et techniques mis en place pour prévenir toute utilisation abusive des données personnelles de santé et encadrer leur gestion par un tiers traduisent l'importance attachée par le législateur à la sécurité du traitement de ces données.

Toutefois, l'explosion récente des outils électroniques de partage et d'échange de données, et les usages qui en découlent doivent être pris en compte par les pouvoirs publics afin de fournir un cadre juridique et technique adapté, capable de protéger les droits des personnes mais aussi d'accompagner une vraie révolution technologique qui doit être mise au service de la santé publique.

Le secteur de la santé, les défis auxquels il se trouve confronté et la nature des réponses possibles à apporter, illustrent, comme dans d'autres secteurs économiques, le rôle majeur du numérique comme outil de transformation.

L'INTÉRÊT LÉGITIME DU RESPONSABLE DE TRAITEMENT *VERSUS* DROITS DES PERSONNES : À LA RECHERCHE D'UN ÉQUILIBRE

par Amandine DELSUC et Stéphanie FABER

L'intérêt légitime est l'un des critères permettant de légitimer un traitement de données personnelles autrement que par le consentement des personnes concernées. Il ne peut être utilisé que pour autant que l'intérêt ou les droits et libertés fondamentaux des personnes concernées ne doivent pas prévaloir. Cette restriction semble rendre son application difficile. Pourtant, en pratique, ce critère est fréquemment mis en œuvre. Le Groupe Article 29 (G29) a publié un avis sur l'intérêt légitime dans lequel il présente une méthodologie, basée sur toute une série de facteurs clés, pour évaluer quel intérêt doit prévaloir selon le cas. En tout état de cause, le droit d'opposition doit être préservé. Le G29 recommande que cette méthodologie soit intégrée dans le futur Règlement européen.

Dans son arrêt retentissant à l'encontre de *Google Inc.* du 13 mai 2014[49], la Cour de Justice de l'Union Européenne a mis en balance des droits fondamentaux que l'on voit souvent opposés dans les cas de traitement en ligne de données personnelles, à savoir le droit d'informer et d'accéder à l'information d'un côté et le droit au respect de la vie privée et de ses données personnelles d'un autre côté. Si le respect de la vie privée a triomphé dans le cas d'espèce,

[49] Cour de Justice de l'Union Européenne, 13 mai 2014, C-131/12 Google Spain SL, Google Inc. / Agencia Española de Protección de Datos, Mario Costeja Gonzáles

il eut suffi que la personne concernée soit une personne publique, ou bien que l'article référencé par *Google Inc.* ne soit pas obsolète, pour que la mise en balance conduise possiblement à faire prévaloir le droit à l'information.

L'utilisation de « l'intérêt légitime » comme fondement juridique de la licéité d'un traitement à caractère personnel conduit de la même façon à réaliser cet exercice délicat de mise en balance de droits et intérêts divergents.

Le sujet est d'autant plus d'actualité que le « groupe de l'article 29 » ou « G29[50] » a rendu récemment un avis (n° 06/2014 d'avril 2014[51]. De façon inhabituelle, cet avis s'accompagnait d'une consultation publique, ce qui semblait avoir pour objectif d'influencer la future règlementation européenne.

I. L'intérêt légitime : une notion très étendue

I.1. Les textes

Lorsqu'une entité juridique décide de mettre en œuvre un traitement de données à caractère personnel, il lui appartient de s'assurer que les conditions de licéité de ce traitement sont respectées (articles 6 à 10 de la loi 78-17 du 6 janvier 1978 modifiée ou « Loi Informatique

---

[50] Le groupe de travail « article 29 » sur la protection des données ou « G29 » a été institué par la directive 95/46/CE du Parlement européen et du Conseil du 24 octobre 1995 relative à la protection des personnes physiques à l'égard du traitement des données à caractère personnel et à la libre circulation de ces données. Le G29 se compose(i) d'un représentant de (des) l'autorité(s) de contrôle désignée(s) par chaque État membre; (ii) d'un représentant de (des) l'autorité(s) mise(s) en place pour les institutions et organes de l'UE; d'un représentant de la Commission européenne. Le G29 bénéficie d'un caractère consultatif, agit en toute indépendance et ne reflète pas la position de la Commission européenne.

[51] Groupe Article 29. *Opinion 06/2014 on the notion of legitimate interest of the data controller under Article 7 of the Directive 95/46 EC*, 9 avril 2014. L'AFCDP a réalisé une traduction de ce document, à disposition de ses membres.

et Libertés »). L'article 7 liste en particulier les différents fondements juridiques sur lesquels un responsable de traitement est susceptible de s'appuyer, à savoir :

- le consentement de la personne concernée ;
- le respect d'une obligation légale incombant au responsable du traitement ;
- la sauvegarde de la vie de la personne concernée ;
- l'exécution d'une mission de service public dont est investi le responsable ou le destinataire du traitement ;
- l'exécution, soit d'un contrat auquel la personne concernée est partie, soit de mesures précontractuelles prises à la demande de celle-ci ;
- la réalisation de l'intérêt légitime poursuivi par le responsable du traitement ou par le destinataire, sous réserve de ne pas méconnaître l'intérêt ou les droits et libertés fondamentaux de la personne concernée.

Il faut noter que, bien que l'article 7 de la loi Informatique et Libertés présente, dans sa formulation même, le consentement comme le fondement par défaut, il ne constitue en fait qu'un fondement parmi six autres justifications possibles pour mettre en œuvre un traitement. Il nous semble même que le recueil du consentement préalable de la personne concernée est loin de constituer la règle en matière de données personnelles.

L'article 7 5°) permet en particulier au responsable de traitement de ne pas recueillir le consentement préalable dès lors que le traitement mis en œuvre s'inscrit dans la réalisation d'un « intérêt légitime » sous les réserves qui suivent. Cet article reprend le principe de l'article 7 de la Directive 95/46[52]. Ce fondement n'est repris ni en matière de traitement des données dites « sensibles[53] », ni pour le transfert de données hors de l'Union Européenne[54].

I.2. Absence de définition de l'« intérêt légitime »

La Directive 95/46 et la Loi Informatique et Libertés posent toutes deux, au préalable, l'exigence d'une « finalité déterminée, explicite et légitime »[55] pour tout traitement de données personnelles. Selon le G29, dans l'opinion sus visée, il faudrait distinguer la « finalité légitime » de l'« intérêt légitime ». Pourtant il nous semble qu'il s'agit de la même chose, la finalité et l'intérêt se confondent. La véritable différence tient à ce que le responsable de traitement doit, davantage encore que dans d'autres circonstances, être attentif aux droits fondamentaux des personnes concernées.

---

52 « Les États membres prévoient que le traitement de données à caractère personnel ne peut être effectué que si : a) la personne concernée a indubitablement donné son consentement ou b) il est nécessaire à l'exécution d'un contrat auquel la personne concernée est partie ou à l'exécution de mesures précontractuelles prises à la demande de celle-ci ou c) il est nécessaire au respect d'une obligation légale à laquelle le responsable du traitement est soumis ou d) il est nécessaire à la sauvegarde de l'intérêt vital de la personne concernée ou e) il est nécessaire à l'exécution d'une mission d'intérêt public ou relevant de l'exercice de l'autorité publique, dont est investi le responsable du traitement ou le tiers auquel les données sont communiquées ou f) il est nécessaire à la réalisation de l'intérêt légitime poursuivi par le responsable du traitement ou par le ou les tiers auxquels les données sont communiquées, à condition que ne prévalent pas l'intérêt ou les droits et libertés fondamentaux de la personne concernée, qui appellent une protection au titre de l'article 1er paragraphe 1. ».

53 Directive 95/46/CE du Parlement européen et du Conseil, du 24 octobre 1995, relative à la protection des personnes physiques à l'égard du traitement des données à caractère personnel et à la libre circulation de ces données Journal officiel n° L 281 du 23/11/1995 p. 0031 – 0050, Art. 8 Article 8 de la Directive 95/48 et de la Loi Informatique et Libertés

54 Directive op.cit. Art. 26,1 Article 26, 1 de la Directive 95/48 et 69 de la Loi Informatique et Libertés

55 Directive op.cit. Art. 6 1. b) Article 6 1. b) de la Directive 95/46, Article 6, 2° de la loi informatique et Libertés

D'ailleurs, le G29 indique que l'exercice de prise en compte des droits fondamentaux des personnes concernées doit aussi se faire lorsque le traitement est légitimé sur la base d'autres fondements, et notamment un traitement nécessaire à l'exécution d'un contrat ou encore un traitement avec le consentement de la personne concernée, cette prise en compte étant, par définition, nécessaire. Bien entendu le traitement devra aussi respecter tous les autres principes légaux, tels que, notamment, la proportionnalité, le caractère loyal, la durée déterminée, le caractère exact, à jour et complet des données.

Le G29 souligne dans son avis[56] : « [qu]'un intérêt peut être considéré comme légitime dans la mesure où il peut être poursuivi par le responsable de traitement d'une manière qui soit en conformité avec les lois et règlements en vigueur, y compris la réglementation sur les données personnelles. En d'autres termes, l'intérêt légitime doit être acceptable au titre de la loi. »

En quelque sorte, l'intérêt légitime constitue l'aspect le plus « libéral » du droit afférent à la protection des données personnelles. Il permet de procéder à un traitement sans autre fondement ou autorisation que le seul intérêt légitime. Et même dans un régime libéral, la limite du droit des uns est constituée par le droit des autres.

L'intérêt légitime peut prendre des formes multiples allant de l'exercice d'un droit fondamental (comme par exemple la protection du droit de propriété intellectuelle ou plus généralement du droit de propriété), la protection d'intérêts personnels du

---

[56] Groupe Article 29, *Opinion 06/2014 on the notion of legitimate interest of the data controller under Article 7 of the Directive 95/46 EC*, 9 avril 2014, p. 25

responsable de traitement ou d'importants intérêts sociaux des destinataires, à des situations moins évidentes ou plus complexes. L'intérêt d'une communauté plus large donne plus de poids dans la balance.

Selon le G29, l'intérêt légitime doit, en tout état de cause être :

- légal (en droit européen ou local) ;
- suffisamment défini et précis (et non vague ou fourre-tout) ;
- actuel (et non potentiel ou éventuel).

I.3. Des exemples

Le G29 liste les intérêts suivants comme étant susceptibles de constituer un intérêt légitime :

- l'exercice du droit à la liberté d'expression ou d'information, notamment dans les médias et dans l'art ;
- le marketing direct conventionnel et toutes autres formes de marketing ou de publicité ;
- l'envoi de messages non sollicités à des fins non commerciales (notamment en politique et dans le milieu caritatif) ;
- le recouvrement de créances (notamment par procédure extra-judiciaire) ;
- la prévention de la fraude, de l'usage abusif ou détournée de services, ainsi que du blanchiment d'argent ;
- le contrôle du personnel pour des raisons de management ou de sécurité ;
- les dispositifs d'alertes professionnelles ;
- la sécurité physique, la sécurité des réseaux et des systèmes d'information ;

- les traitements à des fins historiques, scientifiques ou statistiques ;
- les traitements à des fins de recherche (dont la recherche en marketing).

L'appréhension et l'utilisation de la notion d'intérêt légitime s'illustrent en particulier dans des domaines comme celui de la mercatique. Dans une économie de marché, le marketing est un intérêt légitime indéniable du responsable de traitement et pour lequel l'obligation du consentement représente une contrainte ou un obstacle significatif. Il s'agit d'un domaine où l'équilibre entre les droits en présence est sans cesse réévalué à l'aune des possibilités offertes par l'évolution technologique. Le législateur a d'ailleurs jugé nécessaire d'intervenir dans ce domaine pour fixer certaines règles du jeu, comme par exemple :

- le marketing par automate d'appel, fax, sms ou courriel qui requiert un *opt in* et le marketing par courriel pour des biens et services similaires qui ne requiert qu'un *opt out*[57] ;
- la nouvelle réglementation française[58] sur le démarchage par téléphone permettant aux personnes concernées de s'inscrire sur une liste d'opposition et obligeant le professionnel non seulement à ne pas démarcher celles inscrites sur la liste, mais aussi à informer le consommateur de cette possibilité d'inscription[59] ;

---

[57] Code des postes et communication électroniques, art. L34-5

[58] Loi relative à la consommation, 17 mars 2014, n° 2014-344.

[59] Code de la consommation, art. L.121-34

– la collecte de données par les cookies et technologies similaires pour lesquels la loi[60] a notamment distingué les cookies « ayant pour finalité de permettre ou faciliter la communication par voie électronique » de ceux « strictement nécessaire à la fourniture d'un service de communication en ligne à la demande expresse de l'utilisateur » qui ne requièrent pas de consentement, ni même d'*opt-out.*

Pour autant, la loi ne peut pas traiter toutes les situations dans ce domaine et l'évaluation de l'équilibre est aussi accompagnée par la *soft law*, comme par exemple les recommandations de la CNIL, comme celle complétant les règles sur les cookies par la distinction des mesures d'audiences[61]; les avis du G29, comme par exemple l'avis 2/2010 sur la publicité comportementale en ligne, l'avis 16/2011 sur le code de bonnes pratiques de l'Alliance Européenne pour l'Éthique en Publicité (AEEP) et de l'*Interactive Advertising Bureau* (IAB) en matière de publicité comportementale en ligne ou encore l'avis 02/2013 sur les applications destinées aux dispositifs intelligents.

En matière de gestion des ressources humaines, de nombreux groupes se sont dotés de procédures (par exemple d'évaluation des performances ou de formation) qui ne sont ni exigées par la loi, ni objectivement nécessaires à l'exécution d'un contrat de travail, mais qui correspondent à l'intérêt légitime de l'employeur, voire du

---

60 Loi Informatique et Libertés, 6 janvier 1978 modifiée, n°78-17, art. 32 II introduit par l'ordonnance du 24 août 2011 pour la transposition de la directive 2002/58/CE vie Privé et communications électroniques telle que modifiée par la directive 2009/136/CE

61 CNIL. Délibération n° 2013-378 du 5 décembre 2013 portant adoption d'une recommandation relative aux Cookies et aux autres traceurs visés par l'article 32-II de la loi du 6 janvier 1978

groupe de sociétés auquel il appartient, surtout lorsque cela implique le partage des données avec la maison mère en dehors de l'Union Européenne. Or, il faut rappeler la position française (et du G29) selon laquelle le consentement des employés ne peut pas être utilisé dans ce cas, ces derniers n'étant pas véritablement libres de refuser. Face à la globalisation des procédures internes (facilitée par l'évolution technologique) et aussi à l'organisation matricielle de certaines sociétés, les responsables de traitements ont été amenés à avoir recours, souvent sans même en avoir conscience, à la clause de l'intérêt légitime. De même, la CNIL a été amenée à accepter les déclarations correspondantes.

Il est à noter que pour ce genre de traitement, un équilibre est à préserver avec les droits ou libertés fondamentaux des employés. En effet, même s'il est par exemple légitime de vouloir protéger l'activité de l'entreprise par une surveillance des salariés ou par l'accès à leur courriels, cela ne pourra pas aller jusqu'à l'accès de l'employeur aux correspondances privées qui sont protégées par le droit fondamental du secret des correspondances.

En matière d'alertes professionnelles la CNIL a récemment rendu possible, de façon très notable, l'intérêt légitime. En effet dans sa modification en début d'année 2014 de l'autorisation unique sur les alertes professionnelles[62], la CNIL a non seulement augmenté le nombre de sujets sur lesquels les alertes sont autorisées[63] mais aussi

---

[62] CNIL. Délibération n° 2014-042 du 30 janvier 2014 modifiant l'autorisation unique n° 2005-305 du 8 décembre 2005 n° AU-004 relative aux traitements automatisés de données à caractère personnel mis en œuvre dans le cadre de dispositifs d'alerte professionnelle

[63] Dorénavant sont autorisées, les alertes dans les domaines suivants : 1. Financier, comptable, bancaire et de la lutte contre la corruption ; 2. Pratiques anticoncurrentielles ; 3. Lutte contre les discriminations et le harcèlement au travail ; 4. Santé, hygiène et sécurité au travail ; 5. Protection de l'environnement (alors que précédemment seul le 1 et 2 étaient autorisés).

prévu que pour chacun de ces domaines le traitement est autorisé « dès lors que la mise en œuvre de ces traitements répond à une obligation légale [française[64]] ou à un intérêt légitime dans ces domaines » (auparavant, le traitement devait correspondre à une obligation légale et l'intérêt légitime n'était admis que pour les traitements de conformité à la loi américaine dite « Sarbanes-Oxley » ou SOX et à son équivalent japonais). Il n'y a donc plus de limitation à ce qui est requis par le droit français. Cette évolution est significative car elle va dans le sens d'une plus grande flexibilité et de la reconnaissance de certaines contraintes de conformité dans les groupes internationaux. D'ailleurs l'autorisation unique elle-même a été adoptée pour cette raison en 2005 (à savoir, permettre aux sociétés dont les actions sont cotées en bourse aux États-Unis de respecter SOX, alors même que le respect d'une loi américaine n'est pas considéré comme une obligation légale en France).

Si l'appréhension de la notion d'intérêt légitime peut sembler somme toute assez simple tant son acception est large, l'exercice de mise en perspective de l'intérêt légitime poursuivi au regard de l'intérêt ou des droits et libertés fondamentaux de la personne concernée, ainsi que le prévoit l'article 7-5°, s'avère beaucoup plus ardu. Il s'agit en effet de mettre en balance l'intérêt et les droits de chacun et de déterminer lesquels doivent prévaloir.

II. Intérêt légitime *versus* motif légitime : pondération similaire, temporalité différente

Par définition, si la mise en œuvre du traitement repose sur l'article 7-5°, ce traitement ne répond pas à une obligation légale. Aussi, le droit d'opposition pour des motifs légitimes est recevable.

---

[64] Précision des auteurs

L'exercice de mise en perspective de droits et d'intérêts divergents est susceptible dès lors d'avoir lieu en deux temps : lors de la mise en œuvre du traitement puis lors de l'exercice du droit d'opposition. En effet, la légitimité de l'intérêt poursuivi par le responsable de traitement fait écho à la légitimité du motif invoqué par la personne concernée lorsqu'elle fait valoir son droit à s'opposer au traitement.

Ainsi, lors de la mise en œuvre d'une opération de marketing direct consistant à solliciter par voie postale des clients, le fondement juridique est bien l'intérêt économique de l'entreprise à développer sa clientèle, intérêt considéré comme légitime. Celui-ci s'appréhende au regard du droit au respect de la vie privée des personnes concernées. La sollicitation par voie postale n'est à ce jour pas considérée comme suffisamment intrusive au regard de la vie privée et bénéficie dès lors du fondement de l'article 7-5° dès lors que les droits des personnes résultants de la Loi Informatique et Libertés sont respectés. Le régime d'un tel traitement au regard du droit des personnes est l'information préalable.

Cependant, si la personne concernée vient à exercer son droit d'opposition au traitement, il convient d'appréhender à nouveau la légitimité de l'intérêt poursuivi par le responsable de traitement au regard des intérêts particuliers de la personne agissant. Dans le cas précis des sollicitations marketing par voie postale, il est aisé de déterminer quel intérêt doit prévaloir dès lors que le droit d'opposition à la prospection commerciale est explicitement prévu dans la loi[65].

---

[65] Loi Informatiques et Libertés, 6 janvier 1978 modifiée, n°78-17, art.38 : « toute personne physique a le droit de s'opposer, pour des motifs légitimes, à ce que des données à caractère personnel la concernant fassent l'objet d'un traitement. Elle a le droit de s'opposer, sans frais,

Ainsi, le droit à la tranquillité doit prévaloir sur l'intérêt économique de l'entreprise dès lors que la personne concernée fait valoir expressément ses droits. Pour autant, la pondération des intérêts et droits respectifs n'est pas toujours aussi évidente et nécessite une appréciation au cas par cas. Ainsi que le souligne le G29, la plupart des droits fondamentaux sont en effet considérés comme de valeur relative : ils sont susceptibles de trouver leurs limites dans l'affirmation d'autres droits fondamentaux.

Les droits fondamentaux de valeur absolue, en ce qu'ils ne souffrent aucun compromis, sont peu nombreux. Il s'agira par exemple du droit de ne pas subir de tortures ainsi que de ne pas être traité de manière inhumaine ou dégradante. Par opposition, le droit au respect de la vie privée, le droit à la liberté d'expression ou bien encore le droit à la liberté de pensée, de conscience et de religion sont des droits de valeur relative : leur primauté s'affirme au regard d'un contexte particulier.

Le G29 note par ailleurs que la notion de « l'intérêt » de la personne concernée est plus large que celle du responsable de traitement, puisqu'elle n'inclut pas la notion de « légitimité » (il peut s'agir par exemple du droit à s'opposer à la divulgation publique de violations de la loi, commises par la personne concernée).

Selon le G29 :

– lorsque seul un *opt-out* pour « motif légitime » est possible, il faut s'assurer qu'un mécanisme facile à utiliser est en place pour permettre de réévaluer si l'équilibre reste

---

à ce que les données la concernant soient utilisées à des fins de prospection, notamment commerciale, par le responsable actuel du traitement ou celui d'un traitement ultérieur [...] »

préservé ou s'il faut au contraire faire prévaloir les droits de la personne concernée en cessant de traiter ses données ;

- si l'*opt-out* est inconditionnel, il faut s'assurer que le choix de la personne concernée est effectivement respecté.

III. La pondération d'intérêts et de droits opposés : un exercice incertain, source d'insécurité juridique

Les dispositions du 5e de l'article 7, résultant directement de la directive 95/46/CE du 24 octobre 1995, ont manifestement pour objectif de faire prévaloir un certain pragmatisme, afin de ne pas faire peser sur le responsable de traitement des exigences trop lourdes au regard du traitement mis en œuvre. Cependant, ces dispositions sont également particulièrement obscures et susceptibles d'interprétations diverses. La jurisprudence du tribunal de grande instance de Paris sur l'affaire Note2be.com[66] en constitue le parfait exemple.

Le site internet Note2be.com proposait en effet aux élèves de noter leurs enseignants, nommément désignés. Les syndicats d'enseignants ont saisi le juge des référés aux fins d'obtenir le retrait des informations nominatives afférentes aux enseignants concernés. Pour faire droit à la demande des syndicats, le juge des référés s'emploie justement à déterminer quels intérêts et droits doivent prévaloir. Sont dès lors pondérés d'un côté, le principe de la liberté de communication au public en ligne ainsi que la liberté d'expression des élèves et, de l'autre, les droits de la personnalité des enseignants. Dans le cas d'espèce, ce sont les intérêts et droits

---

[66] TGI de Paris, Ordonnance de référé du 3 mars 2008, affaire SNES FSU et autres / Note2be.com : « […] Que la liberté d'expression des élèves, dans la mesure où elle se trouve déjà assurée au sein des établissements, peut de ce fait subir sur le site litigieux une limitation raisonnable en présence des droits et intérêts légitimes des enseignants ».

des enseignants que prévaudront. Or, la Cour Fédérale allemande de Karlsruhe s'est également prononcée sur une affaire tout à fait similaire[67]. Un professeur de lycée avait en effet poursuivi en justice le site Internet « spickmich.de », lequel permet aux élèves de noter, de manière anonyme, leurs professeurs. A l'instar de l'argumentaire des professeurs français, il était invoqué notamment une atteinte aux droits de la personnalité. Si la règle est censée être la même pour tous les pays européens, la Cour de Justice de l'Union Européenne ayant reconnu l'effet direct de l'article 7 de la directive 95/46/CE[68], son interprétation varie. Le juge allemand s'est en effet prêté au même exercice que le juge français, mais a conclu, à l'inverse, que la liberté d'expression des élèves devait primer.

Il est intéressant de noter que pour procéder à cette évaluation, tant le juge allemand que le juge français se sont penchés sur l'ensemble des modalités concrètes de mise en œuvre du traitement. Ainsi que le souligne dans l'affaire citée la vice-présidente de la Cour allemande, Gerda Müller, il est impossible de se prononcer de manière générale sur la licéité de tels sites internet, l'appréciation au cas par cas s'imposant. L'exercice de pondération résultant nécessairement de l'article 7 f) de la Directive 95/46/CE conduit ainsi à apprécier l'ensemble des éléments de licéité d'un traitement de données à caractère personnel (nature et qualité des données, modalités de collecte, sensibilité du traitement, droits des personnes, etc.).

---

67 Allemagne. Bundesgerichtshof: Spickmich.de, Urteil v. 23.06.2009, Az. VI ZR 196/08

68 CJUE, Affaires jointes C-468/10 et C-469/10 - Asociación Nacional de Establecimientos Financieros de Crédito (ASNEF) et Federación de Comercio Electrónico y Marketing Directo (FECEMD) contre Administración del Estado

Le juge des référés relève ainsi que les critères d'évaluation seraient peu fiables, pouvant « conduire à une appréciation biaisée, aussi bien dans un sens excessivement favorable que défavorable ». Il souligne par ailleurs, à l'encontre du site, la recherche manifeste de profits, via les annonces publicitaires et semble sous-entendre que la recherche d'un profit ne saurait constituer un intérêt légitime[69]. Les critères d'évaluation du site allemand ne sont pas davantage objectifs et son modèle pas moins mercantile. Pour autant, cela n'a manifestement pas été considéré par le juge allemand comme des éléments suffisants pour constituer une limite à la liberté d'expression. Si de telles divergences d'interprétation sont constatées entre les différents pays européens, elles sont également possibles entre les différents acteurs de la protection des données que sont le juge judiciaire, le juge administratif et la CNIL. L'insécurité juridique est ainsi partagée par tous les acteurs, qu'ils soient nationaux ou européens.

IV. Des pistes d'amélioration pour limiter cette insécurité juridique ?

IV.1. Définition d'une méthodologie par le G29

Le G29, dans son avis sur l'intérêt légitime du responsable de traitement, demeure pragmatique et ne recommande pas d'encadrer de manière trop précise la notion d'intérêt légitime du responsable de traitement. Il y propose une méthodologie et une grille d'analyse très détaillée. Selon cet avis, il ne faut en effet pas se contenter de jauger deux intérêts opposés mais tenir compte de toute une série de facteurs. Les différents éléments retenus relèvent généralement du

---

69 Jean Frayssinet, « *Note2be.com »: la notation ou pas des enseignants, telle est la question...* Lamy Droit de l'immatériel 2008/38, n°1169, p.30

bon sens (du moins du point de vue des spécialistes de la protection des données personnelles), mais l'importance de la réflexion préalable requise est, il faut l'admettre, quelque peu décourageante.

Il s'agit fondamentalement de ne plus pêcher par ignorance ou par négligence et, au contraire, d'intégrer un processus de réflexion relevant du *Privacy by Design*, la méthodologie reposant sur les étapes suivantes :

- évaluation de l'intérêt légitime du responsable de traitement ;
- évaluation de l'impact du traitement sur les personnes concernées ;
- première pondération, provisoire, des droits et intérêts de chacun ;
- prise en compte des mesures supplémentaires mises en œuvre par le responsable de traitement pour éviter les effets indésirables sur les personnes concernées ;
- constat sur la licéité ou pas du traitement en vertu de l'article 7 f) de la Directive 95/46/CE.

Le G29 présente un plan d'action dans lequel il identifie notamment les points suivants :

- déterminer si le traitement est nécessaire pour les besoins exprimés :
    - il faut considérer s'il n'y a pas de moyens moins intrusifs.
- établir une évaluation provisoire de l'équilibre :
    - prendre en considération les intérêts du responsable de traitement (droits fondamentaux, autres intérêts, intérêts publics) ;

  - évaluer le préjudice qui serait subi par le responsable de traitement, les tiers ou une communauté plus large si le traitement n'était pas mis en œuvre ;
  - prendre en compte la nature des données (sont-elles par exemple sensibles au sens strict ou au sens large ?) ;
  - considérer le statut des personnes concernées (mineurs, employés…) et du responsable de traitement (par exemple, s'il est en position dominante) ;
  - prendre en compte la façon dont les données sont traitées (à grande échelle, « data mining », profilage, publication ou divulgation à un large public…) ;
  - identifier les intérêts, droits ou libertés fondamentaux qui pourraient être impactés ;
  - s'interroger sur les attentes raisonnables des personnes concernées ;
  - évaluer les impacts sur les personnes concernées et comparer avec les bénéfices attendus. L'impact est une notion plus large que l'atteinte aux droits ou aux libertés.
- effectuer une évaluation finale en intégrant des éléments de sauvegarde additionnels, tels que :
  - la minimisation des données (limitation au moment de la collecte ou suppression après utilisation) ;
  - des mesures techniques et organisationnelles afin d'assurer que les données ne puissent pas servir à la prise de décisions ou d'autres actions concernant

des individus (qualifié de « séparation fonctionnelle ») ;
    - un recours extensif aux techniques d'anonymisation, d'agrégation de données, de technologies renforçant la protection de la vie privée, la prise en compte de la protection des données dès la conception (*privacy by Design* et *privacy* par défaut) et les analyses d'impact ;
    - une transparence accrue, un droit général et inconditionnel d'opposition (ou d'*opt out*), la portabilité des données et les autres mesures permettant l'auto-détermination par les personnes concernées.
- démontrer le respect des principes et assurer la transparence :
    - documenter la réflexion sur les étapes susvisées avant la mise en œuvre du traitement ;
    - informer les personnes concernées des raisons faisant pencher la balance en faveur du responsable de traitement ;
    - mettre, le cas échéant, la documentation à la disposition des autorités comme la CNIL.

Le G29 précise que cette étape est modulable en fonction de la nature du traitement et du contexte. Une véritable « analyse d'impact » comme celle prévue dans le projet de Règlement[70] ne serait nécessaire que dans les cas à haut risque pour les personnes concernées.

---

[70] Article 33 de la proposition de règlement

IV.2. Intégration dans le futur règlement

La proposition de règlement de janvier 2012[71] contient un certain nombre de dispositions, y compris dans les considérants, qui traitent du critère de l'intérêt légitime[72]. Le principe reste (presque) inchangé mais certains points sont précisés et notamment :

- le texte identifie des cas où le traitement est justifié par un intérêt légitime[73] ;
- le texte exclu l'application de ce critère aux traitements effectuée par des autorités publiques ;
- la proposition de Règlement envisage qu'il puisse dans ce cas ne pas y avoir de droit d'opposition (article 19.1)[74].

Le texte adopté par le Parlement européen le 12 mars 2014 sur la base du rapport définitif de la commission LIBE du 21 novembre 2013[75], apporte un certain nombre de changements et notamment :

---

[71] 2012/0011 (COD) Proposition de règlement du Parlement Européen et du Conseil relatif à la protection des personnes physiques à l'égard du traitement des données à caractère personnel et à la libre circulation de ces données (règlement général sur la protection des données) Lien vers la version française : http://ec.europa.eu/justice/data-protection/document/review2012/com_2012_11_fr.pdf

[72] Considérants 38, 39, 56 et 88 et articles 6.1 f) et 6.5, 19.1, 44.1 h) et 83.2

[73] L'utilisation de données de trafic pour garantir la sécurité du réseau et des informations, la publication de données par des organismes effectuant des recherches historiques, statistiques ou scientifiques, ainsi que le cas de la protection des enfants où la vigilance est particulièrement de mise.

[74] Le droit d'opposition y est particulièrement mis en exergue mais, bizarrement, le propos est inversé dans l'article 19.1 qui prévoit que « La personne concernée a le droit de s'opposer à tout moment, pour des raisons tenant à sa situation particulière, à ce que des données à caractère personnel fassent l'objet d'un traitement fondé sur l'article 6, paragraphe 1, points d), e) et f), à moins que le responsable du traitement n'établisse l'existence de raisons impérieuses et légitimes justifiant le traitement, qui priment les intérêts ou les libertés et droits fondamentaux de la personne concernée. »

[75] *Report on the proposal for a regulation of the European Parliament and of the Council on the protection of individuals with regard to the processing of personal data and on the free*

- identifie d'autres situations relevant de l'intérêt légitime[76] ;
- ajoute « l'attente raisonnable des personnes concernées compte tenu de leur relation avec le responsable de traitement » comme un élément de plus à prendre en compte dans la balance ;
- exclut le critère de l'intérêt légitime dans de cadre de certaines activités de profilage[77] ou le transfert de données hors de l'Union Européenne ;
- prévoit que le droit d'opposition ne nécessite pas de justification et n'occasionne pas de frais dans le cas de l'intérêt légitime.

Dans son avis, le G29 prend position sur les points suivants :

- plutôt que d'essayer de prévoir les cas d'intérêt légitime ou les cas dans lesquels les droits de la personne concernée prévalent, les considérants du futur règlement devraient définir les éléments clés à retenir lors de l'exercice d'évaluation des droits et intérêts prédominants. Ceci devrait notamment permettre de conserver davantage de flexibilité ;
- prenant malgré tout en considération les risques d'insécurité juridique et d'application hétérogène d'une

movement of such data (General Data Protection Regulation) (COM(2012)0011 – C7-0025/2012 – 2012/0011(COD)) Committee on Civil Liberties, Justice and Home Affairs, Rapporteur: Jan Philipp Albrecht

76 Mesures d'exécution à l'encontre des personnes concernées comme le recouvrement de créance ou l'action en dommage et intérêts ou autres actions en réparation ; le marketing direct de produits ou services similaires ou marketing direct par courrier ; le traitement des coordonnées de contacts professionnels ; ou encore le traitement de données rendues manifestement publiques par la personne concernée.

77 Profilage menant à des mesures produisant un effet légal ou un effet similaire affectant les intérêts ou droits ou libertés des personnes concernées (et notamment une discrimination sur la base des données sensibles, parmi lesquelles la race ou les convictions politiques).

règle juridique difficile à appréhender, il suggère en outre de confier au futur « Comité Européen de la Protection des Données[78] » la tâche de définir plus avant des référentiels et méthodes pour harmoniser les modalités de pondération des droits et intérêts fondamentaux ;

- le texte devrait aussi prévoir que le responsable de traitement documente le processus d'évaluation ;
- les personnes concernées devraient être informées des raisons pour lesquelles leurs droits ne prévalent pas sur l'intérêt légitime du responsable de traitement ou des destinataires.

IV.3. Le débat

La notion d'intérêt légitime fait par ailleurs l'objet de débats au sein des institutions européennes dans le cadre de la réforme du cadre relatif à la protection des données à caractère personnel.

Pour certains, justifier un traitement par « l'intérêt légitime » devrait être la règle et non l'exception. Pour d'autres, ce critère de licéité ne doit pas devenir la boîte de Pandore ou le moyen d'échapper à la réglementation.

La question est particulièrement intéressante dans le cadre du débat sur le « tout consentement ». En effet, la règle première de la réglementation est celle de l'obtention du consentement des personnes concernées, tantôt exprès, tantôt implicite, en tous les cas éclairé, à supposer cependant qu'il puisse être libre. Le projet de

[78] Le comité européen de la protection des données, créé par la proposition de règlement (article 64) se compose des directeurs des autorités de contrôle de tous les États membres et du contrôleur européen à la protection des données. Le comité a vocation à se substituer à l'actuel « G29 ».

Règlement penche vers une systématisation du consentement explicite[79]. Pourtant, il apparaît qu'aujourd'hui, dans un certain nombre de cas, le consentement est donné à la va-vite (soit par insouciance, soit en raison d'une information indigeste) et donc sans atteindre le but recherché, qui est la protection de l'individu. Face à cette situation, certains estiment que la réglementation doit s'éloigner d'un modèle centré sur l'auto détermination par la personne concernée (le consentement étant devenu plus une formalité qu'un véritable mode de contrôle) pour aller vers le modèle de la responsabilité de l'utilisateur des données (*data user accountabilty*[80]).

Le principe de responsabilité, ou en anglais d'*accountability*, est d'ailleurs l'un des concepts introduits, avec toute une série « d'outils » de mise en œuvre[81], dans le projet de règlement européen présenté le 25 janvier 2012 par la Commission européenne en vue de réformer en profondeur la protection des données personnelles. Quoi qu'il en soit, le G29 indique que l'intérêt légitime n'est pas une règle de la dernière chance pour les cas rares et imprévisibles, mais un outil d'une utilité véritable. Pour autant les recommandations pour sa mise en œuvre en font un outil très (trop ?) complexe.

---

79 Article 4 Définitions de la proposition de règlement « Aux fins du présent règlement, on entend par: […] (8) « consentement de la personne concernée »: toute manifestation de volonté, libre, spécifique, informée et explicite par laquelle la personne concernée accepte, par une déclaration ou par un acte positif univoque ».

80 Position exprimée par le professeur Victor Mayer Schönberger, au congrès annuel de l'IAPP Europe qui s'est tenu à Bruxelles les 10, 11 et 12 décembre 2013.

81 Article 22 de la proposition de règlement

V. Conclusion

Le critère de l'intérêt légitime du responsable de traitement ou destinataire des données semble constituer, en fait, la pierre angulaire du droit de la protection des données personnelles. Il reprend l'obligation sous-jacente à l'ensemble de la réglementation qui est d'évaluer l'impact d'un traitement (en soit licite et légitime) sur les « intérêts droits et libertés fondamentaux » des personnes concernées pour déterminer s'il peut être mis en œuvre ou non, le cas échéant accompagné de mesures de protection supplémentaires. On pourrait même s'interroger si ce critère ne devrait pas être la règle plutôt que l'exception. Nous resterons donc attentifs à l'évolution des débats sur cette notion fondamentale, présente à chaque phase d'un traitement automatisé de données à caractère personnel.

V. Conclusion

[illegible]

NI JURISTE, NI INFORMATICIENNE : JE SUIS QUALITICIENNE ... ET CIL !

par Isabelle CHARPENTIER

Certains pensent qu'appliquer la loi en matière de protection des données personnelles est une spécialité réservée aux juristes, tandis que maîtriser des traitements automatiques est plutôt du ressort des informaticiens. Mais comment s'assurer que la politique de protection des données personnelles est communiquée, comprise et appliquée par tous au sein de l'entreprise ? Réponse : en se servant des outils Qualité.

Les méthodes utilisées pour gérer un système qualité donnent du souffle à la démarche. Elles vont faciliter la mise en conformité des entreprises pour répondre aux exigences formulées par la Commission Nationale de l'Informatique et des Libertés. Les principes fondamentaux et la démarche qualité sont basés sur l'amélioration continue : le Correspondant Informatique et Libertés peut s'appuier sur ces mêmes principes pour gérer ses différents plans d'action. Dans mon cas, c'est facile, car je suis qualiticienne et CIL.

De la sécurité alimentaire à la sécurité des données personnelles

Après une expérience d'une dizaine d'années dans le secteur de la nutrition animale, je travaille depuis six ans dans le domaine du logement social. La nutrition animale, c'est le monde de l'industrie : la qualité s'y concentre essentiellement sur la production. Pour un bailleur social, si la qualité concerne aussi la production (des logements), elle intègre principalement les services associés. Cette notion de service est extrêmement importante dans notre secteur d'activité.

Comme toutes les entreprises, un spécialiste de la nutrition animale et un bailleur social ont en commun le besoin de conformité par rapport à la loi. Dans la nutrition animale, la sécurité des aliments répond à des règles strictes exprimées au travers des directives européennes : ne pas les respecter, c'est risquer de s'exposer à de lourdes pénalités. Dans ce secteur, parmi mes missions multiples, j'ai élaboré des procédures pour maîtriser l'utilisation des aliments médicamenteux : inventaire, stockage, préservation, dosage, identification, destruction ... Tout était défini. À mon arrivée dans le secteur du logement social, mon rôle ressemblait davantage à une généraliste de la qualité qu'à celui d'une spécialiste d'un domaine particulier. Je ne pensais pas y trouver une activité particulièrement risquée, comme la gestion des médicaments... avant de découvrir le thème de la protection des données personnelles. Dès lors, mon expérience m'a servie de base pour mettre en place la protection des données personnelles dans mon nouvel environnement : la qualité m'a permis de passer de la sécurité alimentaire à la sécurité Informatique et Libertés.

Le secteur du logement social regorge de données personnelles

Le logement social est plus connu sous le sigle HLM (Habitation à Loyer Modéré). Je travaille au sein d'un organisme qui compte 200 collaborateurs et qui rayonne sur plusieurs départements bretons. D'un point de vue Qualité, c'est très intéressant de gérer une démarche qui fait la part belle à la fois à la production et aux services. Concrètement, la production, c'est entre 600 et 900 logements construits chaque année. S'y ajoutent environ 25 % du chiffre d'affaires consacrés à la rénovation du parc immobilier. C'est de la production réelle, avec des pièces qui se mesurent en mètres carrés et de nombreux coefficients qui illustrent parfaitement la haute technologie des bâtiments actuels : Bâtiment Basse Consommation, passif ou Très Haute Performance Énergétique. C'est un domaine où le niveau d'exigence ne cesse d'augmenter, et de multiples normes définissent le niveau de qualité technique.

La qualité des services est plus difficile à mesurer, le cadre de référence étant plus flou. Pour valoriser l'image des HLM, les bailleurs sociaux de Bretagne ont depuis longtemps intégré la démarche qualité : elle est formalisée au travers des engagements d'une charte, baptisée *Charte Atout Service*. Pour mesurer le respect de la tenue de ces engagements, les vingt-deux organismes signataires participent régulièrement à des enquêtes de satisfaction : on se mesure pour s'améliorer.

Au travers de cette charte, l'organisme s'engage sur 6 items :

- accompagner pour une installation en toute sérénité ;
- être disponible et à l'écoute ;
- organiser les réparations quand elles sont à notre charge ;
- veiller à la sécurité des installations ;
- mettre tout en œuvre pour aider à bien vivre ensemble ;
- innover et être respectueux de l'environnement.

Nous avons donc d'un côté les logements et de l'autre les services associés. Au centre, les clients locataires et les accédants à la propriété. Pour les locataires, ce sont plus de 16.000 contrats de location à gérer, soit environ 35.000 personnes logées. Le premier contact avec une personne intéressée par un logement se traduit immédiatement par une collecte de données personnelles : nom, prénom, date de naissance, revenus, situation familiale.... Ces informations vont être traitées par de nombreux collaborateurs, que ce soit lors du passage en Commission d'Attribution du Logement, qu'au moment de la signature du contrat, de la remise des clés, de l'état des lieux d'entrée, de la prise en compte des demandes de dépannage jusqu'à la fin du contrat de location. Dans certains cas, le bailleur doit aussi gérer les troubles du voisinage, les incivilités – voire les actes de vandalisme -, et les difficultés plus ou moins importantes que rencontrent les locataires pour honorer leurs loyers.

Les bailleurs sociaux collectent et traitent de nombreuses données personnelles, dont certaines peuvent être sensibles, comme l'appréciation des difficultés sociales, et la CNIL prend en compte les particularités propres à ce secteur[82].

En toute bonne volonté, le souci de bien faire son travail peut aboutir à des écarts. Je cite souvent l'exemple de l'adaptation du logement : on croit avoir besoin de bien connaître la pathologie de l'occupant pour pouvoir adapter le logement à un handicap. Dans la réalité, la description des travaux à réaliser suffit : remplacer une baignoire par une douche, installer une ouverture automatique de porte ou motoriser des volets roulants. La qualité de service, c'est répondre aux besoins des personnes et donc, de bien les connaître. Mais jusqu'où peut et doit aller la connaissance des locataires ? Voici une question sur laquelle l'apport du CIL est indéniable.

---

82 Voir l'article de la CNIL relatif à la publication des nouvelles normes sur le logement social disponible à l'adresse suivante : http://www.cnil.fr/linstitution/actualite/article/article/logement-social-adoption-dun-pack-de-conformite/

Je propose d'être désignée CIL

C'est en recherchant les déclarations de traitement faites par mon organisme auprès de la CNIL que j'ai découvert le CIL et ses missions. Au début de l'année 2009, la direction générale m'a demandé de mettre à jour les déclarations existantes, suite au changement de notre logiciel de gestion. Les déclarations étaient vieilles de cinq ans (et pas forcément très faciles à retrouver). Mes collègues m'expliquent que « C'est pour la CNIL... Il y a des normes à respecter... On ne peut pas écrire tout ce qu'on veut... Il faut faire attention aux commentaires saisis dans le logiciel ». De fil en aiguille et en creusant un peu le sujet, je découvre les exigences de protection des données personnelles et le rôle du CIL pour y répondre. Très rapidement, je note que ses missions sont très proches de celles d'un responsable Qualité.

En effet, selon la norme ISO 9001 et son chapitre 5.5.2 consacré au représentant de la direction, « La direction doit nommer un membre de l'encadrement de l'organisme qui (...) doit avoir la responsabilité et l'autorité pour : assurer que les processus nécessaires au système de management de la qualité sont établis, mis en œuvre et entretenus ; rendre compte à la direction du fonctionnement du système de management de la qualité et de tout besoin d'amélioration ; assurer que la sensibilisation aux exigences du client dans tout l'organisme est encouragée. »

J'ai immédiatement fait le parallèle entre les exigences Qualité et celles formulées par la CNIL. Il me semble naturel qu'un responsable Qualité devienne CIL puisque les missions de ce dernier consistent à : établir, documenter une politique de sécurité informatique et libertés et vérifier sa mise en œuvre, formaliser un bilan annuel pour rendre compte à la direction, diffuser une culture

Informatique et Libertés au sein de toute l'entreprise. C'est donc en toute connaissance que j'ai proposé au directeur général d'être son Correspondant Informatique et Libertés, ce qu'il a accepté avec beaucoup d'intérêt d'autant qu'il y avait à l'époque peu de CIL dans le secteur du logement social.

Données personnelles et processus

La première version de la norme qualité ISO 9001, éditée en 1987, avait pour principe « Écrivons tout ce que nous faisons et faisons tout ce que nous écrivons ». Cette approche a produit des systèmes documentaires très lourds. La seconde mouture, publiée en 1994, met davantage l'accent sur la satisfaction des clients et introduit la notion d'efficience. Mais le système documentaire était toujours aussi exigeant. En 2000, l'Afnor (Association française de normalisation), édite une nouvelle version : la norme est revue en profondeur, le système documentaire est allégé et toutes les activités de l'entreprise sont décrites sous forme de processus : l'entreprise doit les formaliser et mettre en place une dynamique de pilotage basée sur l'amélioration continue. Dans cette logique, la protection des données personnelles peut être traitée au niveau de chaque processus. De cette façon, la culture Informatique et Libertés est déployée au sein de tout l'organisme, cette démarche de déploiement assurant une plus grande efficacité du dispositif.

Comment décrire un processus ? Dans le vocabulaire du responsable Qualité, le processus correspond à un ensemble d'activités corrélées ou interactives qui transforme des éléments d'entrée en éléments de sortie. C'est également une suite ordonnée d'opérations qui va aboutir à un résultat. Toutes les activités d'une entreprise peuvent être découpées en processus : les éléments de sortie d'un processus A correspondent aux données d'entrée du processus B.

Un processus peut être représenté sous forme d'un schéma mettant en évidence les données d'entrée, les ressources humaines et matérielles avec, au centre, l'enchaînement des activités aboutissant au produit et service fournis. Ainsi les activités permettant l'attribution d'un logement vont déboucher sur un contrat de location et un état des lieux : ce sont les éléments de sortie du processus « Commercialisation » (A). L'état des lieux est pris en compte lors du départ du locataire : c'est un élément d'entrée du processus « Fin de contrat » (B). Le contrat est pris en compte pour la facturation : c'est une donnée d'entrée pour le processus « Facturation » (C). En ce qui concerne les données personnelles, elles deviennent une donnée d'entrée des processus A, B et C : leur protection est définie comme une contrainte à prendre en compte dans tous les processus clients.

L'amélioration continue

Selon la norme ISO 9001, il existe trois types de processus : direction, clients et supports. Les processus de direction définissent la stratégie, les priorités, les objectifs et les moyens nécessaires pour assurer l'ensemble des activités. Les processus clients (ou opérationnels) participent directement à la réalisation des produits et des services en réponse aux attentes des clients, de la détection du besoin client à sa satisfaction. Les processus supports (ou ressources) contribuent à l'obtention de la qualité en fournissant les ressources humaines et matérielles nécessaires. Ces processus sont pilotés selon le principe de base de la qualité, principe immuable : l'amélioration continue, qui est représentée sous différentes formes, la plus connue étant la roue de Deming[83] ou du PDCA : P pour *Plan*, D pour *Do*, C pour *Check* et A pour *Act*.

La démarche de l'amélioration continue comporte quatre phases successives :

- Prévoir (*Plan*), c'est fixer des objectifs, prévoir des ressources et définir une organisation ;
- Exécuter (*Do*), c'est réaliser les activités prévues, utiliser des méthodes de travail concertées et assurer une traçabilité des actions ;
- Vérifier (*Check*) pour mesurer la satisfaction, évaluer la qualité des prestations et l'atteinte des objectifs ;
- Améliorer (*Act*) après avoir analysé les résultats pour décider et entreprendre des actions d'amélioration si les résultats ne sont pas satisfaisants.

En appliquant cette méthode à la protection des données personnelles, le CIL peut répondre à l'objectif de conformité. Les outils du responsable Qualité proposent des actions pour atteindre cet objectif : recherche de solution, constitution de groupes de travail, recette de prototype, formalisation des procédés. Les activités prévues sont définies dans des procédures, des chartes sécurité ou toute autre consigne de travail. Issu de la démarche d'amélioration continue, le management Qualité permet de

---

83 William Edwards Deming (1900 - 1993) était un statisticien, professeur, auteur, et consultant américain. Après avoir contribué à l'amélioration de la production des industries d'armement aux États-Unis durant la Seconde Guerre mondiale, il enseigne à partir de 1950 aux dirigeants des grandes sociétés japonaises comment améliorer la qualité de leurs produits, au point que l'Empereur du Japon le décore de l' « Ordre de seconde classe du Trésor sacré ». Deming n'a toutefois pas inventé le principe du PDCA et de la « roue » qui porte son nom (la paternité en revient à Walter A. Shewhart, physicien et statisticien américain), mais il l'a popularisé en présentant cet outil à l'organisation patronale japonaise.

s'appuyer sur une méthodologie pour la rédaction des consignes de travail, comme les procédures, instructions ou modes opératoires. Le chapitre de la norme ISO 9001 sur ce sujet structure la rédaction des tels documents : vérification, approbation, diffusion, archivage, tout y est. D'autres outils font partie intégrante de la démarche : les audits internes.

L'audit interne, l'un des outils du CIL

La réalisation d'audits internes – un des outils du système de management de la qualité - permet d'évaluer la conformité des pratiques réellement mises en œuvre par rapport aux instructions. L'exploitation des audits internes donne lieu à des propositions d'actions qui sont suivies dans des plans d'action : la roue de l'amélioration continue est toujours en marche.

L'évaluation du respect des exigences visant à la protection des données personnelles impose d'avoir été formé aux techniques d'audit et de connaître les exigences réglementaires de la CNIL. Cette évaluation pourrait concerner uniquement la gestion des données personnelles, mais cette approche est trop orientée pour être réellement efficace car les personnes auditées décrivent leur activité de protection des données sans forcément prendre en compte la réalité quotidienne. Par exemple, sur le sujet de la sécurité informatique, un collaborateur expliquera qu'il s'identifie chaque matin avec son mot de passe personnel, alors que si vous intervenez sur un champ plus général – comme la prise de poste - vous pourrez constater qu'en réalité il partage sa connexion avec un collègue qui gère le même agenda. En conséquence, puisque la gestion des données personnelles est intégrée au fonctionnement des différents services, il vaut mieux auditer cette activité au travers de toutes les autres. Comme le système qualité exige que l'ensemble des activités soit audité de façon régulière selon un calendrier ou une périodicité définie, la gestion des données personnelles est ainsi vérifiée régulièrement et à tous les niveaux de l'entreprise.

La réunion de clôture de l'audit permet d'obtenir un consensus sur les actions proposées. Celles-ci sont gérées par un responsable et leurs réalisations sont suivies d'une évaluation d'efficacité. Si – à titre d'exemple - un audit interne met en évidence le fait que l'adresse courriel d'un collaborateur qui a quitté définitivement la société depuis plusieurs semaines est encore opérationnelle, il sera proposé une action curative pour supprimer ou désactiver immédiatement le compte et une action corrective pour mettre en place une procédure de gestion des départs du personnel. L'action est jugée efficace si la procédure est effectivement appliquée. Mais le système qualité permet aussi de déclencher des actions préventives à partir de l'analyse des risques. Voyons comment.

Le pilotage des processus intègre l'analyse des risques

L'analyse des risques fait partie de la « boîte à outils » du responsable Qualité. Cet outil est complétement intégré au fonctionnement des entreprises industrielles sous différentes appellations, comme l'HACCP ou l'AMDEC. La méthode HACCP (*Hazard Analysis Critical Control Point*) est utilisée essentiellement dans l'industrie agroalimentaire afin de garantir la sécurité alimentaire, tandis que l'industrie automobile utilise l'AMDEC (Analyse des Modes de Défaillance et Étude de leur Criticité) pour garantir la sécurité de leur production. Pour assurer la sécurité des données personnelles, j'utilise la méthode suivante.

Le principe de base est de quantifier le risque en fonction de son importance, et ceci à tous niveaux, depuis la conception jusqu'à l'utilisation du produit ou des services. Plus un risque est important, plus il est essentiel d'empêcher son apparition. Pour mesurer le risque, nous disposons de deux critères : la potentialité et la gravité. La potentialité définit la probabilité raisonnable d'apparition et la gravité définit les conséquences pour l'organisme. Chaque critère est noté de 1 à 4. Pour la potentialité, la note de 1 correspond à quelque chose qui n'arrivera probablement jamais, tandis que la note 4 est donnée à un événement qui se produit très régulièrement. La gravité est cotée selon le même principe, en prenant en compte cette fois-ci les conséquences de l'événement, s'il se produit, pour les personnes concernées et l'entreprise. La note de 1 est attribuée si l'événement est sans conséquence, tandis que la note de 4 indique un avertissement – voire une mise en demeure - pour l'organisme. Par exemple, la diffusion de photos de l'agent d'accueil sur le site internet de l'entreprise serait jugée sans conséquence majeure (note = 1), tandis que la diffusion de photos d'enfants mineurs de locataire (à leur insu) serait nettement plus préjudiciable (note = 4).

Pour poursuivre notre analyse des risques, il convient de prendre en compte ces deux facteurs en multipliant les notes de potentialité et de gravité pour obtenir l'Indice de criticité (Ic = P x G). Plus il est élevé (maximum = 16), plus la mise en place d'une action préventive est essentielle.

Prenons le processus de maintenance des équipements au sein des logements : les coordonnées de locataires sont fournies aux prestataires qui entretiennent le chauffage afin de pouvoir effectuer le contrôle annuel des chaudières. Au départ, l'indice de criticité de l'utilisation de ces coordonnées était de 16, qui se décompose en une note de potentialité de 4 (car tous les contrats de maintenance sont accompagnés de la fourniture des coordonnées des locataires) et d'une note de gravité de 4 (car les contrats ne font mention d'aucune réserve, le prestataire pouvant utiliser ces données personnelles à des fins de prospection commerciale pour son propre compte). Après avoir mis en place des clauses particulières dans tous nos contrats, l'indice de criticité a été divisé par deux : nous avons clairement stipulé que nous restons garants des données personnelles des locataires pendant la durée du contrat, nous interdisons toute sorte de diffusion et exigeons désormais leur destruction à la fin du contrat de prestation.

Autre exemple : le risque de collecte de données non pertinentes ou excessives lors de l'enregistrement de la demande de logement social. Partout en France, les candidats remplissent le même document CERFA n° 14069*01 (« Demande de logement social »). En l'absence de ce formulaire établi par l'État, la note de gravité serait de 4. L'utilisation du document abaisse la note à 1, car la collecte est parfaitement cadrée et conforme à la loi.

Diffusion d'une culture Informatique et Libertés

La norme ISO 9001 exige que la politique qualité soit communiquée et comprise au sein de l'organisme. Très souvent, la politique de l'entreprise est formalisée et vient rejoindre d'autres documents au tableau d'affichage de la Qualité, mais comment s'assurer qu'elle est comprise sinon en l'expliquant lors de courtes séances d'information spécialement mises en place pour les nouveaux arrivants ? Sur le même principe, tous les nouveaux arrivants participent à une formation de deux heures visant à leur faire partager une culture Informatique et Libertés. Les principes fondamentaux de la protection des données personnelles – des clients mais aussi des collaborateurs - sont présentés, expliqués et illustrés par des exemples concrets. De rapides mises en situation permettent à chacun de s'approprier la démarche. Je veille à ce que ces sessions de formation soient collectives car les échanges libèrent la parole, un commentaire en amenant un autre. Tout le monde participe à ces sessions, quels que soient la fonction et le type de contrat (y compris les stagiaires). Le message passe : je me souviens de cet agent d'entretien qui avait noté dans son petit cahier à propos d'un couple venu visiter un logement « Sort du Centre de rétention et ne parle pas français ». Promis, juré, la page a été déchirée ! Ou cet autre collègue qui voulait gagner du temps en indiquant le numéro de sécurité sociale sur un projet de formulaire de demande de subvention pour remplacer une baignoire par une douche. Evidemment, le projet a été revu immédiatement après la formation.

À l'occasion de ces courtes rencontres, chacun fait la connaissance du CIL et devient un relais permettant la prise en compte des exigences de la loi Informatique et Libertés.

La protection des données personnelles est l'affaire de tous

Toutes les entreprises sont amenées à intégrer des changements d'organisation en lien avec l'évolution de notre environnement ou de nouvelles technologies. Un bailleur social ne déroge pas à la règle. Les missions du CIL comprennent la prise en compte de la protection des données personnelles pour tout nouveau procédé, produit ou traitement. Le responsable Qualité, de par sa vision stratégique des projets et des plans d'actions associés, peut intégrer ces modifications et élaborer les fiches de traitement adéquates. Malgré tout, s'il existe un risque de mise en place des traitements sans consultation préalable du CIL, l'effet « relais terrain » issu des formations dispensées aux nouveaux arrivants entre en action. L'année dernière, à l'occasion de la livraison d'un nouvel immeuble d'une trentaine d'appartements, l'école voisine a demandé à disposer de la liste des enfants susceptibles d'être inscrits à la rentrée suivante pour anticiper l'arrivée de nouveaux élèves. L'effet « relais terrain » a fonctionné : j'ai été contactée en tant que CIL et mes collègues m'ont fait part de la demande. Au tableau détaillé préparé par le responsable de notre agence, nous avons substitué une liste anonyme ne comportant que les mois et années de naissance. Au début de la qualité, il existait des affiches sur lesquelles on pouvait lire « la qualité est l'affaire de tous ». De même, aujourd'hui, je rappelle que la protection des données personnelles est également l'affaire de tous.

Demain, la RSE

Tout naturellement, le mouvement HLM s'intéresse à la Responsabilité Sociétale des Entreprises (RSE), qui correspond à la démarche de développement durable appliquée aux entreprises. Sans que cela soit un préalable indispensable, les bailleurs sociaux qui se sont structurés selon les exigences de la norme ISO 9001 s'orientent vers une reconnaissance de leur démarche de responsabilité sociétale en prenant comme référentiel la norme ISO 26000. Il existe en effet une relation certaine entre la qualité et la responsabilité sociétale des entreprises. Sans rentrer dans les détails, rappelons que la RSE prend en compte trois paramètres fondamentaux : l'efficacité économique, la préservation de l'environnement et l'équité sociale. Personnellement, je pense que la qualité est essentiellement à visée économique : nombre d'indicateurs de performance qualité le prouvent. Pour un bailleur, la production de logement se conçoit selon une approche déjà respectueuse de l'environnement. Et en ce qui concerne l'équité sociale, il est certain que cet aspect est nettement prépondérant chez un bailleur social. En toute logique, dans ce secteur d'activité, les missions d'un responsable Qualité peuvent évoluer vers celles d'un responsable RSE.

La norme ISO 26000 est basée sur sept questions centrales : l'environnement, les bonnes pratiques des affaires, les relations et conditions de travail, la gouvernance de l'organisation, les droits de l'Homme, la contribution au développement local et la protection du consommateur. Le chapitre 6.7 de la norme ISO 26000 est consacré aux « Questions relatives aux consommateurs », et le paragraphe 6.7.7 traite de la « Protection des données et de la vie privée des consommateurs ». Ce paragraphe est complètement en accord avec les principes énoncés par la CNIL. De fait, une entreprise qui affichera clairement sa volonté de gestion selon les principes de la RSE, intègrera obligatoirement la protection des données personnelles.

Cependant, il est inutile d'attendre que ses missions qualité évoluent vers la RSE pour proposer au qualiticien de devenir CIL. Le métier de CIL n'est pas réservé aux seuls juristes et informaticiens : le levier Qualité est efficace et efficient en matière de conformité Informatique et Libertés. C'est pourquoi il est possible de proposer à un responsable Qualité de devenir CIL, sans attendre que ce dernier se porte volontaire.

RÉFLEXIONS PROSPECTIVES EN FAVEUR D'UN NOUVEAU MODE DE CONSENTEMENT EN LIGNE

par Emmanuel CAUVIN

Le consentement est au centre du dispositif légal relatif à la protection des données personnelles. Pourtant, l'expression de la volonté dans l'environnement numérique laisse place à de nombreux et difficiles débats. La façon dont le consentement doit se manifester ne tombe pas sous le sens, on s'interroge sur les conditions à remplir pour qu'il soit considéré comme valide. Il s'agit pourtant de nos droits, de notre liberté. En remontant au déroulement des faits, aux modalités pratiques du consentement, cet article propose une idée, à titre de clarification, pour les actes les plus importants : le clic différé.

Le 13 juillet 2011, les autorités nationales de protection des données des 27 États membres, réunies dans le cadre de leur groupe de coordination, dit « de l'article 29 », ont adopté un document entièrement consacré à « la définition du consentement ». Ce document fait quarante-trois pages. Un tel volume pour un sujet aussi précis témoigne de la difficulté de l'exercice. La définition du consentement dans l'environnement numérique pose problème. Révélateur aussi sur ce point est l'intitulé de l'intervention de Martine Ricouart-Maillet lors de l'Université AFCDP, le 27 janvier 2014 : *Le consentement : le pouvoir de dire vraiment « oui » ?* La question mérite en effet d'être posée, car ce pouvoir de dire « oui » est sujet à caution. Un simple clic à l'écran peut-il vraiment révéler une acceptation pleine et entière des conditions proposées ? Nous sentons bien une difficulté à associer la notion de consentement aux modalités concrètes qui lui sont associées, dans l'environnement numérique. Qu'il s'agisse d'une case à cocher ou d'une réponse positive à l'alternative « Oui/Non/Annuler », nous avons du mal à accorder ces procédés sommaires avec le poids que notre système juridique consensualiste accorde au consentement.

I. Difficulté à caractériser ce que doit être le consentement en ligne

Constatons d'abord que ce problème est nouveau. Les modalités du consentement, dans notre environnement classique, ne font pas réellement débat. Qu'il se manifeste de vive voix ou par écrit, la question de la preuve se posera éventuellement, a posteriori, mais le procédé en tant que tel, à l'instant précis où il est déclenché, ne suscite pas de question particulière. On ne peut pas en dire autant de la même question mais posée dans l'environnement numérique, s'agissant de nos libertés, du respect de notre vie privée.

« Explicite », « libre », « éclairé », « informé », « exprès », « spécifique », « indubitable », « effectif », « qualifié », « non équivoque » : le législateur ne sait plus quel mot employer pour qualifier ce que doit être le consentement de l'internaute face à des engagements dont l'enjeu n'est pas négligeable. Et de leur côté les professionnels ne savent plus comment interpréter ces exigences sous forme de processus à l'écran. La traduction dans la pratique de ces règles de formalisme juridique libellées sous forme d'épithètes apparaît pleine d'incertitude. Comment un responsable de traitement peut-il être sûr que telle séquence permettant d'enregistrer l'accord de l'internaute répond aux exigences légales ? Le législateur déclare son intention, mais oublie de fournir les spécifications y afférentes. Du terme juridique à la cinétique proposée aux utilisateurs, potentiellement consentants, il y a un pas, nécessaire… que le législateur ne franchit pas. Non accompagnés par une description de processus, ces adjectifs ne sont d'aucune utilité. La loi mouline dans le vide. Ceux qui voudraient se situer dans la légalité sont laissés dans l'incertitude quant au comment. Le législateur ne doit pas se contenter de formulations évasives, qui laissent les professionnels devant une réelle difficulté d'interprétation.

Consentement problématique, lois abstraites et dépourvues de résonance pratique évidente : nous avons deux problèmes à résoudre. S'assurer de la réalité du consentement de celui qui clique, et proposer aux professionnels une solution qui ne les laisse pas dans l'incertitude sur la façon de remplir leurs obligations. Commençons par analyser le geste incriminé, en lui-même, puis dans le contexte général dans lequel il prend place.

II. Un geste banal, pour des décisions qui ne le sont pas

Quelle est la valeur, le poids d'un clic, ce petit geste infime que nous accomplissons des dizaines (centaines ?) de fois tous les jours ? Si peu… La signature à l'encre représente au contraire un geste assez solennel, un peu théâtral, que nous accomplissons avec fierté, et parfois un brin d'angoisse, qu'il s'agisse d'un cadre privé (notaire…) ou professionnel (contrat). Pour les ventes immobilières, le notaire procède à la lecture du contrat à haute voix, avant de demander aux parties en présence de signer le document, sur chaque page : la séance peut prendre du temps, mais personne ne trouve à y redire, compte tenu de l'enjeu. On réfléchit avant de signer de sa main, par un tracé qui paraît-il, d'après les graphologues, exprime notre personnalité. Signer un document papier n'est pas chose courante, les occasions sont assez rares dans la vie quotidienne. On ne saurait en dire autant du clic de souris, souvent remplacé par une légère pression du bout du doigt sur l'écran tactile... La signature manuscrite présente cette caractéristique d'être unique. Ma signature c'est moi. Et elle m'engage. Le clic qui est pourtant lui aussi la marque d'un consentement est bien loin d'atteindre une telle singularité, magistrale. Le clic est un geste banal, employé pour marquer des décisions qui ne le sont pas : que l'on pense par exemple aux réseaux sociaux dans lesquels des pans entiers de nos vies sont désormais engagés, et qui comportent des règles du jeu, fixées par le propriétaire des lieux. Ces règles ont une influence directe sur nos actions et sur ce qui se joue, avec nos données, derrière le rideau.

On constate donc un écart entre le geste, ordinaire, et sa signification, pleinement contractuelle. Il y a là une sorte d'incompatibilité. Dans les salles des ventes, ou les marchés aux bestiaux du centre de la France, il est de tradition de considérer que le fait de lever la main équivaut à faire une offre dans le cadre de l'enchère en cours. Ce type de scénario, un geste habituellement anodin mais pourtant lourd de conséquences, est très exceptionnel. Il y faut des circonstances particulières, un décorum, un cercle d'initiés, une sorte de contrat préalable, presque un rite. En règle générale, le geste qui a le sens d'une acceptation contractuelle est réservé à cet effet, il ne sert pas à autre chose. Le moins que l'on puisse dire c'est que tel n'est pas le cas du clic de souris, qui, dans le monde en ligne, représente quelque chose comme mettre un pied devant l'autre, et qui est pourtant utilisé, aussi, pour signer des contrats (« Conditions d'Utilisation »).

III. Une caractéristique de l'environnement numérique : le temps qui presse

Remontons maintenant à la configuration des lieux. Comment caractériser l'environnement numérique, indépendamment des applications ? La façon dont nous « habitons », pour quelques minutes ou quelques heures, dans les programmes ? Là se trouve une autre explication de la difficulté que nous éprouvons à admettre, et à réglementer, le consentement par clic. La configuration physique des lieux fournit une seconde explication à la difficulté à laquelle nous nous heurtons.

Les « moyens de communication » avaient pour but affiché de vaincre les distances, pour permettre aux individus de « communiquer », malgré l'éloignement. Ce que personne n'avait imaginé c'est que le temps allait occuper la place laissée vacante par l'espace. Passer d'une situation à une autre n'implique pas un déplacement, mais un temps d'attente. L'espace est écrasé, la seule distance est celle qui sépare les bords opposés de l'écran. Tout est gouverné par la seule variable T. Au moment de débarquer dans l'océan des octets, « Actualiser » et « Synchroniser » sont toujours les premières choses à faire, avant de commencer quoi que ce soit, car venir se placer dans ce nouveau monde signifie d'abord se situer dans la chronologie. Se tenir au courant de l'actualité, suivre les dernières tendances, installer la nouvelle version de logiciel, charger les derniers messages, mettre à jours ses contacts. La course à la dernière version de tel ou tel document est le sport favori, ou en tout cas quotidien, de tout internaute qui se respecte. Tous ces actes ont la même signification : il faut coller au temps présent. Attirés, aspirés, captivés par la fuite vertigineuse des minutes et des secondes, nous tenons grâce à une atmosphère en mutation permanente. Plus rien pour se reposer, plus rien pour se poser. La seule perspective n'est ni devant, ni derrière, ni en haut, ni à droite ni à gauche, la seule perspective devant nos yeux est après. Tout ce qui existe, existe dans l'attente de quelque chose.

Faute d'espace, nous prenons appui sur le temps, inévitablement, et celui-ci peut dès lors nous entraîner dans sa course[84]. L'unité de compte est le temps passé, le contrat, un abonnement. Être en ligne c'est être en mouvement, tiré par le temps, happé par l'instant futur. Le présent n'est pas statique, immobile, le présent est la poussée qui avale le futur pour en faire du passé, et c'est sur la pointe avancée de cette poussée inexorable que se situe la ligne, la ligne en laquelle nous sommes. Nous habitons cette poussée continuelle et inexorable, c'est précisément là que nous nous situons. Notre existence est passagère, toujours sur cette crête. En termes techniques, chaque fois qu'un programme est exécuté, une instance est créée : nous vivons littéralement dans des instances, nous vivons en instance. Tout est chronométré. S'arrêter ? Attendre ? Hors de question ! « Le temps presse » : cette formule pourrait résumer nos conditions de vie en mode connexion.

IV. La précipitation, vice du consentement de l'individu pris dans les flux numériques

Installés que nous sommes dans un processus mental en perpétuel bouleversement, la notion même de consentement individuel est douteuse. Où trouver le temps ? La réflexion intérieure ? L'homme immergé dans les octets (l'*humanoctet*) se laisse entraîner, c'est dans sa nature. Imaginons un instant un coureur lancé en pleine course à

---

84 Le temps ignore les pauses café et ne prend pas de congés. Dans son enveloppe, nulle « trouée » qui permettrait la moindre évasion, même brève, Etienne Klein, *Les tactiques de Chronos*, Champs essais, page 68.

qui l'on viendrait tendre un papier et un stylo en lui demandant de s'engager sur un contrat. Quelle valeur donner à une signature obtenue dans un tel contexte ? La belle théorie de l'autonomie de la volonté, déclinaison de la liberté individuelle en matière contractuelle, et fondement, en droit civil, de la force obligatoire des contrats, semble bien loin… Le législateur a raison de se préoccuper de la réalité du consentement des *humanoctets*. L'injonction implicite qui est adressée aux passants à l'instant fatidique n'est pas vous pouvez valider, mais vous devez valider, et cela immédiatement.

Aucune solution ne se présente de manière évidente, pour rendre au consommateur en ligne la maîtrise de ce qui se passe dans sa tête. À côté de l'erreur, du dol et de la violence, nous avons à ajouter un nouveau vice du consentement : la précipitation. La volonté du contractant n'est ni contrainte, ni trompée, mais entraînée. S'il fallait définir d'un mot l'état d'esprit de l'*humanoctet*, ce serait l'impatience. Hors de lui, enroulé autour de la ligne, le consommateur n'a plus tout à fait sa tête à lui. La présence dans les flux numériques passe par une absence de soi, une adhésion à la matière. Les utilisateurs sont en état de réceptivité, ils se rapprochent des programmes, et tendent naturellement à s'accorder avec les messages. Le cerveau, qui est l'endroit où se prennent les décisions, est mobilisé pour le bon suivi du programme. On se rappelle la formule fameuse d'un dirigeant de TF1 : « ce que nous vendons à Coca-Cola, c'est du temps de cerveau humain disponible ». La formule a pu choquer, mais elle n'en exprime pas moins une vérité foncière.

V. L'hameçonnage apporte la preuve que nous avons tendance parfois à cliquer sans bien réfléchir

Certains s'y entendent à exploiter cet état d'entraînement à des fins illicites. Si les escrocs continuent de lancer leurs pourriels et leurs attaques d'hameçonnage (*phishing*), c'est parce qu'ils rencontrent un certain succès, des victimes se laissent prendre par un simple courriel contenant une invitation à venir faire un tour sur un site. Et si des victimes tombent dans le piège, c'est parce qu'il n'est pas très difficile de capter l'attention de personnes littéralement immergées dans les programmes, de télévision ou d'ordinateur, vers une décision, un acte qu'elles n'envisageaient aucunement au départ. C'est si facile de cliquer ! Pour faire suite à une si sympathique invitation ! Il y a une difficulté intrinsèque à admettre la validité d'un consentement donné dans ce lieu. Nous avons tous tendance à cliquer à tort et à travers, et à répondre aux questions qui nous sont posées.

Si le législateur a multiplié les adjectifs comme « spécifique », « indubitable », « effectif » c'est parce qu'il a bien senti l'existence d'un consentement implicite au déroulement général, dont il s'agit de s'abstraire pour aller chercher un autre consentement, au moment où une question piégée est posée au curseur. Est-ce la bonne méthode ? Il est permis d'en douter. Le consentement n'est pas susceptible de degrés. Il y a acceptation ou il y a refus. Qu'est-ce qu'un consentement « non-qualifié » sinon une absence de consentement ? Les qualificatifs plus ou moins calamiteux déployés dans les textes officiels tentent de marquer une rupture avec la logique du système qui consiste littéralement à suivre les instructions, à consentir au programme tel qu'il a été fixé et mis à disposition. Le consentement que le législateur tente de susciter est un consentement supérieur, une marque de volonté détachée du processus dans lequel l'individu est engagé au moment de signer le contrat. Cet individu, rappelons-le, n'est au sens propre qu'un exécutant, l'exécutant des instructions en provenance du programme. Tout fonctionne grâce à un consentement implicite, général, à la suite des instructions. C'est cette logique qu'il s'agit de casser, ponctuellement et momentanément, pour faire place à des principes juridiques, des valeurs, que nous considérons comme prioritaires, au moment où l'utilisateur engage ses droits, souscrit à des obligations. Il y a un « oui » derrière chaque action menée dans le programme. On a vite fait de mettre tous les messages reçus de ce dernier dans le même sac, un simple message technique ou une acceptation contractuelle qui nous suivra pendant des années. Il y a *de facto* une solidarité entre l'utilisateur et le programme dans lequel il est inséré, ou « embarqué ». Volontiers l'*humanoctet* se contente d'acquiescer, acquiescer sans trop savoir à quoi ou à qui. Le législateur cherche à s'intercaler entre le programme, piloté par un responsable de traitement, et ses utilisateurs : cette intention est louable. Mais comment faire ? La volonté du législateur n'est guère discutable, l'objectif ne peut qu'être approuvé, mais la solution consistant à définir une sorte de consentement de deuxième niveau se heurte à des difficultés aussi bien conceptuelles que pratiques.

Comment rompre avec une interface tirée au cordeau, des circonstances peu ou prou acceptées, et provoquer une réflexion sereine chez cet utilisateur, avec suffisamment de distance, dès lors qu'une décision importante pour ses droits individuels se présente ?

VI. Proposition : le clic différé

Une idée consisterait à établir, pour les décisions les plus importantes, une signature en deux temps. À un premier accord donné succéderait obligatoirement une confirmation, intervenant au plus tôt 24h après l'accord initial. La signature serait divisée en deux composantes successives, séparées par un intervalle minimum. L'intéressé aurait à respecter un délai minimum de réflexion obligatoire, par exemple une journée, pour les signatures les plus importantes. L'idée consiste donc à imposer un processus (en trois étapes) plutôt qu'un adjectif qualificatif.

Il existe au moins un précédent, bien connu. L'article 1396-5 du Code civil prévoit que le destinataire d'une offre commerciale doit avoir eu la possibilité de vérifier le détail de sa commande et son prix total, avant de confirmer son acceptation. Tout processus de commande en ligne doit obéir à une sorte de cérémonial, imposé par la loi, le « double clic ». Tout est mis en œuvre pour que l'acheteur se rende bien compte de ce qu'il est en train de faire. Et les choses ne s'arrêtent pas là. Une fois la commande validée, un droit de rétractation s'offre au consommateur, pendant un délai passé récemment de sept à quatorze jours (loi Hamon du 17 mars 2014). L'achat précipité est donc réparable. Celui qui a acheté trop vite et sans bien réfléchir peut renvoyer la marchandise et se faire rembourser. Ce mécanisme peut s'analyser comme un consentement en deux étapes. Le processus décrit dans la loi reconstitue à l'écran le déroulement d'un achat dans la rue ou au centre commercial : envie d'achat, devant la vitrine du magasin, ou à la lecture du catalogue papier, puis achat effectif et définitif, avec l'article entre les mains : exemple à suivre. Aujourd'hui nous sommes mieux protégés pour acheter des petits articles de bricolage ou des chaussures de sport via un site Web que pour des sujets relevant de nos droits fondamentaux. Le niveau de sécurité est meilleur pour l'achat de quelques babioles que pour décider du parcours de nos données personnelles, qui matérialisent notre vie numérique. Une certaine solennité devrait prévaloir dans ce domaine. Entre le consommateur et le citoyen, c'est le premier qui a la priorité du législateur. La question au fond est la suivante : devons-nous toujours obéir par-dessus tout aux principes de fonctionnement du milieu numérique ? Quelle doit être la priorité ? Aller vite ? Ou s'assurer de la réalité du consentement de la personne concernée ? La vitesse ? Ou la liberté individuelle ?

Une décision prise à la hâte peut avoir des conséquences préjudiciables, voire dramatiques. Faire attention, peser le pour et le contre, n'est pas chose facile dans un environnement dominé par l'immédiateté, la poussée continuelle du présent. Pour certaines décisions importantes, et, en pratique, définitives, nous pourrions prendre le temps de réfléchir. Contre la précipitation, la circonspection. Après tout, en politique il y a bien des élections à deux tours. On peut estimer que pendant le temps d'attente, entre la décision et sa confirmation, l'*humanoctet* aura lâché la ligne, repris ses esprits, condition nécessaire à toute décision « mûrement réfléchie ». Prendre notre temps, pour renverser la logique de la nouvelle dimension qui consiste en cela que le temps nous prend. La nuit porte conseil, y réfléchir à deux fois : toutes ces expressions courantes se rejoignent pour lier la réflexion à la durée, l'idée d'un temps nécessaire avant d'arriver à une bonne décision. Un individu complètement immergé n'est pas en mesure de prendre une décision libre et durable. Se retirer un moment, déconnecter, puis revenir afin de confirmer ou d'infirmer l'impulsion initiale. Il faut un détour par notre environnement naturel pour trouver un individu immobile, tourné sur lui-même et sur ses objectifs, sa volonté propre.

Garder le clic comme geste d'acceptation peut se concevoir à condition de le prolonger sur 24 heures : des décisions extraordinaires méritent un geste extraordinaire. Un geste qui crée une situation contractuelle engageant mes données et mes droits ne doit pas être le même que celui qui permet de mettre ce mot **en gras**, ou, non, finalement, en caractère normal (*italique* peut-être ?). La plupart du temps un clic ne signifie pas grand-chose, et n'engage à rien. Ceux qui ont un impact concret et qui m'engagent de manière contraignante doivent sortir de l'ordinaire. Puisque le procédé est incontournable, reste l'idée de le dédoubler, à 24h de distance, dans les cas les plus cruciaux, pour s'assurer d'une vraie décision, d'un libre choix de la part de celui qui s'engage.

Ne pas se précipiter ! Faire le tour de la question. Bien peser la portée de ce consentement, ses conséquences. Exister vraiment dans une durée faite de passé et d'avenir réunis, formant un bloc de sens, au lieu de cet évanouissement continuel du présent dans lequel l'environnement numérique nous enferme. La navigation fluide fluidifie l'esprit. Il y a une forme de continuité entre la personne et le milieu. Les pulsions de la matière (« pop-up ») nous dictent un comportement impulsif. Le milieu n'est donc pas favorable à un consentement digne de ce nom.

VII. Deux environnements, deux systèmes de règles

L'idée du consentement est la même partout, sur papier ou à l'écran : liberté, auto-détermination, pouvoir de l'individu sur son existence. C'est au stade des modalités techniques que les règles doivent nécessairement diverger, car alors il faut composer avec deux environnements différents, deux modes de vie, d'un côté notre environnement naturel, celui où nous sommes nés, et de l'autre les flux numériques. Un même objectif, des moyens différents. Le *pourquoi* du consentement ne change pas, le *comment* est fonction de la nature du terrain. Dans nos activités traditionnelles parmi les choses solides (*hardware*), dominées par la pesanteur, un consentement donné en un trait de temps est parfaitement valable, et cela d'autant plus qu'il s'effectue à travers l'apposition d'une marque manuscrite spécialement étudiée à cette fin : la signature à l'encre. Le sujet dans ce cas n'est aucunement embarqué dans un programme conçu pour l'amener… là où on veut l'amener. Ce qu'une telle signature fait, dans le monde hors ligne, un clic ne saurait le faire. L'idée serait alors de le réitérer, pour à la fois sortir de l'ordinaire, et s'assurer de la volonté persistante du sujet, avec du recul. Le clic différé permettrait d'aller chercher un vrai consentement, libre, assumé, responsable, et donc pourvoyeur de sécurité juridique pour celui qui le reçoit. Consentement rime avec engagement. Celui qui a incontestablement consenti à des conditions de service perd toute possibilité de contestation à l'encontre de son prestataire, dès lors que celui-ci respecte ses propres engagements. La responsabilité est le corollaire de la liberté.

Dans un milieu qui est entièrement constitué de processus, appelés « programmes », la loi pour être efficace doit intervenir en imposant, précisément, un processus, comme cela se fait déjà dans le domaine de la vente. Multiplier les adjectifs pour caractériser ce que doit être le consentement de la personne concernée ne sert à rien. Il s'agit d'adapter la loi au milieu, à ses principes de fonctionnement, afin de faire effectivement prévaloir la protection de la liberté individuelle. Un consentement doit prendre la forme d'un processus en trois étapes comportant en son milieu une échappée hors-ligne, une coupure. Certains ne manqueront pas d'évoquer un inconvénient : l'attente, attendre 24 heures pour obtenir l'accès au service, à partir de la sollicitation initiale. Le monde en ligne nous met sous tension, toute attente est mal vécue. L'*humanoctet* aime aller vite, toujours plus vite. Les délais sont toujours des délais maximum, pas minimum. Le critère de la rapidité doit-il dès lors l'emporter sur toute autre considération ? Là est le débat de fond. La question est de savoir ce qui doit prévaloir de notre libre arbitre ou de nos envies de consommation immédiate. Que voulons-nous ? Que voulons-nous être ?

SERVICES DE CONFIANCE ET DONNÉES À CARACTÈRE PERSONNEL : IMPLICATIONS MULTIPLES À VENIR POUR LE DÉLÉGUÉ A LA PROTECTION DES DONNÉES

par Isabelle CANTERO et Eric CAPRIOLI

Le recours à la dématérialisation se répand désormais dans chaque pan de la société et les usages se multiplient : contrats commerciaux et de consommation, documents des entreprises (factures, bulletins de paie, documents RH, etc.), coffres-forts électroniques, marchés publics, TVA, impôt sur le revenu, documents douaniers, téléservices, en passant par le vote dans les assemblées générales d'actionnaires ou les élections des Instances Représentatives du Personnel (IRP).

La dématérialisation des documents et des processus s'appuie effectivement sur différents services dits « de confiance », comme la signature électronique qui finalise désormais de plus en plus d'actes ou la lettre recommandée électronique que les utilisateurs (professionnels comme consommateurs) adoptent progressivement. On pourrait également citer d'autres services comme l'horodatage électronique et l'archivage. Le recours à des services de confiance peut donc être utile tant en interne dans l'entreprise (ex : mise en place de bulletins de paie remis sous forme électronique) ou en externe pour conquérir des marchés ou rationaliser la relation avec des clients existants (ex : procédure de contractualisation en ligne). Le cadre français actuel applicable aux services de confiance ainsi que le nouveau cadre réglementaire européen attestent que le recours à ces services ne saurait passer outre la question de la protection des données personnelles susceptibles d'être collectées et traitées.

Force est de constater que le Data Protection Officer (DPO) se trouve placé au cœur des problématiques posées par l'utilisation de ces services, ce qui renforce notamment le caractère incontournable de sa fonction dans ce contexte et milite en faveur d'un accroissement de son implication à tous les stades de la prestation.

Quel que soit le secteur d'activités (banque, assurance, industrie, santé, etc.), la tendance est au déploiement des e-services et, plus globalement, à la dématérialisation des documents (comme les factures et les bulletins de paie). Les entreprises visent notamment (et toujours) à réduire les coûts de gestion et d'administration, et, pour ce faire, développent les échanges par voie électronique. Parmi les objectifs : faire migrer les clients actuels dans le monde numérique/digital mais également attirer des prospects pour en faire de nouveaux clients.

Une telle ambition nécessite forcément l'instauration d'un climat de confiance. Confiance dans les outils et services utilisés tels les identifiants numériques, les services de signature électronique, l'horodatage, l'archivage… Confiance dans l'utilisation des données à caractère personnel collectées à l'occasion de la fourniture de ces services. Or, la CONFIANCE, véritable fil rouge de l'économie numérique, doit être encadrée juridiquement pour produire de manière optimale ses effets, tant à l'échelle européenne que nationale. De fait, la nécessaire harmonisation des pratiques et des réglementations s'est imposée au sein de l'Union Européenne que ce soit au sujet :

- de l'identification électronique et des services de confiance pour les transactions électroniques (voir règlement du Parlement européen et du Conseil sur l'identification électronique et les services de confiance pour les transactions électroniques au sein du marché intérieur ; ci-après règlement « EIDAS ») ;
- ou de la protection des données à caractère personnel (voir résolution législative du Parlement européen du 12 mars 2014 sur la proposition de règlement du Parlement européen et du Conseil relatif à la protection des personnes physiques à l'égard du traitement des données à caractère personnel et à la libre circulation de ces données (règlement général sur la protection des données).

Le cadre français actuel applicable aux services de confiance ainsi que le cadre réglementaire européen attestent que le recours à ces services ne saurait passer outre la question de la protection des données personnelles susceptibles d'être collectées et traitées (I).

Force est de constater que le *Data Protection Officer* (ci-après « DPO ») se trouve placé au cœur des problématiques posées par l'utilisation de ces services ce qui renforce notamment le caractère incontournable de sa fonction dans ce contexte aussi (II).

A titre liminaire, et pour une meilleure lecture de la synthèse, les définitions suivantes doivent être exposées.

Dans le règlement EIDAS, le Prestataire de Service de Confiance (ci-après PSCo) est au sens de l'article 3-(19) « une personne physique ou morale qui fournit un ou plusieurs services de confiance ». Pour rappel, les services de confiance sont normalement fournis contre rémunération et consistent en « la création, la vérification et la validation de signatures électroniques, de cachets électroniques ou d'horodatages électroniques, de services d'envois recommandés électroniques et des certificats relatifs à ces services » ou « la création, la vérification et la validation de certificats pour l'authentification de sites Web » ou « la conservation de signatures, de cachets électroniques ou des certificats relatifs à ces services ».

Bref, le recours à des services de confiance peut être perçu comme un prérequis à l'ouverture d'un service de contractualisation à distance, d'un service de remise sous forme électronique de bulletins de paie (en interne) ou de factures électroniques (avec les clients ou les prestataires), pour transmettre des correspondances dont la réception devra être prouvée (ex : avenant contractuel, arbitrage ou résiliation d'un contrat pour une compagnie d'assurance). Par exemple, certains syndicats de copropriété mettent en place (ou ont en projet de le faire) un système de lettres recommandées électroniques à destination des copropriétaires pour transmettre de manière fiable les convocations aux assemblées générales ainsi que les ordres du jour, les documents (devis, autres) nécessaires au bon déroulement de l'assemblée. Ces projets nécessitent une étude préalable de faisabilité technique et juridique (il faut transmettre une adresse de courrier électronique fiable pour chaque copropriétaire notamment).

Le règlement EIDAS précise qu'il faut différencier les prestataires de services de confiance qualifiés en ce qu'ils fournissent un ou plusieurs services de confiance qualifiés (services qui satisfont aux exigences du règlement) et ont obtenu la qualification de leurs pratiques et/ou de leurs services. Concrètement, le choix entre prestataire qualifié ou non est libre et laissé à la libre appréciation de l'entreprise. Toutefois, la qualification du prestataire fournit des garanties supplémentaires en ce qui concerne la protection des données à caractère personnel (exigences de protection spécifiques à la qualification). Il convient de souligner que le champ d'application des services de confiance tel que défini par le règlement EIDAS regroupe de nombreux services. Toutefois, les tiers archiveurs et les prestataires de service de cryptologie en sont exclus. Pour ces derniers ce sont donc les textes nationaux ou d'autres textes réglementaires (pour la cryptologie) qui ont vocation à s'appliquer (normes Z 42-013 et Z 42-040 ainsi que le Label CNIL sur le coffre-fort électronique…).

De nombreux services (payants ou gratuits) proposent de recourir à un service de coffre-fort électronique comme composante essentielle et structurante (possibilité de verser dans un coffre-fort électronique les relevés bancaires reçus sur une adresse de courrier électronique référencée comme fonctionnalité du service).

I. Le cadre réglementaire applicable aux prestataires de services

I.1. Aperçu du régime français actuel

Dans le régime juridique français, le Prestataire de Services de Certification Électronique (PSCE) se définit comme « toute personne qui délivre des certificats électroniques ou fournit d'autres services en matière de signature électronique[85] » ; le cadre applicable est donc moins étendu que pour le règlement EIDAS car

[85] D. n° 2001-272, 30 mars 2001, art. 1-11 pris pour l'application de l'article 1316-4 du Code civil et relatif à la signature électronique : JO 31 mars 2001. Cet article est repris de l'article 2-11) de la directive n° 1999/193/CE : « les prestataires de services de certification » sont : « toute entité ou personne physique ou morale qui délivre des certificats ou fournit d'autres services liés aux signatures électroniques ».

seuls les certificats et signatures électroniques sont pris en compte (à l'exclusion des autres services de confiance énumérés dans le règlement). Un PSCo européen pourra traiter – contrairement au PSCE français dont le rôle se limite à l'émission de certificats – les services de recommandés électroniques ou d'horodatage.

L'article 33 de la loi Informatique et Libertés *impose aux PSCE de collecter les données à caractère personnel nécessaires à la délivrance et la conservation d'un certificat électronique directement auprès des personnes concernées.*

Les données ne peuvent être traitées « que pour les fins en vue desquelles elles ont été recueillies », c'est-à-dire la délivrance et la conservation des certificats liés aux signatures électroniques. Aucune mention ne porte sur la révocation des certificats et leur renouvellement et ces opérations semblent devoir être assimilées à de simples fonctionnalités liées à la finalité principale « de gestion des certificats » (délivrance, révocation, vérification de la validité et conservation). En pratique, l'objectif recherché consiste à éviter une marchandisation des données au mépris du consentement de l'internaute[86] et conserver l'utilité première des certificats qui est de rapporter la preuve de l'identité d'un titulaire de certificat à un instant donné T.

Les PSCE *ont qualité de responsables de traitement* pour toutes les données personnelles qui sont collectées et exploitées pour la fourniture des services. Les PSCE doivent notamment veiller à conserver les données pour une durée limitée dans le temps, liée à la validité du certificat, et le cas échéant, aux délais de

[86] L. Marino et R. Perray, *Les nouveaux défis du droit des personnes : la marchandisation des données personnelles*, in J. Rochfeld (ss dir.), Les nouveaux défis du commerce électronique, LGDJ, 2010, p. 61.

conservation/prescription applicables (en moyenne six à dix ans). Ils sont tenus d'accomplir les formalités obligatoires auprès de la CNIL (déclarations, voire demandes d'autorisation en cas d'utilisation de procédés biométriques pour l'authentification), d'assurer la sécurité et la confidentialité des données conformément à l'article 34 de la loi Informatique et Libertés et de garantir les droits « Informatique et Libertés » (droit d'accès aux données traitées, droit d'opposition au traitement, droit de rectification/suppression des données). En cas de manquements aux obligations prescrites, les PSCE sont passibles de sanctions administratives de la CNIL ainsi que des sanctions pénales prévues aux articles 226-16 et suivants du Code pénal.

Dans certaines situations, le PSCE *peut intervenir en qualité de sous-traitant* du responsable de traitement, c'est-à-dire exclusivement sous les instructions de ce dernier. Dans ce contexte, le sous-traitant doit présenter des garanties suffisantes pour assurer la mise en œuvre des mesures de sécurité et de confidentialité des données personnelles collectées et traitées dans le cadre de la fourniture du service de confiance (ex : une banque recourt à un prestataire pour la mise en place d'un service de contractualisation en agence ou à distance pour des produits d'épargne). Les obligations qui incombent au sous-traitant afin de garantir la sécurité et la confidentialité des données doivent être consignées dans le contrat de sous-traitance. De fait, si la responsabilité contractuelle du prestataire, en tant que sous-traitant pourra toujours être recherchée pour manquement à son obligation de sécurité notamment, il ne s'expose pas aux sanctions pénales encourues par le responsable de traitement, client du prestataire externe. Il convient de noter que la proposition de règlement sur la protection de données à caractère personnel prévoit d'organiser et de répartir les responsabilités de chaque intervenant sur les traitements de données, en ce inclus le sous-traitant.

I.2. Le nouveau cadre européen

Dans sa première version, le règlement européen EIDAS semblait mettre en exergue la protection des données à caractère personnel de manière détaillée en prévoyant notamment dans son article 11 les principales obligations auxquelles auraient été attraits les prestataires de services de confiance (traitement loyal et licite des données, respect de la directive 95/46/CE, limitation des traitements *aux seules données minimales* pour délivrer et tenir à jour un certificat ou pour fournir un service de confiance, confidentialité et intégrité des données relatives au bénéficiaire d'un service de confiance, possibilité de recourir à un pseudonyme).

Toutefois, cette vision est remise en cause dans la version publiée dans le journal officiel de l'union européenne du 28 août 2014. On peut penser qu'il ne s'agit pas d'une négation des principes de protection des données à caractère personnel mais tout simplement d'un renvoi aux autres textes actuellement applicables comme la directive 95/46/CE ou applicables dans le futur comme le règlement sur les données à caractère personnel.

I.2.1. En ce qui concerne le respect des principes de protection des données à caractère personnel d'un point de vue général, certains points restent couverts par le règlement EIDAS.

Nous notons ainsi que le considérant 11 ainsi que l'article 5 renvoient à l'application des principes relatifs à la protection des données à caractère personnel énoncés dans la directive 95/46/CE du Parlement européen et du Conseil, notamment concernant la licéité des traitements de données d'identification requis à des fins d'authentification pour un service en ligne, les exigences de sécurité et de confidentialité des traitements des PSCo (Considérant 11).

L'article 5-2 énonce que : « Sans préjudice des effets de droit donnés aux pseudonymes en vertu du droit national, l'utilisation de pseudonymes dans une transaction électronique n'est pas interdite ». Choisir un pseudonyme, c'est cacher son nom patronymique, notamment pour ne pas engager sa réputation dans une situation où l'on a cependant besoin d'un nom et où l'anonymat ne conviendrait pas. L'utilisation d'un pseudonyme en matière de certification électronique est soumise à deux conditions en droit national. Ainsi, actuellement le pseudonyme doit être identifié comme tel en tant que champ du certificat qualifié suivant l'article 6-I-c) du décret du 30 mars 2001. De plus, le lien entre une identité réelle du titulaire et le pseudonyme doit être conservé par le PSCE. On peut penser que ces mêmes conditions devront être remplies au niveau du règlement EIDAS.

I.2.2. Le règlement EIDAS prévoit de recourir au *Privacy by Design* pour les systèmes d'identification électronique nationaux

L'article 12 du règlement intitulé « Coopération et interopérabilité » définit les critères du cadre d'interopérabilité pour les systèmes d'identification électronique que les États membres auront notifiés à la Commission européenne et notamment la mise en œuvre du principe du respect de la vie privée dès la conception (*Privacy by Design*) et la garantie de traitement conforme des données à caractère personnel par rapport à la directive 95/46/CE. Ces dispositions font écho à l'article 23 de la proposition de règlement européen sur la protection des données.

I.2.3. Une attention particulière doit être accordée aux exigences relatives aux PSCo qualifiés

Le fait de disposer de services de confiance qualifiés ou de PSCo qualifiés constitue un sésame quant à leur interopérabilité et leur acceptation au sein du marché intérieur. Dès lors, on peut considérer que la démarche - volontaire - de certains PSCo constituera une des conditions de la confiance, la fiabilité de leurs pratiques ou de leurs produits étant reconnue par chaque État membre. En effet, à titre d'exemple, le respect de la protection des données à caractère personnel, la formation du personnel et la licéité des traitements de données effectués par les PSCo (articles 24.2.b et 24.2.j) constituent des prérequis à leur qualification.

I.2.4. Pour la notification de la violation des données à caractère personnel ou en cas d'atteinte à la sécurité. L'article 18.2 met à la charge de tous les PSCo une procédure de notification en cas d'atteinte à la sécurité ou toute perte d'intégrité ayant une incidence importante sur le service de confiance fourni. Cette notification s'effectue, « sans retard indu et si possible dans un délai de 24 heures après s'en être aperçu », vis-à-vis des organes de contrôle compétents ainsi que de l'agence chargée de la sécurité des réseaux de l'information (ENISA) et peut viser le public (dès lors que les organes de contrôle considèrent qu'il est d'utilité publique de le divulguer). En cas d'atteinte aux données à caractère personnel liée aux services de confiance en matière de sécurité ou de toute perte d'intégrité, le PSCo devra procéder à la notification auprès de l'autorité compétente (la CNIL en France). Ceci étant, le PSCo devra répondre également aux exigences posées par l'article 31 du règlement sur la protection des données personnelles (sous réserve de coordination des deux textes).

I.2.5. Le contrôle des activités du PSCo

L'organe de contrôle peut donner des instructions contraignantes aux PSCo pour respecter la sécurité informatique (article 16.4) et faire auditer les pratiques des PSCo « lorsqu'il apparaît que des règles en matière de protection des données à caractère personnel ont été violées » (art. 16.4.f). Enfin, l'organe de contrôle doit présenter chaque année à l'ENISA et à la Commission un résumé des notifications d'atteinte à la sécurité reçues des PSCo (art. 18.3). Le cadre réglementaire défini est très contraignant et les exigences pour la protection des données à caractère personnel confèrent au DPO un rôle prépondérant, dont les premiers jalons devraient commencer à être mis en place.

II. Quel rôle pour le DPO ?

Compte tenu notamment de l'interaction entre les prescriptions relatives à la protection des données personnelles contenues dans le règlement EIDAS et celles issues du règlement dédié à la protection des données, il est capital que le DPO intervienne lors des différentes phases liées au choix de l'entreprise de recourir à des services de confiance (interne ou externe).

II.1. En amont du projet

La première question a trait aux modalités de fourniture des services de confiance : le service est-il interne à l'entreprise ou proposé via un prestataire externe ? À toutes fins utiles, une analyse d'impact sur la vie privée pourra être menée et confiée au DPO et pourra servir de guide au projet.

Le service de confiance organisé en interne devra dans tous les cas répondre aux exigences prescrites par le règlement européen EIDAS qui renvoie, à plusieurs reprises, au respect de la protection des données personnelles. À l'instar d'autres applications déployées en interne (de type lutte contre la fraude) ou services (de type *cloud*), le DPO doit impérativement être associé en amont du projet. Une nécessaire coopération entre les départements juridiques et techniques (DSI) s'impose, étant noté que le DPO doit être impérativement informé des traitements mis en œuvre corrélativement à la fourniture des services quels qu'ils soient (signature électronique, attribution de certificats électroniques, etc.). L'accompagnement portera en particulier sur la conformité légale quant aux modalités de la collecte des données (directement auprès des personnes concernées), à la finalité poursuivie (fourniture du service), aux mesures de sécurité (forte pour tous les identifiants) et aux formalités CNIL (déclaration ou demande d'autorisation en cas de recours à la biométrie). Certaines banques nationales ont ainsi intégré un tiers de confiance au sein du groupe en charge de la gestion des certificats, des signatures électroniques et du cycle de vie des contrats ainsi établis en recourant à des briques logicielles issues du marché.

L'association du DPO en amont du projet est également requise quand l'entreprise a choisi de recourir à un prestataire externe. On notera ainsi par exemple que de nombreuses entreprises déploient le recours au bulletin de paie remis par voie électronique à destination de leurs propres salariés. Ce type de projet - perçu légitimement comme les prémisses d'une généralisation de la dématérialisation des procédures RH (congés, absence, évaluation) – nécessiterait l'intervention en amont du DPO mais aussi des IRP.

Le DPO doit être associé à la définition des critères de choix du prestataire et notamment lors de l'établissement du cahier des charges (s'il existe). En effet, outre le coût financier, il doit être tenu compte de l'accessibilité et de l'interopérabilité du service avec le système d'information de l'entreprise. Le choix du prestataire pourra également intégrer la question du préjudice en terme d'image de l'entreprise, en cas de défaillance du PSCo ayant un impact sur la clientèle (compromission des identifiants, usurpation d'identités numériques et dommages y afférents). Il incombe au DPO de faire valoir les critères liés au respect du *Privacy by Design*, aux exigences de sécurité liées à la confidentialité des données ainsi que les préconisations de la CNIL (recommandations ou labels). Par ailleurs, la localisation du PSCo doit être un des critères du choix, étant noté qu'il est indispensable de prévoir des garanties contractuelles adaptées en cas de prestataire situé dans un État tiers (dont les États Unis d'Amérique). En tout état de cause, le projet doit être conçu de façon transversale et le DPO doit impérativement y être associé notamment afin d'exposer et de veiller à ce que soient prises en compte les contraintes juridiques et techniques inhérentes à la protection des données.

II.2. À propos du contrat de prestation de service de confiance

De la qualité des précisions apportées au projet (donc des critères retenus pour fonder le choix du prestataire) dépend le travail à accomplir sur le contrat. Concrètement, certaines clauses doivent faire l'objet d'une attention toute particulière (sécurité et confidentialité des données à caractère personnel, information et notification des violations de données, etc.), *a fortiori* dans le cadre de contrats « clé en mains ».

Il est impératif de procéder à l'analyse de la qualité des parties au contrat. En effet, les rôles (détermination des moyens du traitement de données lié à la fourniture des services), le degré d'autonomie et les responsabilités respectives des parties doivent être clairement définis dans le contrat de sous-traitance ou, dans le cas des contrats « clé en mains », une attention particulière doit être apportée aux clauses concernées. Précisément, le contrat doit permettre l'audit des procédures mises en œuvre par le prestataire et le DPO devrait être entendu sur la rédaction/vérification des clauses dédiées à la coopération et l'information réciproques des parties. Par ailleurs, le recours à un prestataire étranger (hors union européenne) devra être appréhendé au regard de l'encadrement des transferts (clauses contractuelles) et des formalités à accomplir auprès de la CNIL. La responsabilité du PSCo doit être aménagée contractuellement, voire sous le régime d'une coresponsabilité comme le permettra le règlement européen sur la protection des données (articles 24 et 26).

II.3. Sur la sécurité des données à caractère personnel et la notification des failles

La nécessaire coopération et concertation entre le PSCo et son client est spécifiquement prévue par le règlement EIDAS et est également insérée dans le règlement sur la protection des données. Elle doit être aménagée également d'un point de vue opérationnel et organisationnel (dans le prolongement des dispositions contractuelles). Le DPO pourrait avoir à jouer un rôle prépondérant quant à l'élaboration et la formalisation de la procédure d'information mutuelle et de coopération.

II.4. Veiller à l'impact de la protection des données sur la relation client

Le compte client revêt également une importance capitale : une attention particulière doit être portée sur le nom attribué au compte (« espace client », « espace personnel »). Les particularités liées au compte regroupant plusieurs bénéficiaires (assurance, abonnement téléphonique) imposent de maîtriser les identifiants et d'adapter les mesures de sécurité en fonction des clients.

Pour la souscription en ligne, la confiance repose notamment sur la certitude de l'identité (*Know Your Customer* - KYC) ce qui milite en faveur d'exigences complémentaires pour la souscription auprès de prospects (article 24.1 du règlement EIDAS pour les services de confiance qualifiés). Cette phase d'identification est cruciale et souvent ce sont les clients qui assurent la vérification de l'identité du futur client. De ce fait, les PSCo peuvent se dédouaner d'une partie de leur responsabilité en la faisant porter sur le client. Il est donc important de prévoir un focus particulier sur cette question au moment de la négociation contractuelle. Le DPO assume ici aussi un rôle de veille quant aux garanties qui doivent être mises en œuvre, ce qui milite en faveur d'un rapprochement avec tous les départements et services concernés (gestion du système d'information et services du prestataire).

LA BIOMÉTRIE : Y AURAIT-IL DU CHANGEMENT DANS L'AIR ?

par Garance MATHIAS

La biométrie est étroitement liée à l'identité puisqu'elle prend en compte les caractères physiques et comportementaux de la personne. Les opérateurs privés ou publics qui souhaitent aujourd'hui la mettre en œuvre évoquent souvent la nécessité de parvenir à une identification fiable de la personne tout en assurant la sécurité de son identité.

À cet égard, si les technologies et les pratiques liées à la biométrie sont en pleine expansion, le respect des droits fondamentaux de la personne parmi lesquels figure le droit au respect de la protection des données personnelles[87] reste primordial. L'utilisation de la biométrie n'est donc pas nouvelle, mais son encadrement légal est en pleine évolution.

« La question qui nous est posée est (…) de savoir si nous sommes prêts à consentir à une banalisation de l'usage de données tirées du corps humain ou si nous voulons que cet usage soit limité à des situations exceptionnelles[88] ». C'est pour répondre à cette question

[87] Article 8 de la Charte des droits fondamentaux de l'union européenne : « Protection des données à caractère personnel. 1. Toute personne a droit à la protection des données à caractère personnel la concernant. 2. Ces données doivent être traitées loyalement, à des fins déterminées et sur la base du consentement de la personne concernée ou en vertu d'un autre fondement légitime prévu par la loi. Toute personne a le droit d'accéder aux données collectées la concernant et d'en obtenir la rectification. 3. Le respect de ces règles est soumis au contrôle d'une autorité indépendante. ».

[88] Exposé des motifs de la proposition de loi visant à limiter l'usage des techniques biométriques enregistrée à la Présidence du Sénat le 12 février 2014

que des sénateurs ont présenté, le 12 février 2014, une proposition de loi visant à limiter l'usage des techniques biométriques[89]. Cette proposition de loi, adoptée en première lecture au Sénat le 27 mai 2014, a notamment pour objectif de modifier l'article 25 de la loi du 6 janvier 1978 modifiée par la loi du 6 août 2004 comme suit :

> Pour l'application du 8° du I, ne peuvent être autorisés que les traitements dont la finalité est la protection de l'intégrité physique des personnes, la protection des biens ou la protection d'informations dont la divulgation, le détournement ou la destruction porterait un préjudice grave et irréversible et qui répondent à une nécessité excédant l'intérêt propre de l'organisme les mettant en œuvre.

Ainsi, les dispositifs biométriques ne pourraient être autorisés qu'à la condition que le responsable de traitement se prévale d'une des finalités énoncées par le texte et qu'il démontre la nécessité du dispositif. Le texte sous-entend donc que, *a contrario*, toute autre finalité ne pourrait pas justifier l'utilisation d'un dispositif biométrique jugé, selon l'expression consacrée, comme disproportionnée au regard de la finalité poursuivie. Il en irait de même si le responsable de traitement ne démontrait pas la nécessité du dispositif. Seule une telle restriction permettrait, selon eux, de lutter contre la banalisation de l'utilisation de la donnée biométrique. À noter que le texte adopté résulte de l'amendement présenté par le Gouvernement désireux « que la loi n'interdi[se] pas

89 Proposition de loi visant à limiter l'usage des techniques biométriques enregistrée à la Présidence du Sénat le 12 février 2014

certains usages comme l'authentification d'un paiement par biométrie[90] ».

Cette proposition de loi est la réaction juridique au développement important des techniques biométriques et à la volonté des opérateurs de multiplier les usages de la biométrie (contrôle d'accès physique aux locaux, contrôle d'accès logique, etc.).

Les illustrations sont nombreuses. On peut citer la très controversée *Touch ID*, fonctionnalité de l'Iphone 5S commercialisé par la société Apple. L'empreinte digitale du propriétaire de l'appareil remplace le mot de passe. Il peut alors déverrouiller son téléphone, télécharger une application depuis l'*Appstore* ou régler un paiement sur l'e-shop en posant simplement son doigt sur le bouton principal. La société Samsung propose une fonctionnalité similaire à partir du téléphone mobile Galaxie S5 puisqu'il est compatible avec les paiements mobiles PayPal, depuis n'importe quel site Web ou magasin acceptant PayPal. Cette fonctionnalité avait essuyé les critiques du représentant allemand de la protection des données personnelles, Johannes Caspar, notamment en ce qui concerne le stockage de cette empreinte et la possibilité pour des tiers d'y accéder[91]. La Banque postale a été autorisée par la Commission Nationale de l'Informatique et des Libertés à expérimenter un système de reconnaissance de la voix à des fins d'authentification lors de paiement en ligne par carte bancaire dénommé *Talk to pay*. La société International Business Machines (IBM)[92] s'est également illustrée en la matière en annonçant le 2 juin 2014 avoir obtenu un

90 Amendement présenté par le Gouvernement disponible à l'adresse http://www.senat.fr/amendements/2013-2014/466/Amdt_1.html

91 http://www.spiegel.de/netzwelt/netzpolitik/datenschuetzer-warnt-vor-fingerscanner-im-iphone-a-922288.html

92 Brevet IBM, *User browser interaction based fraud detection system*

brevet au sujet d'un système de détection d'utilisations frauduleuses de sites Internet fondé sur l'enregistrement des données comportementales des utilisateurs (utilisation du clavier, de la souris ou de l'écran tactile, etc.). L'analyse de ces données permettrait de définir le comportement d'un utilisateur moyen et de pouvoir *a contrario* détecter l'utilisation frauduleuse. Cette illustration met parfaitement en exergue l'un des aspects de la biométrie. En effet, la biométrie recouvre l'ensemble des procédés tendant à identifier un individu à partir de la mesure de l'une ou de plusieurs de ses caractéristiques physiques, physiologiques ou comportementales.

La donnée biométrique est donc intimement liée à l'Homme et est de plusieurs types : empreintes digitales, ADN, réseau veineux, reconnaissance vocale ou faciale, reconnaissance de l'iris de l'œil, démarche, frappe du clavier, etc. La proposition de règlement européen adoptée le 12 mars 2014 par le Parlement européen[93] définit cette notion en précisant qu'il s'agit de « toutes les données à caractère personnel relatives aux caractéristiques physiques, physiologiques ou comportementales d'une personne physique qui permettent son identification unique, telles que des images faciales ou des données dactyloscopiques[94] ».

À noter que la volonté des sénateurs semble coïncider avec le sentiment exprimé par les Français sur la biométrie. En effet, une étude du Centre de Recherche pour l'Étude et l'Observation des

[93] Résolution législative du Parlement européen du 12 mars 2014 sur la proposition de règlement du Parlement européen et du Conseil relatif à la protection des personnes physiques à l'égard du traitement des données à caractère personnel et à la libre circulation de ces données (règlement général sur la protection des données.

[94] Article 4 de la proposition de règlement adoptée par le Parlement européen le 12 mars 2014 précitée

Conditions de vie (CREDOC) a été réalisée avec le soutien financier de la CNIL[95]. Elle avait pour objet d'analyser le comportement de la population française devant les enjeux posés par le développement des technologies biométriques. Les résultats, publiés en mai 2013, témoignent de la méfiance des Français face à l'usage de ces technologies dans la vie quotidienne. En effet, si les Français se montrent favorables à l'utilisation de cette technologie pour des raisons tenant à la sécurisation des documents d'identité (intégration d'une puce électronique contenant des données biométriques, l'empreinte digitale notamment, dans le passeport[96]) et à des fins d'identification d'auteurs d'infractions, ils se montrent nettement moins favorables à l'utilisation d'informations pour, par exemple, régler leurs achats[97].

Et ce d'autant plus que ces systèmes peuvent être abusés comme l'a démontré le projet *Tabula Rasa*[98] soutenu par la Commission européenne. Ce projet qui s'est terminé en avril 2014 avait pour objectif d'observer le fonctionnement des logiciels de reconnaissance lorsqu'ils sont attaqués et de développer des contre-mesures, notamment par l'organisation d'un concours de *hacking* des systèmes de reconnaissance biométrique. Il a été ainsi constaté

---

95 *Les Français se montrent réservés sur l'usage de la biométrie dans la vie quotidienne*, CRÉDOC, S. Hoibian, Collection des Rapports, n° R291/2013

96 Décret n° 2008-426 du 30 avril 2008 modifiant le décret n° 2005-1726 du 30 décembre 2005 relatif aux passeports électroniques transposant le règlement (CE) n° 2252/2004 du Conseil du 13 décembre 2004 établissant des normes pour les éléments de sécurité et les éléments biométriques intégrés dans les passeports et les documents de voyage délivrés par les États membres et règlement (CE) n° 444/2009 du Parlement européen et du Conseil du 28 mai 2009 modifiant le règlement (CE) n° 2252/2004 du Conseil établissant des normes pour les éléments de sécurité et les éléments biométriques intégrés dans les passeports et les documents de voyage délivrés par les États membres.

97 *Les Français se montrent réservés sur l'usage de la biométrie dans la vie quotidienne*, CRÉDOC, S. Hoibian, Collection des Rapports, n° R291/2013, p.11.

98 *EU-funded project to take biometric security systems to the next level*, Communiqué de presse de la Commission européenne en date du 22 octobre 2013, MEMO/13/924

qu'un simple maquillage pouvait tromper un système de reconnaissance faciale 2D.

Le régime juridique actuellement applicable à la biométrie doit être rappelé (I) avant d'envisager les évolutions en cours, françaises (II) et européennes (III).

I. Le régime applicable à la biométrie

La biométrie est strictement encadrée par la loi Informatique et Libertés. Son régime juridique est défini à l'article 25-I-8 (issu de la loi du 6 août 2004 modifiant la loi du 6 janvier 1978) qui dispose que « les traitements automatisés comportant des données biométriques nécessaires au contrôle de l'identité des personnes » sont soumis à l'autorisation préalable de la CNIL[99]. Ce régime s'applique lorsque le dispositif biométrique est mis en œuvre par un opérateur privé. Par ailleurs, l'autorité de contrôle a élaboré plusieurs autorisations uniques visant à simplifier les formalités à effectuer par les responsables de traitement, un engagement de conformité à l'une des autorisations suffisant à mettre en œuvre le traitement. En revanche notons que le cadre juridique est plus strict encore lorsque le traitement de données biométriques est mis en œuvre par l'État. En effet, un décret en Conseil d'État pris après avis de la CNIL doit autoriser le traitement.

En outre, dès 2007, la CNIL a émis une communication relative à la mise en œuvre de dispositifs de reconnaissance par empreinte

---

[99] Article 25-I-8° de la loi du 6 janvier 1978 modifié par la loi n°2004-801 du 6 août 2004 : « I. - Sont mis en œuvre après autorisation de la Commission nationale de l'informatique et des libertés, à l'exclusion de ceux qui sont mentionnés aux articles 26 et 27 : (...) 8° Les traitements automatisés comportant des données biométriques nécessaires au contrôle de l'identité des personnes. »

digitale avec stockage dans une base de données[100] à destination des différents acteurs privés et publics qui envisagent la mise en place d'un dispositif de biométrie afin de rappeler les principaux critères sur lesquels elle se fonde pour autoriser ou non un tel traitement (notamment la finalité du traitement comme la protection de la personne physique et des informations ou encore la faillibilité et la sécurité du dispositif de biométrie, l'information des personnes concernées, etc.). En d'autres termes, cette communication doit permettre aux acteurs, selon la CNIL de « se poser les bonnes questions informatique et libertés ».

Par ailleurs, si le texte impose que le dispositif soit nécessaire à l'identification de la personne, aucune exigence de nécessité du dispositif n'est requise. Ainsi, les dispositifs reposant sur la reconnaissance du contour de la main bénéficient d'une procédure d'autorisation simplifiée. En effet, l'explication de la CNIL est la suivante, le contour de la main est une donnée biométrique qui ne laisse pas de traces susceptibles d'être captées à l'insu de la personne et d'être utilisées à des fins étrangères à la finalité initiale.

La publication des autorisations à l'usage de procédés biométriques délivrées par la CNIL nous éclaire également sur les pratiques que la Commission a autorisées, notamment l'usage de la reconnaissance de l'empreinte digitale, la reconnaissance du contour de la main, la reconnaissance du réseau veineux des doigts ou encore la reconnaissance de la frappe au clavier[101]. Un dispositif

---

[100] Cette communication est disponible sur le site de la CNIL : http://www.cnil.fr/fileadmin/documents/approfondir/dossier/CNI-biometrie/Communication-biometrie.pdf

[101] A titre d'illustration, Autorisation unique n° AU-019 - Délibération n°2009-316 du 7 mai 2009 portant autorisation unique de mise en œuvre de dispositifs biométriques reposant sur la reconnaissance du réseau veineux des doigts de la main et ayant pour finalité le contrôle de l'accès aux locaux sur les lieux de travail, JO n°0142 du 21 juin 2009

biométrique peut être utilisé pour les finalités telles que le contrôle d'accès ou encore la restauration sur le lieu de travail[102].

En revanche, la Commission, à la suite d'une concertation des organisations patronales et syndicales, a modifié en 2012 son autorisation unique AU-007 adoptée le 27 avril 2006[103] qui concernait la mise en œuvre de dispositifs biométriques reposant sur la reconnaissance du contour de la main et ayant pour finalités le contrôle d'accès ainsi que la gestion des horaires et de la restauration sur les lieux de travail. En effet, il est rapidement apparu que la finalité de contrôle des horaires de travail et la gestion des présences étaient disproportionnées au regard des exigences de la loi Informatique et Libertés et du droit du travail[104]. Cette position de la CNIL rejoint celle du Tribunal de Grande Instance de Paris qui, par un jugement en date du 19 avril 2005[105] a interdit à une société d'utiliser un système biométrique reposant sur les empreintes digitales pour contrôler les horaires de travail de ses salariés au motif que les atteintes apportées aux libertés fondamentales des salariés ne sauraient être justifiées par l'objectif du contrôle des horaires. Ainsi, le Tribunal a motivé sa décision sur le fait que le dispositif « qui met en cause le corps humain et porte ainsi atteinte aux libertés individuelles peut cependant se justifier

---

[102] Autorisation unique n° AU-009 - Délibération n°2006-103 du 27 avril 2006, J.O n° 138 du 16 juin 2006

[103] Autorisation unique n° AU-007 - Délibération n°2012-322 du 20 septembre 2012 portant autorisation unique de mise en œuvre de traitements reposant sur la reconnaissance du contour de la main et ayant pour finalités le contrôle d'accès ainsi que la restauration sur les lieux de travail , JORF n°0238 du 12 octobre 2012

[104] Article L1121-1 du Code du travail dispose que « Nul ne peut apporter aux droits des personnes et aux libertés individuelles et collectives de restrictions qui ne seraient pas justifiées par la nature de la tâche à accomplir ni proportionnées au but recherché. »

[105] Tribunal de Grande Instance de Paris, 19 avril 2005, Comité d'entreprise d'Effia Services - Fédération Des Syndicats Sud Rail/ Société Effia Services

lorsqu'elle a une finalité sécuritaire ou protectrice de l'activité exercée ». Tel n'était pas le cas en l'espèce. La CNIL a également invoqué à de nombreuses reprises l'absence « d'impératif particulier de sécurité » pour refuser la mise en œuvre de dispositifs biométriques[106].

Cet impératif de sécurité se traduit dans la doctrine évolutive de la CNIL et dans la proposition initiale des sénateurs.

II. Les évolutions du régime applicable à la biométrie

En droit interne, le régime applicable à la biométrie tend à évoluer sous l'impulsion des sénateurs français en réaction à certaines positions prises par la CNIL (II.1.). Comme indiqué précédemment, après avoir été adoptée par le Sénat en première lecture, la proposition de loi visant à limiter l'usage des dispositifs biométriques (II.2.), va être analysée à l'Assemblée nationale.

II.1. L'évolution de la doctrine de la Commission Nationale de l'Informatique et des Libertés

Le rapport du sénateur Pillet[107], qui a donné lieu à la proposition de loi déposée à l'initiative du sénateur Gaëtan Gorce (également membre de la CNIL), souligne l'évolution de la doctrine de la Commission sur la classification des dispositifs biométriques. Il relève que la doctrine de la CNIL s'est fondée jusqu'en 2012 sur la

---

[106] Par exemple, la Délibération n°2010-072 du 18 mars 2010 de la formation restreinte décidant l'interruption d'un traitement mis en œuvre par la Société M. par laquelle la CNIL a ordonné la suspension d'un dispositif biométrique alors que la demande d'autorisation avait été refusée pour absence d'impératif de sécurité.

[107] Rapport fait au nom de la Commission des lois constitutionnelles, de législation, du suffrage universel, du règlement et d'administration générale sur la proposition de loi de M. Gaëtan Gorce et plusieurs de ses collègues visant à limiter l'usage des techniques biométriques, par M. François Pillet, Sénateur le 16 avril 2014.

division entre dispositif « à traces » et dispositif « sans traces » pour autoriser ou non les dispositifs biométriques. Ces dispositifs sont dits « avec traces » lorsque la personne est susceptible de laisser « une trace » sur un support, par exemple une empreinte. Le risque est que cette donnée soit captée par un tiers à l'insu de la personne et qu'elle soit utilisée pour usurper son identité. La CNIL s'était d'ailleurs prononcée en 2007 sur les dispositifs biométriques basés sur l'empreinte digitale avec stockage de la donnée sur un support individuel conservé par la personne ou stockage non individuel dont la gestion est laissée à un tiers[108]. En revanche, les dispositifs biométriques sont dits « sans traces » lorsque la personne n'est pas susceptible de laisser ses données sur un support. Sont notamment considérés comme des dispositifs « sans traces », le réseau veineux, l'iris de l'œil ou encore la reconnaissance faciale ou vocale.

Cependant, compte tenu de l'insuffisance de la distinction, il semblerait selon le même rapport que depuis 2013, la CNIL ait amorcé une évolution de sa doctrine pour davantage encadrer les dispositifs biométriques intrusifs qui pourtant ne laissent pas systématiquement de trace. En effet, le rapport du sénateur Pillet indique que l'autorité de contrôle délivrerait son autorisation en fonction de trois catégories de dispositifs biométriques : la biométrie « de sécurité », la biométrie « de service » et les expérimentations.

Lorsque le responsable du traitement entendra utiliser un dispositif biométrique « de sécurité », il devra, par une analyse de risques, justifier de la finalité de sécurité. S'il y parvient, l'utilisation de ce

108 Communication de la CNIL relative à la mise en œuvre de dispositifs de reconnaissance par empreinte digitale avec stockage dans une base de données.

dispositif sera exclusive de tout autre. Les personnes ne pourront pas s'opposer à l'utilisation du dispositif, seule une information leur sera délivrée. Le responsable de traitement sera considéré comme utilisant un dispositif biométrique « de service » lorsque son utilisation ne sera pas strictement liée à un impératif de sécurité. En pareil cas, le consentement de la personne sera de nouveau le principe. En effet, la personne disposera d'une liberté de choix entre le dispositif biométrique et le dispositif alternatif. Le responsable de traitement pourra se ménager la preuve du consentement de la personne en lui faisant signer la note d'information préalablement délivrée. Les personnes concernées par le dispositif biométrique doivent en effet être informées de manière claire de sa mise en œuvre, de son caractère obligatoire ou facultatif, des destinataires des données et de leurs droits d'opposition, d'accès et de rectification. Par ailleurs, les instances représentatives du personnel doivent être consultées et informées avant la mise en œuvre de tels dispositifs.

Enfin, le responsable du traitement pourra, pendant un an, expérimenter des dispositifs biométriques pour éventuellement les généraliser au sein de sa structure. Cinq critères seront pris en compte par l'autorité de contrôle notamment l'apport du dispositif dont l'expérimentation est demandée et les garanties apportées en terme de sécurité des données. Cette nouvelle position semble, pour partie, traduite dans la proposition de loi adoptée au Sénat visant à encadrer l'utilisation tous azimuts de la biométrie.

II.2. La proposition de loi visant à limiter l'usage de la biométrie

De prime abord, il convient de préciser que l'exigence d'une stricte nécessité de sécurité du dispositif biométrique était au cœur de la proposition de loi enregistrée au Sénat en février 2014. En effet, le texte disposait que « pour l'application du 8° du I [de l'article 25-I], ne peuvent être autorisés que les traitements justifiés par une stricte nécessité de sécurité ». En d'autre terme, le critère sur le fondement duquel l'autorité de contrôle aurait autorisé ou refusé le traitement de données biométriques permettant d'identifier les personnes était un critère sécuritaire. En revanche, les dispositifs dits « de confort » étaient strictement exclus d'une éventuelle demande d'autorisation. Ce sont des dispositifs destinés au grand public ayant vocation à améliorer l'expérience de l'utilisateur, voire d'apporter une sécurité personnelle. La biométrie de confort renvoie par exemple à l'utilisation des empreintes digitales pour faire démarrer son ordinateur ou pour accéder à une cantine. Le Sénateur Gaëtan Gorce considère ainsi que certains usages, notamment dans les cantines scolaires, ne devraient pas être autorisés.

Cette proposition de loi visait donc à encadrer l'utilisation de ces outils tout en restreignant le pouvoir d'appréciation de la CNIL. Toutefois, ce texte est apparu trop restrictif notamment pour le Gouvernement qui a présenté un amendement. Cependant, plusieurs critiques peuvent être formulées contre ce texte. Il comporte de nombreuses imprécisions qui demanderont assurément d'être interprétées. Parmi ces insuffisances figurent les termes « nécessité excédant l'intérêt propre de l'organisme » et de « préjudice grave et irréversible ». À noter que l'interprétation de ces textes nécessitera une analyse *in concreto* en fonction notamment de l'organisme en cause et de ses activités. Cette analyse au cas par cas semble d'autant plus indispensable que la nécessité s'appréciera en fonction de l'intérêt de chaque organisme responsable de traitement. Par ailleurs, en considérant que l'esprit de la proposition est de limiter les usages toujours plus nombreux de la biométrie, on aurait pu s'attendre à ce que le texte adopté en première lecture neutralise les usages considérés comme problématiques. Or, il est important de souligner qu'en l'état actuel, les géants du secteur, à l'instar de la société Apple, pourront probablement justifier de l'utilisation de la biométrie en invoquant par exemple le contrôle d'accès aux applications commercialisées sur leurs plateformes ou la protection des informations concernant leurs clients contre « la divulgation, le détournement ou la destruction ». Par conséquent, les risques de détournement de l'esprit du texte et donc de contournement sont nombreux. Gageons cependant que les examens à venir par l'Assemblée Nationale apporteront des modifications à ce texte.

Cette initiative française semble s'inscrire dans la réforme du cadre juridique de la protection des données personnelles actuellement à l'étude au sein des institutions européennes.

III. La biométrie dans la proposition de règlement européen

La résolution législative du Parlement européen du 12 mars 2014 sur la proposition de règlement du Parlement européen et du Conseil relatif à la protection des personnes physiques à l'égard du traitement des données à caractère personnel et à la libre circulation de ces données intègre les données biométriques aux catégories particulières de données[109]. Ce qui n'était pas le cas de la directive 95/46/CE. Il en découle un régime similaire à celui organisé par la loi Informatique et Libertés pour les données sensibles. En effet, par principe, le traitement des données biométriques sera interdit par le règlement européen. Toutefois, des exceptions sont prévues.

---

[109] Article 9 de la résolution législative du Parlement européen du 12 mars 2014 sur la proposition de règlement du Parlement européen et du Conseil relatif à la protection des personnes physiques à l'égard du traitement des données à caractère personnel et à la libre circulation de ces données

Ainsi, le consentement de la personne à ce que ses données biométriques fassent l'objet d'un traitement peut faire obstacle à l'interdiction de principe. Par conséquent, au regard de la législation française, la proposition de règlement ne renforce pas la protection dont bénéficient les données biométriques.

Pourtant, le recueil du consentement au sein de l'entreprise ou de l'administration peut soulever des difficultés. En effet, dans le cadre d'une relation de travail qui implique un rapport de subordination, le consentement du salarié à un dispositif mis en œuvre par son employeur n'est pas forcément libre et éclairé. Il peut être envisagé de recourir à un prestataire extérieur à l'entreprise pour mettre en œuvre un dispositif biométrique afin d'apporter les garanties nécessaires. Le consentement du salarié peut ainsi être directement recueilli par ce prestataire, dans des conditions qui doivent assurer le salarié de sa liberté de ne pas consentir et de la confidentialité de ses réponses.

À noter que le Parlement européen, dans sa résolution législative du 12 mars 2014, a proposé de supprimer le considérant 34 de la proposition de règlement qui précisait que le « consentement ne devrait pas constituer un fondement juridique valable pour le traitement de données à caractère personnel lorsqu'il existe un déséquilibre manifeste entre la personne concernée et le responsable du traitement, surtout lorsque la première se trouve dans une situation de dépendance par rapport au second, notamment lorsque les données à caractère personnel concernent le salarié et sont traitées par son employeur dans le cadre de leur relation de travail ».

Le principe posé par ce considérant est cependant toujours présent dans la proposition de règlement relative à la protection des données personnelles dans son dernier état au 30 juin 2014.

Par ailleurs, la proposition de règlement accorde un pouvoir au législateur national.

En effet, ce dernier pourrait priver le consentement de la personne de tout effet en prévoyant des hypothèses dans lesquelles ce consentement ne permet pas de lever l'interdiction. Or, le fondement de la proposition de loi visant à freiner la banalisation des recours aux outils biométriques est notamment de limiter voire d'écarter la biométrie dite de confort. Par conséquent, elle pourrait énumérer les cas dans lesquels le consentement est insuffisant tout en essayant de prendre en compte l'évolution technologique.

LE BILAN ANNUEL DU CIL : CORVÉE OU OUTIL DE CONDUITE DU CHANGEMENT ?

par Bruno RASLE

Chaque année, les Correspondants Informatique et Libertés ont l'obligation d'établir un rapport de leur activité et de le présenter à leur responsable de traitement. Pour une partie des professionnels concernés, il s'agit d'un véritable pensum. Pour d'autres, c'est au contraire un exercice salutaire et un levier de conduite du changement. Or le projet de règlement européen fait disparaître cette obligation. Faut-il s'en réjouir ou, au contraire, le regretter ?

Le décret n° 2005-1309 du 20 octobre 2005 pris pour l'application de la loi n° 78-17 du 6 janvier 1978 modifiée précise dans son article 49 que le correspondant *« établit un bilan annuel de ses activités qu'il présente au responsable des traitements*[110] *et qu'il tient à la disposition de la commission »*. Dès sa parution, cette formule lapidaire a suscité de nombreuses questions. Doit-on y relater les difficultés rencontrées ? Peut-on y décrire les non-conformités relevées ? Quelle forme prend ce bilan annuel ? Existe-t-il un « bilan type » auquel il serait possible de se référer ? Le comité d'entreprise peut-il exiger la communication du bilan auprès du CIL ?

---

110 Cette pratique n'a rien d'exceptionnelle : La norme ISO27000 (norme internationale de système de gestion de la sécurité de l'information) oblige à effectuer une revue avec la direction générale une fois par an.

Pour apporter des réponses opérationnelles à ces interrogations, un groupe de travail *ad hoc*[111] a été créé et co-animé au sein de l'AFCDP par Claire Levallois-Barth (Chargée de recherches à Telecom Paris) et Hélène Legras (CIL d'Areva). Le présent texte s'inspire, pour une partie importante, de ces travaux. Les réflexions des praticiens concernés ont permis de produire une foire aux questions (F.A.Q.) qui a été présentée à la CNIL courant 2009. La plupart des enseignements se retrouvent dans le guide du CIL mis en ligne par cette dernière sur son site Web, et dans le « bilan type » proposé par la Commission Nationale de l'Informatique et des Libertés dans l'Extranet destiné aux seuls Correspondants Informatique et Libertés. L'auteur remercie également les CIL qui ont participé à une fructueuse réunion de travail qu'il a organisée, pour échanger bonnes pratiques et témoignages, plusieurs années après la formulation des premières recommandations par l'AFCDP. Le présent texte adopte la forme de la « foire aux questions ».

Qu'est-ce que je risque si je n'établis pas de bilan ?

Si le Correspondant Informatique et Libertés a bien la capacité de réaliser sa mission, mais qu'il ne le fait pas, par exemple en n'établissant jamais ses bilans, c'est l'article 52 du décret qui serait invoqué : « *Lorsque la Commission nationale de l'informatique et des libertés constate, après avoir recueilli ses observations, que le correspondant manque aux devoirs de sa mission, elle demande au responsable des traitements de le décharger de ses fonctions en application du III de l'article 22 de la loi du 6 janvier 1978.* ». On peut aussi imaginer que le responsable de traitement saisisse la CNIL au titre de l'article 51 du même décret : « *La CNIL peut être saisie à tout moment par le correspondant à la protection des*

---

[111] http://www.afcdp.net/-Bilan-annuel-

données à caractère personnel ou le responsable des traitements de toute difficulté rencontrée à l'occasion de l'exercice des missions du correspondant. L'auteur de la saisine doit justifier qu'il en a préalablement informé, selon le cas, le correspondant ou le responsable des traitements. La CNIL peut à tout moment solliciter les observations du correspondant à la protection des données ou celles du responsable des traitements. ». Votre risque – si vous n'établissez pas vos bilans – est donc d'être révoqué, par exemple au titre de l'article 53 du décret : « *Le responsable de traitement met fin aux fonctions du CIL pour un manquement aux devoirs de sa mission* ».

Je prends la suite d'un CIL qui n'a jamais fait ses bilans… Que dois-je faire ?

S'il est hors de questions de « fabriquer » *a posteriori* des rapports en les présentant abusivement comme ayant été rédigés par votre prédécesseur, vous pouvez prendre l'initiative d'intégrer dans votre premier bilan un chapitre spécifique faisant la synthèse des actions de votre prédécesseur dont vous avez connaissance ou sur base de la documentation que celui-ci vous a laissée. Cette démarche s'inscrit principalement dans la continuité de la fonction. Rédigez cette partie avec un état d'esprit égoïste : quelles informations auriez-vous aimé trouver à votre prise de fonction ?

Le bilan est annuel, certes, mais quand dois-je le rédiger ?

Une majorité de CIL se mettent sérieusement à la rédaction de leur bilan environ deux mois avant la date anniversaire… quelques fois moins, voire une fois la date passée. L'idéal est de s'inspirer des commandants des vaisseaux de jadis, qui, chaque soir à la lueur de leur lampe tempête, notaient soigneusement sur leur journal de bord les faits saillants du jour : « *Passage du Cap Horn après quatre jours de gros temps, Cérémonie du passage de la ligne, Calme plat, etc.* ». Cette pratique est toujours suivie de nos jours, notamment dans la marine marchande[112] : « *Le capitaine rédige son journal de mer et veille à la bonne tenue des autres journaux de bord. Le journal de mer contient, outre les indications météorologiques et nautiques d'usage, la relation de tous les événements importants concernant le navire et la navigation entreprise. Les inscriptions en sont opérées jour par jour et sans blanc. Elles sont signées chaque jour par le capitaine.* » (Article 6), « *Le capitaine est tenu à son arrivée de faire viser son journal de mer par l'autorité compétente. S'il y a eu au cours du voyage des événements extraordinaires intéressant le navire, les personnes à bord ou la cargaison, il doit en outre dans les vingt-quatre-heures de son arrivée en faire un rapport circonstancié* » (Article 11). Si cette méthode permet de ne rien oublier et facilite la rédaction du bilan annuel, elle présente aussi l'avantage de se prêter à un relevé du temps passé sur la fonction dans le cas d'un CIL à temps partiel – formule particulièrement précieuse pour les CIL mutualisés et les CIL externes.

L'un des membres de l'AFCDP, CIL d'une mutuelle, établit un rapport bimensuel pour son responsable de traitement (actions en cours, difficultés rencontrées, demandes de soutien, plan de progrès, etc.). Son bilan annuel est essentiellement la synthèse de ces documents, ce qui lui facilite la tâche en fin d'exercice.

[112] Décret n°69-679 du 19 juin 1969 relatif à l'armement et aux ventes maritimes

Quand dois-je présenter mon bilan à mon responsable de traitement ?

Le décret ne fait qu'indiquer que « *le bilan doit être annuel* », sans plus de précision. Les textes n'imposent donc aucune obligation quant à la date. En conséquence vous avez donc le libre choix de « caler » votre bilan annuel sur l'année calendaire, sur la date anniversaire de votre nomination, sur l'exercice fiscal de votre entreprise ou sur la période de préparation des budgets. Cette dernière approche vous permet de présenter vos souhaits concernant les moyens nécessaires à votre mission au « bon moment » ... Si personne ne peut vous imposer une date de publication[113], sans doute est-ce sage de débattre de ce point sereinement avec votre responsable de traitement lors de la phase préparatoire à votre désignation.

J'ai été désigné CIL en cours d'année : dois-je rédiger un bilan « partiel » ?

Cette question n'a de sens que si vous avez choisi une date différente de celle de votre désignation pour établir votre premier bilan. Imaginons que vous ayez été désigné en avril et que vous ayez choisi une date de publication calendaire (fin décembre). Dans tous les cas, aucune période ne doit rester « en dehors » de votre premier bilan. Vous établirez donc un premier bilan qui portera sur huit mois (avril à décembre), avant de vous caler sur l'année calendaire. De plus, même s'il est recommandé de conserver une date de publication identique – ne serait-ce que pour faciliter les comparaisons dans le temps-, rien de vous empêche de changer

[113] L'article 46 du décret n° 2005-1309 du 20 octobre 2005 indique que « *Le correspondant ne reçoit aucune instruction pour l'exercice de sa mission.* »

d'avis par la suite, toujours du moment qu'aucune période ne reste « en dehors » de vos bilans annuels.

Suis-je obligé de « présenter » mon bilan à mon responsable de traitement ? Ne puis-je pas seulement lui faire parvenir ?

C'est bien le terme « *présente* » que comprend le décret, et non le verbe « *transmet* ». Un envoi par courrier interne ne répond donc pas à l'esprit de la loi. Le guide du CIL mis en ligne par la CNIL sur son site Web comporte une fiche (la n° 11) dédiée au « bilan de l'action du CIL ». Il est recommandé, « *lorsque c'est possible, d'organiser une présentation formelle à l'occasion, par exemple, d'une réunion. Il s'agit d'un moment privilégié entre le CIL et le responsable des traitements. C'est l'occasion pour le CIL de communiquer sur ses actions et le niveau de conformité de l'organisme* ». Il faut savoir que les agents de la CNIL, à l'occasion d'une mission de contrôle sur place, peuvent demander à se voir communiquer une preuve de la présentation de son bilan par le CIL à son responsable de traitement (par exemple la trace du rendez-vous sur l'agenda de ce dernier). Quelques CIL avouent cependant ne pas avoir réussi à obtenir d'audience… voire à ne pas avoir osé demander rendez-vous. Mais une majorité des CIL membres de l'AFCDP parviennent à présenter chaque année leur bilan à leur responsable de traitement et s'en félicitent : « *Certes, le rendez-vous a été reporté trois fois, mais la réunion a été allongée dès que le responsable des traitements est « entré » dans le sujet et a pris conscience des enjeux* », « *Notre PDG s'est montré à chaque fois attentif, intéressé. Il tenait même à faire avancer les choses et a suggéré des actions* », « *C'est à l'occasion de la présentation de mon bilan en tête à tête avec le Directeur général que j'ai décroché l'accord pour un poste d'adjoint à plein temps* ». Au-delà de l'aspect purement juridique, on voit que la présentation du bilan annuel au responsable de traitement est une occasion privilégiée pour le Correspondant d'exprimer certaines demandes concernant, par exemple, un renforcement des moyens mis à sa disposition, ou pour s'assurer de son soutien et de la bonne prise en compte des objectifs poursuivis. Lors des échanges internes à l'AFCDP, un adhérent a indiqué préférer demander la présentation de son bilan au comité exécutif (Comex), considérant cela plus productif qu'au PDG seul. Un autre indique que son responsable de traitement fait une synthèse de son bilan au conseil d'administration.

Mon responsable de traitement vient de changer : dois-je lui présenter le dernier bilan ?

Si ce n'est pas obligatoire, c'est une démarche recommandée, ne serait-ce que pour mesurer son intérêt pour la thématique. Y est-il sensible ? C'est l'occasion de vous assurer de sa bonne compréhension de votre mission, des objectifs poursuivis et de son nécessaire soutien. Si votre dernier bilan ne comporte pas de genèse, le document peut être doublé d'un historique synthétique et d'une proposition de mise à disposition des anciens bilans.

Quelle structure pour mon bilan ? Quelle longueur doit-il faire ?

Le décret d'octobre 2005 ne donne aucune précision sur ces sujets. Vous êtes donc totalement libre de choisir la structure et la longueur qui vous paraissent appropriées. Concernant la structure du document, le groupe de réflexion « Bilan annuel du CIL » de l'AFCDP a conçu un modèle type qui a été présenté lors de l'une de ses réunions de travail au responsable du service des Correspondants de la CNIL. On y retrouve sans surprise les faits marquants de l'année (établissement de dossiers soumis à autorisation, flux de données hors union européenne, mise en place de dossiers particuliers comme le recours à la biométrie, etc.), la diffusion de la « culture Informatique et Libertés » (veille juridique effectuée, les actions de formation et de sensibilisation, la création d'outils tels que fiches pédagogiques, rédaction guides de bonne conduite, animation du réseau interne, etc.), une synthèse de l'activité de conseil du CIL (consultations sur les formalités à accomplir, soutien aux directions métier, médiations éventuelles, etc.), la gestion des demandes internes et externes (demandes de droit d'accès[114], d'opposition ou de modification/suppression, traitement des éventuelles plaintes et réclamations), la gestion des relations externes (avec la CNIL, avec l'AFCDP, avec des confrères ou des sociétés de formation, etc.), une synthèse de l'activité d'audit et de contrôle du CIL, une estimation de la charge de travail et des moyens nécessaires, un plan d'actions pour l'année à venir. Dans son livre *Le Correspondant Informatique et Libertés* (LexisNexis, 2013), Guillaume Desgens-Pasanau suggère d'y insérer une présentation de l'organisme, un historique de la désignation et l'organisation de la fonction de CIL[115]. Il suggère également une approche consensuelle pour adapter le bilan aux souhaits de son destinataire. Pour Guillaume Desgens-Pasanau, cette solution serait cohérente avec la vision d'un CIL « facilitateur ». Sans surprise, suite à la toute première désignation d'un CIL, les premiers bilans (qui relatent la montée en charge de la fonction) ne ressemblent en rien aux suivants.

---

[114] Quelques CIL ajoutent un sous chapitre dédié aux demandes d'accès émises par des tiers autorisés, après avoir noté à plusieurs reprises des demandes indues) et aux réquisitions judiciaires.

[115] À rejeter, de préférence, en fin de document.

De nombreux CIL ouvrent leur bilan par une synthèse permettant au responsable de traitement de prendre connaissance des faits saillants en quelques instants. Il est recommandé de ne pas faire trop varier la structure du rapport d'année en année. Le CIL d'une entreprise de très grande taille, membre de l'AFCDP, a intégré à son bilan un chapitre dans lequel il décrit sa « doctrine » : il y documente et argumente les analyses et positions qu'il a été amené à développer dans l'exercice de sa fonction. Ce chapitre peut s'avérer utile dans le futur afin de se remémorer la genèse de certaines prises de position (ou leur évolution). Un autre professionnel a intégré à son bilan un chapitre dédié aux incidents de sécurité et à leur traitement, anticipant la probable obligation de notifier les violations aux traitements de données personnelles, tandis qu'un troisième a ajouté à son bilan un chapitre dédié aux contrôles de la CNIL.

La longueur du document est laissée à la discrétion du CIL. Il semble que la plupart des bilans comportent une vingtaine de pages, sans que cela ne puisse être considéré comme une norme. Dans les années 2006 et 2007 – quand une minorité de CIL prenait l'initiative d'adresser leur rapport à la Commission-, la CNIL a reçu des rapports d'une cinquantaine de pages... et d'autres qui tenaient, adresse et formule de politesse comprise, sur une page et demie !

Quel niveau de détail pour mon bilan annuel ?

La CNIL précise que[116] « *Les textes ne précisent ni le contenu, ni la nature des informations à y faire figurer. Le CIL peut donc y inscrire les éléments qu'il jugera utiles et pertinents. L'important étant d'être relativement exhaustif* ». À titre d'exemple les résultats

[116] Guide du CIL, fiche n° 11, dédiée au « bilan de l'action du CIL ».

détaillés d'un audit Informatique et Libertés seront renvoyés dans un autre support, strictement interne.

Dois-je joindre des annexes à mon bilan, et si oui, lesquelles ?

Le décret ne prévoit aucune annexe particulière, ni que la liste des traitements y figure. Cet ajout risque d'alourdir le document et de lui donner moins de chance d'être parcouru par le responsable de traitement. Pensez-vous qu'il va étudier en détail votre registre ? Une synthèse des traitements modifiés, supprimés, ajoutés depuis le dernier bilan peut suffire. Pourquoi ne pas tout simplement rappeler l'existence de votre liste des traitements, ainsi que de documents que vous avez formalisés durant l'exercice écoulé, tels que des plaquettes de communication interne, un code de bonne conduite, une charte informatique ?

Dois-je faire figurer dans mon bilan annuel ma charge de travail et mes demandes en hommes, outils et moyens ?

C'est fortement recommandé et prévu dans le modèle type de bilan annuel conçu par le groupe de réflexion « Bilan annuel du CIL » de l'AFCDP. Actuellement, la grande majorité des CIL exerce cette fonction en sus d'autres missions (RSSI, responsable juridique, contrôleur, déontologue, etc.), toutes déjà très prenantes. De plus, même si le formulaire de désignation comporte un chapitre au sein duquel le responsable de traitement indique les moyens qu'il compte mettre à disposition du CIL pour que celui-ci puisse mener à bien ses missions, on constate, surtout lors des premiers mois qui suivent la désignation, une demande de la part des CIL en temps, outils et aide (moyens humains). Il est donc légitime de mentionner dans le bilan annuel une évaluation de la charge de travail (sur l'exercice échu) et de se projeter dans l'avenir. On comprend dès lors mieux pourquoi certains CIL choisissent comme date de présentation de leur bilan la période durant laquelle leur entreprise prépare ses budgets.

Dois-je faire figurer dans mon bilan des cas de non-conformité qui ont été corrigés ?

Le bilan donne l'occasion au Correspondant de valoriser sa fonction et l'impact bénéfique de ses recommandations, de montrer les progrès accomplis par le CIL dans l'exercice de ses missions, progrès qu'il pourra expliciter de vive voix lors de sa présentation au responsable de traitement. À l'exception des entités étant déjà en conformité parfaite, il serait dommage de ne pas utiliser le bilan annuel pour indiquer les progrès accomplis.

L'un des CIL de l'AFCDP « instrumentalise » son *projet* de bilan (et non pas son bilan) dans ses relations avec les directions métier, uniquement dans les cas où ces dernières restent sourdes à ses recommandations et demandes, et *uniquement* après avoir épuisé toutes autres voies de persuasion et conciliation. Ce Correspondant Informatique et Libertés communique alors un extrait du projet au directeur concerné, en lui indiquant qu'il s'agit du texte qui figurera dans le rapport annuel qui sera prochainement présenté à la direction générale. Ce projet fait clairement état des non-conformités relevées, des risques qui pèsent sur les personnes concernées et sur le responsable de traitement, des recommandations du CIL et de l'attitude de la direction métier. Un code couleur adéquat (orange ou rouge) vient renforcer le message… Dans 99 % des cas, ce CIL indique que ses recommandations sont alors entendues et suivies, que les points de friction se dissolvent, et que son bilan définitif ne comporte plus que des signalétiques vertes ou jaunes (pour illustrer des points perfectibles sur lesquels un plan d'action a été formulé). Année après année, il a de moins en moins besoin de recourir à cet expédient.

Dois-je faire mentionner dans mon bilan les éventuelles difficultés que j'ai vécues en tant que CIL ?

En théorie, le bilan annuel est l'unique média prévu dans les textes pour que le CIL puisse formellement exprimer auprès du responsable de traitement les difficultés qu'il rencontre dans l'exercice de ses missions. Lors des travaux de l'AFCDP, un CIL d'une entreprise de taille moyenne a indiqué qu'il joignait en annexe les courriers internes qu'il avait transmis aux directions métier (avis, conseils, demandes d'informations, etc.), car il s'était rendu compte que son responsable de traitement n'avait pas une juste idée de la difficulté de sa tâche au quotidien, surtout quand il faut bouleverser des habitudes bien ancrées. Un autre Correspondant Informatique et Libertés a intégré à son bilan un chapitre dédié aux escalades de son échelle d'alerte, avec une liste des « cas en attente ». Dans tous les cas, il ne faut jamais faire état de ses éventuelles difficultés sans immédiatement proposer des voies d'amélioration. Par contre le bilan ne doit en aucun cas être utilisé par le CIL pour « régler » ses comptes avec les directions opérationnelles[117], ni avec son responsable de traitement ! Les éventuelles frictions doivent avoir été traitées en amont, tout organisme disposant d'échelons pour résoudre les problèmes

---

[117] Faut-il aller, comme le pratique le CIL d'une entreprise de très grande taille, à intégrer dans son bilan un chapitre dans lequel on signale à l'attention de son responsable de traitement les « bons élèves », comme, par exemple, les responsables de service ayant pris l'initiative de sensibiliser leurs équipes à la conformité Informatique et Libertés, les chefs de projet ayant intégré dès l'origine d'un processus la protection des données personnelles, les équipes opérationnelles avec laquelle la collaboration a été particulièrement fructueuse ? Cela ne risque-t-il pas, *a contrario*, d'être mal interprété par ceux qui ne sont pas cités ?

internes. Reste au CIL à trouver le ton juste, « politiquement correct » et fidèle à la réalité, le tout dans le respect de son indépendance (le CIL n'a pas à soumettre son projet de bilan à son responsable de traitement, de même qu'il ne doit pas le modifier sous l'injonction de ce dernier). On voit ici tout l'intérêt de s'y prendre à l'avance, et non au dernier moment, pour pouvoir établir autant de versions préparatoires que nécessaire. Votre rapport devient définitif et non-modifiable au moment de sa présentation à votre responsable de traitement. Guillaume Desgens-Pasanau indique dans son livre[118], contrairement aux préconisations de la CNIL, que le bilan annuel ne devrait pas faire état des difficultés rencontrées dans l'exercice de ses fonctions ou de manquements constatés à la réglementation. Pour lui, « *cette approche mettrait fortement en risque le responsable de traitement, et, par ricochet, le CIL lui-même* ». Il préconise plutôt d'évoquer ces points dans des documents spécifiques, dissociés du bilan et strictement internes à l'entreprise. « *De même, les informations relatives aux contentieux en cours avec des personnes fichées ou la CNIL n'ont pas vocation à figurer dans le rapport annuel* ».

Mon bilan peut-il être illustré ?

Le document est conçu pour être lu et compris par le responsable de traitement[119]. L'ajout d'éléments chiffrés, d'illustrations et

[118] Op.cit.

[119] Voici quelques recommandations concernant le fond et la forme d'un rapport destiné à être lu, à être compris et à être mis à profit par une direction, sur une thématique proche de celle de la conformité : celle de la sécurité informatique. Elles sont tirées du livre « *La fonction RSSI* » (édition Dunod, chapitre 18 « Tableaux de bord »), écrit par un membre de l'AFCDP, Bernard Foray : « *Penser KISS (Keep it Simple & Stupid), Soigner la sémantique, Penser Comparaison (à la fois interne et externe), Penser Durée et Contexte, Penser Visuel-Vendeur-Sexy* ».

d'indicateurs[120] peut aider à atteindre cet objectif, notamment afin d'appuyer les demandes de moyens supplémentaires. Voici quelques sujets qui se prêtent à cette démarche : nombre de demandes de droits d'accès traitées, nombre de saisines de la CNIL traitées, activité du CIL (en temps/homme), de son équipe (dont stagiaires) et de ses Relais Informatique et Libertés (RIL), nombre de collaborateurs sensibilisés/formés.

Mon bilan peut-il comporter des données à caractère personnel ?

A minima le rapport annuel comporte le nom de son auteur (le CIL) et sans doute celui du responsable de traitement. Pour le reste, il faut essayer de ne pas nommer les personnes mais d'utiliser plutôt les fonctions, qualités ou rôles.

Dois-je mettre mon bilan « en perspective » ?

Dans les grandes organisations, il faut un temps certain pour réaliser un inventaire exhaustif et une mise en conformité totale. Le CIL est donc amené à *phaser* ses actions et à se fixer des objectifs intermédiaires. Une mise en perspective peut donc être utile dans ces cas de figure, en faisant référence aux bilans des années précédentes et en se projetant dans l'avenir[121]. Le bilan doit être interprété de façon dynamique. À noter qu'en Italie, il est d'usage

---

120 Bien sûr ces indicateurs sont aussi sources de réflexion et d'alerte pour le CIL. Voici quelques exemples d'indicateurs pertinents : celui qui comptabilise les traitements découvert « par hasard » par le CIL au cours de l'année, un indicateur des traitements signalés spontanément au CIL, le nombre de fois où le CIL a été appelé en amont de projets, etc. Ces indicateurs peuvent provenir de votre tableau de bord global (avec, par exemple, une remontée mensuelle vers le responsable de traitement) ou de ceux adaptés aux populations cibles.

121 Attention toutefois à ne pas trop promettre, à évoquer des projets qui ne sont pas encore figés, à fixer des objectifs qui ne peuvent être atteints.

courant dans les rapports annuels similaires d'indiquer visuellement par un changement de couleur les non conformités qui avaient déjà été signalées dans le bilan précédent et qui sont toujours présentes[122].

Outre le responsable de traitement, à qui envoyer le bilan en interne ?

De votre initiative, à personne. Le bilan est destiné à être présenté à votre responsable de traitement. Dans le cas où votre mission de CIL est secondaire par rapport à une mission principale, vous n'avez pas à transmettre – et encore moins soumettre – votre bilan ou votre projet de bilan à une quelconque hiérarchie. Toute transmission du bilan à un tiers doit se faire avec l'accord préalable du responsable des traitements. Si vous obtenez son accord, vous pouvez être amené à présenter tout ou partie du bilan de vos actions en interne, soit à l'ensemble du personnel, soit à des directions en particulier. Pour la CNIL[123], « *C'est d'ailleurs une très bonne initiative puisque cela permettra de rendre visible son activité et son rôle au sein de l'organisme. Cela peut également être un moyen pour mettre en avant ses collaborateurs directs et différents relais en interne au sein des directions et services* ». L'un des membres de l'AFCDP a obtenu qu'une synthèse de son bilan soit intégrée dans le bilan global « Responsabilité sociale » de son entreprise, un autre dans le rapport annuel du contrôle interne.

---

122 Dans sa transposition de la directive 95/46/CE, l'Italie n'a pas retenu la formule du délégué à la protection des données. Toutefois les entreprises doivent adresser chaque année un rapport au « *Garante per la protezione dei dati personali* » concernant leur politique de conformité des traitements de données à caractère personnel.

123 Op.cit.

Mon bilan doit-il être transmis aux instances représentatives du personnel qui en font la demande ?

Le destinataire unique du bilan, prévu par le décret, est le responsable de traitement. En conséquence, comme l'indique la CNIL[124], « *Dans l'hypothèse où ce sont les IRP qui lui demandent expressément de leur communiquer son ou ses bilans, le correspondant devra obtenir l'accord de son responsable des traitements qui n'est pas tenu de donner suite* ». Cette question montre l'importance qu'il y a à anticiper un tel cas de figure et à en discuter avec le responsable de traitement préalablement à votre désignation en tant que CIL : faut-il prévoir une présentation synthétique pour les représentants du personnel, lors d'une réunion du comité d'entreprise ? Faudra-t-il publier des extraits sur l'intranet de l'organisme[125] ou les communiquer aux différentes directions opérationnelles concernées ? Lors des réunions de travail AFCDP, il est apparu que certaines demandes de communication du bilan par les IRP (Instances Représentatives du Personnel) sont directement adressées au responsable de traitement et que d'autres le sont par l'intermédiaire habituel qu'est la direction des ressources humaines.

Dois-je envoyer mon bilan à la CNIL ?

Il n'existe aucune obligation légale en la matière. Le décret prévoit simplement que « *le bilan doit être tenu à la disposition de la CNIL* ». C'est à la CNIL de décider si le bilan d'une organisation donnée les intéresse plus particulièrement. En 2006 et 2007, la

[124] Op.cit.

[125] On trouve sur Internet le bilan 2012 du CIL d'une Université située dans le Sud-Ouest. Cette publication semble involontaire, du fait du support utilisé (il s'agit d'une présentation Prezi).

CNIL semble avoir reçu quelques rapports, bien qu'elle n'ait jamais émis de signaux montrant qu'elle le désirait[126]. Ces initiatives semblent rares désormais. Si tel est toutefois votre choix, vous n'avez aucune obligation d'en avertir au préalable votre responsable de traitement du fait de votre indépendance... mais il est sain de le faire. Signalons que le rapport publié en juin 2014 par la « mission commune d'information sur l'accès aux documents administratifs et aux données publiques » propose, parmi ses recommandations[127], d'obliger les producteurs de données publiques à établir un « bilan annuel » de l'accès aux documents administratifs dans chaque organisme soumis à la loi CADA du 17 juillet 1978. Ce bilan serait transmis à la CADA (Commission de l'Accès aux Documents Administratifs), qui « *pourra publier la liste des mauvais élèves* ».

Puis-je communiquer à la CNIL une version « synthétique » de mon bilan annuel ?

Il n'existe qu'un seul document qui porte le nom de « bilan annuel du CIL ». Les autres formes (par exemple une version allégée) ne sont donc pas le bilan, pièce que vous devez tenir, en tant que CIL, à disposition de la Commission Nationale Informatique et Libertés.

La CNIL peut-elle exiger de disposer de mon bilan annuel ?

Oui, il s'agit d'une obligation légale et votre responsable de traitement ne peut s'y opposer.

---

126 Par contre, lors d'une mission de contrôle sur place diligentée auprès d'un organisme ayant désigné un CIL, il est fréquent que les agents demandent communication du dernier rapport, voire des éditions précédentes.

127 www.senat.fr/notice-rapport/2013/r13-589-1-notice.html

Quel usage fait la CNIL de ces bilans ? Le bilan transmis à la CNIL risque-t-il d'être transféré à un tiers ou rendu public ?

Les bilans que la Commission serait amenée à demander restent internes à la CNIL. Toutefois, dans son livre *Le Correspondant Informatique et Libertés* (LexisNexis, 2013), Guillaume Desgens-Pasanau indique que « *Le bilan est communicable à la CNIL, sur sa demande. Mais la réglementation ne prévoit pas spécifiquement ce que la Commission a vocation à faire de ce document. Elle pourrait, par exemple, décider d'en communiquer une copie à une autre administration, voire de le rendre public. C'est peu probable mais ce n'est pas impossible.* ». Faut-il accompagner le bilan par une lettre de confidentialité adressée au président de la CNIL ? Pour les CIL du secteur public et des collectivités, la CADA s'est prononcée dans son avis 20140108 (séance du 13 février 2014) : Le maire de Montpellier n'avait pas donné suite à la demande de communication présentée au titre de la loi du 17 juillet 1978, portant sur la liste des traitements et « *les bilans annuels des activités établies par le correspondant Informatique et Libertés de la ville* ». La CADA considère que « *les documents produits ou reçus par le CIL revêtent le caractère de documents administratifs, soumis au droit d'accès prévu à l'article 2 de la loi du 17 juillet 1978* ». Elle s'est donc estimée compétente pour se prononcer pour la communication des bilans annuels, qui n'est pas, d'après elle, régie par des dispositions spéciales qui feraient que son application échapperait à sa compétente. Elle considère qu'il s'agit de documents communicables à toute personne qui le demande, sous réserve, le cas échéant, de l'occultation d'éventuelles mentions relatives à des personnes physiques. Parions que, suite à cet avis de la Commission d'Accès aux Données Administratives, les prochains rapports annuels établis par les CIL concernés vont être très consensuels.

À l'occasion d'un échange informel avec quelques CIL, des agents de la CNIL ont indiqué en juin 2014 que la Commission devrait s'exprimer à ce sujet dans les mois à venir pour préciser les modalités de communication du bilan – entre autres en ajoutant des motifs d'occultation conformément aux règles de la CADA (« Les informations qui révèlent le comportement d'une personne et dont la divulgation pourrait lui nuire ne peuvent pas être communiquées aux tiers. »). La CNIL s'est rapprochée de la CADA à ce propos. L'autorité de la rue Vivienne adresserait dans un premier temps à la CADA un courrier visant à sensibiliser celle-ci au rôle et au contenu des bilans des CIL et à obtenir ainsi son point de vue éclairé et officiel sur l'invocabilité des différentes limites reconnues par les articles 2 et 6 de la loi CADA au principe du droit d'accès aux documents administratifs. Par ailleurs, la pratique consistant à utiliser le bilan pour informer le responsable de traitement des difficultés en matière, notamment, de sécurité, a été évoquée lors de cet échange comme une difficulté sérieuse en cas de diffusion publique. Et qu'en est-il des anciens bilans, qu'il paraît impensable d'« expurger » *a posteriori* ? En poussant l'analogie très (trop ?) loin, certains CIL concernés évoquent le « viol des propos tenus dans un confessionnal ou un cabinet médical ». On peut craindre aussi un coup d'arrêt à la désignation de CIL de la part des collectivités, voire des démissions de certains d'entre eux[128].

---

[128] Une délégation de l'AFCDP a été reçue par la CNIL. L'AFCDP a suggéré que soit étudiée la piste d'une modification de la loi Informatique et Libertés pour créer une sorte de « droit d'accès indirect » aux bilans du CIL pour pouvoir répondre à de telles demandes.

Je suis désigné par un même responsable de traitement pour plusieurs organismes, je suis CIL mutualisé : dois-je faire un bilan unique ou un bilan par organisme ?

Le guide du CIL publié par la CNIL indique que, « *Lorsqu'un CIL a été désigné par plusieurs entités, il devra rédiger un bilan d'activité par organisme. Exemple : si un correspondant a été désigné par cinq organismes, il lui incombera alors de rédiger cinq bilans annuels distincts* ». Naturellement, si les entités sont similaires, avec des traitements identiques, vos bilans présenteront de fortes similitudes.

Puis-je me faire aider pour rédiger mon bilan ?

Si vous disposez d'un réseau de RIL (Relais Informatique et Libertés), vous pouvez envisager de les inciter à « nourrir » votre bilan du CIL, au fil de l'eau et non à l'approche de la fin de l'exercice. Avec l'autorisation de votre responsable de traitement, la moindre des choses est d'organiser pour eux une présentation dédiée. N'hésitez pas non plus à vous appuyer sur votre RSSI et/ou votre *Risk Manager*.

Sur quel support rédiger mon rapport ?

Les textes ne prévoient aucune forme particulière. Cela laisse donc une grande liberté au CIL qui pourra, au choix, le rédiger sous un format papier et/ou électronique.

Combien de temps conserver les bilans ?

S'agissant d'une obligation pouvant engager la responsabilité civile du CIL, le bilan doit être précieusement archivé, *a minima* pendant le mandat de celui-ci et plutôt pour toute la durée de la fonction en cas de changements de CIL dans l'organisme. S'agissant d'un document professionnel appartenant à l'entreprise, on peut aussi imaginer qu'il soit conservé durant toute la vie de celle-ci.

Les textes ne précisent pas sous quelle forme doit-être conservé ce document. Techniquement, il peut être conservé sous forme papier, sous forme électronique, sous archivage électronique avec horodatage.

Et chez nos voisins ?

En Suisse, comme en France et au Luxembourg, les *Datenschutzberater* doivent régulièrement faire un rapport de leurs activités au responsable de traitement. Aux Pays-Bas, les *Functionaris Gegevensbescherming*, considérant que la rédaction d'un rapport annuel ne constituait qu'une « charge administrative », ont obtenu que cette obligation soit supprimée de la loi issue de la transposition de la directive 95/48CE, mais de nombreux professionnels continuent de produire ce document en tant que bonne pratique. Les *Personuppgiftsombudet*[129] suédois n'ont pas d'obligation d'établir un rapport annuel adressé à la direction de l'entreprise, mais cela est recommandé.

C'est également le cas pour les *Beauftragter für Datenschutz* allemands. Selon l'étude *Data Protection Practice in Business*[130] menée en 2012 auprès de 2.571 délégués de la protection des données allemands, la moitié d'entre eux (51 %) indique que leur direction « *réclame du reporting de leur part* ». Les auteurs de l'étude ajoutent en commentaire « *Il a été prouvé que le rapport est*

[129] *Comparative analysis of Data Protection Officers*, Pascale Gelly, CEDPO, disponible sur www.cedpo.eu
[130] *Data Protection Practice in Business - Datenschuzpraxis*, 2012, 2B Advice GmbH

un outil très efficace pour gérer la mise et le maintien en conformité ».

Et, de fait, nombreux sont les délégués à la protection d'outre Rhin qui établissent spontanément un rapport annuel pour leur direction, alors que cela n'est pas une obligation. Comme en France, ce document est le reflet de leur activité et peut être mis à disposition de l'autorité de contrôle en cas d'investigations de cette dernière. L'association GDD[131], qui regroupe une grande partie des CIL allemands, propose la structure suivante : description des nouveaux traitements mis en œuvre, observations du délégué concernant les traitements et les procédures, opinion du délégué concernant tout sujet relatif à la protection des données personnelles, synthèse du traitement des demandes de droits d'accès et de droit d'opposition, synthèse des plaintes émises par les personnes concernées, description des actions de sensibilisation et de formation menées, actions envisagées pour l'exercice suivant. Le document peut comprendre, en sus, des chapitres sur les audits organisationnels du responsable de traitement ou les violations aux traitements de données personnelles.

Finalement, à qui et à quoi sert ce bilan annuel ?

Nous avons vu que le rapport est destiné au responsable de traitement et, éventuellement, à la CNIL. Il sert au premier à être informé des actions de la personne qui réduit son exposition aux risques juridiques relatifs à la loi Informatique et Libertés, il sert à la Commission pour avoir une vision « terrain ». À l'origine, le

---

[131] La GDD (*Gesellschaft für Datenschutz und Datensicherheit* - voir https://www.gdd.de/international/francais), association « sœur » de l'AFCDP en Allemagne, prépare la publication de la structure type du rapport annuel qui devrait être formalisé par les *Beauftragter für Datenschutz.*

rapport annuel du CIL a probablement été institué pour donner en 2004 des gages aux parlementaires, dont certains se montraient réservés quant à la formule du délégué à la protection des données : « *Le système des correspondants à la protection des données offre-t-il des garanties d'indépendance suffisantes ?* », « *Nous restons très réservés sur ce système des correspondants, même si le rapporteur assure que l'exercice de leur mission se fera en toute indépendance* » déclarait à l'époque le député Frédéric Dutoit, tandis que le sénateur Robert Bret craignait que, « *au mieux, il [le CIL] exercera un travail de vérification routinière largement superficielle, au pire, il laissera passer des fichiers un peu problématiques par crainte de voir surgir des difficultés dans l'entreprise* ».

Allons au-delà du minimum imposé par la loi et le décret. Concernant le responsable de traitement, le rapport peut viser des objectifs complémentaires. Il constitue tout d'abord un élément de réassurance (« *Vous avez bien fait de me désigner comme CIL !* »). Il est aussi, pour le responsable de traitement, un gisement d'éléments de langage concernant la conformité à la Loi Informatique et Libertés. Le bilan, ou des extraits de celui-ci, communiqué avec l'autorisation du responsable de traitement, peut également être utile pour les directions métier, les responsables opérationnels, le DSI, le DRH, le RSSI, etc. qui y trouveront une mise en perspective de votre action, une description de votre doctrine, une affirmation de vos ambitions. Nous avons vu que la phase de préparation du bilan pouvait être mise à profit pour solder quelques incompréhensions, pour lever quelques freins, voire des blocages. Nous avons également vu que le bilan pouvait participer d'un climat social apaisé, quand certains de ses extraits sont présentés aux IRP, toujours avec l'autorisation du responsable de traitement.

Pour l'entreprise, le rapport est un élément de mémoire de la fonction. Sans bilan, il est difficile de conserver une traçabilité des actions du CIL au fil des années, ou de comprendre ce qui fondait certaines décisions passées. Par ailleurs, ce fond documentaire sera utile pour vos successeurs.

Mais, au final, *c'est pour le CIL lui-même que ce rapport est un levier précieux*. Utilisé comme un outil de conduite de changement, il s'avère utile 365 jours par an. Sa rédaction est aussi l'occasion d'un exercice d'autocritique : quelle a été la portée de mes actions ? Ai-je fait preuve de vigilance, de diligence ? Ai-je réussi à atteindre les objectifs que je m'étais fixés l'an dernier, et que j'avais annoncés à mon responsable de traitement ? Les moyens dont je dispose sont-ils adaptés ? La formulation du chapitre « plan d'action » oblige à cesser d'être accaparé par le quotidien et d'envisager l'action du CIL sous un angle stratégique.

Le bilan annuel est-il appelé à disparaître ?

Le fait que la rédaction du bilan soit obligatoire et constitue une des missions du correspondant s'est révélé une très bonne chose durant les dix premières années du métier. L'obligation est en fait adoucie de par la grande liberté laissée au CIL, aussi bien dans la tenue de son registre que dans la formalisation de son bilan, ce qui lui permet de s'adapter au contexte, au degré de maturité de son entité, à sa charge de travail.

Année après année, les CIL ont modifié la perception qu'ils avaient du rapport annuel, désormais considéré comme l'un de leurs outils indispensables[132].

A minima, la présentation du bilan est la seule opportunité de rencontrer son responsable de traitement, de lui faire part de ses difficultés, de lui arracher des moyens, de s'assurer de son soutien, de « sentir » son intérêt pour le sujet… Or, dans sa mouture actuelle, la proposition de règlement européen prévoit la disparition du rapport annuel établi par le délégué à la protection des données. L'audition du CIL par son responsable de traitement ne risque-t-elle pas d'être encore plus aléatoire ? Cette crainte est légitime à la lecture de l'article 36 de la proposition publiée en janvier 2012 : « *The data protection officer shall directly report to the management of the controller or the processor*[133] ». La confédération CEDPO[134], qui regroupe les associations européennes des délégués à la protection des données, co-fondée par l'AFCDP, a rapidement proposé de limiter le risque de voir se distendre le lien entre le responsable de traitement et le futur DPO. Dans ses propositions de textes alternatifs, elle a suggéré la rédaction suivante : « *The DPO directly report to the controller or the processor at the highest representative level*[135] ». Le message

[132] C'est sans doute une analyse similaire qu'ont faite les sénateurs Jean-Jacques Hyest et Corinne Bouchoux. Parmi leurs recommandations concernant les améliorations possibles à la loi CADA du 17 juillet 1978 (accès aux documents administratifs), figure la création d'un bilan annuel de la PRADA (Personne Responsable de l'Accès aux Documents Administratifs). Voir Rapport « Refonder le droit à l'information publique à l'heure du numérique : un enjeu citoyen, une opportunité stratégique » publié le 5 juin 2014.

[133] « *Le délégué à la protection des données rapporte directement à la direction du responsable de traitement ou du sous-traitant* ».

[134] *Confederation of European Data Protection Organisations*, www.cedpo.eu

[135] « *Le délégué à la protection des données rapporte au plus haut niveau de la direction du responsable de traitement* ».

semble être passé au niveau des membres de la Commission LIBE, qui ont approuvé en mars 2014 la version suivante[136] : « *Le délégué à la protection des données fait directement rapport à la direction exécutive du responsable du traitement ou du sous-traitant. Le responsable du traitement ou le sous-traitant désignent à cette fin un membre de la direction exécutive chargé de veiller au respect des dispositions du présent règlement* ».

L'AFCDP, consultée dans le cadre de la conception du « référentiel pour la délivrance de labels en matière de procédures de gouvernance Informatique et libertés[137] », a proposé – et obtenu – qu'une exigence relative au Correspondant Informatique et Libertés assure le lien entre ce dernier et le responsable de traitement : « EOR05. La procédure du demandeur assure le positionnement stratégique du CIL en prévoyant que la fonction de CIL est rattachée à un membre de l'instance exécutive. A cet égard, ce membre de l'instance exécutive ou le demandeur s'engage à recevoir formellement son CIL, selon une périodicité définie et au moins une fois par an, indépendamment de la présentation du bilan annuel d'activité. »

La description de la « documentation » prévue par l'article 28 de la proposition de règlement européen ne fait absolument pas penser au rapport annuel tel que nous le connaissons sous l'empire de la loi Informatique et Libertés, mais plutôt à la liste des traitements, et l'article 37 de cette même proposition limite l'action du futur DPO à veiller à ce qu'elle soit à jour (quel poids réel le délégué à la protection des données aura-t-il sur le contenu de cette

---

[136] L'intégralité des textes et des rapports sont à disposition des adhérents de l'AFCDP au sein du réseau social privatif qui leur est réservé.
[137] paru au JO du 10 janvier 2015

documentation, sur sa structure ?). De son côté, le DAPIX[138], dans son document 5880/1/14 REV 1 daté du 31 janvier 2014, aborde l'article 37 (« *Tasks of the data protection officer* »). En pied de page, une note indique que le représentant de la France a suggéré que soit introduite l'obligation, pour le DPO, de rédiger un rapport annuel de son activité… mais la tournure même de ce passage fait douter du succès de l'initiative : « *FR suggested adding an obligation to draft an annual report on his activities, but this may be too heavy an obligation* ». Tenu à disposition des autorités de contrôle, le rapport aurait pourtant pu être comptabilisé comme un élément tangible d'*accountability*. Les professionnels européens concernés n'ont plus maintenant qu'à prendre leur destinée en mains et l'imposer comme une bonne pratique.

---

[138] Groupe « Échange d'informations et protection des données » du Conseil de l'Union Européenne. Cette entité regroupe des représentants des Ministères concernés au sein des États membres (celui de la Justice pour la France) et est chargée des questions concernant les échanges d'informations et la protection des données. Pour ce qui est du premier volet, il élabore notamment les stratégies communautaires pour assurer les échanges d'informations entre les autorités répressives des États membres. Pour le second volet, il s'efforce de faire en sorte que ces échanges s'effectuent dans le respect des principes et règlements qui régissent la protection des données.

LE GROUPE DE TRAVAIL DE L'ARTICLE 29

par Julien ROSSI

Le groupe de travail de l'article 29 (ou G29), prévu par la directive 95/46/CE, regroupe les autorités nationales de protection des données personnelles. Cette structure originale dans l'architecture européenne, semble à mi-chemin entre une agence structurée et un comité classique conseillant la Commission. Récemment, un contrôle conjoint de la politique de confidentialité de Google a attiré l'attention du public sur le rôle joué par ce groupe dans la protection des données en Europe. Cet article tente d'explorer le rôle du G29 dans la politique européenne de protection des données. Ce travail permet de montrer que le réseau institutionnalisé sous la forme du G29 actuel préexistait à la directive européenne le créant formellement, et qu'il a eu un rôle majeur dans l'adoption de celle-ci. Aujourd'hui, le projet de règlement entérine plusieurs évolutions de facto expérimentées par ce groupe, mais la montée en puissance du G29, bien qu'apparemment très forte, est à nuancer. On ne peut en effet pas parler d'unité du G29, qui ressemble plus à une ressource politique et matérielle à disposition des autorités nationales. Il n'en demeure pas moins que ce groupe est capable de produire des outils utiles à l'intention des responsables de traitement et des CIL.

La directive 95/46/CE relative à la protection des personnes physiques à l'égard du traitement des données à caractère personnel et à la libre circulation de ces données oblige les États membres de l'Union Européenne (UE) qui n'en étaient pas encore dotés de créer une ou plusieurs autorités chargées de contrôler le respect, par les responsables de traitement, des obligations découlant de la directive.

L'article 29 de cette même directive prévoit la constitution d'un groupe de travail composé des représentants de ces autorités nationales. Ce groupe, qui peut prendre ses décisions à la majorité simple, élit son propre président, mais ne dispose pas de son propre secrétariat – lequel est assuré par la Commission européenne – ni d'un budget propre. La directive ne prévoit que des missions *consultatives* : ce groupe conseille la Commission, émet des avis sur la conformité du niveau de protection des données dans les États tiers, peut émettre de sa propre initiative des recommandations, contribue à la mise en œuvre homogène de la directive et produit un rapport annuel, qui est en fait pour une très large part la compilation d'extraits de rapports annuels en provenance des États membres.

Concrètement, ce groupe de travail, connu en France sous son abréviation « G29 », a un rôle dans cinq domaines :

- L'interprétation de la directive par l'adoption d'avis sur différents thèmes, allant de la biométrie à la définition de la notion personnelle ou du consentement ;
- L'évaluation du niveau de protection des données personnelles des États tiers, cadre dans lequel le G29 entretient une correspondance avec les autorités de ces États et formule des avis à leur encontre, participant à une forme de « diplomatie des données personnelles » au niveau international ;

- La correspondance avec certains responsables de traitement établis dans les États tiers (ICANN[139], Microsoft, Google…) ;
- La formulation d'avis sur la politique européenne, sous l'angle de la protection des données ;
- Enfin, le G29 est un forum d'échange d'expertise entre autorités nationales et a un rôle primordial dans la mise en réseau de celles-ci.

I. Le G29 à l'origine de la directive 95/46/CE

I.1. L'entrepreneuriat transgouvernemental

Abraham Newman, universitaire américain ayant étudié les Autorités nationales de Protection des Données Personnelles (APDP), propose dans son ouvrage *Protectors of Privacy* (2008) une explication alternative aux récits classiques, intergouvernementaux[140] et néofonctionnalistes[141] pour expliquer l'adoption de la directive 95/46/CE, auquel il donne le nom de *la théorie de l'entrepreunariat transgouvernemental.* Cette explication repose sur les éléments suivants :

---

139 *Internet Corporation for Assigned Names and Numbers* (en français, la Société pour l'attribution des noms de domaine et des numéros sur Internet) est une autorité de régulation de l'Internet. C'est une société de droit californien à but non lucratif ayant pour principales missions d'administrer les ressources numériques d'Internet, tels que l'adressage IP et les noms de domaines de premier niveau, et de coordonner les acteurs techniques.

140 Le récit intergouvernemental suppose une volonté politique des États, poursuivant leurs propres intérêts. Or, il n'y avait aucune demande par les États au niveau du Conseil en faveur d'une législation harmonisée au niveau européen sur la protection des données.

141 Le récit néofonctionaliste part du principe que l'intégration européenne favorise la naissance de groupes d'intérêts paneuropéens susceptibles de faire pression pour obtenir des évolutions législatives européennes, entraînant un cercle (vicieux ou vertueux, selon l'interprétation politique de chacun) favorable à une intégration européenne croissante. Or, l'étude d'Abraham Newman montre qu'il n'y avait pas de demande particulière, à l'époque, ni de la part d'ONG, ni, encore moins, de la part des industriels.

- une volonté politique d'acteurs publics sub-étatiques ;
- une mise à l'agenda politique passant par l'expertise ;
- l'utilisation de ressources politiques nationales pour modifier le *statuquo* réglementaire international ;
- la contribution aux négociations internationales.

I.2. Le G29 avant la directive

Le rôle joué par le réseau des APDP européennes dans l'adoption de la directive 95/46/CE illustre la théorie de l'entrepreneuriat transgouvernemental d'Abraham Newman.

Lorsqu'au milieu des années 1970 ont commencé les négociations au Conseil de l'Europe sur ce qui allait devenir la Convention 108 sur la protection des données à caractère personnel, le réseau des experts de ce sujet ne pouvait s'appuyer que sur une autorité nationale de protection des données personnelles, celle de la Suède, puisqu'il n'en existait aucune autre à l'exception de celle du Land de Hesse, qui n'avait qu'une autorité régionale. En 1988, il y avait déjà onze autorités, dont la coopération avait débuté par l'organisation à Bonn, en 1979, lors de la première conférence internationale des commissaires à la protection des données.

À partir du milieu des années 1970, le Parlement européen a adopté plusieurs résolutions demandant à la Commission de proposer un texte visant à harmoniser les règles de protection des données personnelles en Europe[142]. Le Parlement européen, même s'il n'est élu au suffrage universel direct que depuis 1979, avait déjà théoriquement vocation à devenir un élément supranational dans

[142] La première est la résolution du 8 avril 1976 relative à la protection des droits de la personne face au développement des progrès techniques dans le domaine de l'informatique.

l'architecture institutionnelle de la CEE, qui devint l'Union européenne. La Commission, que celui-ci appelait à agir, n'a cependant pas souhaité le faire, la direction générale Marché Intérieur ayant considéré à l'époque que la protection des données personnelles ne concernait que le secteur public. En outre, l'absence d'appel à une harmonisation européenne par les représentants de l'industrie contribue elle aussi à invalider l'explication néofonctionnaliste de l'adoption de la directive 95/46/CE. L'explication intergouvernementale est invalidée par l'absence de volonté française ou allemande d'imposer un cadre européen, et l'opposition du gouvernement britannique au Conseil.

Mais, à partir de la fin des années 1980, les autorités nationales de protection des données prennent le relais du Parlement européen pour exiger une harmonisation européenne. En 1989, à Berlin, les autorités de protection des données personnelles adoptent une résolution appelant la Commission à agir, et jouant sur les objectifs du marché unique. L'année suivante, les mêmes autorités menacent, si la CEE ne se dote pas d'une réglementation garantissant un niveau minimum de protection des données avant 1992, de bloquer les flux de données transfrontaliers qui sont alors déjà en pleine expansion :

> *If there are no common rules by 1992 amongst the twelve Community members then quite simply five of the countries of the European Community without such laws will have to be treated in exactly the same way as those with no rules for data privacy. Therefore, there will no personal data*

transfers to those countries because data commissioners will oppose such transfers[143].

Cette menace a eu des effets concrets. Invoquant l'article 24 de la loi Informatique et Libertés de l'époque, la CNIL a bloqué un transfert de données personnelles de Fiat France vers Fiat Italie (CNIL, délibération 89-78). De telles menaces ont également pesé à la fin des années 1980 sur l'accord Schengen, des autorités nationales ayant menacé d'interdire les transferts vers la Belgique prévus dans le cadre du *Schengen Information System* (SIS).

C'est à la lumière de ces efforts coordonnés que doit s'analyser la proposition du 13 septembre 1990 de la Commission européenne portant sur une directive relative à la protection des données à caractère personnel[144], qui allait aboutir à la directive 95/46/CE que nous connaissons. Les autorités nationales de protection des données ont su ainsi imposer aux gouvernements réunis au sein du Conseil leur agenda politique dans un domaine où ces derniers avaient déjà, dans un premier temps, délégué leurs compétences en interne à une entité sub-étatique, indépendante d'eux.

L'absence de dispositions portant sur des autorités de supervision dans la Convention 108 du Conseil de l'Europe, comparée à l'importance de ces dernières dans l'architecture réglementaire de la directive 95/46/CE, est elle aussi un indice qui rappelle l'absence des autorités dans les négociations de ce premier texte, qui vient renforcer la thèse de Newman.

---

143 Simitis, Spiros. 1990. *Simitris Reports Data Protection Chaos. Transnational Data and Communications Report* (juin-juillet)

144 13 septembre 1990, *Commission communication on the protection of individuals in relation to the processing of personal data in the Community and Information security*

II. Le G29 aujourd'hui : une ressource plus qu'un lieu uni de décision, ou qu'un embryon d'agence fédérale européenne de protection des données

Si l'article 29 de la directive formalise et institutionnalise cette coopération informelle préexistante des autorités nationales de protection des données personnelles en Europe, elle ne lui confère cependant pas de pouvoirs d'une portée comparable à ceux de ses membres, puisqu'il ne s'agit que d'une instance consultative, présentant ses avis à la Commission et lui proposant éventuellement d'agir dans le cadre d'actes délégués, soumis de toutes façons à une procédure de comitologie[145] fortement contrôlée et contrainte par les exécutifs nationaux des États membres.

La question se pose de savoir si cet esprit d'entrepreneuriat politique des premières heures a perduré après l'adoption de la directive. Certains signes extérieurs semblent en effet pointer vers une tentative de « fédéraliser » la supervision des données personnelles au niveau du G29.

La multiplication du nombre de comptes à des services en ligne a créé un marché pour les services permettant de se connecter avec un identifiant à plusieurs comptes en même temps. Microsoft avait au début des années 2000 lancé le produit Passport.NET pour offrir ce type de service. Les données collectées par les prestataires partenaires étaient centralisées et servaient à l'établissement d'un profil marketing. En 2002, le G29 s'est saisi de la question en publiant un rapport mettant en lumière plusieurs éléments

---

[145] Procédure selon laquelle la Commission, assistée par des représentants des États-membres, est habilitée par le Conseil des ministres à arrêter des mesures exécutives, c'est-à-dire des mesures qui appliquent les lois européennes, et qui correspondent à ce que l'on connaît, dans les États-membres, comme étant les arrêtés ministériels et les ordonnances.

d'inquiétude vis-à-vis de ce service, et déplorant le manque d'information des usagers. Microsoft avait alors incorporé les recommandations des superviseurs européens.

Plus récemment, le G29 a su attirer l'attention par son action conjointe à l'égard de Google. Le 2 février 2012, Jacob Kohnstamm, président du G29, a écrit à *Google Inc.* pour demander des clarifications au sujet de la fusion des règles de protection des données de plusieurs services gérés par Google[146]. Cette lettre informait le PDG de Google de l'intention du G29 d'évaluer la conformité de la nouvelle politique de confidentialité de Google à la lumière de la législation européenne, et demandait la suspension de la mise en œuvre des nouvelles règles en attente du résultat de cette analyse. Google refusa cette dernière demande et en informa le G29 par courrier[147], qui procéda malgré tout à l'évaluation prévue et conclut à la violation par Google de la directive 95/46/CE en raison d'une information insuffisante des utilisateurs, de la violation du principe de limitation des finalités, et de l'absence d'indication quant à la durée de conservation des données[148].

Suite à cela, les autorités nationales de protection des données personnelles française, italienne, espagnole, britannique et hambourgeoise se sont regroupées pour sanctionner Google chacune selon la procédure nationale[149]. L'autorité espagnole a

---

146 *Letter from the Article 29 Working Party addressed to Google regarding the upcoming change in their privacy policy*. 2 February 2012.

147 *Reply from Google addressed to the Article 29 Working Party regarding the upcoming changes in their privacy policy*. 3 February 2012.

148 *Letter from the Article 29 Working Party*. 16 October 2012. http://ec.europa.eu/justice/data-protection/article-29/documentation/other-document/files/2012/20121016_letter_to_google_en.pdf

149 *Der Hamburgische Beauftragte für Datenschutz un Informationsfreiheit* (HmbBfDI). Communiqué de presse : *Google's Privacy Policy under Scrutiny*. 2 avril 2013 :

imposé une amende de 900.000 euros[150] et la CNIL 150.000 euros[151]. Le 15 décembre 2014, le CBP néerlandais a annoncé avoir mis Google en demeure d'adapter sa politique de confidentialité avant fin février 2015, sous peine d'une astreinte dont le montant pourrait atteindre jusqu'à 15 millions d'euros[152]. Et fin février 2015, l'autorité italienne de protection des données a annoncé un accord avec Google[153], selon lequel l'entreprise avait jusqu'en janvier 2016 pour se mettre en conformité. S'il est possible d'interpréter cette décision comme un nouveau délai accordé – de près d'un an par rapport au délai contenu dans la décision néerlandaise – le fait que le *Garante Privacy* italien soit parvenu à un accord montre l'efficacité que peut revêtir une procédure à l'échelle européenne.

L'analyse détaillée de la procédure à l'encontre de *Google Inc.* illustre cependant le fait que le G29 sert en fait souvent à « démultiplier » le rôle d'une autorité nationale. C'est en effet la CNIL qui a pris la direction de l'enquête sur *Google Inc.*, qui ne s'y trompe pas : c'est Google France qui a répondu à la lettre à la lettre du président du G29 du 2 février 2012 sur sa nouvelle politique de confidentialité, par un courrier envoyé à la CNIL. Le communiqué de presse publié le 16 octobre 2012 sur le site du G29[154] est un communiqué de la CNIL. Et à l'heure actuelle, seules quelques

---

http://www.datenschutz-hamburg.de/fileadmin/user_upload/documents/PressRelease_2013-04-02_Google_PrivacyPolicy.pdf

[150] Agencia Española de Protección de Datos (AEPD). 18 décembre 2013. *Resolución* R/02892/2013 *Procedimiento* N° PS/00345/2013.

[151] Commission Nationale Informatique et Libertés (CNIL). 2014. Délibération n° 2013-420 du 3 janvier 2014 de la formation restreinte prononçant une sanction pécuniaire à l'encontre de la société Google Inc.

[152] Voir https://cbpweb.nl/en/news/cbp-issues-sanction-google-infringements-privacy-policy

[153] Voir www.garanteprivacy.it/web/guest/home/docweb/-/docweb-display/docweb/3740585

[154] http://ec.europa.eu/justice/data-protection/article-29/documentation/other-document/index_en.htm

autorités ont sanctionné Google dans le cadre de sa nouvelle politique de confidentialité[155], la plupart n'ayant même pas enclenché de procédure interne !

L'absence de véritable procédure commune de sanction peut s'expliquer par l'absence de caractère contraignant des décisions du G29. De plus, l'analyse par une autorité chef-de-file, et les éléments de dossiers qu'elle collecte, ne peuvent généralement pas être légalement utilisés dans leur ordre juridique interne et leurs procédures internes par les autorités d'autres États membres. Plusieurs acteurs étrangers de la protection des données – qui ont préféré garder l'anonymat pour ne pas engager les autorités pour lesquelles ils travaillent – ont indiqué que selon eux, cette procédure est une tentative dont le but réel est de pallier l'absence de moyens de l'autorité irlandaise de protection des données. Mais Google Irlande n'a par exemple aucune obligation de laisser entrer des agents d'une autorité étrangère, même membre de l'Union européenne et mandatés par le président du G29, pour une inspection sur place. Enfin, la coordination entre les autorités nationales n'est à l'heure actuelle même pas appuyée par un système cohérent de partage d'informations. Il n'existe pas, contrairement à d'autres domaines de la coopération européenne, d'extranet commun à ces autorités qui permettrait un partage sécurisé des données.

Cette utilisation du G29 comme « démultiplicateur » des capacités d'une autorité nationale se voit aussi dans la façon dont les « petites

155 Aux Pays-Bas, le régulateur se demande encore quelles mesures il va prendre : http://www.dutchdpa.nl/Pages/pb_20131128-google-privacypolicy.aspx L'autorité italienne a donné dix-huit mois à Google pour se mettre en conformité. En Angleterre, l'ICO avait donné à Google jusqu'au 20 septembre 2013 pour apporter les changements demandés, mais n'a, à l'heure actuelle, pas encore donné suite : http://www.theregister.co.uk/Print/2014/07/22/uk_watchdog_is_still_probing_googles_2012_privacy_tweak/

autorités » font un usage plus systématique des avis du G29 que les « grandes ». Le G29 a adopté, depuis sa création, un nombre important d'avis visant à clarifier certaines des notions de la directive 95/46/CE ou à définir des lignes directrices propres à un secteur d'activité. Il arrive que ces opinions contiennent des recommandations qui vont au-delà de ce que prescrit explicitement la directive. C'est le cas notamment de l'avis 10/2004 sur l'harmonisation des dispositions en matière d'information[156]. La question se pose alors pour un responsable de traitement de savoir s'il peut se baser de façon fiable sur ces avis pour sa propre politique de confidentialité. Traduit d'une façon plus « politique », il s'agit de savoir si les autorités nationales répercutent, utilisent et se basent dans leurs décisions sur ces avis du G29. Quinze décisions de trois autorités ont été étudiées. Toutes les décisions hongroises analysées faisaient référence à un ou plusieurs avis du G29, ainsi que deux des cinq décisions françaises, mais aucune des décisions espagnoles. Comme la CNIL française dispose de plus de moyens que l'AEPD espagnole[157], le facteur « ressources » n'est pas le seul qui semble entrer en jeu. Cependant, si l'AEPD et la CNIL ont des ressources similaires (respectivement 14,4 millions et 15,8 millions d'euros en 2011), la NAIH ne disposait en 2012, date de sa création, que de 1,3 million d'euros pour exercer des compétences qui vont au-delà de celles de la CNIL ou l'AEPD, puisqu'elle est aussi responsable de l'accès aux documents administratifs. Il faudrait vérifier avec les autres « petites » autorités nationales si la même propension à se référer aux avis du G29 se retrouve, mais il

---

156 Avis 10/2004 sur « Dispositions davantage harmonisées en matière d'informations ». http://ec.europa.eu/justice/policies/privacy/docs/wpdocs/2004/wp100_fr.pdf

157 Rossi. Julien. 2013. Les autorités nationales de protection des données personnelles dans l'Union européenne - Étude des causes des manquements constatés par la cour de justice de l'Union Européenne, Lille : Institut d'Etudes Politiques. Disponible en ligne sur le site de l'AFCDP : http://afcdp.net/IMG/pdf/rossi_julien_memoire_autorites_nationales_de_pdp.pdf

est possible de formuler l'hypothèse selon laquelle les autorités disposant de peu de moyens trouvent dans le G29 un vivier d'expertise utile et permettant de compenser en partie le manque de moyens internes. Quoiqu'il en soit, le résultat de cette courte enquête prouve que contrairement à ce qu'avance Newman dans son ouvrage publié en 2008, les avis du G29 n'ont pas le même impact interne dans chaque État membre.

La participation au G29 des autorités disposant de moyens limités est aussi contrainte par le fait qu'il ne dispose pas de son propre budget. La participation aux travaux et les déplacements sont financés par les autorités elles-mêmes. La présidence du G29 est assurée par le budget et le personnel de l'autorité dont le dirigeant a été élu, et seuls les déplacements sont pris en charge par la Commission.

III. Des outils pour les CIL

Bien que cela soit rare, il convient tout d'abord de souligner qu'il arrive au G29 de prendre contact directement avec des responsables de traitement. Les cas précédemment décrits de Microsoft, avec Passport.Net, et de Google plus récemment, en sont des illustrations. Il arrive également que le contact avec le G29 soit à l'initiative du responsable de traitement, ou d'associations professionnelles. C'est ainsi que le G29 a été amené à se prononcer sur une proposition de cadre d'évaluation de l'impact sur la protection des données et de la vie privée des applications reposant sur l'identification par radiofréquence (RFID). De tels contacts sont cependant relativement rares et, étant donné le faible poids au quotidien du G29 sur l'immense majorité des responsables de traitement, c'est ailleurs que les CIL peuvent aujourd'hui trouver un intérêt à ses travaux.

Deux catégories d'outils proposés par le G29 paraissent dès aujourd'hui pertinentes pour les Correspondants Informatique et Libertés : les avis du G29, et la procédure européenne de reconnaissance mutuelle des règles contraignantes d'entreprise comme base légale permettant le transfert de données vers des pays tiers.

III.1. Les avis du G29

Le groupe a été amené à adopter un grand nombre d'avis sur des thèmes variés[158], des données biométriques à la protection des données des enfants. Une présentation plus intuitive sur le site Internet du G29 permettrait sans doute de mieux faire le tri entre les avis encore pertinents et utiles aux responsables de traitement, et ceux qui sont soit périmés (comme l'avis 3/1997 sur l'anonymat sur Internet, techniquement dépassé depuis longtemps), soit destinés à la Commission et donc sans grand intérêt pour les CIL.

Les avis du G29 contiennent parfois des recommandations pragmatiques à l'usage des responsables de traitement. C'est le cas par exemple de l'avis 4/2004 sur la vidéosurveillance[159] qui propose un guide concret de la réflexion à suivre pour aboutir à une politique de confidentialité conforme à la directive. L'avis 10/2004[160], qui porte sur l'information à donner aux personnes concernées, propose lui aussi des exemples. Plus récent, l'avis

[158] Les avis et recommandations du G29 sont en ligne sur le site Internet de la Commission : http://ec.europa.eu/justice/data-protection/article-29/documentation/opinion-recommendation/index_en.htm

[159] *Opinion 4/2004 on the Processing of Personal Data by means of Video Surveillance.* http://ec.europa.eu/justice/policies/privacy/docs/wpdocs/2004/wp89_en.pdf

[160] http://ec.europa.eu/justice/policies/privacy/docs/wpdocs/2004/wp100_fr.pdf

5/2014 présente les avantages et les inconvénients de plusieurs techniques d'anonymisation.

D'autres avis sont quant à eux intéressants car ils sont des éléments de doctrine qui ont une influence forte sur les autorités nationales à l'échelle de l'Union, même si celle-ci varie d'une autorité à l'autre en fonction de la connaissance qu'en ont les agents. L'avis 1/2010 présente ainsi les notions de responsable de traitement et de sous-traitant et décrit en détail les situations dans lesquelles un sous-traitant peut être requalifié de responsable de traitement. L'avis 4/2007 sur le concept de donnée personnelle est lui aussi intéressant, car il entérine à un niveau européen une évolution de la notion, qui ne saurait être conçue de façon absolue (donnée personnelle / donnée non-personnelle) mais de façon relative : est une donnée personnelle toute donnée que le détenteur est en mesure de relier à une personne physique.

Il serait difficile de dresser un tableau exhaustif des avis pouvant intéressant les responsables de traitement, car nombre de ces avis sont des avis sectoriels (vidéosurveillance, RFID[161], données PNR[162]...) et ne concernent pas tous les CIL. Quoiqu'il en soit, ils peuvent s'avérer une ressource utile pour une mise en conformité pensée en rapport avec la directive, et donc à un niveau européen.

---

161 *Radio frequency identification*, ou radio-identification : méthode pour mémoriser et récupérer des données à distance en utilisant des marqueurs appelés « radio-étiquettes » (*RFID tag* ou *RFID transponder* en anglais).

162 *Passenger Name Record* : les données des dossiers passagers sont des données personnelles concernant tous les détails d'un voyage pour des passagers voyageant ensemble. Les États-Unis, le Canada, l'Australie et le Royaume-Uni se sont dotés d'un tel système de surveillance, le Royaume-Uni dans le cadre du programme e-borders, dont fait partie le système Semaphore et les États-Unis dans le cadre du programme US-VISIT.

III.2. Les règles contraignantes d'entreprise

Les règles contraignantes d'entreprise de l'Union européenne[163], ou BCR (de l'anglais *Binding Corporate Rules*) sont un moyen pour un groupe d'entreprises international de faciliter les transferts de données personnelles en son sein, entre ses filiales situées dans et hors de l'Union européenne. Elles ne sont pas prévues par la directive, mais se fondent sur l'article 26 paragraphe 2 qui dispose que :

> [...] un État membre peut autoriser un transfert, ou un ensemble de transferts, de données à caractère personnel vers un pays tiers n'assurant pas un niveau de protection adéquat au sens de l'article 25 paragraphe 2, lorsque le responsable du traitement offre des garanties suffisantes au regard de la protection de la vie privée et des libertés et droits fondamentaux des personnes, ainsi qu'à l'égard de l'exercice des droits correspondants ; ces garanties peuvent notamment résulter de clauses contractuelles appropriées.

Les BCR sont un moyen de prouver la garantie offerte par le responsable de traitement, au même titre que les clauses contractuelles types de la Commission européenne. Cet outil a été créé en 2003 par le G29, et la procédure de reconnaissance mutuelle date de 2005[164].

---

163 Il existe un équivalent, au niveau de l'Association francophone des autorités de protection des données personnelles (AFAPDP) et de l'APEC (les *Cross Border Privacy Rules*, CBPR). Attention toutefois : des règles contraignantes approuvées par l'AFAPDP ou par l'APEC ne sont pas automatiquement valables au niveau du G29.

164 *Working Document Setting Forth a Co-Operation Procedure for Issuing Common Opinions on Adequate Safeguards Resulting From Binding Corporate Rules*

Cette procédure se déroule en plusieurs étapes[165] :

- dans un premier temps, le groupe ayant rédigé un projet de BCR doit désigner une autorité chef-de-file là où il a son établissement principal sur le territoire de l'Union ;
- ensuite, l'autorité chef-de-file envoie son analyse à deux autres autorités, qui analysent à leur tour les BCR ;
- puis, le projet de BCR et l'analyse sont envoyés à toutes les autorités participant au mécanisme de reconnaissance mutuelle, puis à toutes les autorités du G29 ;
- des commentaires sont envoyés au groupe candidat, qui doit alors les prendre en compte et proposer des modifications ;
- une fois que l'autorité chef-de-file est satisfaite des modifications apportées, elle propose aux autres autorités de les approuver. Un consensus entre autorités est nécessaire pour cette étape.

Une fois les BCR approuvés, le groupe doit cependant toujours procéder aux demandes d'autorisation de transfert dans chaque État membre d'où il veut transférer des données, mais les autorités nationales participant au mécanisme de reconnaissance mutuelle s'engagent à accorder l'autorisation dès lors que les BCR ont été préalablement approuvés au niveau du G29. Ceci montre les limites du pouvoir du G29, qui ne peut pas lui-même créer du droit. L'existence de BCR devrait être entérinée par le projet de règlement actuellement en cours de négociation, mais en l'attente de cette réforme, les BCR sont une construction nouvelle, non prévue par la

165 Le détail de la procédure est en ligne sur le site de la CNIL : http://www.cnil.fr/vos-obligations/transfert-de-donnees-hors-ue/les-bcr/

législation actuelle, mais devant s'insérer dans le cadre fourni par cette dernière.

En règle générale, l'autorité chef-de-file prend cinq mois pour analyser une candidature de BCR. Ensuite, il faut attendre en moyenne trois mois et demi pour que la procédure de reconnaissance mutuelle suive son cours, après quoi le plus long est la prise en compte des remarques par le groupe candidat, puisque ce délai est en moyenne de sept mois et demi (Privacy Laws & Business, 2013).

Les BCR peuvent être un outil efficace pour nombre de responsables de traitement. Il convient toutefois de souligner que toutes les autorités ne participent pas au mécanisme de reconnaissance mutuelle. Seuls les vingt-et-un pays suivants participaient au moment de la rédaction de cet article : l'Allemagne, l'Autriche, la Belgique, la Bulgarie, Chypre, l'Espagne, l'Estonie, la France, la Grande Bretagne, l'Irlande, l'Islande, l'Italie, la Lettonie, le Liechtenstein, le Luxembourg, Malte, la Norvège, les Pays-Bas, la République tchèque, la Slovaquie et la Slovénie. La plupart des autres États membres de l'Union acceptent quand même les BCR, mais selon une procédure différente, qui varie d'un État à l'autre. Le droit hongrois pose plus particulièrement problème, puisque l'article 8 de la loi hongroise sur la protection des données (loi CXII de 2011) ne reconnaît que le consentement, les décisions de conformité de la Commission et les traités internationaux conclus entre la Hongrie et des États tiers comme base légale permettant le transfert de données personnelles. Bien que l'autorité hongroise de protection des données demande depuis plusieurs années la possibilité de participer au mécanisme de reconnaissance mutuelle des BCR, cette demande n'a toujours pas été prise en compte par le législateur. Les données en provenance de ce pays doivent donc être exclues des transferts vers des pays tiers, ce qui prouve que malgré tout l'intérêt de l'outil que sont les BCR, en dehors des vingt-et-un États participant au mécanisme de reconnaissance mutuelle du G29, il convient de demeurer vigilant dans l'utilisation des BCR et de vérifier le droit national applicable au cas-par-cas.

IV. Le futur du G29

Le projet de règlement européen devrait transformer le G29 d'aujourd'hui en Comité européen de la protection des données, ou *European Data Protection Board* en anglais (EDPB[166]). Cette transformation fait suite à des demandes de la part du G29 d'avoir, notamment, plus de poids dans la résolution d'affaires touchant plusieurs États membres[167]. L'article 66 de la proposition de règlement, qui liste les tâches du futur EPDB, n'inclut aucune mission de nature à le mettre en contact avec des responsables de traitement, ni aucune responsabilité vis-à-vis, par exemple, des CIL.

Le règlement introduit plusieurs modifications, comme par exemple le fait que le secrétariat ne sera plus assuré par la Commission, mais par le Contrôleur Européen de la Protection des Données (CEPD). La principale nouveauté consiste en la consécration du mécanisme de reconnaissance mutuelle des BCR, décrit à l'article 43 du règlement. La nouvelle procédure de reconnaissance mutuelle se base sur celle – nouvelle elle aussi – de la procédure du mécanisme de contrôle de la cohérence.

---

[166] L'acronyme EDPB est préférable à CEPD, puisque CEPD désigne aussi le Contrôleur européen de la protection des données.

[167] Les demandes du G29 adressées à la Commission préalablement à la publication de la communication 2012 011 COM contenant le projet de règlement réformant la directive 95/46/CE actuellement en vigueur peuvent être trouvées dans la lettre adressée à la commissaire Reding en 2011 (G29, 2011a).

Selon la procédure de cohérence, les autorités nationales sont habilitées à prendre les décisions portant sur les responsables de traitement ayant leur établissement principal dans leur aire de compétence géographique (art. 51-2 de la proposition de règlement). La certification de BCR est au nombre de ces décisions pour lesquelles sont compétentes les autorités nationales. L'EDPB dispose ensuite d'un mois au maximum pour donner un avis sur la décision affectant la protection des données au niveau européen (art. 58-7). Il ne s'agit que d'un avis simple, que l'autorité nationale compétente n'est pas tenue de respecter. La Commission peut cependant décider (art. 59) de suspendre la décision de l'autorité nationale compétente pendant une durée pouvant aller jusqu'à un an (art. 60). Ceci diminue le pouvoir qui est celui actuel du G29 dans le processus de certification des BCR, réduit considérablement la durée de la consultation par rapport aux délais actuels, et accroît les pouvoirs de la Commission en matière de protection des données. Cette dernière peut en effet intervenir non seulement en matière de BCR, mais dans toute autre procédure relative à des traitements de données affectant plusieurs États membres. La Commission étant un organe politique, ceci semble difficilement compatible avec la jurisprudence de la CJUE[168] sur l'indépendance des autorités de protection des données[169]...

En créant cette nouvelle procédure, ainsi qu'une procédure permettant aux autorités de mettre en commun des ressources

168 La Cour de justice de l'Union européenne (CJUE), anciennement Cour de justice des Communautés européennes (CJCE), est l'une des sept institutions de l'Union européenne. Elle regroupe trois juridictions : la Cour de justice, le Tribunal et le Tribunal de la fonction publique. Le siège de l'institution et de ses différentes juridictions, est à Luxembourg.

169 Voir à ce sujet les décisions : CJUE 9 mars 2010, Commission contre République Fédérale d'Allemagne, aff. C-518/07, Rec. p. I- 01885 ; CJUE 16 octobre 2012, Commission contre République d'Autriche, aff. C-614/10, non encore publiée au recueil ; CJUE 8 avril 2014, Commission contre Hongrie, aff. C-288/12, non encore publiée au recueil

humaines sous l'autorité d'un chef-de-file pour l'organisation de contrôles conjoints, la réforme proposée par la Commission accentue la transformation du G29 en une ressource matérielle et politique utilisée à disposition des autorités nationales, et renforce la Commission tout comme le CEPD. La production d'avis ne devrait pas être affectée par ce changement, mais il incombera au premier président de l'EDPB de faire en sorte que le G29 ne perde pas ce qu'il avait d'unité si ce forum de décision souhaite demeurer pertinent pour définir la mise en œuvre de la politique européenne de protection des données.

V. Conclusion

On ne peut pas dire que le G29 soit une entité singulière, disposant d'une identité propre. En l'état actuel des choses, le G29 reste avant tout un réseau transgouvernemental, c'est-à-dire, selon Keohane et Nye[170] « Un jeu d'interactions parmi des sous-unités de différents gouvernements qui ne sont pas contrôlées ou guidées de près par les politiques gouvernements ou par ses ministres[171] ».

Ce réseau représente avant tout une ressource pour les autorités nationales qui peuvent s'en servir de levier pour leurs activités d'entrepreunariat intergouvernemental, à l'image de la façon dont la CNIL a expérimenté dans l'affaire Google mentionnée ci-dessus ce que pourraient être des contrôles conjoints dans le futur. Cet « activisme institutionnel » d'autorités nationales a un effet puisque le projet de règlement officialise certaines des évolutions informelles du G29 qui sont le fait de telles entreprises politiques. Il peut aussi servir de ressource matérielle et en expertise pour des

---

[170] Keohane, R.O. & Nye, J.S. 1974. *Transgovernmental relations and international organizations*. World Politics 27: 39–62

[171] Traduction de l'auteur

autorités nationales à taille et moyens réduits, et cette tendance est appelée à s'accentuer si la réforme proposée par la Commission est adoptée.

Il n'est cependant pas à négliger. Ce forum de discussion entre membres des autorités nationales – car ce sont bien les agents qui travaillent dans les sous-groupes préparant les décisions et avis du G29 – contribue à unifier la vision qu'ont les autorités nationales de certaines questions techniques ou légales en matière de protection des données. Les avis du G29 sont des éléments incontournables de doctrine en la matière, et ils ont l'avantage d'être valables sur tout le territoire de l'Union. Enfin, le G29 s'est montré capable à plusieurs reprises d'influencer des réformes législatives. S'il continue à développer une logique d'entrepreneuriat, il pourrait devenir un partenaire incontournable des CIL, tant au niveau de CEDPO qu'au niveau des responsables de traitement qui, par leur importance et leur échelle européenne ou mondiale, ne peuvent efficacement être supervisés qu'à un niveau européen.

UN SYSTÈME DE MANAGEMENT POUR PROTÉGER LES DONNÉES PERSONNELLES

par Christophe JOLIVET

Le SMSI (Système de Management de la Sécurité de l'Information) est un outil efficace pour améliorer la sécurité des traitements de données personnelles. La démarche de ce système de management fondée sur les risques, l'engagement de la direction, le contrôle interne et l'amélioration continue sont pleinement en phase avec les problématiques de protection des données personnelles. Ce système présente également des intérêts dans l'établissement de BCR (Binding Corporate Rules) pour un groupe multinational et facilite la mise en conformité avec le prochain règlement européen.

La possibilité pour toute organisation française de désigner son correspondant à la protection des données à caractère personnel est encadrée par la loi 78-17 du 6 janvier 1978 modifiée et ses textes d'application (en particulier le décret 2005-1309 du 20 octobre 2005). Le correspondant doit veiller au respect des obligations légales et informer le responsable de traitement des manquements constatés. La CNIL précise dans son guide[172] que la désignation d'un correspondant est un vecteur de sécurité juridique et une source de sécurité informatique pour son organisation. Pour atteindre ces objectifs ambitieux et ne pas être restreint à une cellule d'enregistrement, le correspondant doit mettre au point un processus englobant ces deux dimensions en faisant collaborer les

172 Guide du Correspondant Informatique et Libertés : http://www.cnil.fr/fileadmin/documents/Guides_pratiques/CNIL_Guide_correspondants.pdf

directions métiers et supports (en particulier la direction des systèmes d'information). La mise en œuvre et la conduite de ce processus s'appuient sur des compétences complémentaires pour maîtriser les aspects juridiques, les activités de l'organisation et la sécurité des systèmes d'information. Le degré de maîtrise de ces aspects par le correspondant dépend de plusieurs facteurs : sa connaissance du fonctionnement de l'organisation, son expérience dans la fonction, la sensibilité des données, son niveau d'expertise en matières juridiques et informatiques, le partage de cette fonction avec d'autres activités, la complexité des systèmes d'information.

Au-delà du périmètre français, l'efficacité de la protection des données personnelles repose sur les mêmes fondements, avec une application plus complexe pour les groupes multinationaux du fait de la diversité des textes à appliquer, de l'interconnexion des systèmes de traitement ainsi que du besoin accru de partager et de valoriser l'information. La mutation permanente des organisations (fusions, acquisitions, transformation des métiers, appel à la sous-traitance) élève encore le challenge. Pour des raisons d'efficacité, de cohérence et de rationalisation des coûts, des applications informatiques intégrant le siège et les filiales étrangères sont déployées pour centraliser la gestion des finances, la relation clients, les carrières et les recrutements des collaborateurs. Dans ces conditions, appréhender la protection des données personnelles implique de nombreux acteurs, de nationalités et métiers différents, et nécessite une organisation méthodique.

Dans ce contexte, le Correspondant Informatique et Libertés français, le futur délégué à la protection des données personnelles européen[173] ou plus généralement tout DPO (*Data Privacy Officer*) se trouve face à un défi exigeant lors de sa prise de fonction. En premier lieu il fait un état des lieux exhaustif des traitements (responsables, directions métiers, systèmes d'information, sous-traitants, clients, interfaces entre les traitements). Il analyse ensuite les risques liés aux données personnelles puis détermine un processus pour prendre en compte les nouveaux traitements et superviser l'existant, autant d'un point de vue juridique que de la sécurité des systèmes d'information. Enfin, il donne au responsable de traitement une vision claire de la situation et l'alerte le cas échéant.

Le Système de Management de la Sécurité de l'Information (SMSI) décrit par la norme ISO 27001[174] appliqué au traitement des données personnelles est un outil approprié pour relever ce défi et présente plusieurs bénéfices illustrés dans les paragraphes suivants.

I. Formalisation de l'engagement du responsable de traitement

Le SMSI impose un engagement clair du responsable de traitement[175] (clauses 5.1 à 5.3) qui se traduit par des actes concrets : la validation de la politique (exigences légales, objectifs, périmètre, rôles et responsabilités, règles à respecter, organisation), l'allocation des ressources et la promotion d'un système de mesure de l'efficacité du processus.

---

[173] Défini dans l'article 35 du projet de règlement européen à la protection des données personnelles.

[174] La série ISO 27000 prévoit plusieurs normes et bonnes pratiques dont les documents suivants constituent une base pour développer un SMSI : ISO 27001-2013 : exigences à respecter pour le SMSI ; ISO 27002-2013 : code de bonnes pratiques pour la sécurité de l'information ; ISO 27005-2011 : lignes directrices pour la gestion des risques liés à la sécurité de l'information.

[175] Défini par la loi Informatique et Libertés comme la personne, l'autorité publique, le service ou l'organisme qui détermine les finalités et les moyens du traitement.

Ces éléments sont précieux pour établir le bilan annuel que le correspondant doit rédiger et présenter à son responsable de traitement. Le choix d'un système d'indicateurs judicieux (par exemple le taux d'avancement des plans d'actions planifiés suite aux audits, le niveau d'application des clauses contractuelles des sous-traitants ou le degré de sensibilisation des salariés à la sécurité de l'information) mettra en exergue ce qui fonctionne et ce qui doit être amélioré. La norme ISO 27004[176] propose des bonnes pratiques pour concevoir et exploiter un tableau de bord.

II. Analyse et traitement des risques (clauses 6.1.2 et 6.1.3)

C'est une phase fondamentale qui associe les directions métiers et des systèmes d'information pour :

- Préciser le périmètre et cartographier les systèmes d'information sous-jacents : applications, bases de données, interfaces et infrastructures systèmes et réseaux ;
- Clarifier les responsabilités : directions métiers et supports, informaticiens, prestataires ;
- Evaluer le niveau de risque (impacts en cas de divulgation ou modification des données, vulnérabilités des systèmes d'information) puis appliquer les mesures fonctionnelles, organisationnelles et techniques adéquates ;
- Mettre en œuvre un plan d'action pour maintenir le risque à un niveau acceptable approuvé par les directions concernées.

Cette démarche « risques », déjà imposée dans le cadre des homologations des services en ligne des administrations

[176] ISO 27004-2009 : technique de sécurité - management de la sécurité de l'information - mesure

françaises[177], est intégrée au projet de règlement européen sur la protection des données personnelles. L'analyse des risques est aussi exigée par l'État pour ses systèmes d'information dans la PSSIE[178] (Politique de Sécurité des Systèmes d'Information de l'État). Cette analyse jusqu'ici fortement recommandée par la CNIL, va donc naturellement s'imposer préalablement à la mise en œuvre de nouveaux traitements sensibles.

Prenons l'exemple du contrôle des accès à un système d'information sensible utilisant les empreintes digitales. La demande d'autorisation adressée à la CNIL requiert un dossier complet et argumenté. Plusieurs points doivent être détaillés : finalité du traitement et justification du choix de l'empreinte digitale (en particulier par rapport à une carte à puce), architecture et mesures de sécurité pour prendre en compte les risques de divulgation de ces informations sensibles, effacement des données, choix des algorithmes cryptographiques, mesures d'anonymisation, segmentation avec les autres systèmes. Les résultats de l'analyse des risques alimenteront le dossier d'autorisation et permettront d'argumenter les échanges pendant l'instruction de la demande par la CNIL.

III. Gestion de la documentation (clauses 7.5.1 à 7.5.3)

La formalisation de la gestion des documents (politiques, procédures, guides, niveaux de service, contrats…) précise son cycle de vie (création, approbation, mise à jour, gestion des versions), les modalités de conservation (formats électroniques et papiers), la gestion des accès et les conditions de diffusion.

177 Décret RGS (référentiel général de sécurité) n° 2010-112 du 2 février 2010

178 Politique de sécurité des systèmes d'information de l'État (version 1.0) approuvée par la circulaire du Premier ministre n° 5725/SG du 17/07/2014

La documentation du SMSI pourra inclure le registre (liste des traitements) maintenu à jour par le Correspondant Informatique et Libertés, le bilan annuel, la politique de sécurité, les procédures liées aux traitements (par exemple l'effacement des données d'un employé lors de son départ) et à la sécurité (prévention, détection des événements suspects et réaction en cas d'incident ou de constatation d'une faille).

Les bénéfices liés à cette formalisation sont d'une part de systématiser la démarche pour limiter les risques qu'une faiblesse découverte ne soit pas suivie d'une action corrective et, d'autre part, de faciliter les opérations d'audit. Ainsi en cas de contrôle de la CNIL, la formalisation du système de documentation facilitera le travail de la délégation dans sa collecte d'informations et son appréciation des conditions de mise en œuvre des traitements.

IV. Audit interne (clause 9.2)

Un programme d'audit annuel évalue l'efficacité du processus, identifie les points non conformes à la politique, détecte les vulnérabilités organisationnelles et techniques pour mettre en œuvre un plan d'actions correctives. Pour renforcer son caractère indépendant, le programme d'audit pourra être placé sous la responsabilité de la fonction contrôle interne de l'organisation. Cette démarche comporte l'avantage d'évaluer concrètement la protection des données personnelles et ses différentes facettes :

- Juridique : types de déclaration, clauses contractuelles idoines avec les sous-traitants (hébergeur informatique par exemple), modalités d'information des personnes, règlement des litiges ;

- sécurité informatique, avec le durcissement des systèmes : contrôle des accès, sécurisation de la configuration des bases de données, des applications et des systèmes d'exploitation, segmentation des réseaux, force des mots de passe, mise à jour des correctifs de sécurité, sécurisation des développements, protections contre les programmes malveillants…

Les résultats des audits et des plans d'actions peuvent alimenter le bilan annuel du Correspondant Informatique et Libertés.

V. Le SMSI et la protection des traitements

Le tableau ci-dessous illustre les bénéfices du SMSI pour un exemple de traitement : système de vidéosurveillance / vidéoprotection d'une organisation ayant désigné un CIL.

Points clés en termes de protection des données personnelles	**Apports d'un SMSI**
Prise en compte des exigences légales : - Code de la sécurité intérieure (vidéoprotection des espaces publics) - Loi informatique et libertés - Code du travail (information / consultation des IRP[179])	- Intégration des références des textes à la politique de sécurité validée par le responsable de traitement - Prise en compte des exigences légales dans l'analyse de risques
Finalité du traitement et respect du principe de proportionnalité	- L'analyse de risques démontre que les conditions de mise en œuvre sont en

[179] Instances Représentatives du Personnel

	adéquation avec la finalité - Le programme d'audit interne contrôle régulièrement que ces conditions ne sont pas modifiées et ne remettent pas en cause la finalité du traitement
Sécurisation du système d'information pour protéger les fichiers numériques : accès frauduleux, divulgations accidentelles, respect de la durée de conservation…	- L'analyse de risques aboutit à la sélection d'une série de mesures (segmentation du réseau, protection des accès physiques et logiques aux équipements, protection des sauvegardes, conditions d'accès…) et fixe les responsabilités. - L'audit interne du SMSI contrôle régulièrement que ces mesures sont respectées au quotidien.
Apporter des preuves que les exigences légales sont respectées (demande d'information d'un salarié, contrôle CNIL, inspection du travail ou préfecture de police)	- Le système de gestion de la documentation fournit rapidement les informations nécessaires : déclaration du traitement dans le registre, règles de sécurité des SI, contrôles effectués, évolution du nombre de caméras et de leur fonction, historique des accès aux fichiers vidéo…

VI. Le SMSI et les BCR

Ce paragraphe illustre les bénéfices du SMSI dans le cadre des BCR (*Binding Corporate Rules*) c'est-à-dire les règles internes d'un groupe échangeant des données personnelles avec ses filiales en dehors de l'Union Européenne. Les BCR définissent une politique pour toutes les entités du groupe. Ils constituent une alternative aux clauses contractuelles types définies entre responsables de traitement en évitant de conclure autant de contrats que de transferts.

VI.1. Point clé n° 1 de la démarche BCR : définir un régime de responsabilité du groupe

Il convient de procéder aux points suivants :

- définition des rôles et responsabilités dans un paragraphe dédié de la politique du SMSI validée par le directeur général du groupe ;
- mise à jour régulière de la politique suite aux revues de direction généralement une à deux fois par an ou plus en fonction du contexte. (l'ISO27001, dans sa version de 2005, imposait une fréquence minimale d'une fois par an) ;
- récapitulatif du cadre légal dans un paragraphe dédié de la politique.

VI.2. Point clé n° 2 de la démarche BCR : élaboration d'une politique de formation du personnel sur les règles imposées par les BCR

Le SMSI prévoit la programmation et l'évaluation de séances de formation et de sensibilisation en sélectionnant la mesure A.7.2.2

dans la déclaration d'applicabilité[180]. Ce programme fait l'objet d'une évaluation régulière.

VI.3. Point clé n° 3 de la démarche BCR : procédure d'audit

Une exigence fondamentale du SMSI est l'évaluation et le contrôle des procédures et du niveau de protection. L'audit interne du SMSI permet de contrôler régulièrement que la politique est respectée par le groupe et les filiales et de mettre en œuvre des actions correctives (clause 9.2). Le programme d'audit, les critères d'évaluation et le périmètre d'action, les auditeurs, la communication des résultats et la conservation des preuves sont à définir. Les clauses A.12.7 (audit de sécurité des systèmes d'information) et A.15.2.1 (audit des sous-traitants) seront intégrées au programme.

VI.4. Point clé n° 4 de la démarche BCR : gestion des plaintes

La gestion des incidents du SMSI sera utilisée pour bâtir le processus de gestion des plaintes avec les clauses A.16.1.1 (répartition des responsabilités et des tâches), A.16.1.2 (prise en compte des plaintes), A.16.1.3 (prise en compte des vulnérabilités constatées au travers d'une plainte ou d'une observation interne), A.16.1.4 et 5 (évaluation des plaintes et choix des réponses à apporter), A.16.1.6 (retour d'expérience et amélioration des procédures) et A.16.1.7 (conservation des preuves liées au traitement des plaintes).

---

[180] La déclaration d'applicabilité (SOA : *statement of applicability*) découle de l'analyse et du traitement des risques. Elle permet de sélectionner des mesures de sécurité (parmi celles proposées dans l'ISO 27002 ou d'autres mesures si nécessaire) en justifiant les exclusions. C'est un document fondamental qui fait le lien entre les risques et le niveau de sécurité.

VII. Le SMSI et la conformité au prochain règlement européen

Le projet de règlement européen sur la protection des données personnelles prévoit des obligations et des sanctions pour renforcer le contrôle des citoyens sur leurs données et harmoniser les textes et les procédures. Un travail de fond, plus ou moins important en fonction de leur maturité sur le domaine, sera nécessaire aux groupes européens pour se mettre en conformité avec ce règlement, par définition directement applicable sans mesure de transcription nationale. Un SMSI facilite et accélère cette mise en conformité, en particulier pour traiter les domaines développés ci-dessous.

VII.1. Obligations incombant au responsable de traitement

L'article 22 du projet précise que le responsable du traitement adopte des règles internes et met en œuvre les mesures appropriées pour garantir et être à même de démontrer que le traitement des données à caractère personnel est effectué dans le respect du règlement. Le SMSI apporte ces garanties grâce à la politique générale validée par le responsable de traitement, les procédures fonctionnelles et les mesures découlant de l'analyse de risques, le programme d'audit interne et les mécanismes d'enregistrement des preuves.

Le SMSI dans son principe « écrire ce qu'on va faire » et « faire ce qu'on a écrit en étant capable de le prouver » répond aux objectifs du règlement.

VII.2. Sous-traitant

L'article 26 du projet stipule que le responsable du traitement choisit un sous-traitant qui présente des garanties suffisantes de mise en œuvre des mesures et procédures techniques et organisationnelles appropriées, de manière à ce que le traitement soit conforme au règlement et garantisse la protection des droits de la personne concernée. Le SMSI du sous-traitant démontre à ses clients la réalité des protections et sa volonté d'en assurer le suivi et la pérennité. Cette démonstration sera renforcée si le sous-traitant détient la certification ISO 27001 sur le périmètre adéquat. Le sous-traitant pourra espérer des économies d'échelle lui évitant la multiplication des démonstrations pour chacun de ses clients.

VII.3. Sécurité des traitements

L'article 30 impose que le responsable du traitement et le sous-traitant mettent en œuvre des mesures techniques et organisationnelles appropriées afin de garantir un niveau de sécurité adapté aux risques. La déclaration d'applicabilité propose une réponse appropriée en réduisant les risques par l'application de mesures fonctionnelles, organisationnelles et techniques. Par ailleurs, la définition des propriétaires des risques exigée par la norme responsabilise les parties prenantes (directions métiers, sous-traitants, informaticiens) et donne l'assurance au responsable de traitement que le niveau de risque reste acceptable et sous contrôle.

VII.4. Notification d'une violation de données à caractère personnel

Les articles 31 et 32 définissent les modalités de notification auprès de l'autorité de contrôle et de communication auprès des personnes d'une violation de données. Cette notification doit être rapide, si possible 24 heures au plus tard après en avoir pris connaissance. Lorsqu'elle a lieu après ce délai de 24 heures, la notification doit comporter une justification. Ce point nécessite un processus mature et réactif. Les mesures A.16.1.1 à A.16.1.7 sont un moyen efficace d'assurer la conformité à ces articles du règlement européen. Une série de bonnes pratiques pour détecter et qualifier un événement suspect puis traiter un incident de sécurité est détaillée dans la norme ISO 27035-2011 et facilite l'élaboration d'un processus adapté au contexte et aux enjeux de chaque groupe.

VII.5. Analyse d'impact

L'article 33 précise que lorsque les traitements présentent des risques particuliers au regard des droits et libertés des personnes, le responsable du traitement ou le sous-traitant agissant pour le compte du responsable du traitement effectuent une analyse de l'impact sur la protection des données. La phase d'analyse et de traitement des risques du SMSI assure la mise en conformité avec cet article en planifiant et supervisant des plans d'actions concrets. Par exemple, si l'analyse des risques aboutit à la décision de chiffrer (crypter) les données lors des opérations de sauvegardes externalisées, le SMSI formalisera cette décision en règle dont l'efficacité sera régulièrement évaluée.

VIII. Conclusion

Voici quelques recommandations de mise en œuvre du SMSI :

- simplifier les procédures en supprimant tous les aspects inutiles et en se focalisant sur les risques importants. On comprend aisément que les risques associés à un traitement de données biométriques et à un traitement « simple » de données clients (prénom, nom, email) sont très différents. Les procédures liées à la protection de ces traitements seront donc aussi très différentes ;
- adapter la méthode d'analyse des risques à l'entité en impliquant les directions à l'origine du traitement. Si de

nombreuses méthodes sont disponibles dans chaque pays, leur application doit être la plus pragmatique possible afin d'obtenir des résultats rapides et d'adapter en conséquence la posture de sécurité. L'évolution rapide des systèmes d'information et des usages rend indispensable la revue régulière des risques. Par exemple, le passage d'une informatique externalisée chez un hébergeur classique vers des infrastructures de type *cloud computing* public nécessite de revoir l'analyse des risques ;

- recherchér l'amélioration continue plutôt que des objectifs trop ambitieux. En matière de sécurité de l'information comme dans d'autres domaines, le risque zéro n'existe pas. La mise en place rapide d'un processus structuré, même avec des défauts, permettra d'aller dans la bonne direction à condition de superviser les actions décidées ;
- responsabiliser les parties prenantes. Si le correspondant à la protection des données personnelles peut animer efficacement le SMSI, il ne peut et ne doit pas être la personne qui « fait tout ». Chaque propriétaire de risque, chaque responsable d'action ou de procédures doit être clairement identifié ;
- impliquer raisonnablement la direction générale. Tout projet transverse nécessite un appui adapté de la direction pour que les ressources puissent être priorisées en connaissance de cause.

Appliqué de façon pertinente, le Système de Management de la Sécurité de l'Information décrit par la norme ISO 27001 s'avère donc un outil puissant pour relever le défi de la protection des données personnelles, au service du CIL.

CIL MUTUALISÉ - RETOURS D'EXPÉRIENCE
par Aurélie MERQUIOL

Le décret n° 2005-1309 du 20 octobre 2005 a prévu la possibilité pour un organisme professionnel de nommer un Correspondant Informatique et Libertés mutualisé (article 44 c). C'est sur cette base légale que le Conseil Supérieur du Notariat s'est fondé pour mandater, le 13 octobre 2006, l'Association pour le Développement du Service Notarial (ADSN) aux fins d'exercer les fonctions de Correspondant Informatique et Libertés mutualisé au sein de la profession notariale. L'ADSN est une association de type « loi 1901 » dont l'objet est « la mise en œuvre de tous les moyens en vue de l'amélioration et du développement des services rendus par le notariat français à sa clientèle sous quelque forme que ce soit ». Elle a en charge, par exemple, le réseau Internet des notaires de France ou encore le minutier central électronique du notariat.

La décision innovante du Conseil Supérieur du Notariat a pour origine l'adoption par la CNIL de l'autorisation unique n° 6 permettant la mise en œuvre par le notariat de procédures d'échanges dématérialisés avec différentes administrations ou personnes morales de droit privé dans le cadre de leur mission d'officier public. En contrepartie de cette autorisation, la profession s'est engagée à se mettre en conformité avec la loi Informatique et Libertés pour tous les traitements de données personnelles non couverts par le texte précité. L'ADSN, correspondant informatique et libertés mutualisé de la profession a donc pour mission d'accompagner les notaires dans leur démarche de mise en conformité avec la réglementation Informatique et Libertés, profession qui compte 4.560 études notariales. D'un point de vue organisationnel, un service dédié a été créé en 2007 au sein de l'ADSN. Puis, devant les nouveaux enjeux pour la protection des données personnelles liés à la rapide évolution des technologies au sein de la profession, une structure spécifique a été mise en place. Il s'agit de Cil.not, le Correspondant informatique et libertés du notariat.

I. Organisation du CIL mutualisé

Cil.not, le Correspondant Informatique et Libertés du notariat, compte dix-huit collaborateurs[181] dédiés à la mise en conformité avec la réglementation Informatique et Libertés des études notariales, des institutions notariales et des organismes du notariat. Les procédures de conformité sont organisées autour de deux pôles.

Le pôle dédié à la mise en conformité à distance (pôle « Audit sédentaire ») a pour mission de réaliser les rendez-vous téléphoniques tels que, par exemple, les bilans annuels. Des questionnaires types ont été bâtis. Ils permettent d'actualiser la liste des traitements et de réaliser le bilan annuel de chaque étude dans le cadre d'un entretien téléphonique d'une trentaine de minutes.

Le pôle « Audit terrain » dépêche des auditeurs Informatiques et Libertés au sein des études ou instances notariales pour réaliser sur site, après la désignation de *Cil.not* en tant que CIL mutualisé, une revue initiale de mise en conformité. Un audit triennal périodique est également réalisé par cette équipe au sein de chaque office. La mise en conformité de plus de trois mille organismes – soit 66 % des études – implique une organisation rodée. Les volumes parlent

---

181 Le site Web de l'AFCDP, dans sa rubrique « Emplois et Stages », signale régulièrement les opportunités de postes proposés par l'ADSN.

d'eux-mêmes. Fin 2014, près de 9.500 bilans annuels et 3.130 revues initiales avaient été réalisés.

Les difficultés rencontrées dans le cadre de la mission de CIL mutualisé ressemblent sans aucun doute à celles que peut rencontrer tout CIL. Il peut ainsi être compliqué de sensibiliser son interlocuteur à l'enjeu du sujet Informatique et Libertés et les auditeurs doivent parfois rivaliser d'arguments pour emporter l'adhésion, ou du moins convaincre de la nécessité d'appliquer les mesures préconisées. La prise en compte de ces préconisations ayant parfois un fort impact en terme matériel et organisationnel peut également prendre du temps. Mais la démarche de mise en conformité est une démarche continue.

Enfin, la maîtrise des sous-traitants de l'organisme, sujet commun à tous les CIL s'il en est, peut parfois s'avérer complexe. S'assurer du respect de l'obligation de sécurité par ses sous-traitants n'est en effet pas la préoccupation première des officiers publics concentrés sur d'autres missions. Il est donc du ressort du CIL mutualisé d'amener ces sous-traitants vers la conformité Informatique et Libertés.

Parce que ce sont les praticiens qui en parlent le mieux, la parole est laissée à deux auditeurs de *Cil.not* :

Madame Agnès Rachid est auditrice sédentaire référente : « *Mon métier d'auditeur sédentaire présente des spécificités par rapport à celui exercé par les auditeurs terrain, car nous réalisons l'analyse de conformité par téléphone. Le fait de ne pas être sur place demande de notre part un véritable esprit d'investigation et d'analyse, car nous devons souvent procéder par déduction, reformuler nos questions et « creuser » les réponses pour ne pas passer à côté d'un point de non-conformité. Ce métier apporte beaucoup de satisfactions. Nous avons un rôle très actif dans les rendez-vous téléphoniques et nous nous plaçons toujours dans un rôle de conseil vis-à-vis des notaires, avec lesquels nous tissons une relation de confiance. Nous sommes là pour les guider, les orienter et les sensibiliser sur la problématique Informatique et Libertés, comme cela est par exemple souvent le cas sur l'identification par mots de passe. Lorsque nous arrivons à faire passer nos messages, tout notre métier prend son sens. Et dans le service, nous ne sommes jamais isolés. Le fait de pouvoir partager et échanger avec l'équipe est important et enrichissant. Par exemple, lorsqu'une nouvelle technologie apparaît, il est très intéressant de pouvoir réfléchir ensemble à la manière d'adapter nos conseils aux notaires. Il est vrai qu'il est parfois difficile de ne pas être sur le terrain, notamment parce que nous avons davantage de reports de rendez-vous que les auditeurs terrain. Mais nous relativisons cette difficulté parce que, malgré la distance, nous sommes en général très bien reçus, écoutés et entendus par les notaires. »*

Manou N'Diaye, auditeur Informatique et Libertés, agit sur le terrain, au sein des offices : *« Auditeur terrain depuis trois ans, ma mission principale est de conseiller les notaires dans leur démarche de mise en conformité avec la loi Informatique et Libertés. Je me déplace en Ile-de-France et dans le Nord-est de la France, à la rencontre des notaires qui ont désigné Cil.not comme leur Correspondant Informatique et Libertés. Mes rendez-vous se réalisent au sein des offices notariaux, des chambres des notaires et des conseils régionaux des notaires. Mes interlocuteurs sont les notaires et leurs collaborateurs (comptable, négociateur immobilier, formaliste...). Je n'hésite pas à débuter ma mission par une courte présentation des principes de la loi Informatique et*

Libertés, car une bonne sensibilisation de mes interlocuteurs est nécessaire pour la mise en place effective de nos préconisations. À la suite de cette introduction, je pose des questions pour déterminer les traitements de données à caractère personnel mis en œuvre afin d'établir ou de mettre à jour la liste des traitements. Lors de l'audit, je suis amené à constater les points de non-conformité. Je me déplace ainsi dans les lieux-clé tels que la salle serveur et le bureau de comptabilité. Je consulte des documents, comme les actes notariés et les contrats avec les prestataires, aux fins de vérifier la présence de mentions légales. J'examine la pertinence des données collectées, notamment sur les logiciels métiers, et vérifie le respect des durées de conservation, ainsi que le système d'archivage. Je procède à des vérifications de sécurité des postes informatiques, des serveurs, des applications et des sauvegardes des données. Je m'efforce d'adapter les exigences de la réglementation Informatique et Libertés aux cas d'espèce rencontrés, ainsi que de proposer des recommandations réalisables et cohérentes. Après ce rendez-vous, je rédige un rapport qui doit être envoyé dans un délai de trois semaines. La principale difficulté que je rencontre réside dans l'adaptation de la réglementation Informatique et Libertés au domaine du notariat. Une autre apparaît au niveau des interventions des prestataires qui installent des systèmes informatiques sans égard au respect de la réglementation. Je rencontre aussi parfois des difficultés à expliquer les règles de sécurité informatique car je suis amené à utiliser des termes techniques. Le notaire est un juriste avant tout, et non un informaticien. Dans de rares cas, je suis confronté à des notaires qui sont tout simplement désintéressés. Je dois ainsi prendre plus de temps pour les sensibiliser. »

Manou N'Diaye évoque les qualités qui lui semblent indispensables à l'exercice de son métier : « *Mon travail nécessite une écoute attentive de mes interlocuteurs pour mieux les conseiller. Un sens de l'observation est également nécessaire pour cerner efficacement les points de non-conformité. Enfin, il est capital d'être intéressé par les nouvelles technologies de l'information et de mettre à jour continuellement ses connaissances car l'environnement évolue de plus en plus vite et de nouvelles problématiques émergent rapidement* ». Il retire une grande satisfaction de son métier : « *Ma mission d'auditeur permet de prévenir des risques réels et juridiques. Dans les faits, j'invite les notaires à se prémunir de tous risques de perte, de vol ou d'altération des données qu'ils collectent. Juridiquement, le suivi de nos préconisations leur garantit une mise en conformité avec la législation informatique et libertés. En les aidant ainsi, j'ai le sentiment de contribuer à la préservation de l'image du notariat et à l'authenticité des actes notariés.* »

II. Procédures de conformité

La mise en conformité d'un nombre croissant de responsables de traitement dans un même secteur d'activité a conduit rapidement l'ADSN à standardiser ses procédures de conformité. On ne réalise en effet pas de la même manière un registre d'une société lorsque l'on est CIL interne que les registres de 3.000 études notariales ayant le même type de traitements de données à caractère personnel. La singularité de cette démarche standardisée a conduit l'ADSN à engager, dès 2010, une procédure visant à demander à la CNIL d'examiner la conformité de ses procédures à la loi n° 78-17 du 6 janvier 1978. Il est en effet apparu nécessaire de s'assurer par ce moyen de l'adéquation des procédures mise en œuvre par l'ADSN avec la réglementation et la doctrine de la CNIL.

De nombreux échanges ont eu lieu avec le service des Correspondants de la CNIL et les processus de mise en conformité ont été améliorés suite aux préconisations de l'autorité de contrôle. Ainsi, dans le cadre des bilans annuels réalisés par téléphone, la sensibilisation orale des interlocuteurs par les auditeurs de l'ADSN a été accentuée. Le registre type du CIL a été amélioré et les normes type ont été complétées.

Après refonte sur préconisations de la CNIL, les procédures de mise en conformité ont été examinées lors de la séance plénière de l'autorité de contrôle du 18 octobre 2011 et ont été reconnues conformes à la loi Informatique et Libertés.

Pour la première fois, la CNIL validait officiellement la conformité de procédures à la loi de 1978, avalisant ainsi la standardisation des procédures de conformité mises en œuvre au sein de la profession notariale, à savoir :

- un registre standardisé (environ trente traitements de données personnelles identifiés au sein de chaque office) ;
- une revue initiale de conformité (sur site ou par téléphone) ;
- un bilan annuel réalisé par téléphone ;
- un audit triennal de conformité (sur site) ;
- un outil d'auto-diagnostic.

L'ADSN a mis en effet à disposition de la profession un outil d'auto-diagnostic sur le portail intranet notarial car il est vite apparu que le risque Informatique et Libertés auquel une étude notariale est exposée peut varier. Cet outil, sous forme de questionnaire auquel doit répondre le notaire, permet de proposer une gamme de services adaptés à la complexité des traitements de données à caractère personnel mis en œuvre par l'office ainsi qu'à leur structure.

Ainsi une étude notariale présentant une exposition à un niveau de risque moyen bénéficiera d'un service « allégé » avec l'établissement de la liste des traitements par téléphone, par exemple. Au contraire, un auditeur se rendra sur place pour établir le registre dans le cas d'un risque plus fort. Les critères d'évaluation, outre les éléments de sécurité informatique, physique ou contractuelle, concernent l'activité de l'étude (négociation immobilière par exemple) ou encore les outils utilisés (solution biométrique par exemple). L'outil d'auto-diagnostic « s'avère très efficace et constitue une réelle garantie de conformité à la loi Informatique et Libertés » a confié Monsieur Alex Türk, à l'époque Président de la CNIL, lors d'une interview accordée à la publication « Notaires Vie Professionnelle[182] ».

La standardisation des processus n'exclut pas la personnalisation des conseils prodigués aux responsables de traitement avec, pour exemple, la mise en place d'outils spécifiques tels que des chartes Informatiques et Libertés. De nombreuses demandes de conseils sont en effet faites par les notaires avant de mettre en œuvre un traitement ou encore avant de signer un contrat avec un sous-traitant. Le CIL mutualisé accompagne donc chaque étude dans ce cadre.

Les demandes de droit d'accès, de rectification ou d'opposition sont centralisées chez *Cil.not* et traitées en relation avec le notaire concerné. La mutualisation – que permet l'organisation du notariat

---

[182] n° 275 - mai-juin 2009

français – présente l'intérêt d'une professionnalisation du métier de CIL, d'une très bonne connaissance du métier audité associé à un avantage du coût du service pour le responsable de traitement.

III. Relations avec la CNIL

Une convention de partenariat a été signée en septembre 2010 entre la CNIL, le CSN (Conseil supérieur du notariat) et l'ADSN. Cette convention, renouvelée le 29 janvier 2014, a pour objet de permettre à la CNIL et au CSN de mener conjointement des actions de diffusion de la culture Informatique et Libertés.

Ce partenariat s'appuie en pratique sur deux axes. Le premier est la sensibilisation et la formation à la protection des données tant des instances de la profession, des notaires ou de leurs collaborateurs que des prestataires du notariat. L'idée sous-jacente est d'arriver à une maîtrise complète, en termes de conformité Informatique et Libertés, des sous-traitants du notariat. Le second axe concerne la conduite d'une réflexion conjointe et l'organisation de groupes de travail sur les projets du notariat ayant une implication forte dans le domaine de la protection des données à caractère personnel, tels que la dévolution[183] des données numériques après le décès des personnes.

Les projets du notariat nécessitent en général une délibération de la CNIL. Il s'est avéré utile de travailler en amont et en commun sur ceux de ces projets qui impactent fortement le domaine de la protection des données personnelles. Par ailleurs, le secteur d'activité du notariat lui permet d'être force de proposition sur certains sujets, comme celui de la « mort numérique ».

---

183 Dans le sens de « succession », en droit privé

IV. Sensibilisation et formation

Parce que la mise en conformité passe d'abord par la prise de conscience de la nécessaire protection des droits fondamentaux, une politique globale de sensibilisation et de formation à la législation Informatique et Libertés a été mise en place au sein de la profession notariale depuis 2006. *Cil.not* organise des sessions de sensibilisation au sein des instances notariales (chambres départementales et des conseils régionaux de notaires) et dispense un module de formation obligatoire, labélisé par la CNIL, dans le cadre de la formation initiale des futurs notaires.

Le CIL mutualisé intervient aussi au sein des différents rendez-vous professionnels, tels que les Universités régionales ou les assemblées générales annuelles organisées par les instances notariales. Dans le cadre de ces assemblées, tous les notaires du ressort de l'instance sont réunis et c'est une bonne occasion de les sensibiliser sur le sujet. Des actions de communication sont également menées périodiquement sur les supports internes de la profession et une revue d'actualité dédiée à la protection des données personnelles est adressée aux adhérents.

Par ailleurs, et pour répondre aux besoins de formation des CIL internes désignés au sein du notariat, *Cil.not* propose depuis 2014 une formation et des outils dédiés afin de faire bénéficier de son expertise les salariés des études notariales, désignés CIL ou en charge de la conformité Informatique et Libertés. Ainsi les 1.500 études n'ayant pas désigné *Cil.not* peuvent suivre une formation initiale et continue. Elles bénéficient également d'une assistance sur les nouvelles problématiques et d'un accompagnement pour les dossiers les plus complexes. Avec ce dernier service, *Cil.not* est en voie de réaliser son objectif d'une mise en conformité de l'ensemble de la profession notariale, et surtout de préparer l'application prochaine du règlement européen sur la protection des données.

TRANSFERT DE DONNÉES À CARACTERE PERSONNEL : LE CONTEXTE ACTUEL ET LES ENJEUX AUTOUR DU *SAFE HARBOR*

par Garance MATHIAS

À l'occasion de la réforme du cadre européen de la protection européenne des données à caractère personnel, la sphère de sécurité (Safe Harbor) et le Patriot Act suscitent la méfiance des citoyens et des autorités européennes. Or, cette sphère de sécurité a précisément été adoptée afin de sécuriser les flux de données personnelles entre des entreprises américaines et des organismes européens.

Cependant, cet instrument est vivement critiqué, essentiellement à cause du Patriot Act adopté à la suite des attentats du 11 septembre 2001. Cette « loi » serait une menace pour la sécurité et la confidentialité des données permettant aux autorités américaines d'y avoir accès sans même que la personne concernée ne soit avertie. Ainsi, à la suite des révélations concernant les programmes de surveillance mis en place par les États-Unis, la Commission a souhaité négocier de nouveaux accords allant dans le sens d'une confiance renforcée ainsi que d'une meilleure protection des données personnelles des citoyens européens.

La loi Informatique et Libertés impose que les organismes mettant en œuvre des traitements de données personnelles en assurent la sécurité, c'est-à-dire l'ensemble des « précautions utiles, au regard de la nature des données et des risques présentés par le traitement » afin d'« empêcher que les données soient déformées, endommagées, ou que des tiers non autorisés y aient accès[184]. »

À ce titre, le transfert de données à caractère personnel hors de l'Union européenne est encadré par les textes européen et français. Cette problématique s'illustre tout particulièrement dans le cadre du *cloud computing*. Le 6 juin 2010, la Commission générale de terminologie et de néologie définissait ce mécanisme comme « un mode de traitement des données d'un client, dont l'exploitation s'effectue par l'internet, sous la forme de services fournis par un prestataire. [Le *cloud computing* implique] une forme particulière de gérance de l'informatique, dans laquelle l'emplacement et le fonctionnement du nuage ne sont pas portés à la connaissance des clients[185] ». D'après l'ENISA[186], « le *cloud computing* est un modèle de service à la demande pour la ressource informatique, souvent basé sur la virtualisation et une distribution des technologies informatiques. L'architecture du *cloud computing* se compose : de ressources hautement abstraites, d'une scalabilité[187] et d'une flexibilité quasi instantanée, d'un approvisionnement quasi instantané, de ressources partagées (de matériel, base de données, mémoire…), de « service à la demande », avec habituellement un système de facturation du type *pay as you go* et d'une gestion de programme. »

Dans le cadre du *cloud computing*, on peut donc légitimement penser que des données à caractère personnel feront l'objet de

---

[184] Article 34 de la Loi n° 78-17 du 6 janvier 1978

[185] Avis de la Commission Générale de Terminologie et de Néologie, Vocabulaire de l'informatique et de l'internet (NOR : CTNX1012892X)

[186] *European Union Agency for Network and information Security*, www.enisa.europa.eu

[187] Anglicisme, de *scalability* désignant la capacité d'un système ou de ses composants à être utilisés sur diverses plates-formes de différentes tailles ou à être redimensionné avec facilité.

transferts internationaux de données au sens de la loi Informatique et Libertés, notamment vers les États-Unis où se trouvent les principaux prestataires de ces services. Or, les États-Unis ne disposent pas d'un cadre juridique homogène permettant la protection des données à caractère personnel.

Conscientes du potentiel économique que pouvait représenter l'exportation de données outre-Atlantique, les autorités américaines et la Commission européenne ont alors négocié la mise en place d'une protection adéquate des données, les principes de la « sphère de sécurité[188] » (*Safe Harbor*).

Cet instrument est toutefois vivement critiqué et ce, principalement à cause du *Patriot Act* (*Uniting and Strengthening American by Providing AppropriateTools Required to Intercept an Obstruct Terrorism Act*[189]) adopté à la suite des attentats du 11 septembre 2001. Ces critiques portent sur l'un des points essentiels de la protection des données, la sécurité et la confidentialité des données personnelles. Cet acte législatif serait ainsi une menace pour la protection des données personnelles, notamment du fait de la possibilité pour les autorités américaines d'y accéder sans même que la personne concernée ne soit avertie. Il n'est donc pas étonnant que certains Européens, à l'image des autorités néerlandaises, aient réagi en envisageant de ne plus recourir aux services de *cloud computing* proposés par les autorités américaines. Il faut en effet préciser que la position de force des États-Unis s'explique par

---

[188] Décision de la Commission 520/2000/CE du 26 juillet 2000 conformément à la directive 95/46 du Parlement européen et du Conseil relative à la pertinence de la protection assurée par les principes de la « sphère de sécurité » et par les questions souvent posées y afférentes, publiés par le ministère du Commerce des États-Unis d'Amérique, JO L 215 du 25 août 2000, page 7.

[189] Initialement, le *Uniting and Strengthening American by Providing Appropriate Tools Required to Intercept an Obstruct terrorism* adopté le 25 octobre 2001

l'importance du nombre de prestataires de services cloud américains ainsi que par le grand nombre de centres d'hébergement de données présents sur le territoire américain.

Par ailleurs, les récentes révélations concernant les programmes américains de collecte de renseignements ont conduit la Commission européenne à définir de nouveaux moyens pour sécuriser les transferts de données outre-Atlantique[190]. En outre, l'Union européenne et les États-Unis se sont engagés à renforcer le cadre juridique de la sphère de sécurité dans une déclaration conjointe du 26 mars 2014[191]. Washington et Bruxelles sont donc actuellement en pleine négociation afin d'apporter les changements nécessaires et attendus aux principes du *Safe Harbor*.

Les principes de la sphère de sécurité sont donc remis en cause et il conviendra donc de s'intéresser tout particulièrement à cet outil permettant le transfert de données à caractère personnel, le tout dans un contexte bien particulier (I). Il restera ensuite à souligner les vives critiques auxquelles doit faire face le *Safe Harbor* ainsi que les probables changements à venir, ne serait-ce qu'au niveau des projets européens (II).

I. Le *Safe Harbor* un outil de transfert de données personnelles au cœur d'un contexte particulier

Pour rappel, la sphère de sécurité est une exception aux principes d'interdiction des transferts de données à caractère personnel hors de l'espace économique européen, prévus aux articles 68 et suivants de la Loi Informatique et Libertés.

---

190 La Commission européenne appelle les États-Unis à rétablir la confiance dans les transferts de données entre l'UE et les États-Unis, 27 novembre 2013.

191 *Join statement*, EU-US Summit, 26 mars 2014

I.1. Un instrument aux principes et aux objectifs clairs

L'Union européenne et les États-Unis, bien qu'ayant une approche du respect de la vie privée différente, partagent tous les deux un objectif de protection vis-à-vis de leurs citoyens. La protection instaurée par la directive 95/46/CE du 24 octobre 1995[192] aurait conduit à l'interdiction de transfert de données personnelles vers des États hors Union européenne, lorsque ces derniers ne répondent pas au critère de protection adéquate fixé par les institutions européennes. C'est donc dans cette situation, et pour faciliter les échanges, que le ministère du commerce américain a pu, en consultation avec la Commission européenne, élaborer ces principes de la sphère de sécurité. Sachant que la Commission a, en vertu de la directive 95/46/CE, compétence pour suspendre, abroger ou limiter la portée de la décision relative à la sphère de sécurité si cette dernière ne permet plus d'assurer un niveau de protection adéquat.

Ainsi, le *Safe Harbor* est un outil instituant un ensemble de principes de protection des données à caractère personnel inspiré par les principes portés par la directive 95/46/CE. La sphère de sécurité est divisée en sept axes majeurs visant à assurer une protection adéquate pour les besoins des transferts de données à caractère personnel depuis l'Union européenne vers les États-Unis[193].

---

[192] Directive 95/46/CE du Parlement européen et du Conseil, du 24 octobre 1995, relative à la protection des personnes physiques à l'égard du traitement des données à caractère personnel et à la libre circulation de ces données Journal officiel n° L 281 du 23/11/1995 p. 0031 - 0050

[193] Décision 520/2000/CE de la Commission, du 26 juillet 2000, relative à la pertinence de la protection assurée par les principes de la « sphère de sécurité » et par les questions souvent posées y afférentes, publiées par le ministère du commerce des États-Unis d'Amérique

Ces sept principes sont les suivants :

- la notification afin de préciser les raisons pour lesquelles les informations sont collectées et utilisées ;
- le choix de ne pas autoriser le partage des informations à une partie tierce ou d'utiliser les données recueillies dans un but différent que celui de la collecte d'origine ;
- le transfert est possible seulement si la partie tierce souscrit aux principes du *Safe Harbor* ou est directement soumise à la directive ;
- l'accès des personnes aux données les concernant et détenues par les différentes organisations doit être possible, tout comme la possibilité de corriger, modifier ou supprimer ces informations lorsqu'elles sont inexactes ;
- la sécurité des renseignements personnels doit être raisonnablement assurée pour les protéger contre la perte, l'usage abusif ou bien encore l'accès non-autorisé ;
- l'intégrité des données doit être assurée. Ainsi, les données transférées doivent répondre pertinemment aux fins pour lesquelles elles sont utilisées ;
- la mise en œuvre doit pouvoir s'accompagner de mécanismes de recours indépendants pour étudier les plaintes de chacun, afin de vérifier que les principes de la sphère de sécurité soient appliqués.

Basé sur le volontariat, cet instrument est destiné en premier lieu aux entreprises de droit américain qui adhèrent, auprès du ministère du commerce américain[194], au corps de règles relatif à la protection des données personnelles et à la vie privée. Les différents

---

[194] Liste des entreprises adhérentes au *Safe Harbor* : http://safeharbor.export.gov/list.aspx

opérateurs qui auront donc fait le choix de se conformer à ces normes auront la possibilité de recevoir des données personnelles de l'Union européenne, ces règles devant en principe, garantir, une protection suffisante.

On notera que ces principes sont exclusivement destinés aux opérateurs américains recevant des données à caractère personnel en provenance du vieux continent. La liste des entreprises adhérentes au *Safe Harbor* est disponible en ligne sur le site du ministère du commerce international américain. De même, il est possible d'accéder sur ce même site à la liste relative à la sphère de sécurité suisse.

Mais qu'en est-il des principes de la sphère de sécurité dans le cadre de contrats informatiques ? Sont-ils appropriés ? A priori oui, dans la mesure où la Commission européenne a validé les principes qui la composent, garantissant ainsi un niveau de protection suffisant des données en provenance de l'Union européenne. Cependant, il est important de mettre en avant le contexte dans lequel évolue cette question du transfert des données à caractère personnel.

I.2. Un instrument qui s'inscrit dans un contexte tendu

Les révélations concernant les programmes de surveillance mis en œuvre par les Américains envers leurs alliés ont conduit à accentuer la suspicion des Européens, notamment en ce qui concerne la protection de leurs données personnelles. Ces inquiétudes ont conduit le ministère du commerce américain à rendre obligatoire, à partir de mars 2013, la publication sur le site Web de toute entreprise adhérant à la sphère de sécurité, de sa politique de protection de la vie privée applicable aux données concernant les individus. De même, un lien vers la liste officielle présente sur le site du ministère doit être désormais prévu.

En effet, des critiques sont bien souvent relevées quant aux points suivants :

- la transparence des dispositions de protection de la vie privée adoptées par les adhérents à la sphère de sécurité ;
- la mise en œuvre effective des principes relatifs de la protection de la vie privée par les entreprises établies aux Etats-Unis ;
- le caractère effectif du contrôle de l'application desdits principes[195].

Par ailleurs, le contexte est d'autant plus délicat avec le *Patriot Act*, adopté par le Congrès des États-Unis le 26 octobre 2001. Il faut en effet souligner que cet acte législatif a notamment pour implication d'élargir le droit, pour certaines autorités d'investigations américaines telles que le FBI (*Federal Bureau of Investigation*) ou la NSA (*National Security Agency*), d'exiger la communication de données détenues par les entreprises ou leurs prestataires. Il ne peut donc pas être dissocié des pratiques entourant la sphère de sécurité, surtout dans le contexte des services *cloud*. La question de l'accès aux données est ainsi centrale dans ce texte de loi américaine. À noter que les données en ligne sont tout particulièrement concernées par cet acte législatif américain, ce qui inclut bien entendu les données personnelles traitées dans le cadre de services de *cloud computing*.

---

[195] Communication de la Commission au Parlement européen et au Conseil pour rétablir la confiance dans les flux de données entre l'Union européenne et les États-Unis d'Amérique, 27.11.2013, COMM (2013) 846 final

Pour ce faire, les sections 215 et 505 du *Patriot Act* précisent les données et supports susceptibles d'être exigés :

- la section 505 du titre V du *Patriot Act* intitulé « *Removing Obstacles to Investigating Terrorism* » conduit à faciliter l'émission des *National Security Letters* (NSL) prévues dans l'*Electronic Communications Privacy Act*. Ainsi, le gouvernement peut émettre des NSL « dès lors qu'une enquête pertinente est autorisée afin de se protéger contre tout terrorisme international ou toute activité clandestine de renseignement » ;
- la section 215 renvoie à la section 501 du *Foreign and Intelligence Act* de 1978 qu'elle a amendée. Il est alors précisé que « le directeur du FBI ou une personne désignée par le directeur peut, par le biais d'une ordonnance, exiger la production de toute chose tangible (y compris les livres, des dossiers, des papiers, des documents et tout autre élément, etc.) dans le cadre d'une enquête contre le terrorisme ou l'espionnage international ». Ainsi, les données et les fichiers électroniques sont implicitement visés, notamment dans le cadre du *cloud computing*.

Le *Patriot Act* a également conduit à renforcer les mesures existantes, notamment par le biais des *gag Orders* (ou ordonnance de bâillonnement). Cette ordonnance consiste à ne pas révéler aux personnes concernées que des recherches ont été faites les concernant. À titre d'exemple, un prestataire *cloud* devra dissimuler à ses clients qu'il a dû transmettre des données personnelles les concernant, sous peine de poursuites pénales non négligeables (amende et peine d'emprisonnement).

Le 23 décembre 2014, Google a ainsi informé des journalistes de Wikileaks que plusieurs de leurs courriels et autres données les concernant avaient été transmis au FBI, en vertu d'un mandat de perquisition datant de mars 2012. Dans un courrier adressé le 26 janvier 2015 au président de Google, Michael Ratner, l'avocat des journalistes, affirmait notamment « Nous sommes stupéfaits et troublés de constater que Google a attendu plus de deux ans et demi pour informer ses abonnés qu'un mandat de perquisition avait été délivré pour obtenir leurs enregistrements[196] ».

Les autorités américaines se sont clairement réservé le droit d'accéder facilement aux données à caractère personnel. Il n'est dès lors pas étonnant que les Européens, mais aussi certains Américains, critiquent cet accès dont bénéficient les autorités américaines, que ce soit par le biais du *Patriot Act* mais aussi par le flou qui entoure les pratiques autour de la sphère de sécurité. Le *Safe Harbor* est donc un instrument pour le moins assez critiqué.

II. Le *Safe Harbor* : un outil critiqué en passe d'être réétudié

La sphère de sécurité est un instrument qui a été critiqué à plusieurs reprises par les Européens. Malgré les améliorations en vue, une réelle attention doit être portée par les CIL (ou DPO) européens. Le CIL doit ainsi participer à la rédaction du cahier des charges et des prérequis dans le cadre de ce type de projet impliquant un transfert des données. Concrètement, en cas de négociation de contrat de type *cloud*, l'enjeu des données personnelles est un point clef. Ainsi, la vigilance devra être accrue notamment concernant la

---

196 Pour lire le courrier de Michael Ratner, https://www.documentcloud.org/documents/1508759-wikileaks-letter-to-google.html et pour de plus amples informations, http://www.numerama.com/magazine/32007-google-a-livre-au-fbi-les-e-mails-prives-de-journalistes-de-wikileaks.html

divulgation et l'intégrité des données, la localisation et la sécurité des données, les conditions de préservation des données à l'expiration du contrat (migration, réversibilité, etc.). En outre, le CIL devra apprécier le niveau de risque des transferts sollicités par rapport à la typologie des données transférées (données sensibles, etc.) et solliciter la plus grande transparence de la part de son prestataire (comme notamment la communication de la liste de ses sous-traitants).

II.1. Un réexamen demandé à la suite des nombreuses critiques en Europe

Nous avons pu le voir, les critiques s'attardent notamment sur la transparence et la mise en œuvre effective des principes relatifs de la protection de la vie privée par les entreprises établies aux États-Unis.

C'est donc dans ce cadre que la Commission européenne a publié le 27 novembre 2013 une série de communications[197] en lien avec le transfert de données, et de leur protection, entre l'Union européenne et les États-Unis. Dans ces dernières, la Commission européenne appelle à agir dans six domaines. Les objectifs sont donc de parvenir à une adoption rapide de la réforme de la protection des données dans l'Union et de rendre la sphère de sécurité plus sûre, le tout en renforçant les mesures de protection des données dans le domaine répressif. La question de l'utilisation des accords sectoriels et d'entraide judiciaire en vigueur pour obtenir des données est

---

[197] Notamment la communication de la Commission au Parlement européen et au Conseil relative au fonctionnement de la sphère de sécurité du point de vue des citoyens de l'Union et des entreprises établies sur son territoire, 27.11.2013 COM(2013) 847 final relative au fonctionnement de la sphère de sécurité du point de vue des citoyens de l'Union et des entreprises établies sur son territoire, 27.11.2013, COM (2013) 847

ainsi mise en exergue. Il en est de même pour les préoccupations européennes quant à la réforme en cours aux États-Unis annoncée par le président américain et portant sur le réexamen des activités de la NSA. Enfin, une certaine promotion des normes internationales de protection de la vie privée est recherchée.

Treize recommandations ont donc été formulées par la Commission européenne afin de remédier aux problèmes concernant la transparence, les recours, la mise en œuvre ainsi que l'accès par les autorités américaines. Parmi les mesures qui concernent spécifiquement le *cloud*, citons l'obligation pour les entreprises auto-certifiées de publier les conditions de protection de la vie privée figurant dans tout contrat conclu entre elles et leurs sous-traitants. En effet, l'adhésion aux principes de la sphère de sécurité autorise la poursuite des transferts depuis les entreprises certifiées adhérentes à des tiers agissant en tant que mandataires. Même si le Ministère du commerce exige des entreprises adhérentes la conclusion d'un contrat, les garanties concernant la protection de la vie privée devraient également être rendues publiques.

Les autres recommandations de la communication de la Commission européenne sont les suivantes[198] :

- un lien vers le site web du ministère du commerce américain consacré au *Safe Harbor* devrait être présent sur les sites des entreprises ;
- la publication des conditions de protection de la vie privée figurant dans tout contrat conclu entre elles et leurs sous-traitants devrait être mise en place ;

198 Communication de la Commission au Parlement européen et au Conseil relative au fonctionnement de la sphère de sécurité du point de vue des citoyens de l'Union et des entreprises établies sur son territoire, 27.11.2013 COM(2013) 847 final

- le site du ministère du commerce américain devrait clairement signaler toutes les entreprises dont la certification *Safe Harbor* n'est pas à jour ;
- un lien sur le site web des entreprises devrait diriger vers le site d'un prestataire chargé du Règlement Extrajudiciaire des Litiges (REL) ;
- ce REL devrait être facilement accessible et abordable économiquement ;
- le ministère du commerce américain devrait contrôler systématiquement les prestataires de REL sous l'angle de la transparence et de l'accessibilité des informations qu'ils fournissent à propos de la procédure utilisée et du suivi accordé aux plaintes ;
- un certain pourcentage d'entreprises devrait être soumis à des enquêtes d'office concernant le respect effectif de leurs dispositions de protection de la vie privée ;
- un an après un manquement constaté, une plainte ou une enquête, une enquête de suivi spécifique devrait être effectuée ;
- en cas de doutes sur la conformité d'une entreprise ou à la suite d'une plainte, le ministère du commerce américain devrait informer l'autorité compétente chargée de la protection des données dans l'État de l'Union européenne concerné ;
- les entreprises procédant à de fausses déclarations d'adhésion à la sphère de sécurité devraient continuer à faire l'objet de contrôles réguliers ;
- les politiques de protection de la vie privée adoptées par les entreprises auto-certifiées devraient comporter des informations sur la législation des États-Unis permettant

aux autorités publiques de collecter et de traiter des données transférées selon les principes de la sphère de sécurité. En particulier, les entreprises devraient être encouragées à indiquer, dans leurs politiques de protection de la vie privée, si elles dérogent ou non auxdits principes pour répondre à des exigences relatives à la sécurité nationale, à l'intérêt public ou au respect des lois ;
- le recours à la dérogation pour raison de sécurité nationale ne devrait avoir lieu que dans la mesure où cela est strictement nécessaire et proportionné.

Les discussions entre la Commission européenne et les Etats-Unis sont très complexes sur ce point, la notion de « sécurité nationale » étant appréhendée de manière très large par les Etats-Unis et la Commission souhaitant définir de manière restrictive les dérogations fondées sur ces motifs. Le *Patriot Act et* le *Safe Harbor* sont donc liés, ce dernier étant lié à la sécurité nationale, notamment en visant directement le terrorisme. Ainsi, lorsque le *Safe Harbor* ne permet pas le transfert de données à caractère personnel vers les États-Unis, les autorités américaines peuvent avoir recours au *Patriot Act* afin de contourner les limites posées par les principes de la « sphère de sécurité ».

Le *Patriot Act* est donc bien entendu la cible de nombreuses critiques, et ce tant en Europe qu'outre-Atlantique. Les diverses révélations sur les transferts de données vers les États-Unis n'ont pas manqué d'alerter les Européens et l'Union européenne s'est clairement engagée dans une réforme du cadre juridique applicable à la protection des données personnelles. Cela apparaît clairement dans une résolution adoptée par le Parlement européen en mars 2014[199].

D'après la CNIL[200], la proposition de règlement conduirait à un contrôle des autorités de protection sur les demandes provenant d'autorités de pays tiers pour accéder aux données relatives à des citoyens européens. Cette affirmation est portée par l'article 43 bis de la proposition de règlement : « Transferts ou divulgations non autorisés par la législation de l'Union », qui mentionne que :

> Aucune décision d'une juridiction ou d'une autorité administrative d'un pays tiers exigeant d'un responsable du traitement ou d'un sous-traitant qu'il divulgue des données à caractère personnel n'est reconnue ni rendue exécutoire de quelque manière que ce soit, sans préjudice d'un traité d'assistance juridique mutuelle ou d'un accord international en vigueur entre le pays tiers demandeur et l'Union ou un État membre.
>
> Lorsque la décision d'une cour, d'un tribunal ou d'une autorité administrative d'un pays tiers demande à un responsable du traitement ou à un sous-traitant de divulguer des données à caractère personnel, le responsable du traitement ou le sous-traitant et, le cas échéant, le représentant du responsable, en informent sans délai injustifié l'autorité de contrôle et doivent obtenir auprès de

---

[199] Résolution législative du Parlement européen du 12 mars 2014 sur la proposition de règlement du Parlement européen et du Conseil relatif à la protection des personnes physiques à l'égard du traitement des données à caractère personnel et à la libre circulation de ces données (règlement général sur la protection des données)

[200] CNIL, *Règlement européen sur la protection des données : une étape décisive franchie par le Parlement européen*, 23 octobre 2013.

> cette dernière une autorisation préalable pour le transfert ou la divulgation des données [...].

À l'heure actuelle, plusieurs hypothèses sont envisagées par la Commission européenne : le maintien du *statu quo*, le renforcement de la sphère de sécurité et la révision approfondie de son fonctionnement, la suspension ou l'abrogation de la décision relative à la sphère de sécurité. Une sphère de sécurité solide serait dans l'intérêt à la fois des citoyens et des entreprises de l'Union européenne et des États-Unis. Toutefois, la pression internationale sera-t-elle suffisante pour conduire les États-Unis à une révision de la sphère de sécurité ?

II.2. Un instrument aux nombreuses incidences

Les nombreuses critiques en provenance de l'Union Européenne ont conduit à ce que les États-Unis acceptent de renégocier les principes autour du *Safe Harbor*. Celles-ci sont actuellement en cours mais les annonces concernant le *Safe Harbor* ne devraient pas constituer les seuls changements notables au cours des prochains mois. À noter que le *Center for Digital Democracy* a saisi en août 2014[201] la *Federal Trade Commission* d'une demande d'investigation à la suite du constat de la violation des principes du *Safe Harbor* par une trentaine d'entreprises américaines (dont AOL, Adobe et Salesforce) notamment le manque de transparence, l'absence d'anonymisation ou encore l'impossibilité pour les consommateurs européens de s'opposer à la collecte des données. Le *Center for Digital Democracy* n'hésite pas également à pointer

[201] La demande d'investigation ainsi que les rapports sont disponibles sur le site Internet du centre pour la Démocratie Digitale : http://www.democraticmedia.org/cdd-files-complaint-useu-safe-harbor-data-privacy-ftc-filing-reveals-failure-us-agreement-protect-eu

les négligences du ministère du commerce américain dans la mise en application des principes du *Safe Harbor*.

Le *Patriot Act* devrait lui aussi être réformé. Une proposition de loi a en effet été présentée auprès de la chambre des Représentants et au Sénat. Il s'agit du *USA Freedom Act*[202] (*Uniting and Strengthening America by Fulfilling Rights Ensuring Effective Discipline Over Monitoring Act* de 2014), considéré par le Sénateur Leahy (l'un des initiateurs de la proposition) comme étant « la plus importante réforme des services de surveillance du gouvernement depuis l'adoption du *USA Patriot Act*, il y a de cela treize ans ». Cela démontre une certaine prise de conscience et peut être une volonté de changement de politique de la part des États-Unis.

Cependant, le *USA Freedom Act* n'a pas recueilli le nombre suffisant de voix pour permettre son adoption et conduire à une réforme de la NSA. Le vote a été très serré : il ne manquait en effet que deux voix (58 pour et 42 contre[203]).

Plusieurs changements sont annoncés, notamment en ce qui concerne le transfert de données à caractère personnel et le *cloud computing*. Le développement des technologies avancées et l'évolution constante du numérique conduit à ce qu'il s'installe durablement dans nos sociétés interconnectées. Les institutions européennes et nationales ont clairement pris conscience de la position de force des Etats-Unis dans ce domaine et la Commission Européenne cherche à développer un *cloud* européen. Certes, ce

---

[202] Texte de la proposition de loi disponible sur le site du Congrès américain: https://beta.congress.gov/bill/113th-congress/house-bill/3361

[203] *Bill to Restrict N.S.A. Data Collection Blocked in Vote by Senate Republicans* http://www.nytimes.com/2014/11/19/us/nsa-phone-records.html?hp&action=click&pgtype=Homepage&module=first-column-region&region=top-news&WT.nav=top-news&_r=0

sont surtout les avantages économiques qui sont mis en avant dans la communication de la Commission Européenne[204]. Cependant, la Cour de Justice de l'Union européenne a rendu ces derniers mois des décisions importantes en la matière. L'invalidation de la directive sur la rétention des données en avril 2014 en est une parfaite illustration. En effet, l'un des arguments soulevés par la Cour pour justifier l'invalidité de la directive portait sur le fait qu'elle ne contenait aucune obligation de stocker les données collectées sur le territoire de l'Union européenne, où les autorités nationales de protection des données pourraient exercer un contrôle.

En parallèle, nous ne pouvons ignorer les négociations entre l'Union européenne et les Etats-Unis également en cours concernant le partenariat transatlantique de commerce et d'investissement (TIIP). La finalité de cet accord vise à éliminer les barrières commerciales dans de nombreux secteurs économiques afin de faciliter l'achat et la vente de biens et de services entre l'Union européenne et les Etats-Unis. L'enjeu de la protection des données personnelles et de leurs transferts est capital, les Etats-Unis souhaitant que les transferts soient traités dans le cadre des négociations TIIP. En effet, compte tenu de la finalité du TIIP, cet accord pourrait éventuellement permettre aux entreprises américaines d'avoir un accès facilité aux données personnelles des Européens.

Dès lors, la réforme du *Safe Harbor* se doit d'aboutir dans les meilleurs délais afin de renforcer la protection des données des Européens et de leurs entreprises. Or, depuis les attentats meurtriers de Paris en janvier 2015, le Parlement européen est vivement incité

---

[204] Stratégie de la Commission européenne : *Unleashing the Potential of Cloud Computing in Europe*, du 27/08/2012 (COM(2012) 529 final.

par les Etats membres, à adopter dans les plus brefs délais la proposition législative établissant un PNR (*Passenger Name Record*) européen. Depuis 2011, le registre européen des données des passagers aériens est bloqué par les eurodéputés. En effet, ces derniers exigeaient des garanties en matière de protection de la vie privée, et notamment l'adoption, au préalable, de la proposition de règlement européen sur la protection des données personnelles dans le cadre de la collaboration entre justice et police et une réforme du *Safe Harbor*.

LE *BIG DATA* À L'ÉPREUVE DU DROIT

par Pascal ALIX

La conformité à la loi et à la réglementation d'un projet big data traitant des données à caractère personnel est un véritable défi pour le Correspondant Informatique et Libertés, futur délégué à la protection des données.

Le contexte mouvant et incertain, tant sur le plan technique que sur le plan juridique du big data n'interdit toutefois pas de rechercher des méthodes, des procédures ou, plus généralement des solutions, pour que le projet permette non seulement d'atteindre les objectifs techniques et économiques définis par le responsable de traitement, mais encore soit conforme aux règles fondamentales régissant les droits et libertés des personnes dont les données à caractère personnel sont traitées.

Les textes, tels qu'ils sont interprétés notamment par le G29 et la CNIL, permettent d'imaginer des pistes, en conservant présent à l'esprit que les traitements de données du big data sont multiples et évolutifs, de sorte qu'aucune solution polyvalente ne peut être envisagée de manière définitive.

I. *Big data* ou « mégadonnées »

Dans son avis du 22 août 2014[205], la Commission de terminologie a intégré dans son « Vocabulaire de l'informatique » le terme « mégadonnées » qui est désormais le terme officiel pour

---

[205] JORF n° 0193 du 22 août 2014 page 13972, texte n° 89

désigner le *big data*. L'expression *big data* sera utilisée ici dans la mesure où les projets *big data* ne se réduisent pas au volume des données collectées, stockées et traitées.

Au-delà des trois V (Volume, Variété et Vélocité), qui peuvent en devenir quatre avec la Véracité - la véracité apparaissant de plus en plus comme une valeur cardinale, car la possibilité de tirer des informations utiles et aisément exploitables, dans les couches logicielles « métier », de données, fussent-elles extrêmement nombreuses, comportant une forte part d'incertitude est loin de faire l'unanimité -, voire cinq (avec la Valeur[206]) et de la multiplicité de ses définitions, un projet *big data* peut se résumer par l'idée suivante : donner du sens et, par conséquent, de la valeur, en différé ou en temps réel, à des données, structurées et non structurées, et à des métadonnées, nombreuses, ayant des formats divers, issues de sources diverses, produites par les hommes ainsi que par les machines[207].

Selon le cabinet Gartner[208], le *big data* est défini comme un volume important et varié de données circulant rapidement, nécessitant des formes innovantes de traitement afin de parvenir à une connaissance et à des prises de décision améliorées.

Les projets *big data* s'appuient sur la science des données ou « data science », présenté(e) comme « le troisième volet de la révolution

---

206 P. Hamel et D. Marguerit, Commissariat général à la stratégie et à la prospective, services du Premier ministre, Note d'analyse n° 8 de novembre 2013

207 Voir pour une définition approchante : P. Hamel et D. Marguerit, Commissariat général à la stratégie et à la prospective, services du Premier ministre, Note d'analyse n° 8 de novembre 2013, p. 3

208 http://www.gartner.com/it-glossary/big-data/

numérique[209] ». Faute de meilleure définition, la science des données est définie comme une « nouvelle discipline qui comprend des éléments de mathématiques, de statistiques, d'informatique et de visualisation des données[210]. »

Le *big data* est le fruit d'une évolution technique et d'usages particuliers qui ont commencé à se développer il y a une dizaine d'années lorsque les grands collecteurs de données, dont les moteurs de recherche, ont été confrontés à une augmentation très rapide du nombre des données et des métadonnées à traiter, ainsi qu'à une multiplication des données de sources et de formats très divers (textes, sons, images, vidéos, courriels, etc.), souvent non structurées, les invitant à rechercher de nouvelles technologies capables de les gérer au-delà des techniques connues du Web sémantique et du data mining. Le prototype *open source* Hadoop était créé avant même que le terme *big data* n'apparaisse dans les médias, en 2008.

I.1. Les promesses du *big data*

Neelie Kroes, Vice-président de la Commission Européenne, responsable du numérique (*Digital Agenda*) y voit la possibilité de « transformer en or » les actifs constitués par les données, tout en insistant sur la nécessité de permettre aux citoyens de se réapproprier leurs données[211].

La valorisation des innombrables données et métadonnées reliées à des utilisateurs est actuellement considérée comme étant de nature à

---

209 A. Laroche, *Big data : ne vous trompez pas de révolution*, http://datascience.bluestone.fr/blog/big-data-ne-vous-trompez-pas-de-revolution

210 http://fr.wikipedia.org/wiki/Science_des_données

211 Neelie Kroes, *The data gold rush*, European Data Forum, Athènes, 19 mars 2014

conférer un avantage concurrentiel déterminant aux entreprises qui le mettent en œuvre et le maîtrisent[212].

Selon nombre de promoteurs du *big data* (États à la recherche de facteurs de croissance et de création d'emplois, entreprises à la recherche d'avantages concurrentiels, éditeurs de logiciels, fournisseurs d'infrastructure, intégrateurs, sociétés de conseils, spécialistes du datamining remotivés, technophiles), le *big data* permettrait, par le traitement, au moyen de nouveaux outils[213] (Apache Hadoop - HDFS, MapReduce, Hbase, HCatalog, Hive, NoSQL, etc.), des énormes masses de données produites chaque jour par chaque utilisateur (e-commerce, sites d'information, réseaux sociaux, jeux en ligne, etc.) ainsi que par ses *devices* (smartphones, tablettes, GPS, objets connectés divers, etc.), de lui offrir, de manière plus « intelligente », une étude, un message, un produit ou un service adapté, au bon endroit (géolocalisation) et au bon moment (offres en temps réel), et même « avant même qu'il l'ait demandé ». Il s'agit, en d'autres termes, de la « personnalisation parfaite » (*perfect personalization*)[214].

L'aboutissement du *big data*, couplé avec l'Internet des objets, c'est la « ville intelligente », dans laquelle l'urbanisme[215], l'utilisation

---

[212] C. Zolynski et A. Bensamoun, Actes du colloque *Big data et privacy ; comment concilier nouveaux modèles d'affaires et droits des utilisateurs ?*, Montréal, 15 octobre 2013, à paraître aux Petites Affiches

[213] C. Brasseur, *Enjeux et usages du Big data*, Lavoisier, Collection Hermès Science, 2013, p. 101 et s.

[214] J. Podesta et autres auteurs, *Big data : seizing opportunities, preserving values*, rapport au Président Obama, mai 2014, p. 7 : http://www.whitehouse.gov/sites/default/files/docs/big_data_privacy_report_may_1_2014.pdf

[215] Joanna Jullien, *Comment le Big data réorganise la ville de demain*, usine-digitale.fr, 20 septembre 2013

des énergies, le trafic[216] et... la sécurité[217] seraient optimisés au moyen de projets *big data*. EDF R&D a notamment lancé le projet « Sigma » la plate-forme *Unified Data Architecture* (UDA) de Teratada (Database, Hadoop et Aster Data) pour étudier les possibilités d'exploration et d'analyse des données issues des compteurs *smartgrid* « Linky » qui commencent à être déployés en France, ainsi que des réseaux sociaux[218].

Le Saint-Graal semble pouvoir être atteint en matière d'épidémiologie, à savoir en ce qui concerne la répartition, la fréquence et la gravité des états pathologiques[219] en utilisant les données électroniques générées dans le monde afin de « mieux analyser, voire de prédire » la propagation des maladies contagieuses[220]. L'ASIP Santé attire toutefois l'attention sur le fait que si les avancées technologiques sont prometteuses, « la plus grande prudence est de mise » compte tenu du caractère particulièrement sensible des données de santé, de sorte que tout projet *big data* lié à la santé doit respecter non seulement le bloc de légalité de droit commun ainsi que les règles habituelles de sécurité, mais également se conformer à la réglementation spécifique au domaine de la « e-santé » ainsi qu'à la Politique Générale de Sécurité des Systèmes d'Information de Santé[221] (PGSSI S). Google

---

216 Joseph Leahy, *Rio de Janeiro employs big data to run smooth services* : http://www.ft.com/cms/s/0/a1f11494-1439-11e3-9289-00144feabdc0.html

217 Projet PREDPOL : http://www.predpol.com/about/, qui ne peut pas ne pas évoquer dans nos esprits la nouvelle *Minority Report*, de Philip K. Dick (Le « precrime » n'étant mis en place qu'en 2050 dans la nouvelle.).

218 Serge Leblal, *Big data : EDF évalue la solution UDA de Teradata pour ses compteurs Linky*, Lemondeinformatique.fr, 8 avril 2014

219 http://fr.wikipedia.org/wiki/Épidémiologie

220 *Décryptage : le Big data santé*, Le Mag Numéro 10 | 22 nov. 2013, ASIP Santé

221 http://esante.gouv.fr/pgssi-s/presentation

grâce à son outil *Google Flu Trends*[222], géolocalise et analyse la fréquence des mots-clés tapés sur le moteur de recherche afin de fournir de données relatives à la propagation du virus dans le monde.

I.2. Le *big data* confronté à la réalité

Le *big data*, c'est le règne du volumineux, du mouvant, du complexe et de l'incertain. Or, le droit appréhende difficilement, voire avec réticence, ce qui est protéiforme, mouvant, évolutif et incertain. Ce besoin de stabilité de la règle juridique et de prévisibilité de la solution juridique[223] est universel et vaut tout particulièrement en matière de données à caractère personnel, notamment lorsque, comme c'est le cas en France, les manquements aux règles protectrices sont pénalement sanctionnés. Selon Laure Marino, qui retient qu'on « dépasse le bon vieux *data mining* d'antan », le *big data* est sur le point de « bousculer le droit »[224].

Dans le contexte technique et économique du XXIe siècle où la donnée, et en particulier la donnée personnelle, est le nouveau « carburant » de l'économie et où les plus grands collecteurs de données sont hors du territoire européen, le législateur a effectivement probablement besoin d'être « bousculé ». Neelie Kroes, à l'époque vice-présidente de la Commission Européenne, nous l'avons vu, ne s'en privait pas.

---

[222] http://www.google.org/flutrends/

[223] Par ex. N. Hervieu, *Droit à un procès équitable (art. 6 CEDH) : divergences de jurisprudence entre deux ordres juridictionnels et inconstance du principe de sécurité juridique*, La Revue des Droits de l'Homme, 23 octobre 2011

[224] L. Marino, *Le big data bouscule le droit*, RLDI n° 99, décembre 2013, p. 55 et s.

Le *big data* fait couler beaucoup d'encre depuis 2011. Pourtant, l'extraction automatisée de données pertinentes et utiles d'une masse importante de données n'est pas nouvelle. Certains chercheurs, ingénieurs et consultants ne voient dans le *big data* qu'un avatar récent du *data mining*[225], lequel regroupe un ensemble de techniques connues et utilisées depuis plusieurs décennies[226]. Rappelons que l'exploration de données, ou encore « forage des données », a pour but de procéder à des recherches dans un ensemble de données afin de détecter des corrélations cachées ou des informations nouvelles[227].

Pour exploiter de grandes masses de données (le *big data*) les organisations responsables de traitement auraient cependant le choix entre les techniques du *data mining* et des solutions distinctes de modélisation prédictive[228]. Le volume, l'hétérogénéité des données et des formats et la variété de leurs sources pourraient même constituer une difficulté pour les spécialistes de l'exploration de données et les opérationnels pour qui l'essentiel de la connaissance utile continuerait encore à provenir pendant un bon moment des outils traditionnels. En somme, trop d'information tuerait l'information, la déformerait ou produirait des résultats

---

225 Didier Gaultier, *Le Big Data : un cadeau empoisonné pour les Data Miners ?* http://archives.lesechos.fr/archives/cercle/2012/09/25/cercle_54917.htm#mv8mvSLq64zP95O6.99

226 Par ex. S. Tuffery, Cours de data mining, Université Rennes 1, Master 2 Ingénierie économique et financière, 7 février 2014, http://blogperso.univ-rennes1.fr/stephane.tuffery/public/Tuffery_-_Master_Rennes_2013-2014_-_Data_Mining_-_Presentation.pdf

227 Vocabulaire de l'informatique, Journal officiel du 27 février 2003, http://www.culture.gouv.fr/culture/dglf/cogeter/27-02-03-internet.htm

228 L. Hyon-Le Gourrierec, *Quels usages concrets du Big Data ?* Journal du Net, 18 juillet 2013, http://www.journaldunet.com/solutions/expert/54903/quels-usages-concrets-du-big-data.shtml

erronés[229]. Les résultats assez décevants de *Google Flu Trends* font dire que la pertinence et l'utilité de cet outil ont été surestimées de sorte qu'il pourrait être un signe des limites actuelles du *big data*[230].

La *Federal Trade Commission* a insisté, par ailleurs, dans son rapport publié le 27 mai 2014[231], sur le fait que de très importants volumes de données étaient collectés sur les consommateurs afin de créer des profils individuels à partir de données erronées et obsolètes, ceci de manière tout à fait opaque. Selon le préposé fédéral à la protection des données et à la transparence de la Confédération Suisse « Les *big data* peuvent faire de nous les prisonniers à vie de nos actes passés, lesquels sont utilisés contre nous lorsque des systèmes pensent pouvoir prédire notre comportement futur »[232].

Isabelle Falque-Pierrotin, Présidente de la CNIL et du G29, a souligné, par ailleurs, à l'occasion de la conférence[233] « Big data et protection des données : avançons sans préjugés ! », que la personnalisation du type *pay as you drive* pourrait, sans aucun contrôle, dériver vers le *pay as you are*, c'est-à-dire vers un risque d'« enfermement dans des bulles » voire de discrimination, qui peut

---

229 D. Gaultier, *Le « Big Data » : un cadeau empoisonné pour les Data Miners ?* in. Entrepreneur, 25/ 09/2012

230 Steve Lohr, *Google Flu Trends: The Limits of Big Data*, http://bits.blogs.nytimes.com/2014/03/28/google-flu-trends-the-limits-of-big-data/?_php=true&_type=blogs&_r=0

231 V. notamment J. Kerr, *FTC wants more transparency for data brokers*, Huffpost, 27 mai 2014

232 21e rapport annuel (2014), qui conclut à la nécessité de réviser d'urgence la loi Suisse

233 Conférence *Big data et protection des données : avançons sans préjugés !* Supélec Numérique Centrale Numérique, HEC Numérique et l'AX, association des anciens de Polytechnique, 19 janvier 2015

concerner également l'assurance maladie[234]. Le Conseil d'Etat, dans son étude annuelle, attire également l'attention sur le risque d' « algorithmes perçus comme objectifs et infaillibles[235] » risquant de conduire l'internaute à un « enfermement » dans une personnalisation « dont il n'est pas le maître ». La question du risque de tyrannie des algorithmes est donc posée.

Le *big data* suppose également un rééquilibrage au profit des personnes intéressées, en favorisant le transfert de la maîtrise des données des collecteurs et des responsables de traitement vers les individus en permettant notamment la portabilité des données. Madame Isabelle Falque-Pierrotin a notamment insisté sur le caractère extrêmement sensible des données de géolocalisation utilisées dans les projets *big data* en faisant référence à la seconde étude « Mobilitics » menée par la CNIL et l'INRIA[236].

De manière générale, selon le Boston Consulting Group (BCG) et le cabinet d'avocats DLA Piper[237], les entreprises sous-estiment les risques juridiques (« liés à la non-observation des règles en vigueur ») et économiques (« réputation de l'entreprise auprès de ses clients si ces derniers ne sont pas convaincus qu'ils gardent un contrôle sur leurs données personnelles et que l'entreprise les utilise de façon loyale ») de l'exploitation de très nombreuses données.

---

234 Conseil d'Etat, Etude annuelle 2014, *Le numérique et les droits fondamentaux*, 9 septembre 2014, p. 236

235 Op. cit. p. 22

236 www.cnil.fr/linstitution/actualite/article/article/mobilitics-saison-2-nouvelle-plongee-dans-lunivers-des-smartphones-et-de-leurs-applications/

237 BCG/ DLA PIPER, *Le Big Data face au défi de la confiance*, 18 juillet 2014

Comme le rappelle avec une certaine ironie Bill Schmarzo[238] « tous les quatre à cinq ans, de tels sujets font surface et deviennent les « incontournables » qui vont conduire les organisations à la terre promise… » avant de préciser toutefois : « pourtant, le *big data* semble différent, et la cause est peut-être que son sens profond ne concerne pas la technologie, mais la transformation de l'activité… ».

I.3. Le *big data* : une évolution inéluctable

Même si le *big data* est, comme la plupart des innovations technologiques et des nouveaux usages, ambivalent, mi-ange, mi-démon[239][240][241], la question[242] n'est plus de savoir s'il convient ou non de s'engager dans de tels projets ou de rester à l'écart, mais de savoir comment les mettre en œuvre correctement (plus de la moitié des projets *big data* sont abandonnés faute d'avoir été conçus avec rigueur par une équipe pluridisciplinaire guidée par un chef de projet dont la compétence et les aptitudes dépassent le seul domaine de l'ingénierie) pour concilier efficacité, sécurité et respect des droits et libertés tels qu'ils sont fixés par le droit français et, bientôt, le droit européen.

Nous entrons, qu'on le veuille ou non, avec les ajustements qui résulteront de la prise de conscience par les utilisateurs, les organisations et les pouvoirs politiques des imperfections, des

---

[238] Bill Schmarzo, *Tirer parti des données massives pour développer l'entreprise*, First, Wiley

[239] L. Marino, *Le big data bouscule le droit*, RLDI n° 99, décembre 2013, précité

[240] G. Pinson, *Comment l'assureur AXA va surveiller votre conduite*, Challenges.fr, 6 juin 2014

[241] J-L. Moisan, *Ressources Humaines : qui a peur du grand méchant Big Data ?* ZDNet.fr, 27 Mai 2014

[242] Op.cit. Conseil d'Etat, p. 48

dangers et des dérives de la *data science*, dans une ère où les données statistiques et les données « ouvertes », non personnelles, ne se distingueront plus, fusionneront avec les données personnelles, ainsi que le prévoyaient et le souhaitaient les « raffineries de la Silicon Valley », à savoir les moteurs de recherches et réseaux sociaux[243], le mouvement apparemment irréversible de l'utilisation massive des objets connectés nous conduisant peu à peu vers un *big personal data*[244].

Pour la Présidente de la CNIL, le droit actuel n'est pas, par principe, compatible ou incompatible avec le *big data*. La CNIL n'a pas, à cet égard, de « théologie[245] », la conformité de chaque projet devant être apprécié au cas par cas. Le Conseil d'Etat a la même analyse[246], mettant l'accent sur la dimension statistique des projets *big data* qui ne « visent pas les personnes en tant que telles », en indiquant ensuite que, dans le cas inverse, les principes de la protection des données personnelles doivent bien entendu s'appliquer.

Les projets qui tendent à analyser non seulement des données statistiques ou agrégées, mais des données relatives à des individus ou à des groupes restreints et qui traitent, par conséquent, des données personnelles, se présentent comme de véritables défis pour les CIL (II). Il existe néanmoins des solutions juridiques et techniques pour mettre les projets *big data* en conformité (III).

---

243 A. Regalado, *The Data Made Me Do It. The next frontier for big data is the individual*, MIT Technology Review, 3 mai 2013

244 K. Erwin, *The Quantified Self and the Rise of Big Personal Data*, https://www.id.iit.edu/research-projects/2012-class-projects-copy/quantified-self/

245 Conférence *Big data et protection des données : avançons sans préjugés !* Supélec Numérique, Centrale Numérique, HEC Numérique et l'AX, association des anciens de Polytechnique, 19 janvier 2015

246 Op.cit. Conseil d'Etat, p. 48

II. Le *big data* à l'épreuve du droit : un défi pour les CIL

II.1. *Big data* et notion de donnée personnelle

Le *big data* bouscule-t-elle la notion même de donnée personnelle ? Initialement, étaient présumées nominatives « les informations qui permettent, sous quelque forme que ce soit, directement ou non, l'identification des personnes physiques auxquelles elles s'appliquent »[247]. La notion d'information nominative a été remplacée, en août 2004, par la notion de « données à caractère personnel » définie comme « toute information relative à une personne physique identifiée ou qui peut être identifiée, directement ou indirectement, par référence à un numéro d'identification ou à un ou plusieurs éléments qui lui sont propres »[248]. Le champ s'est donc élargi, l'identification indirecte, par recoupement de métadonnées étant plus facile qu'auparavant. Dans la proposition de Règlement européen « relatif à la protection des personnes physiques à l'égard du traitement des données à caractère personnel et à la libre circulation de ces données » adoptée le 12 mars 2014 (ci-après « règlement général sur la protection des données » ou « RGPD », la « donnée à caractère personnel » est définie comme « toute information se rapportant à une personne physique identifiée ou identifiable (la « personne concernée ») ; est réputée identifiable une personne qui peut être identifiée, directement ou indirectement, notamment par référence à un identifiant, par exemple à un nom, à un numéro d'identification, à des données de localisation, à un identifiant unique ou à un ou plusieurs éléments spécifiques, propres à l'identité physique,

---

[247] Article 4 de la loi du 6 janvier 1978 modifiée

[248] Article 2 de la loi du 6 janvier 1978 modifiée

physiologique, génétique, psychique, économique, culturelle, sociale ou de genre de cette personne. »

La notion actuelle de « données à caractère personnel », qui résulte de la loi modifiée et du règlement général sur la protection des données, proche de la définition française (à l'exception de la liste des exemples, qui n'est pas normative) résiste au *big data*. Ce qui importe c'est l'identification ou la possibilité d'identification, même si elle est indirecte[249].

Si la notion demeure opérante, la catégorie des données personnelles inclut désormais de nouveaux types de données, ainsi, le cas échéant, que de données « potentiellement personnelles et sensibles par recoupement[250] ». La notion couvre désormais un territoire infiniment plus vaste que dans les années 2000, dans la mesure où aujourd'hui toutes les données et les métadonnées sont virtuellement des données personnelles.

II.2.*Big data* et données sensibles

Selon la loi de 1978 modifiée, les données sensibles, soumises à un régime plus protecteur, sont les données « qui font apparaître, directement ou indirectement, les origines raciales ou ethniques, les opinions politiques, philosophiques ou religieuses ou l'appartenance syndicale des personnes, ou qui sont relatives à la santé ou à la vie sexuelle de celles-ci »[251].

---

249 *L'adresse IP est, en l'état actuel du droit européen, une donnée personnelle*, CJUE, 24 novembre 2011, C-70/10

250 Sophie Vulliet-Tavernier, CNIL, *Big data : quels enjeux pour la protection des données personnelles ?* Congrès *big data*, 20 et 21 mars 2012

251 Article 8 de la loi du 6 janvier 1978 modifiée

Or, les projets *big data* qui traitent des données relatives à des individus ou à des groupes restreints peuvent notamment avoir pour effet, même si ce n'est pas leur objet premier, de faire apparaître « les opinions politiques, philosophiques ou religieuses » et/ou des données « relatives à la santé ou à la vie sexuelle de celles-ci ». Le « déluge » de données[252] contient notamment des données collectées dans les réseaux sociaux, qui mêlent données sensibles (opinions politiques ou orientation sexuelle par exemple) et données non sensibles. La loi prévoit dix exceptions au principe de l'interdiction de collecte des données sensibles, dont le consentement exprès[253] et le fait que les données à caractère personnel sont rendues publiques par la personne concernée[254], ce qu'exclut a priori du régime des données sensibles une grande partie des données collectées loyalement sur les réseaux sociaux ainsi que par les fournisseurs de services qui ont régulièrement requis le consentement des personnes intéressées à cet effet.

La Commission des libertés civiles, de la justice et des affaires intérieures du Parlement Européen a exprimé le souhait de voir interdire tout profilage reposant « sur des critères ethniques, religieux ou d'orientation sexuelle »[255]. Dans le règlement tel qu'il a été adopté, le profilage – sur lequel les personnes concernées doivent être dûment informées[256], auquel elles peuvent s'opposer[257]

---

[252] Hubert Guillaud, *Big Data : est-ce que le déluge de données va rendre la méthode scientifique obsolète ?* http://internetactu.blog.lemonde.fr/, 30 septembre 2011

[253] Article 9 2 a) du RGPD (règlement général sur la protection des données)

[254] Article 9 2 e) du RGPD

[255] Communiqué de presse du 21 mars 2013 : *Protéger les données personnelles en stimulant la concurrence pour les entreprises*

[256] Articles 14 g bis et 20 1. du RGPD

[257] Articles 10 2. et 20 du RGPD

et qui repose sur le consentement[258] – ne peut avoir « pour effet d'instaurer une discrimination fondée sur la race ou l'origine ethnique, les opinions politiques, la religion ou les convictions, l'appartenance syndicale, l'orientation sexuelle ou l'identité de genre, ou qui se traduit par des mesures produisant un tel effet[259] ».

Ces principes, dont la clarté ne peut être contestée, risquent néanmoins d'être délicats à appliquer dans la pratique lorsque de très nombreuses données sont collectées, notamment sur les réseaux sociaux. Comment définir, par exemple, la notion de « conviction » ? Doit-on, lorsqu'un contenu, issu par exemple d'un réseau social, comporte des données sensibles et des données non sensibles, considérer, par précaution que tout doit être classé dans la catégorie des données sensibles ou chercher à les dissocier ? Une dissociation est-elle efficace en l'état actuel de la science des données ?

II.3. *Big data* et principe de limitation de finalité

Le premier principe dont l'application présente des particularités en présence d'un projet *big data* est celui de la finalité. Mettre en conformité un projet *big data* à ce principe paraît, au premier abord, très délicat.

Depuis 2004, en France, les données à caractère personnel « sont collectées pour des finalités déterminées, explicites et légitimes et ne sont pas traitées ultérieurement de manière incompatible avec ces finalités[260] ». Le principe est au centre du RGPD[261]. Dans sa

[258] Article 20 du RGPD
[259] Article 20 3. du RGPD
[260] Article 6 de la loi de 1978 modifiée
[261] 97 occurrences dans le texte

rédaction actuelle, les données personnelles sont, de la même manière, « collectées pour des finalités déterminées, explicites et légitimes, et ne sont pas traitées ultérieurement de manière incompatible avec ces finalités[262] ».

Mais le règlement fait également preuve de réalisme, en affirmant, dans le préambule que « Lorsque la réalisation de la finalité prévue ne peut pas être clairement déterminée, le responsable du traitement devrait, à intervalles réguliers, fournir à la personne concernée des informations sur le traitement et lui demander de donner à nouveau son consentement[263] ». Le règlement de définissant pas « l'intervalle régulier », il appartiendra notamment aux autorités de contrôle de donner des précisions sur ce point.

II.3.1. Les finalités initiales

Le G29 a rendu un avis sur la limitation des finalités[264] en présentant notamment les outils analytiques des sites Web ou les « applications de *big data* » visant les études de marché comme des traitements ayant des finalités statistiques (avis, p. 29), de sorte que les traitements opérés par des tels outils sont a priori déterminés et légitimes.

Mais lorsqu'il s'agit de profilage[265], le caractère déterminé et légitime ne peut être présumé. Rappelons, au demeurant, au sujet du

---

262 Article 5 b) du RGPD

263 Considérant 33 du RGPD

264 *Opinion 03/2013 on purpose limitation* : http://ec.europa.eu/justice/data-protection/article-29/documentation/opinion-recommendation/files/2013/wp203_en.pdf

265 Défini (Article 4 3bis) du RGPD) comme « toute forme de traitement automatisé de données à caractère personnel destiné à évaluer certains aspects personnels propres à une personne physique ou à analyser ou prévoir en particulier le rendement professionnel de

profilage, qu'aucune « décision produisant des effets juridiques à l'égard d'une personne ne peut être prise sur le seul fondement d'un traitement automatisé de données destiné à définir le profil de l'intéressé ou à évaluer certains aspects de sa personnalité[266] ». La notion de « décision produisant des effets juridiques autres que la décision de justice » vise les décisions administratives[267]. Mais la même règle trouve à s'appliquer, sur d'autres fondements, aux décisions unilatérales prises par des entreprises, notamment à l'égard de leurs salariés. La CNIL décide, rappelons-le, qu'« en application du deuxième alinéa de l'article 2 de la loi du 6 janvier 1978, aucune décision de sélection de candidature impliquant une appréciation sur un comportement humain ne peut avoir pour seul fondement un traitement informatisé donnant une définition du profil ou de la personnalité du candidat. Dès lors, une candidature ne saurait être exclue sur le seul fondement de méthodes et techniques automatisées d'aide au recrutement et doit faire l'objet d'une appréciation humaine[268] ».

En revanche, dans un avis sur les réseaux sociaux du 12 juin 2009[269], le G29 a retenu que les données pouvaient être collectées pour plusieurs finalités. S. Soltani, après avoir notamment rappelé que la finalité devait être déterminée au plus tard au moment de la collecte, rappelle que « la pluralité des finalités indépendantes les

---

celle-ci, sa situation économique, sa localisation, son état de santé, ses préférences personnelles, sa fiabilité ou son comportement ».

266 Article 10, alinéa 2 de la loi de 1978 modifiée (article 15 de la directive 95/46/CE)

267 Voir *L'identité juridique de la personne humaine*, ouvrage collectif sous la direction de G. Aïdan et E. Debaets, L'Harmattan, 2013, p. 219

268 Délibération n° 02-017 du 21 mars 2002 portant adoption d'une recommandation relative à la collecte et au traitement d'informations nominatives lors d'opérations de recrutement

269 *Avis sur les réseaux sociaux en ligne*, 12 juin 2009, www.cnpd.public.lu/fr/publications/groupe-art29/wp163_fr.pdf

unes des autres n'est pas interdite[270] ». La possibilité de traiter des données à caractère personnel pour « plusieurs finalités spécifiques » a été explicitement retenue par le RGPD[271], ce qui laisse une certaine marge de manœuvre, en ce qui concerne la conformité au principe de limitation de la finalité, pour les entreprises qui mettent en œuvre des projets *big data*.

II.3.2. Les finalités « non incompatibles »

Célia Zolynski et Alexandra Bensamoun rappellent que si le *big data* repose « sur une utilisation secondaire des données, pour d'autres fins que celles pour lesquelles elles ont été produites », reste la possibilité « de réaliser des traitements secondaires — et donc ultérieurs — du moment que ceux-ci ne sont pas incompatibles avec les finalités initiales[272] ». Le Conseil d'Etat rappelle[273] que rien ne s'oppose à une réutilisation des données collectées dans le cadre de projets *big data* « à des fins statistiques ». Mais se pose, nous le verrons, la question de fiabilité, voire de la faisabilité, de l'anonymisation et de la pseudonymisation lorsque les données collectées sont à caractère personnel.

Le G29 précise, à cet égard, que plus la donnée concernée est sensible, plus le champ de l'usage compatible devrait être étroit (« *The more sensitive the information involved, the narrower the scope for compatible use would be*[274] »). Le caractère compatible ou non des traitements dépend de la nature des données traitées plus de

---

[270] S. Soltani, *« Big data » et le principe de finalité*, RLDI, n° 97, octobre 2013, p. 76

[271] Article 6 a) du RGPD

[272] C. Zolynski et A. Bensamoun, Actes du colloque « *Big data et privacy ; comment concilier nouveaux modèles d'affaires et droits des utilisateurs ?* », op. cit.

[273] Op.cit. Conseil d'Etat, p. 175

[274] *Opinion 03/2013 on purpose limitation* op. cit., p. 3, 9, 10, 11, 12, 13, 17

leur volume, de leur variété ou de l'origine de la collecte. Selon Sarra Soltani, « Le fait que la deuxième opération ait un but différent ne signifie pas qu'elle est automatiquement incompatible : cela doit être évalué au cas par cas[275] ». Le G29 propose un test d'évaluation de compatibilité, qui pourrait être formel ou matériel[276].

Le « faisceau d'indices » de l'absence d'incompatibilité pourrait être le suivant :

- proximité de la finalité initiale et de la nouvelle finalité envisagée ;
- contexte de la collecte initiale et ce qu'un usager normal peut envisager ;
- nature des données et impact sur l'individu ;
- garanties mises en œuvre par le responsable de traitement (anonymisation ou pseudonymisation[277]).

II.4. *Big data* et minimisation des données

Le caractère « non excessif » des données au regard des finalités pour lesquelles elles sont collectées et de leurs traitements ultérieurs[278] pourrait paraître, de prime abord, assez difficilement compatible avec le traitement, en temps réel, de flux massifs de données de sources diverses (*stream computing*), ou le traitement

---

[275] S. Soltani, *« Big data » et le principe de finalité*, op. cit., p. 78

[276] Thomas Bizet, *La sérendipité dans les finalités de traitements des données dans un contexte « Big data »*, village-justice.com, 12 juillet 2014
En savoir plus sur http://www.village-justice.com/articles/serendipite-dans-les-finalites,17370.html#jFWsf8I26ioEiUBC.99

[277] E. Bartoli, Chief Legal Counsel Data Privacy and Security Atos, *Big data vs Protection des données ? And the winner is.... Données personnelles : les impacts du futur règlement.* Colloque AFDIT / Cabinet Alain Bensoussan

[278] Article 6, 3° de la loi de 1978 modifiée

de lots très importants de données « froides » précédemment enregistrées (*batch processing*) ou avec le traitement concomitant en batch et en streaming de masses importantes de données[279]. Mais la proportionnalité s'apprécie au cas par cas, en fonction des finalités de chaque traitement. Or, si le principe de proportionnalité ne permet pas de collecter et de traiter plus de données que nécessaire à l'usage, il n'interdit pas le traitement d'un très grand nombre de données.

Si la proposition de règlement européen sur la protection des données personnelles impose aux responsables de traitement de limiter les données au minimum nécessaire au regard des finalités pour lesquelles elles sont traitées (principe de la réduction au minimum des données ou « de minimisation des données[280] »), ni la loi ni la proposition de règlement ne fixent de seuil de volume, dès lors que chaque jeu de données a son utilité pour atteindre l'objectif légitime fixé par le responsable de traitement.

Lorsqu'il s'agit, par exemple, d'analyser le comportement d'un utilisateur à partir de multiples données et métadonnées, cette analyse ne paraît pas contraire, en elle-même, au principe de minimisation des données, la seule limite étant que les finalités du traitement ne doivent pas pouvoir être atteintes par le traitement d'informations ne contenant pas de données à caractère personnel.

Mais, il faut le reconnaître, le principe de minimisation des données est celui qui demeure le plus antinomique au principe même du *big data*, dont l'objet même est de traiter un très grand nombre de

---

279 A. Ajraou, *Big data : Hadoop et Spark ou la fusion du batch et du temps réel !*, decideo.fr, 6 janvier 2014

280 Article 5 de la proposition de règlement sur la protection des données tel que résultant de la résolution législative du Parlement européen du 12 mars 2014

données et de métadonnées. Des éclaircissements sur l'application de ce principe aux projets *big data* seront nécessaires de la part des législateurs, des autorités de contrôle et, le cas échéant, des juridictions qui pourront être saisies.

II.5. *Big data* et pertinence des données

Si les exigences de sécurité et de confidentialité des données ne présentent pas réellement de particularité dans un projet *big data*, sauf à adapter les politiques de sécurité à l'augmentation du nombre des données[281], en mettant notamment en place de la surveillance et du contrôle d'accès plutôt que le chiffrement et masquage de données[282], la question de la pertinence des données se présente ici dans des conditions inédites.

S'agissant des caractères « adéquat » et « pertinent » des données collectées et traitées en vue d'effectuer le profilage comportemental de clients ou de prospects dans le cadre d'un projet *big data*, plusieurs règles essentielles doivent être conservées présentes à l'esprit :

- par hypothèse, aucune donnée n'est inutile au traitement lorsqu'il s'agit de dresser un profil, même si l'on ne sait pas à l'avance ce qu'elle va révéler, de sorte que toutes les données non sensibles peuvent a priori être collectées dans le cadre d'un tel projet[283] ;

---

281 S. Gelgon, *Big Data : de nouveaux challenges pour la sécurité des SI*, http://news.bull.com/ 3 février 2014. Le big data étant présenté, à l'inverse, comme étant de nature à permettre de renforcer la sécurité des données.

282 M. Kraynak, *Le big data et la sécurité : plus de données... plus de problèmes*, 01Business, 25 août 2014

283 J. Eynard, *Les données personnelles, Quelle définition pour un régime de protection efficace ?*, Michalon, 2014, p. 111

- corrélativement, « si l'information est captée dans le seul but de profiler, elle doit être qualifiée de donnée personnelle[284] ».

II.6. *Big data*, exactitude et qualité des données

Selon le RGPD, les données à caractère personnel doivent être « exactes et, si nécessaire, tenues à jour[285] ». Dans son préambule, le RGPD précise que « les données contestées par l'intéressé, dont l'exactitude ou l'inexactitude ne peut être constatée, devraient être verrouillées jusqu'à ce que la question soit résolue[286] ». Or, ainsi que le rappelle le Préposé Fédéral à la Protection des Données et à la Transparence de la Confédération Suisse (PFPDT) au sujet du *big data*, « L'exigence de l'exactitude des données constitue une difficulté supplémentaire : les algorithmes appliqués aux données massives analysent de grandes masses de données de manière autonome, automatisée, à la recherche notamment de corrélations », en précisant que « ces procédures d'analyse créent de nouvelles informations liées à des personnes, sans qu'il soit possible de les qualifier d'exactes ou de fausses, puisqu'elles ne constituent que des probabilités ou des interprétations[287] ».

Le principe d'exactitude, déjà l'un des plus difficiles à respecter en présence de fichiers volumineux tels les fichiers publics d'antécédents judiciaires comme le STIC[288] ou JUDEX, remplacés

---

[284] J. Eynard, op. cit., p. 111

[285] Article 5 d) du RGPD

[286] Préambule, considérant n° 54 bis du RGPD

[287] 21e rapport annuel (2014)

[288] Nouveau contrôle du fichier STIC, cnil.fr, 26 décembre 2012

par le TAJ[289], pourra-t-il être respecté en présence, pour un seul individu, de centaines de milliers de données, de métadonnées et de nouvelles données résultant notamment des croisements de données ? On peut légitimement s'interroger sur ce point et se demander si les textes ne doivent pas être modifiés pour exclure les projets *big data* du champ des dispositions relatives au principe d'exactitude des données.

II.7. *Big data* et licéité du traitement

Un traitement ne peut porter que sur des données à caractère personnel collectées et traitées « de manière loyale et licite[290] ». Ce principe, qui relève de l'évidence, est rappelé[291], puis défini[292] par le règlement européen sur la protection des données personnelles.

La licéité des traitements dans le cadre d'un projet *big data* peut trouver son fondement en premier lieu dans le consentement de la personne concernée au traitement[293]. Dès lors que dans le règlement européen, le traitement de données à caractère personnel est défini comme « toute opération ou ensemble d'opérations effectuée(s) ou non à l'aide de procédés automatisés, et appliquée(s) à des données à caractère personnel, telle(s) que la collecte[294] … », le traitement ne peut être licite que s'il met en œuvre des opérations sur des données collectées loyalement et, sauf exceptions, avec le consentement exprès, préalable, libre et éclairé de la personne concernée. Est-ce le cas de tous les projets *big data* actuellement

---

[289] Décret n° 2012-652 du 4 mai 2012, pris après l'avis de la CNIL du 7 juillet 2011

[290] Article 6 1° de la loi de 1978 modifiée

[291] Article 5 a) du RGPD

[292] Article 6 du RGPD

[293] Article 6 a) du RGPD

[294] Article 4 3) du RGPD

mis en œuvre ? On peut en douter compte tenu de la multiplicité des sources et notamment des sources externes à l'organisme qui met en œuvre le projet, dès lors qu'il peut utiliser des données pouvant notamment provenir d'opérateurs qui n'appliquent pas strictement les principes du droit européen des données personnelles.

La licéité des traitements dans le cadre d'un projet *big data* peut également trouver son fondement dans la nécessité « des intérêts légitimes poursuivis par le responsable du traitement[295] ». C'est probablement la question qui prête le plus à controverse. En pareil cas, les traitements (dont la collecte des données) sont licites même lorsque la personne concernée n'y a pas consenti expressément.

Le préambule[296] précise que le « traitement de données à caractère personnel à des fins de commercialisation directe pour ses propres produits et services similaires […] devrait être présumé répondre à l'intérêt légitime du responsable du traitement et répondre aux attentes légitimes de la personne concernée fondées sur sa relation avec le responsable du traitement », la seule condition étant « que des informations pleinement visibles aient été communiquées en ce qui concerne le droit d'opposition et la source des données à caractère personnel ». Le RGPD prévoit par conséquent que la relation de la personne concernée avec le responsable du traitement permet de présumer de son consentement.

---

[295] Article 6 f) du RGPD

[296] Considérant 39 ter du RGPD

Cette dérogation du principe du consentement exprès, préalable, libre et éclairé doit demeurer une exception et, comme toutes les dérogations[297], être interprétée strictement[298].

L'une des difficultés consiste à identifier précisément l'origine des données, ce qui est particulièrement délicat dans le contexte d'un réseau ouvert ou les données sont stockées sur de très nombreux serveurs difficiles à localiser, en France et à l'étranger (*cloud computing*), largement diffusées et partagées et à avoir une vision claire des chaînes de traitement de données, vision indispensable pour déterminer si les traitements effectués en fin de chaîne sont licites.

II.8. *Big data*, transparence, opposition et consentement

II.8.1. Le principe de transparence : la nécessité d'une obligation d'information renforcée

Le G29 a été conduit à préciser, dans son avis sur la publicité comportementale en ligne[299] que « dans le cadre de la publicité comportementale, il se peut que les utilisateurs ne connaissent pas ou ne comprennent pas la technologie sur laquelle repose la publicité comportementale, ni même qu'ils sont ciblés par ce type de publicité. Il convient donc indispensable de veiller à ce que des informations suffisantes et effectives soient fournies d'une manière

---

[297] Par ex. Interprétation stricte des exceptions au principe d'interdiction de transferts des données à caractère personnel vers un État n'appartenant pas à la Communauté européenne : http://www.cnil.fr/vos-obligations/transfert-de-donnees-hors-ue/exceptions/

[298] G29, Séance plénière du G29 des 9 et 10 avril, http://www.cnil.fr/linstitution/actualite/article/article/seance-pleniere-du-g29-ordre-du-jour-des-9-et-10-avril/

[299] *Avis 2/2010 sur la publicité comportementale en ligne* adopté le 22 juin 2010 : http://ec.europa.eu/justice/policies/privacy/docs/wpdocs/2010/wp171_fr.pdf

qui atteindra les internautes. Les personnes concernées ne seront véritablement en mesure d'exercer un choix que si elles sont informées. ». Cette règle trouve à s'appliquer aux traitements de données mettant en œuvre les technologies *big data* et qui dressent ou utilisent des profils individuels.

Selon la CNIL, l'analyse des comportements n'est possible que si la personne intéressée « en a été dûment informé(e) et si (elle) peut s'y opposer de manière simple et rapide[300] ». Le rapport Podesta[301] insiste également, s'agissant des projets *big data*, sur la nécessité d'une véritable transparence, en précisant notamment (comme la FTC) que les entreprises qui font commerce des données – dénommées familièrement « data brokers » – devraient être plus transparentes (« *The data services industry—colloquially known as « data brokers » —should bring greater transparency to the sector*[302] »).

II.8.2. *Big data* et droit d'opposition

Selon J. Huet, le droit d'opposition resterait « fantomatique » en raison de l'obligation d'avoir un intérêt légitime pour le faire valoir[303]. Certes, la loi de 1978 modifiée prévoit que l'exercice du droit de s'opposer au traitement suppose « des motifs légitimes ». Mais en pratique, les responsables de traitement mettent rarement obstacle à l'exercice, par les personnes concernées, en exigeant des motifs sérieux d'opposition. Ce qui pourrait rendre « fantomatique » le droit d'opposition serait de ne pas mettre

---

[300] Marketing ciblé sur internet : vos données ont de la valeur, 26 mars 2009, cnil.fr

[301] J. Podesta et autres auteurs, *Big data : seizing opportunities, preserving values*, op.cit.

[302] Rapport, p. 62

[303] Colloque annuel du CEJEM de Paris II, 20 mars 2014, compte rendu de C. Laverdet, RLDI mai 2014, n° 104, p. 97

les personnes concernées en mesure de l'exercer aisément. Ainsi que la CNIL l'a rappelé dans une décision du 26 février 2009[304], les personnes concernées doivent disposer « d'une réelle possibilité pour ceux-ci de s'opposer à ce que leurs données personnelles fassent l'objet d'un traitement ».

L'article 19 du RGPD prévoit, à cette fin, que « le droit d'opposition peut être exercé à l'aide de procédés automatisés en utilisant une norme technique permettant à la personne concernée d'exprimer clairement sa volonté ». Cette procédure pourrait être de nature, dans le cadre d'un projet *big data*, à restaurer en partie l'équilibre entre l'organisme qui collecte ou traite les données et l'utilisateur.

II.8.3. Le principe du consentement exprès, préalable, libre et éclairé

La règle du consentement préalable et exprès aux traitements est une règle de principe, que ce soit en Europe[305] ou aux États-Unis[306]. L'article 4 du RGPD en l'état actuel du texte adopté, définit le « consentement de la personne concernée » comme « toute manifestation de volonté, libre, spécifique, informée et explicite par laquelle la personne concernée accepte, par une déclaration ou par un acte positif univoque, que des données à caractère personnel la concernant fassent l'objet d'un traitement ».

La question du consentement de la personne intéressée est centrale lorsqu'il s'agit d'un projet *big data*, plus déterminante encore que le

---

304 Délibération n° 2009-148 du 26 février 2009 de la formation restreinte prononçant une sanction pécuniaire à l'encontre de la société Directannonces

305 Article 2-h de la directive 95/46, article 7 de la loi de 1978 et article 7 du RGPD

306 J. Podesta et autres auteurs, *Big data : seizing opportunities, preserving values*, op.cité

respect des principes de proportionnalité, de finalité et de minimisation des données[307]. Ainsi que le rappelle Sophie Nerbonne, de la CNIL, « Le projet de règlement met désormais en vedette la notion de « consentement » en lui consacrant des dispositions spéciales, mais le rôle du consentement est somme toute assez restreint, puisqu'il s'efface si le traitement est nécessaire aux intérêts légitimes de l'organisation[308] » (voir supra). De manière générale, il convient de garder à l'esprit que le traitement n'est pas nécessairement « basé sur le consentement[309] ».

Mais, compte tenu de la particularité de l'ensemble de traitements mis en œuvre dans le cadre d'un projet *big data*, il convient de renforcer le principe du consentement et n'admettre, comme « base du traitement », l'intérêt légitime que si des conditions strictes sont réunies. Le G29 considère, rappelons-le, que « La complexité des collectes de données, des modèles commerciaux, des relations entre fournisseurs et des applications technologiques dépassent, bien souvent, la capacité ou la volonté d'une personne de décider, par un choix actif, de contrôler l'utilisation et le partage d'informations », de sorte qu'au regard du principe de finalité le consentement donné de manière générale sans connaissance réelle de la finalité ou des finalités du traitement n'est pas suffisant[310].

Cette question prend une coloration particulière lorsque les données collectées concernent des mineurs et notamment des mineurs de

---

[307] C'est l'une des occurrences qui revient le plus souvent (103 fois) dans la proposition de règlement européen dans sa rédaction actuelle.

[308] Colloque annuel du CEJEM de Paris II, 20 mars 2014, compte rendu de C. Laverdet, RLDI mai 2014, n° 104, p. 97

[309] Combinaison des articles 6 e 7 1. du RGDP

[310] *Avis 15/2011 sur la définition du consentement*, Groupe de travail G29 , 01197/11/FR WP 187

moins de 13 ans. Il n'est pas d'usage, pour un préadolescent, de demander l'autorisation parentale à chaque inscription sur un réseau social ou à chaque téléchargement d'application plus ou moins intrusive, d'autant que la question de la violation de l'intimité lui échappe souvent… Aussi convient-il, de manière générale, de renforcer la procédure de consentement par *opt in*, en l'adaptant, le cas échéant, aux jeunes utilisateurs[311] sachant que, par ailleurs, la proposition de règlement européen dans sa rédaction actuelle prévoit que « le traitement des données à caractère personnel relatives à un enfant de moins de 13 ans n'est licite que si et dans la mesure où le consentement est donné ou autorisé par un parent de l'enfant ou par son tuteur légal[312] ».

Si les défis du CIL – futur DPO – confronté à un projet *big data* sont nombreux (le tableau qui vient d'être dressé ne prétend pas à l'exhaustivité), des solutions pour tendre vers la conformité existent. Il convient de les évaluer.

III. Le *big data* et les solutions en vue de la conformité

III.1. Les solutions juridiques

III.1.1. La contractualisation

Le premier pas vers la conformité consiste à « encadrer les contrats avec les prestataires, les clients, les utilisateurs et les partenaires » avec des actes « dans lesquels des clauses stipulent clairement les

[311] *Avis 2/2010 sur la publicité comportementale en ligne*, adopté le 22 juin 2010, Groupe de travail G29 p. 15 et suivantes : http://ec.europa.eu/justice/policies/privacy/docs/wpdocs/2010/wp171_fr.pdf

[312] Article 8 de la proposition de règlement européen

obligations et garanties de chacun ainsi que les obligations de surveillance et de confidentialité des données stockées[313]... ».

Mais, comme le rappellent Eric A. Caprioli et I. Cantero[314], « la collecte des données personnelles sur les réseaux sociaux et, plus généralement, sur tous les sites permettant aux utilisateurs de communiquer entre eux est souvent encadrée par des Conditions Générales d'Utilisation (CGU) » (avant de préciser à juste titre que ces CGU sont parfois « incompréhensibles pour les utilisateurs, souvent non lues »). Or, le responsable d'un projet *big data* n'a généralement aucune prise sur les conditions générales des grands organismes collecteurs de données et de métadonnées (opérateurs téléphoniques, fournisseurs d'accès à Internet, fournisseurs d'énergie, plateformes de e-commerce, prestataires de services de *cloud* et de stockage de données, réseaux sociaux, moteurs de recherche, etc.), qui sont des contrats d'adhésion.

Si la contractualisation n'est qu'une solution partielle et incomplète, elle permet néanmoins de définir avec précision les obligations et droits respectifs du responsable de traitement, des sous-traitants des traitements de données et des personnes dont il collecte directement les données et métadonnées.

III.1.2. La définition, dans le cadre d'une charte propre aux projets *big data*, d'une politique de traitement des données personnelles

Si la contractualisation ne permet pas de couvrir l'intégralité des traitements antérieurs et futurs compte tenu notamment de la diversité des sources, le responsable de traitement peut, avec,

---

313 A. Gourion, in IT for Business, Dossier Big Data, mars 2014

314 E. A Caprioli et I. Cantero, *Docteur Data et Mister Big*, Mag Securs, n° 38, p. 22

l'assistance du CIL, établir une politique de traitement des données personnelles propre aux projets *big data*. Rappelons que dans sa décision du 3 janvier 2014[315], la CNIL a conclu, pour résumer, que Google fournissait aux utilisateurs des informations incomplètes ou approximatives sur les finalités et les catégories de données collectées et ne respectait pas, dans le cadre de la combinaison des données personnelles, les principes de proportionnalité, de limitation des finalités, de minimisation des données, ni le droit d'opposition.

La charte, destinée tant à informer les tiers qu'à rappeler en interne la politique de traitement des données à appliquer au sein de l'entreprise ou du groupe, pourrait, par exemple, reprendre et développer quelques « règles d'or ».

Le rapport BCG / DLA PIPER[316] propose de :

- privilégier les données anonymes lorsque cela est possible ;
- obtenir le consentement éclairé du consommateur lors de la collecte des données ;
- s'assurer que le profilage des consommateurs ne crée pas de discrimination ;
- déclarer des finalités de traitement ni trop précises ni trop vagues ;
- s'assurer que les données sont exactes et sécurisées ;
- donner aux utilisateurs le contrôle sur l'utilisation de leurs données ;
- mettre en évidence un échange de valeur attractif ;

---

[315] CNIL, Délibération de la formation restreinte n°2013-420

[316] BCG/ DLA PIPER, Le Big Data face au défi de la confiance, 18 juillet 2014

– ne pas procéder à l'extraction de bases de données de tiers sans leur autorisation.

III.2. L'Étude d'Impact sur la Vie Privée (EIVP)

Les projets *big data* étant manifestement susceptibles de faire courir des risques sur la vie privée[317], il peut être recommandé d'effectuer une étude d'impact sur la vie privée. L'*Information Commissioner's Office* du Royaume uni a publié un document assez détaillé[318] sur la méthode de réalisation d'un *Privacy Impact Assessment* ou PIA (étude d'impact sur la vie privée) qui peut constituer un guide utile. La CNIL[319] et le G29[320] ont, par ailleurs, établi une méthodologie concernant les dispositifs RFID auxquels il est également utile de se référer si le projet intègre l'utilisation de tels dispositifs. Plusieurs modèles d'étude d'impact, enfin, sont accessibles sur le site du « Club EBIOS ».

III.3. Les solutions techniques

III.3.1. L'anonymisation

La première solution technique qui vient à l'esprit lorsque l'on évoque le *big data* est l'anonymisation, longtemps considérée comme la meilleure méthode pour protéger l'identité des personnes concernées. Mais « compte tenu des possibilités de croisement des

---

317 Voir notamment Guide « *Gestion des risques vie privée* » I

318 ICO, *Conducting privacy impact assessments code of practice*

319 CNIL, *Comment réaliser une évaluation d'impact sur la vie privée (EIVP) pour les dispositifs RFID ?*

320 *Opinion 07/2013 on the Data Protection Impact Assessment Template for Smart Grid and Smart Metering Systems (DPIA Template)*

données permises par l'analyse des *big data*, cette anonymisation est quasiment impossible à obtenir[321] ».

La proposition de règlement européen énonce, dans son préambule, que « Le profilage fondé uniquement sur le traitement de données pseudonymes devrait être présumé ne pas affecter de manière significative les intérêts, droits ou libertés de la personne concernée », mais précise ensuite « Lorsque le profilage, qu'il repose sur une source unique de donnée pseudonymes ou sur l'agrégation de données pseudonymes issues de différentes sources, permet au responsable du traitement d'attribuer des données pseudonymes à une personne concernée donnée, les données traitées ne devraient plus être considérées comme pseudonymes ».

Le risque de ré-identification des données personnelles a été examiné par la commission des lois du Sénat, pour donner lieu à un rapport d'information[322] qui a fait ressortir, en substance, que :

- le risque de ré-identification est un risque avéré ;
- les moyens à mettre en œuvre pour ré-identifier sont toutefois assez importants en cas de « pseudonymisation » (substitution d'un pseudonyme à l'identifiant initial) par *hachage* « qui présente la particularité, par rapport aux algorithmes de chiffrement standards, de ne pas être réversible » ;
- si l'on durcit l'anonymisation en procédant à un « double hachage avec clé secrète », qui consiste à « réaliser une première fois l'opération, et à soumettre le pseudonyme

---

[321] Yann-Maël Larher, *Big data : big enjeux et big défis*, usine-digitale.fr, 15 novembre 2013

[322] Gaëtan Gorce et François Pillet, *La protection des données personnelles dans l'open data : une exigence et une opportunité* (rapport d'information), 16 avril 2014

obtenu à une seconde fonction de hachage avec clé secrète », il n'est plus possible de suivre dans le temps l'évolution des données relatives à un individu ;

- l'inconvénient de l'anonymisation par suppression, masquage ou ajout de bruit « est de fausser, dès l'origine, les données, ce qui les rend moins pertinentes pour une utilisation autre que celle d'origine » ;
- l'anonymisation par agrégation (qui consiste à rassembler plusieurs données de même type, afin de produire une donnée agrégée qui conserve l'information dont on a besoin, mais rend impossible l'identification de la part d'information agrégée qui correspond à un individu donné) : « plus le niveau d'agrégation est élevé, moins il y a de risques de ré-identification, mais, dans le même temps, moins l'information est précise ».

Le rapport des sénateurs Gorce et Pillet fait ressortir que les méthodes d'anonymisation ne sont pas infaillibles et qu'il convient de rechercher un équilibre entre le niveau de protection requis ou souhaité et le niveau de précision des données (« granularité ») nécessaire à l'efficacité du projet.

Des études récentes font ressortir que la ré-identification est plus facile que ce l'on imaginait et que le nombre de données anonymisées nécessaires à la ré-identification n'est pas important[323]. Selon A. Narayanan et E. W. Felten (Université de Princeton) il n'y a pas de méthode efficace pour anonymiser des données de localisation, et il n'y a pas de preuve que ce soit effectivement réalisable.

---

[323] A. Narayanan et E. W. Felten (Université de Princeton), *No silver bullet: De-identification still doesn't work*, 9 juillet 2014

L'anonymisation constitue donc une méthode utile, mais non suffisante, pour assurer la conformité d'un projet.

II.3.2. Les contre-mesures techniques complémentaires de l'anonymisation

Après l'analyse des risques des contre-mesures peuvent être mises en œuvre[324], parmi lesquelles, pour les « risques de non-conformité » :

- filtrage a priori des données collectées (supprimer dès la collecte, les données détectées comme personnelles via l'utilisation de patterns connus) ;
- traçage des actions des administrateurs ;
- stockage sécurisé des logs ;
- authentification et séparation logique (instaurer une séparation logique des données avec authentification obligatoire pour l'utilisation des données sensibles, suivant le système de stockage utilisé) ;
- chiffrement des données ;
- séparation physique des systèmes de stockage (pour cloisonner les données sensibles conformément, par exemple, aux normes de sécurité PCI[325]).

III.3.3. *Privacy by Default* et *Privacy by Design*

Le *Privacy by Design,* ou PbD, est un concept imaginé dans les années 90 par Ann Cavoukian, commissaire à l'information et à la protection de la vie privée de l'Ontario (Canada) et qui préconise

---

[324] Rapport d'étude sur le Big Data, réalisé dans le cadre de la SRS Day 2012 de l'EPITA

[325] http://fr.pcisecuritystandards.org/minisite/en/

d'intégrer la protection de la vie privée au moment de la conception, en considérant qu'il est plus efficace d'intervenir en amont que d'intervenir en aval pour prévenir l'atteinte[326]. Alain Bensoussan définit la PbD comme un concept qui « consiste à concevoir des produits et des services en prenant en compte dès leur conception les aspects liés à la protection de la vie privée et des données à caractère personnel. Il implique également le respect de ces valeurs tout au long du cycle de vie de la technologie concernée ».

Dans *Privacy by Design in the Age of Big Data*[327] , A. Cavoukian et J. Jonas présentent la *Privacy by Design* comme une méthode adaptée aux technologies du *big data* compte tenu, notamment, de l'augmentation des risques de ré-identification[328] et d'inexactitudes (faux positif ou faux négatif)[329].

La notion de protection de la vie privée dès la conception a été intégrée dans le préambule du RGPD, qui précise[330] : « Le principe de la protection des données dès la conception requiert que cette protection soit intégrée dans la totalité du cycle de vie d'une technologie, dès la toute première étape de conception jusqu'à son déploiement final, son utilisation et son élimination. »

L'article 23 1. du règlement indique que

> Compte tenu des techniques les plus récentes, des connaissances techniques actuelles, des meilleures

---

[326] http://www.ipc.on.ca/images/resources/7foundationalprinciples.pdf

[327] A. Cavoukian et J. Jonas, *Privacy by Design in the Age of Big Data*

[328] A. Cavoukian et J. Jonas, Op. cit., p. 4.

[329] A. Cavoukian et J. Jonas, Op. cit., p. 7, 10 et suivantes

[330] Considérant 61

> pratiques internationales et des risques représentés par le traitement des données , le responsable du traitement et le sous-traitant éventuel appliquent , tant lors de la définition des objectifs et des moyens de traitement que lors du traitement proprement dit, des mesures et procédures techniques et organisationnelles appropriées et proportionnées, de manière à ce que le traitement soit conforme aux prescriptions du présent règlement et garantisse la protection des droits de la personne concernée, notamment en ce qui concerne les principes établis à l'article 5 . La protection des données dès la conception tient compte en particulier de la gestion du cycle de vie complet des données à caractère personnel, depuis la collecte jusqu'à la suppression en passant par le traitement…

La notion, proche, de protection des données par défaut, a été ajoutée dans le corps du règlement européen, lequel précise[331] : « Le responsable du traitement s'assure que, par défaut, seules seront traitées les données à caractère personnel nécessaires à chaque finalité spécifique du traitement, ces données n'étant, en particulier, pas collectées, conservées ou communiquées au-delà du minimum nécessaire à ces finalités, pour ce qui est tant de la quantité de données que de la durée de leur conservation. En particulier, ces mécanismes garantissent que, par défaut, les données à caractère personnel ne sont pas rendues accessibles à un nombre indéterminé de personnes physiques et que les personnes concernées ont la possibilité de contrôler la diffusion de leurs données à caractère personnel ».

---

331 Article 23 2. du RGPD ; voir également Considérant n° 83

Compte tenu de la nécessité de garantir la protection des droits de la personne concernée, la mise en œuvre, dans le cadre d'un projet *big data*, des méthodes de la *Privacy by Design* n'est donc pas une faculté.

III.3.4. Pas de projet *big data* durable sans conformité ni confiance des utilisateurs

En juin 2014, Peter Hustinx, alors Contrôleur européen à la protection des données, alertait le Conseil européen : « L'annulation récente par la Cour de justice européenne de la directive sur la conservation des données pour violation excessive des droits des individus à la protection de leurs données personnelles devrait retentir comme une sonnette d'alarme. Les décideurs politiques européens doivent imposer des limites et des garanties appropriées, de façon plus éclairée et systématique, lors de la mise en place de propositions qui ont un impact significatif sur les droits fondamentaux[332] ».

La conformité des projets *big data* est une nécessité, une exigence éthique et un avantage concurrentiel en raison de la sécurité juridique et de la confiance susceptible d'être instaurée avec les utilisateurs.

---

[332] P. Hustinx, Contrôleur européen à la protection des données, communiqué de presse du 4 juin 2014

DONNÉES DE RECHERCHE ET VIE PRIVÉE. L'ANONYMAT RÈGLE-T-IL LE PROBLÈME ?

par Julien ROSSI

La recherche scientifique, en particulier dans des disciplines comme la médecine et les sciences sociales, fait un usage important de données personnelles. Les progrès technologiques qui se structurent autour de la notion de « big data » permettent aujourd'hui de traiter des quantités de données hétérogènes qu'il était avant impossible d'exploiter. L'ouverture des données (« open data ») offre aux chercheurs un accès à une collection de plus en plus larges de banques de données, qui contiennent souvent des données directement ou indirectement personnelles. Cet article étudie la façon dont la législation européenne tente d'apporter les garanties à la protection de la vie privée et ses limites, ainsi que les conséquences pratiques qui en ressortent pour les professionnels en charge d'assurer la protection des données de recherche.

I. Introduction

La révolution scientifique à partir du XVIIe siècle et jusqu'aux travaux d'auteurs comme Kuhn et Popper a eu pour effet la séparation de la science et de la théologie. La science devient le domaine de la raison qui elle-même s'exerce à partir de données empiriques, les conclusions pouvant ensuite être vérifiées par des expériences reproductibles. La collecte et le traitement de ces données empiriques n'est cependant pas toujours évidente. Ceci est particulièrement vrai pour l'économie, fruit de l'intégration complexe de milliards d'interactions sociales à chaque instant, sans oublier l'impact de facteurs exogènes comme les catastrophes naturelles. La collecte et le traitement d'une telle masse de données étaient impossibles lorsque fut fondée l'économie classique, ce qui explique que celle-ci fonde ses conclusions sur un raisonnement a priori, c'est-à-dire précédant la confrontation empirique (Mill) : des hypothèses de base, comme la concurrence pure et parfaite (Knight), aboutissent à des lois dont la fiabilité dépend de leur vérification a posteriori. L'avènement du *big data* promet de changer cela en offrant la capacité de collecter et d'exploiter une masse de données hétérogènes jusqu'alors inenvisageable. De nouvelles disciplines en sciences sociales pourraient naître avec le *big data*, comme l'économie comportementale ou la physique sociale (Pentland).

Même si elle a des finalités scientifiques, l'utilisation de données personnelles, surtout à une échelle massive, n'est pas sans poser de problèmes pour la vie privée des citoyens. Ces problèmes ont jusqu'alors été traités par le législateur par une logique d'anonymisation des jeux de données. Or, des études ont montré les limites de l'anonymisation, qui sont exacerbées par les phénomènes de *big data* et d'*open data*. Dans ce contexte, quels sont les facteurs à prendre en compte dans la gestion des données de recherche ?

II. Définition

Cet article se base sur les définitions de l'article 2 de la directive 95/46/CE du Parlement européen et du Conseil, du 24 octobre 1995, relative à la protection des personnes physiques à l'égard du traitement des données à caractère personnel et à la libre circulation de ces données pour définir les concepts de donnée à caractère personnel (ou donnée personnelle), de traitement de données à caractère personnel, de fichier de données à caractère personnel, et de responsable du traitement.

La directive 95/46/CE constitue le texte actuellement en vigueur au niveau européen régissant les données de recherche. Une proposition de règlement abrogeant cette directive (COM(2012)11) a été proposée, et sera étudiée séparément.

Le terme de « donnée personnelle de recherche » désigne ici toute donnée personnelle collectée, stockée et traitée à des fins de recherche scientifique, quel que soit le domaine de recherche, comme la recherche médicale, historique ou statistique, pouvant être soumis à des règles particulières.

III. Le cadre légal actuel encadrant l'emploi de données personnelles de recherche en Europe

Le législateur européen a veillé, en adoptant la directive 95/46/CE, à concilier le droit fondamental à la protection des données personnelles avec la volonté de ne pas entraver la recherche scientifique par de nouvelles contraintes bureaucratiques. C'est pourquoi le traitement de données personnelles de recherche bénéficie d'exceptions à plusieurs des principes contenus dans la directive, comme celui de la durée limitée de conservation des données ou celui de finalité.

L'article 6 paragraphe 1 de la directive 95/46/CE prévoit que les données de recherche collectées pour une finalité définie peuvent être réutilisées sans le consentement de la personne concernée dans un but historique, statistique ou scientifique, et conservées au-delà du délai habituel de conservation, pourvu que les États membres mettent en plus les sauvegardes nécessaires. Notons qu'il n'est pas suffisant qu'un responsable de traitement soit un institut de recherche pour bénéficier de ces exemptions : l'arrêt de la CJUE[333] « Huber contre Allemagne » est venu préciser que le responsable de traitement devait prouver la finalité de recherche scientifique, statistique ou historique du traitement concerné au cas par cas.

Conformément aux dispositions de la directive, les États membres ont précisé les règles que les traitements à des fins de recherche doivent respecter pour bénéficier des exemptions.

L'article 6 paragraphe 2 de la loi Informatique et Libertés (Loi 78-17 du 6 janvier 1978) permet la réutilisation des données, et l'article 32-III indique qu'il n'est pas forcément nécessaire d'en informer les personnes concernées. L'article 36 transcrit en droit français l'exemption du principe de limitation dans le temps de la détention de données personnelles, et la chapitre IX prévoit un régime spécifique pour l'emploi de données médicales à des fins scientifiques. L'article 8-III encourage de façon générale l'anonymisation des données sensibles.

Aux Pays-Bas, l'article 44 de la loi de protection des données à caractère personnel (*Wet bescherming persoonsgegevens*) limite le droit d'accès et le droit à l'information des personnes concernées en cas de réutilisation des données de recherche. L'article 12-2 de la loi hongroise de protection des données (loi CXII de 2011), sur les données de recherche, impose aux responsables de traitement d'anonymiser leurs jeux de données de recherche, sauf s'ils sont en mesure de prouver qu'un tel jeu anonymisé ne leur permettrait pas de remplir la finalité du traitement. Dans ce cas les identifiants

---

[333] Cour de justice de l'Union européenne

doivent être conservés de façon séparée du reste des données (il s'agit donc en fait d'un pseudonymat).

L'importance de l'anonymisation comme solution donnée au dilemme entre efficacité de la recherche et protection de la vie privée, dans un contexte de généralisation du *big data*, se retrouve aussi dans des documents d'autorités de supervision. Dans un communiqué de presse de mars 2014, le CBP néerlandais préconise ainsi l'anonymisation des jeux de données *big data* (CBP, 2014). La NAIH hongroise porte son attention sur deux éléments : le premier est la question de la publication de données personnelles, le second celui de l'anonymisation : « dans la mesure où une donnée personnelle ne peut pas être publiée légalement dans une thèse, cette donnée doit être publiée d'une façon qui rende impossible de retrouver la personne concernée sur la base des informations publiées » (affaire NAIH-454-2/2013/V). Cette autorité ne précise cependant rien sur la façon concrète d'anonymiser les données, et ne traite pas la question du *big data* utilisé à des fins de recherche, dans les quelques affaires relatives à la recherche scientifique qu'elle a traitées.

IV. Les dispositions du projet de règlement général de protection des données

La Commission européenne a proposé de réformer la directive 95/46/CE par un règlement qui renforcerait l'harmonisation au niveau européen (COM(2012)11). L'article 83 du projet présenté par la Commission précise le régime des données personnelles de recherche :

> Dans les limites du présent règlement, les données à caractère personnel ne peuvent faire l'objet d'un traitement à des fins de recherche historique, statistique ou scientifique que si :
>
> – ces finalités ne peuvent être atteintes d'une autre façon par le traitement de données qui ne permettent pas ou ne permettent plus d'identifier la personne concernée ;
> – les données permettant de rattacher des informations à une personne concernée identifiée ou identifiable sont conservées séparément des autres informations, à condition que ces fins puissent être atteintes de cette manière.

On voit donc qu'il existe en Europe une volonté de soulager la recherche d'une partie des contraintes de la protection des données personnelles (*European Union Agency for Fundamental Rights*[334]). En compensation, il est généralement demandé de procéder à l'anonymisation de ces données, selon des modalités qui peuvent varier d'un État à l'autre.

V. L'impact des évolutions technologiques regroupées sous le terme générique de *big data* sur la recherche scientifique et la protection des données personnelles de recherche

Le *big data* se définit comme le traitement rapide de vastes quantités de données hétérogènes (« vitesse, volume, variété » selon

---

[334] Agence des droits fondamentaux de l'Union européenne, Conseil de l'Europe, Cour européenne des droits de l'Homme, 2014. *Handbook on European data protection law*, Vienne et Strasbourg.

l'expression de Laney, 2001). Le développement de ces technologies bénéficie d'un fort appui politique (Pellerin, 2014[335]).

Par ailleurs, dans le cadre de politiques d'ouverture des données (*open data*), de plus en plus de jeux de données sont librement disponibles sur Internet, à la fois dans le cadre de projets gouvernementaux, comme celui d'ETALAB en France (data.gouv.fr), et dans un cadre académique voire de la société civile (UK Data Service, Parltrack, Wikidata...). Ces services intègrent des contraintes de protection des données dans la curation des données, qui passe souvent par l'encouragement de l'anonymisation :

> *Before data obtained from research with people can be shared with other researchers or archived, you may need to anonymise them so that individuals, organizations or businesses cannot be identified. We provide guidance on anonymising quantitative and qualitative data appropriately, to retain as much meaningful information as possible*[336].

Toutes les données ainsi mises à disposition du public ne sont cependant pas anonymisées. Typiquement, les données relatives à la vie publique ne le sont pas. Ainsi, Lobbyplag utilise les données centralisées et traitées par Parltrack sur le fonctionnement du Parlement européen pour les croiser avec des documents de groupes d'intérêts et identifier l'influence de ces derniers sur des députés européens individuellement identifiés[337]. Ceci est parfaitement légal

335 Pellerin, Fleur. Discours prononcé le 30 janvier 2014 à l'Assemblée nationale, disponible sur le site de l'Assemblée : http://www.assemblee.mobi/14/cri/html/20140151.asp#P18088

336 http://ukdataservice.ac.uk/manage-data/legal-ethical/anonymisation.aspx

337 http://lobbyplag.eu/influence

dans la mesure où il s'agit de personnes publiques et de données relevant de l'exercice de leur mandat. Cependant, les mêmes techniques peuvent servir à dresser le profil d'individus ne relevant pas de cette catégorie. Le *British National Health Service* envisageait de publier des données uniquement pseudonymisées sur une plate-forme d'*open data* appelée *care.data*, ce qui a provoqué une polémique dans la presse britannique (Ramesh, 2014) puisque, comme il sera rappelé plus bas, le fait de simplement masquer le nom de la personne concernée ne garantit en rien son anonymat sur Internet.

VI. L'approche informatique sur l'anonymat et l'anonymisation

S'il existe une prise de conscience progressive par les autorités de supervision, l'opposition entre une approche légale absolue de la notion d'anonymat d'une part, et d'une approche informatique relative au responsable de traitement d'autre part (Mascetti et al, 2013) demeure pertinente au moins d'un point de vue conceptuel, sinon assez largement d'un point de vue pratique. Sur le papier, l'anonymisation offre une solution au dilemme entre efficacité de la recherche scientifique et protection de la vie privée. La pratique s'avère cependant plus nuancée.

Plusieurs sources juridiques font état d'une définition absolue de l'anonymat, comme l'article 1 du Décret royal belge du 13 février 2001 définissant une « donnée anonyme » de la façon suivante : « les données qui ne peuvent être mises en relation avec une personne identifiée ou identifiable et qui ne sont donc pas des données à caractère personnel ».

La recherche en informatique montre pourtant que l'anonymisation « robuste », ou absolue, n'existe pas (Ohm,

2010[338]). Ce qui est possible, c'est, en faisant passer les données par un processus d'anonymisation, de mettre des obstacles au rétablissement du lien entre une donnée et la personne concernée. Mais ces obstacles peuvent être surmontés en fonction des moyens et de la détermination de l'adversaire. Parmi les moyens en question, la possibilité de croiser un jeu de données anonymisées avec d'autres jeux de données pèse fortement.

L'anonymisation des données consiste bien souvent en une simple procédure de pseudonymisation, par exemple en remplaçant le nom de la personne concernée par un hash généré à partir de celui-ci. Si à première vue ce type de procédure peut sembler convenir, il n'en demeure pas moins qu'il existe un tas de « quasi-identifiants » autres que le nom de la personne. Un adversaire potentiel, à partir du code postal, du sexe et de la date de naissance d'une personne, pourrait ainsi, en croisant ces données avec des jeux de données publics comme les listes électorales, identifier 87 % de la population des États-Unis même sans disposer de leurs noms (Ohm[339] ; Sweeney[340]).

C'est pourquoi il existe des procédures plus poussées, comme la *k-anonymisation*[341], qui propose de traiter un jeu de données de telles

[338] Ohm, Paul. 2010. *Broken Promises of Privacy: Responding to the Surprising Failure of Anonymization*. pp. 1701-1777 in. 57 *UCLA Law Review*

[339] Idib.

[340] Sweeney, Latanya. 2000. *Uniqueness of Simple Demographics in the U.S. Population*, *Laboratory for Int'l Data Privacy*, Working Paper LIDAP-WP4

[341] Méthode proposée par la chercheuse américaine Latanya Sweeney, qui consiste à ne publier que des groupes de k individus ayant tous les même caractéristiques.

sortes qu'il y ait au moins k entrées aux identifiants identiques dans chaque catégorie (G29, opinion 05/2014, page 34[342]).

342 Groupe de travail de l'article 29, *Opinion 05/2014 on Anonymisation Techniques*. Disponible en-ligne : http://ec.europa.eu/justice/data-protection/article-29/documentation/opinion-recommendation/files/2014/wp216_en.pdf

Tableau 1 : k = 1		Table 2 : k = 3		
Identifiants	**Donnée**		**Identifiants**	**Donnée**
Nom	**Date de nais.**	**Genre**	**Code postal**	**Pathologie**
Albert	01/01/1987	H	1111	Rhume
Jean	02/01/1983	H	2541	Rhume
Anne	04/01/1988	F	3651	Paludisme
Marie	14/01/1980	F	8451	Pneumonie
Simon	11/01/1980	H	9751	Cirrhose
Emma	25/01/1986	F	6421	Rhume

Nom	Date de naissance	Genre	Code postal	Pathologie
*	*/01/198*	H	***1	Rhume
*	*/01/198*	H	***1	Rhume
*	*/01/198*	F	***1	Paludisme
*	*/01/198*	F	***1	Pneumonie
*	*/01/198*	H	***1	Cirrhose
*	*/01/198*	F	***1	Rhume

L'exemple ci-dessus illustre l'affirmation de Paul Ohm selon laquelle : « des données sont soit utiles, soit parfaitement anonymes, mais jamais les deux ensemble » (Ohm, 2010)

La possibilité de retrouver des personnes concernées en cas de mauvaise anonymisation n'est pas simplement théorique. En 2006, AOL publia une grande quantité de données sur les requêtes de ses utilisateurs sur son moteur de recherche. Malgré l'anonymisation employée, il a été possible de retrouver le nom des personnes ayant entré des requêtes embarrassantes (Ohm, 2010 : 1718, citant Barbaro et Zeller[343], 2006). La multiplication des jeux de données librement disponibles et donc de la possibilité de croiser les données démultiplie les risques pesant sur la vie privée des personnes concernées. C'est pour cela que de nombreux experts (Ohm : 2010, Mascetti et al : 2013) recommandent de mettre fin au « mythe » de l'anonymisation absolue, ou robuste.

VII. Conclusions pratiques

La fin d'un tel mythe oblige à reposer la question de départ : comment protéger la vie privée sans entraver la recherche scientifique ?

L'anonymisation des données, bien qu'insuffisante, est un point de vue central à prendre en compte. Celle-ci doit être conforme au principe de minimisation des données personnelles : ne doivent être conservés que les identifiants et quasi-identifiants strictement nécessaires à la recherche scientifique, le problème étant que, dans le cadre d'une réutilisation, il peut être difficile d'arbitrer ce que pourraient être les futurs besoins.

En tout état de cause, au niveau européen, les autorités nationales de supervision ont publié un guide de l'anonymisation relativement complet, détaillant le rapport coûts-avantages de chaque méthode,

---

[343] Barbaro, Michael et Tom Zeller. 9 août 2006. *A Face Is Exposed for AOL Searcher No. 4417749*. New York Times.

ainsi que leurs limites respectives : il s'agit de l'avis 05/2014 du G29[344].

Paul Ohm, chercheur américain ayant publié un long article sur les faiblesses de l'anonymisation recommande une approche basée sur le risque où la réglementation pesant sur les « grands réducteurs d'entropie » (selon sa terminologie), comme les banques ou les moteurs de recherche, seraient soumis à des règles plus strictes que les autres responsables de traitement, mais sans préciser suffisamment à quel type de réglementation il pense (Ohm, 2010). En effet, dans un contexte européen, tout responsable de traitement est soumis sensiblement aux mêmes règles – il peut y avoir des exceptions, comme en matière de sécurité des données en Espagne – et son article montre lui-même les lacunes de cette réglementation qui tente de résoudre le problème par l'anonymisation.

Un autre élément utile à prendre en considération pour un responsable de traitement, un chercheur, un institut de recherche ou un service d'*open data*, est la question de l'inclusion de données personnelles dans une publication de recherche : normalement, une telle publication requiert le consentement de la personne concernée, mais il existe des exceptions, par exemple si la donnée correspond à une personne publique dans l'exercice de ses fonctions ou si la publication revêt une importance d'ordre historique (voir à ce sujet par exemple l'arrêt de la CEDH Ungváry contre Hongrie de 2013).

La publication de jeux de données personnelles, même anonymisées, en ligne, librement accessibles, peut aussi poser problème d'un point de vue légal. L'arrêt Huber contre Allemagne

---

344 http://ec.europa.eu/justice/data-protection/article-29/documentation/opinion-recommendation/files/2014/wp216_en.pdf

rappelle que la réutilisation de données personnelles en dehors de la finalité pour laquelle elles ont été collectées à l'origine suppose une finalité de recherche scientifique, historique ou statistique qui n'est pas garantie si n'importe qui peut télécharger, y compris par exemple une compagnie d'assurance ou un service de renseignement, peut avoir accès à ces données sans aucun but scientifique.

Le dilemme entre efficacité et protection, qui sous-tend toute politique de sécurité, y compris en informatique, finira nécessairement par aboutir à une approche par le risque, puisqu'elle implique une constante analyse avantages-risques.

Le régulateur avance sur cette question, comme en témoigne l'avis du G29 sur l'anonymisation. Il sera désormais sûrement nécessaire d'effectuer des enquêtes approfondies sur les pratiques en matière de données personnelles dans les différentes disciplines scientifiques. Les résultats de cette enquête permettraient de mieux délimiter les domaines où l'intervention du régulateur est nécessaire, ainsi que de clarifier les règles à respecter, car en l'état actuel, le développement de disciplines fondées sur l'exploitation massive de données personnelles, comme la physique sociale, révèle en effet que la recherche scientifique pourrait sinon bien devenir le talon d'Achille de la protection des données.

LA CONFORMITÉ DES TRAITEMENTS RELATIFS À LA GESTION DES RISQUES PSYCHOSOCIAUX

par Armande BRU-FRANÇOIS

L'employeur, soumis à une obligation de sécurité de la santé mentale et physique des travailleurs – obligation de résultat – doit mettre en place un plan d'action afin de lutter efficacement contre les risques pesant sur les travailleurs (harcèlement et violence au travail, incivilités et agressions, discrimination, stress et mal-être, etc.). La mise en œuvre de ce plan d'action de prévention implique l'utilisation des données à caractère personnel de ses salariés, pour évaluer, prévenir et gérer les risques psychosociaux.

Les différents traitements de données personnelles mis en œuvre par l'employeur, à des fins de mesure, prévention et gestion des risques d'atteinte à la santé physique et mentale des travailleurs, soulèvent plusieurs questions sur leur conformité avec la loi du 6 janvier 1978 modifiée : par exemple, l'impossibilité, en l'état actuel, d'identifier de manière exhaustive tous les traitements qui sont et seront mis en œuvre par les employeurs, ou encore le fait que des données relatives à la santé des salariés, à leurs infractions, leurs difficultés sociales, leurs comportements et ressentis, et à leur vie privée, soient traitées.

Différentes solutions juridiques sont envisageables pour mettre ces traitements en conformité avec la loi précitée (entre consentement et anonymat), mais dans certains cas, l'incompatibilité totale des dispositions nécessite une approche par les risques.

Depuis une dizaine d'années environ, les risques psychosociaux sont entrés au cœur des discussions sur la santé au travail, tant au niveau national qu'aux niveaux européen et international. Le sujet a largement été débattu au sein des organisations syndicales depuis 2006, et plusieurs accords nationaux interprofessionnels ont été signés[345], engageant ainsi les employeurs à prévenir le stress, le harcèlement et les violences au travail, les discriminations, et autres risques psychosociaux, afin de garantir une meilleure qualité de vie au travail.

Le cadre légal relatif à la prévention des risques psychosociaux, relevant notamment des articles L.4121-1 à 5 du Code du travail, introduit à la charge de l'employeur une obligation de résultat de prévention des risques. Pour satisfaire à ces obligations, tous les employeurs mettent aujourd'hui en œuvre plusieurs traitements de données à caractère personnel de leurs travailleurs.

L'observation de la pratique permet d'en donner quelques exemples : pour la mesure des risques, la tenue d'un bilan social reprenant les informations traitées par la direction des ressources humaines ; pour la prévention, l'organisation de campagnes de prévention liées à la santé ou de formations à la gestion des risques psychosociaux, ainsi que la mise à disposition de lignes d'écoute psychologique ou de conseil juridique ; pour la gestion, la mise en place de dispositifs de signalement de cas à risque.

---

[345] Accord national interprofessionnel du 12 octobre 2006 relatif à la diversité dans l'entreprise, Accord national interprofessionnel du 2 juillet 2008 sur le stress au travail, Accord national interprofessionnel du 26 mars 2010 sur le harcèlement et les violences au travail, Accord national interprofessionnel du 19 juin 2013 sur la qualité de vie au travail et de l'égalité professionnelle.

Ces traitements de données à caractère personnel des salariés posent plusieurs difficultés pour le Correspondant Informatique et Libertés (CIL), en charge d'assurer leur conformité avec la règlementation relative à la protection des données à caractère personnel, et notamment la loi du 6 janvier 1978 relative à l'informatique, aux fichiers et aux libertés modifiée.

La première difficulté rencontrée par le CIL découle de la non-définition de la notion : le terme « risque psychosocial » n'indique pas si le psychosocial est la cause ou l'objet du risque[346]. Ainsi, est-ce une dimension psychosociale du travail qui fait courir des risques aux salariés – les facteurs de risques tels que la charge de travail ou la non-reconnaissance du travail[347] –, ou bien est-ce le travail qui génère des effets néfastes, de nature psychosociale – les symptômes tels que la perte de l'estime de soi, le mal-être, le stress, le suicide ?

La gestion des risques psychosociaux n'est, en l'état actuel, qu'un concept non défini, mouvant et en expansion, et dont les tâches d'exécution ne sont ni identifiées, ni définitives. Quels sont les traitements entrant dans le champ de la finalité de la prévention des atteintes à la santé mentale des travailleurs ? Quel est le régime juridique applicable aux données encore non qualifiées par la doctrine, comme celles relevant des comportements et ressentis des salariés ?

---

[346] Collège des Risques Psychosociaux au Travail, Audition de Marie-Anne Dujarier, in Rapport du collège d'expertise sur le suivi des risques psychosociaux au travail. (2011). Présidé par Michel Gollac, intitulé « Mesurer les facteurs psychosociaux de risques au travail pour les maîtriser ».

[347] Lanouzière, H. (2011). « La prévention des risques psychosociaux du point de vue du code du travail », Semaine Sociale Lamy, 21 février, n° 1480, forum réflexion.

La deuxième difficulté pour le CIL résulte de l'incompatibilité des dispositions légales : d'un côté l'employeur est tenu à une obligation de sécurité de résultat dont le non-respect entraîne des conséquences pénales et financières graves[348], de l'autre il doit se conformer à la règlementation relative à la protection des données à caractère personnel – notamment l'interdiction de traitement des données relatives à la santé, l'obligation de proportionnalité et les durées de conservation. Le CIL doit composer avec le fait que les risques encourus par l'employeur sont clairement plus importants en cas de violation de son obligation de sécurité de résultat.

Comment alors s'assurer du consentement du salarié pour traiter ses données relatives à la santé lors de l'évaluation des risques psychosociaux ? Comment garantir la proportionnalité des données traitées alors que l'objet du traitement est le recueil du plus grand nombre d'informations pour mesurer les risques ? Comment accéder aux exigences de la Commission Nationale de l'Informatique et des Libertés s'agissant des durées de conservation, alors que la sécurité juridique de l'employeur implique la conservation des preuves de son action ?

La troisième difficulté pour le CIL est le suivi de la mise en œuvre de ces traitements. La direction des ressources humaines et/ou les Instances Représentatives du Personnel (IRP) prennent la décision de mettre en place de nouvelles actions visant la mesure, la prévention et la gestion des risques psychosociaux, nécessitant le traitement de données à caractère personnel des salariés, sans impliquer le CIL en amont. Les raisons de cet « oubli » semblent

---

[348] Peuvent être cités : l'arrêt « Amiante », Cass soc.28 fév.2002, n° 00-13.172 ; Cass.soc. 21 juin 2006, n° 05-43914, bull. V n°233 ; Cass.soc.10 mai 2001, n°99-40059 ; Cass.2è civ., 22 fév. 2007, n°05-13771 ; Cass.Civ.2e, 8 nov. 2007, n°07-11219 ; Cass.soc., 30 nov. 2010, n° 08-70390 ; Cass.Civ. 19 sept. 2013 n° 12-22.156, D.

provenir du caractère confidentiel des actions de la direction des ressources humaines, mais aussi de la pluralité des acteurs internes et externes à l'entreprise prenant part à la mesure, la prévention et la gestion de ses risques.

L'intervention du CIL doit donc se situer sur différents niveaux : en amont des actions ponctuelles et régulières, par une sensibilisation des acteurs internes (direction des ressources humaines, instances représentatives du personnel, professionnels de santé, etc.) et la mise en place d'une veille d'actualité relative aux syndicats et associations professionnelles ; et en aval, par la revue de conformité des traitements mis en œuvre.

L'analyse des pratiques permet de dégager plusieurs solutions juridiques afin d'assurer la conformité des traitements de mesure et de prévention d'une part, et de gestion des risques signalés et/ou avérés d'autre part.

I. La conformité des traitements de mesure et de prévention des RPS

I.1. Description des traitements

L'obligation de sécurité de résultat pesant sur l'employeur en matière de risques psychosociaux lui impose de mettre en œuvre un certain nombre d'actions visant tout d'abord la mesure et la prévention de ces risques. Le but est de détecter, ou dépister, les risques auxquels sont soumis les travailleurs, et en réponse, de mettre en place des actions de prévention appropriées.

Certaines actions visant le dépistage des risques psychosociaux entraînent le traitement de données à caractère personnel des salariés. A titre d'exemple, peuvent être cités :

- l'établissement des documents obligatoires liés à la gestion du personnel et aux obligations sociales qui en découlent (le registre de sécurité[349], le bilan annuel de la situation générale de la santé, de la sécurité et des conditions de travail[350], le bilan social si l'entreprise compte au moins 300 salariés[351], le programme annuel de prévention[352], ou encore le document unique présentant les résultats de l'évaluation des risques professionnels à laquelle a procédé l'employeur[353]) ;
- l'analyse d'indicateurs spécifiques tels que le temps de travail (absentéisme, durée hebdomadaire, horaires atypiques, temps partiels), les effectifs et organisations de travail (ancienneté, mouvement du personnel, rotation, cause de départ, télétravailleurs, travail temporaire ou extérieur), le travail des instances représentatives du personnel (représentation, formation, communication, activités du CHSCT, recours à un expert, nombre d'alertes en cas de danger grave et imminent), les dépenses de prévention (formation des salariés, dépenses liées à la sécurité), la conciliation vie professionnelle/vie privée (nombre de congés et de primes liés à la situation familiale), etc. ;
- l'analyse des réponses des salariés aux questionnaires (interrogation ponctuelle) et des baromètres (interrogation régulière) visant la détection de risques pesant sur les travailleurs ;

---

[349] Article L. 4711-1 et suivants du Code du travail

[350] Article L. 4612-16 du Code du travail

[351] Article L. 2323-68 du Code du travail

[352] Article R. 4612-8 du Code du travail

[353] Circulaire de la Direction des Relations du Travail n° 2002-6, 18 avril 2002

- l'étude des statistiques d'utilisation des différents dispositifs de prévention des risques psychosociaux, comme par exemple les dispositifs de soutien psychologique ou de conseil juridique ;
- l'étude des statistiques des dispositifs d'alerte ou de signalement d'un cas à risque, qu'ils soient automatisés et formalisés par une procédure, ou qu'ils soient informels et non-automatisés.

Les opérations de détection et d'évaluation des risques sont suivies par des actions de prévention, également susceptibles d'entraîner le traitement des données des salariés, telles que :

- les opérations de sensibilisation sous forme d'actions de communication et de campagnes d'information ;
- les formations des managers et des salariés aux bonnes pratiques, sur la gestion des situations de conflits entre collaborateurs, la gestion de crise, les risques de harcèlement induits par l'organisation du travail, ou encore sur le stress au travail ;
- les actions visant la prévention des risques propres à l'entreprise, comme par exemple des projets d'expérimentation visant l'adaptation des procédures susceptibles de porter atteinte à la santé et à la sécurité des salariés, les opérations de dépistage ciblé de situations à risque, l'organisation d'ateliers ou de groupes de parole, l'ouverture d'un espace d'échange physique ou numérique sur les difficultés rencontrées par les salariés, les actions d'amélioration des conditions de vie des salariés, le suivi et la limitation du temps de travail et des heures supplémentaires, etc. ;

- le suivi des salariés par les professionnels de santé, se composant obligatoirement d'un médecin du travail, et pouvant également comprendre infirmières, assistantes sociales, psychologues, ergonomes, etc. ;
- les dispositifs d'écoute et de soutien psychologique, mis en œuvre dans la plupart des cas par des prestataires extérieurs, sous forme d'écoute téléphonique, messagerie instantanée (*Chat*), ou vidéoconférence.

I.2. Solutions de conformité

Les traitements des données des salariés visant la mesure et la prévention des risques d'atteinte à la santé mentale des salariés posent deux difficultés majeures au regard de la conformité informatique et Libertés : la proportionnalité des données et la nature sensible des données traitées.

I.2.1. Sur la proportionnalité des données traitées

Les traitements mis en œuvre lors de la phase initiale de dépistage des risques ont pour finalité principale l'évaluation des risques d'atteinte à la santé physique et mentale, et la sécurité des travailleurs. Il est donc question pour l'employeur d'évaluer et de mesurer précisément – dans la mesure du possible – l'exposition des travailleurs aux risques d'ordre psychologique et social.

Pour ce faire, les entreprises utilisent souvent une technique de dépistage des risques à l'aide d'un questionnaire, intitulé par exemple « qualité de vie au travail », ou « santé et sécurité au travail ». Les questions posées dans ces questionnaires portent sur un éventail extrêmement large de domaines : organisation, management, équipe et environnement, problèmes personnels, problèmes de santé, temps de trajet, isolement, formation, communication, restauration, etc.

De la même manière, les indicateurs que l'employeur peut suivre pour mesurer l'évolution de l'exposition de ses salariés à des risques précis, comme par exemple les temps d'utilisation d'une application ou les heures supplémentaires pour le suivi du temps de travail, sont nombreux et divers ; ils dépendent des risques propres à l'entreprise et donc ne peuvent être listés par avance.

Ces pratiques, l'une consistant à dépister les risques par spectre large et l'autre de suivre systématiquement des indicateurs, sont donc dangereuses du point de vue de la protection des données à caractère personnel : il s'agit, d'une part, de récupérer le plus d'informations possible et ensuite de les analyser pour en faire ressortir les points recherchés, d'autre part d'ajouter des points de surveillance des salariés.

Or, le principe directeur de proportionnalité et de pertinence des données à caractère personnel de la loi du 6 janvier 1978 modifiée impose à l'employeur de ne collecter que les informations qui servent un but précis, et ne sont pas excessives au regard des finalités recherchées.

Idéalement, il serait donc nécessaire de cibler en amont le risque recherché, et ainsi définir la finalité du traitement particulier mis en œuvre : un questionnaire « santé et sécurité au travail » est plutôt vague, quels sont en réalité les risques recherchés ?

L'objectif du questionnaire est-il de dépister le stress, la souffrance et la violence au travail, le harcèlement, la pénibilité, l'isolement, l'équilibre vie privée/vie professionnelle, etc. ? En déterminant en amont le(s) risque(s) recherché(s), les informations nécessaires au suivi dudit risque (s'agissant des indicateurs des risques spécifiques), la proportionnalité et la pertinence des questions (s'agissant des questionnaires et baromètres), seraient alors assurées.

Dans la pratique cependant, l'employeur est tenu de prévenir tous les risques. En ce sens, il sera difficile pour le CIL de demander de réduire le périmètre des questions, l'employeur devant agir sur tous les facteurs de risque.

L'option de conformité que le CIL doit donc prendre, s'agissant des traitements relatifs à la mesure et la prévention des risques psychosociaux, est la vérification systématique de la proportionnalité des données utilisées et de leur pertinence au regard de la finalité du traitement.

Par exemple, les informations nécessaires à l'organisation des formations, ateliers, groupes de parole sont relatives à l'identité du salarié et à son inscription à l'événement. Si l'application informatique de mesure de la fatigue ou du stress a pour finalité exclusive le suivi par le salarié de son bien-être, aucune information identifiant le salarié ne doit être traitée par l'employeur.

Concernant les diverses actions d'amélioration de la vie du salarié, les données nécessaires à l'inscription aux services peuvent être traitées par la direction des ressources humaines, mais les autres informations doivent être traitées exclusivement par les membres en charge du service (crèche d'entreprise, service évènementiel, etc.).

Pour ce qui est du suivi et de la limitation du temps de travail, il convient d'assurer la pertinence des données et, dans une optique de réduire les risques de détournement de finalité, de limiter les destinataires des informations. L'objectif en effet, est de pouvoir prendre les mesures d'organisation nécessaires face à un temps anormal de travail, et non de prendre des mesures disciplinaires individuelles en cas d'insuffisance.

I.2.2. Sur le traitement des données sensibles

Le deuxième enjeu est le traitement des données relatives à la santé, aux difficultés sociales, à la vie privée et au ressenti des salariés, ainsi que des données faisant apparaître les origines raciales ou ethniques, voire celles relatives à des infractions. Si les données analysées dans les documents obligatoires ne sont pas, pour la plupart, de nature sensible, les autres informations prises en compte pour l'évaluation des risques, telles que celles traitées dans le cadre des questionnaires et baromètres, et des dispositifs de soutien psychologique, ont ce caractère sensible.

Par exemple, dans le cadre des questionnaires et baromètres, le salarié est interrogé sur la qualité de son sommeil ou sur la quantité de stress qu'il ressent : en l'état de la doctrine de la CNIL, doit-on considérer ces données comme relatives à la santé ?

À l'occasion de la sortie du *pack* de conformité Logement Social[354], la CNIL a précisé[355] que toute information permettant d'identifier la nature d'une affection, d'un handicap ou d'une déficience

---

[354] Voir l'article de la CNIL relatif à la publication des nouvelles normes sur le logement social disponible à l'adresse suivante : http://www.cnil.fr/linstitution/actualite/article/article/logement-social-adoption-dun-pack-de-conformite/

[355] CNIL, Guide Pratique du pack de conformité Logement Social, p.38, disponible à l'adresse suivante : http://www.cnil.fr/fileadmin/documents/Vos_responsabilites/Packs/Logement_social/PackConf_LOGEMENT_SOCIAL_web.pdf

(catégorie ou codification) doit être considérée comme une donnée de santé. En revanche, quand le degré de généralité d'une mention (exemple : « hôpital », « établissement spécialisé », ou présence d'un champ « handicap (oui/non) ») ne révèle pas la pathologie de la personne concernée, et ne porte pas atteinte à sa vie privée, il ne s'agit pas d'une donnée de santé.

Les questions suivantes peuvent également être posées : « Dans le cadre de votre travail, vous arrive-t-il de vous sentir agressé(e) par vos clients internes (service, direction, etc.) », « Êtes-vous inquiet(e) à l'idée de perdre votre emploi ? », « Sentez-vous que votre travail vous prend tellement d'énergie que cela a un impact négatif sur votre vie privée ? », « Considérez-vous avoir fait l'objet de violences psychologiques au travail au cours des 12 derniers mois ? », « À quelle fréquence vous sentez-vous stressé(e) ? », ou « à bout de force ? », ou « irritable ? », ou « émotionnellement épuisé(e) ? », et même : « Avez-vous déjà pensé au suicide ? ».

Des questions sensibles et susceptibles de mettre le salarié en porte-à-faux sont également posées : « Pouvez-vous faire confiance aux informations venant de votre hiérarchie ? », « Votre travail a-t-il un sens pour vous ? », « Diriez-vous que votre supérieur hiérarchique accorde une grande importance à la satisfaction de ses collaborateurs ? », « Diriez-vous que votre supérieur hiérarchique est compétent dans la planification du travail et la régulation de l'activité ? », ou simplement « Considérez-vous que votre supérieur hiérarchique est compétent ? ».

Ces informations, dont la qualification oscille entre le ressenti (peur, angoisse, fatigue, insatisfaction, injustice, etc.), le comportement ou l'attitude (comportement soumis ou passif, tranchant, dédaigneux, irrespectueux, manipulateur, etc.), la vie privée et la donnée relative à la santé du salarié, ne sont encore rangées dans aucune catégorie par la CNIL. Pour l'heure il revient donc au CIL d'examiner chaque question, et de décider quelle est la nature des informations qui seront détenues par la direction des ressources humaines.

De la même manière, dans leur démarche de prévention, les employeurs sont de plus en plus nombreux à offrir un service de soutien psychologique 24h sur 24, 7 jours sur 7, à leurs salariés. Ces prestations sont la plupart du temps assurées par un organisme extérieur spécialisé, à part pour certaines structures dont l'activité requiert un fort accompagnement psychologique et qui sont dotées en interne d'un service dédié. C'est le cas par exemple des associations humanitaires, qui proposent un soutien psychologique interne aux expatriés présents sur le terrain.

Dans le cas d'une sous-traitance du service, certains organismes prestataires sont habilités en qualité d'Intervenant en Prévention des Risques Professionnels (IPRP). L'Institut National de Recherche et de Sécurité (INRS) explique leur mission de la manière suivante : « Les intervenants en prévention des risques professionnels risques psychosociaux peuvent avoir des profils très variés : psychologues, ergonomes, toxicologues, etc. Ils sont indépendants ou font partie d'un service de santé au travail ou d'une entreprise. Ils peuvent donc être habilités en tant que personne physique ou morale, au titre d'une ou plusieurs compétences[356] (technique, scientifique, ou organisationnelle). »

---

[356] Voir la définition des intervenants en prévention des risques professionnels donnée par l'INRS sur son site Internet : http://www.inrs.fr/accueil/demarche/role/intervenant.html

En pratique, il a été observé que les prestations ne se cantonnent plus à de l'écoute par téléphone : certaines proposent un soutien psychologique par messagerie instantanée (*Chat*), ou par vidéoconférence (Skype), créant ainsi une quantité de nouvelles problématiques Informatique et Libertés.

Les dispositifs de soutien psychologique observés possèdent les caractéristiques suivantes :

- certains contrats prévoient l'anonymat des appelants et d'autres non ;
- tous intègrent une procédure de *reporting* à la direction des ressources humaines sur l'utilisation du service, et certains une procédure d'alerte si une situation grave et imminente menace la vie d'un salarié ;
- les dispositifs sont toujours facultatifs, basés sur le volontariat, et n'entraînent aucune conséquence sur le salarié, qu'il l'utilise ou non.

Les données recueillies dans le cadre des dispositifs de soutien psychologique, ou d'accompagnement social, comportent souvent la situation maritale du salarié, ainsi que des précisions sur le problème révélé (résumé des causes, état psychologique, facteur de stress, problème personnel ou professionnel, criticité, surendettement, etc.) faisant clairement apparaître des informations relatives à la santé ou à la situation financière personnelle du salarié. Les services d'aide juridique proposés par l'employeur aux salariés et/ou candidats dans le cadre de leur politique de diversité traitent bien entendu des données relatives à la religion ou à la vie sexuelle de ses derniers.

Dans sa démarche de mesure et prévention des risques psychosociaux, l'employeur prend également en compte les statistiques des situations avérées et/ou signalées, qui souvent ne sont pas anonymisées et comportent presque toujours des données sensibles (ressenti du salarié, ou dans le cas d'agression, données relatives à la santé et à des infractions).

Dans le cadre de la finalité de mesure et de prévention des risques psychosociaux, il apparaît clairement que le traitement de ces données sensibles, néanmoins indispensables à l'employeur, doit être fait soit avec l'accord du salarié, soit sous une forme anonyme. En effet, l'article 8 de la loi du 6 janvier 1978 modifiée fait exception à l'interdiction de traitement des données sensibles dans le cas du recueil du consentement exprès ou d'une anonymisation des données.

I.2.3. Anonymat ou consentement ?

Il convient tout d'abord de distinguer les traitements pour lesquels les données utilisées sont directement recueillies de manière anonyme – cela peut-être le cas des questionnaires et baromètres – et les traitements contenant des données identifiant les personnes concernées dès l'origine de la collecte.

S'agissant des traitements pour lesquels les données sont recueillies directement de manière anonyme, l'objectif recherché sera d'éviter de soumettre le traitement des données des salariés à la loi du 6 janvier 1978 modifiée. En effet, s'il n'y a pas de données à caractère personnel – données identifiant directement ou indirectement un individu – les dispositions de la loi ne s'appliquent pas.

Dans le cas de l'évaluation et de la mesure des risques, ces traitements de données anonymes ne peuvent viser en pratique que les questionnaires et baromètres, ainsi que, dans certains cas, des indicateurs de mesures (nombre de recours à un expert par le CHSCT, dépenses de prévention et de sécurité, etc.). Pour satisfaire aux exigences de la CNIL relatives à l'anonymat, et ceci même si l'opération d'analyse des réponses est effectuée par un sous-traitant, l'employeur devra donc veiller :

- à ce qu'aucune question posée ne puisse identifier directement ou indirectement un salarié : une attention particulière devra être portée sur la fonction du salarié (parfois suffisante pour identifier une personne) ;
- à ce qu'aucune trace informatique pouvant identifier le salarié ne soit collectée : en particulier, aucun procédé destiné à éviter qu'un salarié puisse répondre plusieurs fois au questionnaire n'est basé sur des données l'identifiant ;
- à ce qu'aucun résultat statistique ne soit rendu si moins de dix personnes sont visées par ce résultat.

Si les salariés sont identifiables, même indirectement, et même si la restitution par le sous-traitant à l'employeur se fait uniquement sous forme statistique, les dispositions de la loi du 6 janvier 1978 modifiée s'appliquent, notamment l'interdiction de traitement des données relatives à la santé.

Dans la pratique, les questions posées dans les questionnaires et baromètres identifient très souvent les salariés de manière indirecte, la direction des ressources humaines souhaitant des réponses qui soient les plus fines possibles : par exemple en recoupant les réponses relatives à l'ancienneté dans l'entreprise et dans le poste, la nature encadrante ou non de la fonction actuelle, la direction de rattachement, le sexe, la tranche d'âge, etc. Dans ce cas, les solutions de conformité décrites ci-dessous peuvent être adoptées.

S'agissant des traitements pour lesquels les données sont à l'origine collectées nominativement, ou qui identifient indirectement une personne, c'est-à-dire tous les autres traitements effectués afin d'évaluer et de mesurer les risques psychosociaux, il convient de souligner que deux stratégies juridiques sont envisageables pour le traitement des données relevant de l'article 8 de la loi du 6 janvier 1978.

L'une consiste à privilégier l'anonymisation de ces données, en application de l'article 8-III de ladite loi. Dans ce cas, les procédés d'anonymisation, ceux utilisés en interne et ceux utilisés par les sous-traitants, doivent être préalablement autorisés par la CNIL. En outre, l'article 8-III mentionne une anonymisation « à bref délai » ; or, les remontées statistiques relatives aux situations à risque signalées et/ou avérées, ou encore les statistiques d'utilisation des services de soutien psychologique et d'accompagnement social ne sont généralement pas anonymisées à bref délai ; d'autre part, les données nominatives persistent dans d'autres fichiers.

L'autre consiste, en application de l'article 8-II-1° de la loi du 6 janvier 1978 modifiée, à rechercher, dès la collecte des données, le consentement du salarié pour traiter ses données personnelles relatives à sa santé, ceci pour l'ensemble des finalités suivantes : l'évaluation, la prévention et la gestion des risques d'atteinte à sa santé mentale et physique et sa sécurité. Dans ce cas, le consentement du salarié doit être exprès et non équivoque, de préférence par écrit. Le système du volontariat est également un gage du respect du consentement de l'employé.

La deuxième stratégie semble être la plus efficace pour le responsable de traitements, et pour la personne concernée, qui est donc informée et aura donné son consentement pour l'utilisation de ses données personnelles relatives à sa santé. Ces données seront alors traitées de façon confidentielle par le sous-traitant ou les professionnels de santé, avant d'être restituées sous forme statistique à la direction des ressources humaines.

Les mesures suivantes peuvent être prises pour s'assurer que les personnes utilisant le service de soutien psychologique et signalant les situations à risque ne puissent pas être identifiées par leur employeur lors de la mesure et l'évaluation des risques :

- former les personnes en charge du traitement des situations à risque à une restitution non identifiante ;
- s'assurer que les destinataires des informations statistiques (non identifiantes) n'ont pas accès aux données nominatives ayant servi de base aux données restituées ;
- dans le cas du recours à un prestataire (analyse des questionnaires, soutien psychologique, gestion de crise, etc…), s'assurer de la présence des clauses de sécurité, de confidentialité, de durée de conservation et de destruction dans le contrat liant l'employeur au sous-traitant.

I.2.4. Prestataires et professionnels de santé : l'insécurité juridique

Dans la pratique, les traitements de données relatives à la santé des salariés ayant pour but la mesure et la prévention des risques psychosociaux, sont très souvent mis en œuvre par des prestataires et/ou des professionnels de santé, sauf dans des cas particuliers d'action de dépistage de risques spécifiques.

Ainsi, l'adaptation des mesures de sécurité intervient à la demande du médecin du travail, les ateliers de sensibilisation sont animés par des professionnels de santé, le soutien psychologique par le psychologue, et les espaces d'échange sur les difficultés sont souvent animés par un intervenant extérieur, etc.

Certains de ces intervenants extérieurs indispensables sont source d'insécurité juridique dans le cadre de la conformité Informatique et Libertés, en raison de la difficile appréciation de leur responsabilité ou non sur les traitements mis en œuvre. D'un côté, les prestataires exerçant leurs missions en toute indépendance (avocat, psychologue, assistance sociale, etc.) soutiennent qu'ils sont responsables de traitements – même si un contrat de prestation de service ou de travail le lie à l'entreprise ; d'un autre côté, la CNIL semble réticente à ne pas les qualifier de sous-traitants.

L'article 3 de la loi du 6 janvier 1978 modifiée dispose que : « le responsable d'un traitement de données à caractère personnel est, sauf désignation expresse par les dispositions législatives ou réglementaires relatives à ce traitement, la personne, l'autorité publique, le service ou l'organisme qui détermine ses finalités et ses moyens. »

Or, l'indépendance dont dispose l'avocat ou tout professionnel de santé dans l'exercice de ses fonctions – respectivement tirée de l'article 3 de la Loi n° 71-1130 du 31 décembre 1971 pour les avocats, de l'article R.4127-5 du code de la santé publique pour le médecin, de l'article R.4312-9 du même code pour les infirmières, du titre I-3 du code de déontologie des psychologues, et de l'article 7 du code de déontologie de l'association nationale des assistants de services sociaux – lui octroie autonomie décisionnelle et liberté d'action. Il décide des finalités des traitements qu'il effectue, et des moyens nécessaires à leur mise en œuvre.

Il y aurait donc lieu de considérer que le professionnel de santé ou l'avocat, qu'il soit salarié ou non de l'entreprise, ou qu'il soit membre du service de santé au travail ou sous-traitant indépendant ou salarié, est responsable des traitements qu'il met en œuvre dans le cadre des actions de prévention des risques psychosociaux.

Cette position n'est pas toujours défendue par la CNIL. Interrogés oralement sur la question, ses agents se sont positionnés une fois en faveur de la responsabilité de traitements du professionnel de santé, et une autre fois en le considérant comme sous-traitant. En outre, l'étude des autorisations accordées par la CNIL pour la mise en œuvre de dispositifs d'alertes professionnelles pour les discriminations par exemple[357], montre que ces autorisations incluent les prestataires et professionnels de santé, sans pour autant les qualifier ni de coresponsable de traitements, ni de sous-traitant. Cette imprécision dans la doctrine de la CNIL est source d'insécurité juridique.

En tout état de cause, si le prestataire ou professionnels de santé est considéré comme responsable de ses traitements, deux précautions doivent toutefois être prises par l'employeur :

- dans le cas d'une prestation extérieure fournie par une société de droit privé, il convient d'ajouter au contrat :
    - une clause de confidentialité spécifique vis-à-vis de l'employeur ;

[357] Par exemple : délibération n° 2013-065 du 7 mars 2013 autorisant Veolia Environnement à mettre en œuvre un traitement automatisé de données à caractère personnel ayant pour finalité la mise en œuvre d'un dispositif d'alerte dédié à la lutte contre les discriminations.

    - une clause de responsabilité de conformité de ses traitements avec la loi du 6 janvier 1978 modifiée, incluant notamment son obligation d'effectuer les formalités déclaratives auprès de la CNIL.
- devront être ajoutées aux contrats de travail des professionnels de santé salariés de l'entreprise :
    - une clause rappelant leur responsabilité pour leurs traitements ;
    - une clause rappelant leur obligation de confidentialité et engageant de ce fait l'employeur à leur fournir les moyens nécessaires pour assurer la sécurité des données qu'ils traitent.

Si le prestataire ou professionnel de santé est considéré comme sous-traitant, il convient d'ajouter au contrat :

- une clause relative aux durées de conservation, comprenant une obligation de destruction des données ;
- une clause relative à l'obligation de sécurité et de confidentialité des données.

Enfin, il convient de relever également une insécurité juridique supplémentaire relativement aux prestations visant la prévention des risques psychosociaux : certains services proposés peuvent être interprétés par la CNIL, par extension, comme faisant partie d'un dispositif d'alerte professionnelle, alors même qu'il semblerait du premier abord que l'objectif n'est que de l'écoute ou du soutien psychologique ou juridique. Dans ce cas, ces traitements doivent faire partie d'une demande d'autorisation visant le dispositif d'alerte professionnelle, ou être conforme à l'autorisation unique AU-004[358].

II. La conformité de la gestion des cas signalés et/ou avérés

Après la phase d'évaluation et de mesure, le processus de prévention des risques est complété par des dispositifs de signalement ou d'alerte permettant de remonter à l'employeur l'existence d'un risque avéré. L'obligation de sécurité de résultat de l'employeur lui impose en effet de mettre en place des procédures de gestion des accidents, des comportements de harcèlement ou de discrimination, des cas de violence, d'agression ou d'incivilité, de stress ou de mal-être en général, etc.

Ces dispositifs prennent différentes formes : ils peuvent être une boîte aux lettres électronique dédiée sur laquelle les personnes signalent la situation par mail, un formulaire disponible sur l'intranet qu'il suffit de compléter et d'envoyer à un destinataire identifié, une ligne téléphonique dédiée, ou même une application informatique spécifique permettant de déclarer des incidents. Dans certains cas, le dispositif prévoit l'intervention d'un prestataire externe, dont la mission est d'aider et d'accompagner les salariés dans ses démarches auprès de l'employeur.

Les données traitées nécessaires à la gestion des situations signalées et/ou avérées, de la déclaration de l'incident à la clôture du dossier, ont souvent un caractère sensible. Il s'agira de données relatives à la santé mentale des travailleurs, à des comportements et ressentis, à des faits potentiellement pénalement ou civilement répréhensibles

---

[358] CNIL. Autorisation unique AU-004 - Délibération n° 2005-305 du 8 décembre 2005 portant autorisation unique de traitements automatisés de données à caractère personnel mis en œuvre dans le cadre de dispositifs d'alerte professionnelle.

dans les cas d'agression, de violence ou de harcèlement, des données faisant apparaître les origines raciales ou ethniques dans les cas de discrimination, et toutes autres données nécessaires à la gestion de la situation. Les risques les plus importants soulevés par ces dispositifs sont le détournement de finalité - l'utilisation des informations traitées dans le cadre de ces situations pour d'autres fins, et leur divulgation, intentionnelle ou non.

Il convient de noter que le dispositif n'est pas toujours « automatisé » au sens de la CNIL. En effet, les alertes relevant des faits de harcèlement, de discrimination, de violence au travail, ou de mal-être, sont gérées par la direction des ressources humaines depuis toujours. Les procédures s'y afférant sont propres à chaque entreprise, mais contiennent toutes un point de départ – le signalement par la personne concernée, le médecin du travail, le supérieur hiérarchique, ou tout autre témoin, généralement effectué par mail – puis l'ouverture d'un dossier – numérique et/ou papier – instruit sous la forme d'une enquête au cours de laquelle plusieurs pièces et preuves sont collectées, et enfin une prise de décision et un suivi jusqu'à la clôture.

Ces procédures de gestion des situations signalées et/ou avérées, ne procèdent donc pas d'une automatisation : aucune boîte mail, ou ligne téléphonique ne sont dédiées à la remontée automatique de l'information. Ces procédures semblent donc échapper aux exigences de la CNIL.

Or, à titre de remarque, l'article 25-I-3 de la loi du 6 janvier 1978 modifiée soumet à autorisation de la CNIL les traitements, automatisés ou non, portant sur des données relatives à des infractions, condamnations ou mesures de sûreté. Comme mentionné *supra*, des informations relatives à des faits potentiellement répréhensibles pénalement (discrimination, harcèlement, violence, etc.) peuvent également être traitées dans le cadre de la gestion de situations signalées et/ou avérées, sans pour autant provenir d'une remontée dite automatisée.

En outre, il est permis de se questionner sur l'interprétation de la CNIL de la notion de traitements *automatisés* prévue dans les articles 25-I-4 et 7 de la même loi.

Saisie d'un nombre important de demandes d'autorisation relatives à des dispositifs de signalement d'atteinte à la santé des salariés, la CNIL a revu fin janvier 2014 son autorisation unique AU-004[359] relative aux alertes professionnelles, afin d'étendre les finalités initialement prévues à la lutte contre les discriminations et le harcèlement au travail, à la santé, l'hygiène et la sécurité au travail, ainsi qu'à la protection de l'environnement.

De nombreux points doivent être pris en compte pour assurer la conformité des dispositifs de signalement des atteintes à la santé mentale et physique des travailleurs, dans une perspective d'engagement de conformité à l'AU-004.

II.1. La forme du signalement

L'alerte donnée sur l'existence d'un risque signalé et/ou avéré peut prendre différentes formes (ligne téléphonique, messagerie électronique, etc.). Bien qu'il soit nécessaire de respecter la culture de l'entreprise (notamment sa gestion informelle des situations) pour assurer l'effectivité du dispositif, il semble qu'un formulaire numérique de déclaration est à privilégier.

---

[359] Voir *supra*

Ainsi, il sera possible de maîtriser les informations remontées de manière automatique (nom, prénom, type d'incident ou de situation, etc.), et limiter les zones de libre commentaire susceptibles de comporter des données non pertinentes, non objectives, et/ou non proportionnées. En outre, le formulaire à remplir peut comporter les mentions informatives sur les finalités, les destinataires et les droits des personnes.

II.2. Sur l'anonymat de l'alerte

L'anonymat de l'alerte ne doit pas être privilégié. En effet, afin de limiter les cas de dénonciation calomnieuse ou de diffamation, et d'éviter la mise en place d'un système de délation, il est recommandé d'assurer la confidentialité de l'identité des personnes concernées, et de ne pas encourager l'anonymat.

Cette position est soutenue par la CNIL, qui demande ainsi que la gestion d'un signalement anonyme « soit traitée dans les conditions suivantes :

- la gravité des faits mentionnés est établie et les éléments factuels sont suffisamment détaillés ;
- le traitement de cette alerte doit s'entourer de précautions particulières, telles qu'un examen préalable, par son premier destinataire, de l'opportunité de sa diffusion dans le cadre du dispositif[360] ».

[360] Article 2, Traitement de l'identité de l'émetteur de l'alerte de l'autorisation unique n° AU-004 - Délibération n° 2005-305 du 8 décembre 2005 portant autorisation unique de traitements automatisés de données à caractère personnel mis en œuvre dans le cadre de dispositifs d'alerte professionnelle.

II.3. Sur le traitement des données sensibles

Des données sensibles sont traitées dans le cadre de la gestion des dispositifs de signalement : d'une part, des données déjà qualifiées de sensibles, telles que celles relatives à la santé physique et mentale des travailleurs (dans le cas de signalement de violence, d'agression ou de mal être), d'autre part des catégories de données qui n'ont pas encore été qualifiées, telles que celles relatives aux ressentis et aux comportements des salariés.

Le contrôleur européen à la protection des données a proposé, dans le cadre de lignes directrices[361], une classification des données traitées en cas de signalement de harcèlement. Il décompose ainsi les catégories de données dites « tangibles » ou « objectives » – les données administratives et d'identification, généralement collectées directement auprès des personnes concernées –, et les données dites « intangibles » ou « subjectives » – allégations et déclarations fondées sur les perceptions subjectives des personnes concernées, généralement collectées au moyen des notes personnelles des personnes en charge de la gestion de l'alerte. Les deux catégories ont un régime juridique différent, s'agissant notamment du droit d'accès et de rectification et des durées de conservation.

Dans son autorisation unique, la CNIL a opté pour des conditions de recueil des données, qui doivent être « formulées de manière objective, en rapport direct avec le champ du dispositif d'alerte et les formulations utilisées pour décrire la nature des faits signalés

---

[361] Lignes directrices de 2011 du Contrôleur européen de la protection des données, relatives au traitement de données à caractère personnel dans le cadre de la sélection de conseillers confidentiels et des procédures informelles de traitement des cas de harcèlement au sein des institutions et organes de l'Union Européenne.

doivent faire apparaître leur caractère présumé ». Les catégories de données entrant dans le champ de l'AU-004 sont les suivantes :

- identité, fonctions et coordonnées de l'émetteur de l'alerte professionnelle ;
- identité, fonctions et coordonnées des personnes faisant l'objet d'une alerte ;
- identité, fonctions et coordonnées des personnes intervenant dans le recueil ou dans le traitement de l'alerte ;
- faits signalés ;
- éléments recueillis dans le cadre de la vérification des faits signalés ;
- compte rendu des opérations de vérification ;
- suites données à l'alerte.

Le caractère sensible des informations contenues dans les signalements d'atteinte à la santé physique et mentale des travailleurs entraine donc le recueil obligatoire du consentement du salarié victime, ou prétendument victime, pour poursuivre l'instruction de l'alerte (dans le cas par exemple d'une alerte faite par un témoin).

II.4. Sur la limitation du périmètre de chaque dispositif

Pour assurer la conformité des dispositifs de signalement, avec l'autorisation unique ou d'une manière générale avec la règlementation Informatique et Libertés, il convient de définir le périmètre du dispositif, sa finalité. Il s'agit donc d'informer clairement et à l'avance les situations susceptibles d'être gérées par le dispositif : soit les situations de harcèlement, soit celles de discrimination, de stress, mal-être, souffrance, etc.

II.5. Sur les personnes autorisées à utiliser les dispositifs

Trois difficultés peuvent être rapportées : la première est relative à l'utilisation des dispositifs par des témoins, la deuxième est relative à l'utilisation des dispositifs par des personnes qui ne sont pas liées par un contrat de travail avec l'employeur, et la troisième se rapporte à l'utilisation des dispositifs par des mineurs. L'autorisation unique AU-004 reste silencieuse sur ce point. En effet, elle mentionne un système mis à la disposition des employés d'un organisme public ou privé et parle de « l'émetteur de l'alerte ». Un dispositif ouvert aux témoins ou aux personnes externes à l'entreprise peut-il alors bénéficier de l'engagement de conformité à l'AU-004 ? Sur le principe, rien ne semble l'interdire.

Sur la question relative à l'ouverture du dispositif de signalement aux victimes qui ne sont pas liées par un contrat de travail à l'employeur, tel que les stagiaires, les candidats à l'emploi ou les anciens salariés, il est néanmoins recommandé de bien s'assurer :

- qu'ils ont été dûment informés de leurs droits d'accès, de rectification et de suppression des données à caractère personnel collectées dans ce cadre ;
- que la durée de conservation de leurs données personnelles, qui est différente de celle applicable aux salariés, est bien adaptée.

En revanche, s'agissant des intérimaires et prestataires, les dispositifs de signalement leur sont rarement ouverts, considérant qu'il revenait à leur employeur de recevoir leur alerte.

S'agissant de la troisième difficulté, il convient de noter qu'en cas d'utilisation d'un dispositif de signalement par un mineur (contrat d'apprentissage, contrat jeune, etc.), il serait indispensable de recueillir le consentement d'un tuteur légal pour traiter ses données à caractère personnel dites « sensibles ».

II.6. Sur les destinataires des informations

Les destinataires en interne des informations relatives au signalement d'une situation avérée ou non doivent impérativement être limités. Dans la pratique, et surtout lorsque la procédure n'est pas formelle, il a été observé qu'un nombre conséquent de personnes était susceptible d'être informé de la situation, et d'avoir accès, dans certains cas, à toutes les données. L'AU-004 autorise uniquement « les personnes spécialement chargées de la gestion des alertes au sein de l'organisme concerné, ou au sein du groupe de sociétés auquel appartient l'organisme concerné ». Dans le cas où un prestataire traite des données relevant d'un dispositif d'alerte, l'accès aux données est autorisé « dans la limite de leurs attributions respectives ».

Il convient donc de déterminer clairement les personnes destinataires de ces informations nominatives sensibles, et d'en assurer la confidentialité, par des mesures de sécurité et par la formation des personnes en charge de la gestion des signalements, laquelle peut porter sur les sujets suivants :

- la proportionnalité, la pertinence et l'objectivité des informations collectées ;
- la confidentialité ;
- l'information et le consentement ;
- la gestion de crise ;
- le cas échéant, les relations sociales ou la sécurité physique des personnes ;

- les moyens d'investigation autorisés ;
- les durées de conservation et la sécurité des données ;
- l'anonymisation (pour l'évaluation et la mesure des risques).

Les membres du CHSCT sont en pratique très souvent destinataires des informations relevant d'une alerte avérée ou non d'atteinte à la santé mentale des employés. La légitimité de cette communication n'est pas strictement avérée.

En effet, le code du travail octroie au CHSCT les missions de prévention et gestion des risques graves, révélés ou non par un accident du travail, une maladie professionnelle ou à caractère professionnel. Puisque les risques psychosociaux ne sont pas encore inscrits sur l'un des tableaux annexés au code de la sécurité sociale, les membres du CHSCT ne sont donc pas légalement habilités à être automatiquement destinataires de ses informations.

Cependant, les accords d'entreprises ou de branches peuvent impliquer directement le CHSCT ou les délégués du personnel dans la gestion des signalements d'une situation avérée ou non d'atteinte à la santé d'un salarié. Dans certains cas, l'entreprise utilisera simplement l'intervention du CHSCT comme un moyen de preuve de son action dans le cadre de son obligation de sécurité de résultat.

En tout état de cause, les membres du CHSCT ne sont pas visés en tant que destinataires des données dans l'AU-004, puisque seules « les personnes spécialement chargées de la gestion des alertes professionnelles » peuvent être destinataires des informations, qui sont en pratique des membres de la direction des ressources humaines. Pour être conforme à l'AU-004, il conviendrait donc de formaliser par une procédure la communication des informations rendues préalablement anonymes au CHSCT.

II.7. Sur le caractère facultatif du dispositif

La CNIL porte une attention particulière au caractère facultatif des dispositifs dits « automatisés » de signalement. Dans la pratique, cette question ne pose pas réellement de difficulté puisque la remontée d'informations par la voie hiérarchique, dite « classique » ou « de droit commun », est toujours possible.

Il se peut cependant que des entreprises obligent leurs salariés à signaler les cas avérés, dans l'objectif de contrôler les mesures prises pour gérer la situation, et évaluer les risques auxquels les salariés sont exposés. Dans ce cas, il semblerait que l'anonymat des personnes concernées par les signalements doive être conservé, sauf argument contraire.

II.8. Sur l'information des personnes

Les personnes concernées par les signalements (victime, témoin, auteur des faits, etc.) doivent impérativement être informées pour assurer la conformité à la règlementation et à l'AU-004. Les mesures suivantes peuvent être prises :

- en amont, il est possible d'informer tous les salariés via une note de service ou la communication sur l'intranet de l'entreprise ;
- lors du traitement du cas, que le traitement provienne d'un témoin ou directement de la victime, il convient de rappeler aux personnes, au cours du premier entretien effectué, leurs droits et les conséquences de l'utilisation du dispositif. Il

est également conseillé de recueillir le consentement des personnes lors de ce premier entretien ;

- l'auteur des faits allégués doit être informé de l'existence d'un signalement à son encontre dès l'enregistrement des informations le concernant. Cette information peut être différée si des mesures conservatoires doivent être prises.

L'information des personnes doit contenir, a minima :

- le nom du responsable de traitements. Il est également suggéré de citer les personnes en charge de la mise en œuvre du traitement (les personnes en charge de la gestion des signalements) et les personnes ayant accès aux informations ;
- la finalité poursuivie par le traitement : il s'agit de la gestion des situations à risque signalées et/ou avérées relevant du périmètre préalablement défini dans le cadre du dispositif ;
- le caractère obligatoire ou facultatif des réponses et des conséquences éventuelles d'un défaut de réponse. Autrement dit, il convient d'informer les salariés, le cas échéant, du caractère facultatif du dispositif, et l'absence de conséquence en cas de non-utilisation du dispositif. Il est également nécessaire d'informer les personnes des conséquences de l'utilisation abusive du dispositif, de diffamation ou de dénonciation calomnieuse, et à l'inverse, de non-conséquence en cas de signalement de bonne foi de faits finalement non avérés. En outre, il est important d'informer les personnes du défaut de communication de l'identité du lanceur de l'alerte, et des conséquences en cas de signalement anonyme ;

- les destinataires ou catégories de destinataires des données. Au sens de la loi du 6 janvier 1978 modifiée, un destinataire est toute personne habilitée à recevoir communication de ces données autre que la personne concernée, le responsable du traitement, le sous-traitant et les personnes qui, en raison de leurs fonctions, sont chargées de traiter les données. Il est également conseillé d'informer les salariés du caractère confidentiel du traitement de leurs données ;
- les droits que les personnes tiennent des dispositions des articles 38 à 43 de la même loi (droit d'opposition, droit d'accès, de rectification, de suppression);
- le cas échéant si les données sont transférées en dehors de l'Union Européenne ou d'un pays adéquat. À ce titre, il est à noter que l'AU-004 autorise le transfert des données dans un pays non-adéquat, s'il est effectué conformément aux dispositions légales (signature de clauses contractuelles types, *Safe Harbor* et *Binding Corporate Rules*).

II.9. Sur les droits des personnes

En pratique, et tel qu'autorisé par l'AU004, le droit des personnes d'avoir accès aux données les concernant traitées dans le cadre de la gestion des signalements, doit être respecté dans la limite de l'obligation de confidentialité sur l'identité des témoins. Ainsi, toutes les informations pouvant directement ou indirectement identifier un témoin doivent être systématiquement retirées des informations communiquées (soit en noircissant les données identifiantes, ou lorsque ce n'est pas suffisant, en retirant les documents).

S'agissant du droit de rectification, de suppression ou de mise à jour des données des personnes concernées, il peut présenter plusieurs difficultés dans les faits. Tout d'abord en ce qui concerne les données collectées ayant un caractère subjectif (ressentis ou comportements), qui par essence, ne sont pas « rectifiables » puisqu'elles ne reflètent qu'un instant T. Le salarié devrait-il avoir un droit de rectification sur des informations subjectives, ou intangibles, telles que qualifiées par le contrôleur européen (voir *supra*) ?

Le droit de rectification rencontre également une limite au regard du besoin qu'a l'employeur de conserver les preuves des actions qu'il a mises en œuvre pour prévenir les risques pesant sur ses salariés. Une demande de rectification ou de suppression du témoignage d'un salarié dans le cadre d'un signalement de discrimination ou de harcèlement, pourrait en effet priver l'employeur de preuves produites en cas de contentieux pour dégager sa responsabilité.

Il peut être cité le cas d'un salarié qui a demandé de supprimer, sur le fondement de l'article 40 de la loi du 6 janvier 1978 modifiée, des passages d'un entretien d'évaluation communiqué pour illustrer une situation de discrimination. Dans ce cas, l'employeur, qui a un intérêt à conserver lesdits passages en cas de contentieux futur, peut-il accéder à une telle demande de suppression ? Il pourrait être opposé au salarié le droit pour l'employeur de conserver les données personnelles, pendant la durée des délais légaux de prescription.

Cette réponse n'est en réalité pas entièrement satisfaisante du point de vue de la conformité Informatique et Libertés, puisque le délai de prescription pour rechercher la responsabilité pour faute inexcusable de l'employeur est de deux ans à partir de la reconnaissance du caractère professionnel de la maladie[362] – sans préjudice des délais de prescription pénale –, et que cette reconnaissance peut intervenir à tout moment. Les délais de prescription sont donc difficilement déterminables et anticipables.

II.10. Sur les mesures d'investigation utilisées

Les mesures d'investigation utilisées par les personnes en charge de la gestion des cas signalés et/ou avérés doivent également être conformes aux règles de protection des données personnelles, notamment s'agissant de l'information des personnes concernées. Si des enregistrements téléphoniques sont utilisés comme moyen de preuve de faits de discrimination ou de harcèlement par exemple, il convient de s'assurer que les salariés ont bien été informés de cette finalité.

Il est cependant possible de procéder différemment pour récupérer les preuves (dans le cas où l'information de l'utilisation des moyens d'investigation n'a pas encore été faite) : en demandant au lanceur d'alerte, ou à la victime le cas échéant, soit d'exercer son droit d'accès, soit de déposer une plainte, ouvrant ainsi une procédure judiciaire.

II.11. Sur la conservation et les mesures de sécurité

La conservation des informations traitées dans le cadre de la gestion des cas signalés et/ou avérés appelle plusieurs recommandations.

S'agissant tout d'abord de la durée de conservation des informations relatives *aux risques signalés et/ou avérés* d'atteinte à

---

[362] Article L.341-2 du Code de la Sécurité Sociale

la santé des travailleurs, l'intérêt de l'employeur à conserver les informations (voir *supra*) se heurte à son obligation de définir et de respecter une limite temporelle pour traiter ces informations.

L'autorisation unique AU-004, ainsi que les délibérations autorisant les dispositifs d'alertes, prévoient que les données collectées pour la gestion des situations *avérées* d'atteinte à la santé des salariés – donc suivie d'une procédure disciplinaire ou judiciaire – devront être archivées en archive intermédiaire immédiatement après clôture du dossier[363], ou détruites au terme de la procédure[364].

Lorsque celui-ci est autorisé, la durée de l'archivage intermédiaire « n'excède pas les délais de prescription des procédures contentieuses ». En l'espèce, la forclusion n'est pas déterminable à l'avance, puisque le délai de prescription pour rechercher la responsabilité pour faute inexcusable de l'employeur est de deux ans à partir de la reconnaissance du caractère professionnel de la maladie[365] – sans préjudice des délais de prescription pénale. Cela peut donc en pratique intervenir à tout moment. L'entreprise pourra donc très difficilement être conforme à l'AU-004, et souhaitera conserver les informations relatives à un signalement aux fins de preuves de son action.

S'agissant des données collectées pour la gestion des situations *signalées*, mais *non avérées* d'atteinte à la santé mentale d'un

363 A titre d'exemple : délibération n° 2013-053 du 28 février 2013 autorisant la société Bouygues Telecom à mettre en œuvre un traitement automatisé de données à caractère personnel ayant pour finalité la mise en place d'un dispositif d'alerte professionnelle dédié à la lutte contre les violences et le harcèlement au travail.

364 Délibération n° 2013-226 du 18 juillet 2013 autorisant la société SANOFI à mettre en œuvre un traitement automatisé de données à caractère personnel ayant pour finalité la mise en œuvre d'un dispositif d'alerte professionnelle. Demande d'autorisation n° 1643124).

365 Article L.341-2 du Code de la Sécurité Sociale

salarié – dont l'examen des faits n'est pas suivi d'une procédure disciplinaire ou judiciaire – la CNIL n'autorise pas leur conservation, ni dans son AU-004, ni dans les délibérations autorisant les dispositifs de signalement. Or, en pratique, ce n'est pas parce qu'un signalement n'entraîne pas de procédure disciplinaire ou judiciaire qu'il n'a aucun intérêt à être conservé.

Il peut être cité à titre d'exemple un salarié se plaignant de discrimination (ou de harcèlement, ou de violence psychologique). L'examen des faits par la personne en charge de la gestion du cas n'a pas révélé dans un premier temps la véracité des propos allégués. Le premier signalement est donc détruit. Quelques mois ou années plus tard, la même personne signale à nouveau des faits identiques, et dépose plainte contre son employeur, cherchant à engager sa responsabilité pour faute inexcusable, argumentant qu'aucune mesure n'a été prise pour remédier aux faits précédemment allégués. L'employeur ne pourra plus produire les preuves de son action et de sa diligence dans la gestion du cas.

En outre, des solutions d'ordre non disciplinaire ou judiciaire peuvent également être entreprises dans des cas, par exemple, de souffrance au travail (mutation, temps partiel, soutien psychologique, etc.) : il s'agit encore une fois pour l'employeur de conserver les preuves des mesures prises pour prévenir ou faire cesser l'atteinte à la santé du salarié.

La conservation des données traitées dans le cadre de la gestion des alertes d'atteinte *non avérées* (ou *non prouvées*) à la santé d'un salarié, entraîne en revanche des risques liés à la dénonciation calomnieuse ou à la diffamation.

D'un côté il apparaîtrait opportun de conserver les données collectées dans le cadre de la gestion des cas signalés et/ou avérés, mais n'entraînant pas de mesures disciplinaires, ceci pour une durée idéalement égale à celle prévue pour les situations d'atteinte avérée à la santé des salariés et suivies d'une procédure disciplinaire ou judiciaire. D'un autre côté, cette éventualité serait susceptible de porter atteinte à la personne qui serait sujette à un faux signalement (rentrant dans les cas de faits non prouvés).

Une solution « garde-fou » pourrait être avancée pour concilier ces intérêts : l'archivage intermédiaire immédiatement après le rendu des conclusions d'une situation d'un risque non avéré, dont l'accès serait exclusivement limité aux personnes en charge du contentieux, et pour une durée n'excédant pas les délais de prescription de l'action contentieuse.

S'agissant des données recueillies *qui ne relèvent pas du périmètre du dispositif* de signalement, elles doivent être détruites immédiatement (sous 48 heures).

Par ailleurs, il convient de souligner que pour assurer le respect des durées de conservation, une sensibilisation particulière doit être faite s'agissant des courriels. La procédure d'archivage devrait également prévoir l'archivage des emails échangés dans le cadre des signalements, et leur destruction de l'archivage courant (souvent oubliée par les opérationnels).

D'autre part, s'agissant de la sécurité des données traitées dans le cadre de la gestion des situations signalées et/ou avérées, la CNIL demande au responsable du traitement de prendre « toutes précautions utiles pour préserver la sécurité des données tant à l'occasion de leur recueil que de leur communication ou de leur conservation. En particulier, les accès aux traitements de données s'effectuent par un identifiant et un mot de passe individuels, régulièrement renouvelés, ou par tout autre moyen d'authentification. Ces accès sont enregistrés et leur régularité est contrôlée. »

Enfin il est conseillé de prendre les mesures de sécurité suivantes :

- les personnes en charge de la gestion des cas ont des imprimantes dédiées non partagées ;
- les emails échangés sont chiffrés ;
- les dossiers papier sont conservés dans des armoires dédiées sous clef.

III. Synthèse des solutions de conformité proposées

Traitement par finalité	Points d'attention	Droit d'accès	Formalité CNIL
Établissement des documents obligatoires	Assurer l'anonymat en formalisant la remontée d'information par une procédure (le personnel en charge des statistiques n'a pas accès à la base de données source)	Non	Aucune

Gestion des réponses aux questionnaires et baromètres	☞ Soit, assurer le strict anonymat des réponses ; ☞ Soit recueillir le consentement exprès du salarié (case à cocher et information claire sur le volontariat). Dans ce cas : définir le(s) risque(s) recherché(s) et assurer la proportionnalité. ☞ Clauses Informatique et Libertés dans le contrat avec le prestataire, le cas échéant.	Si anonymat, non Si données personnelles, oui (à assurer avec le prestataire le cas échéant)	Si anonymat, aucune Si données personnelles et consentement, déclaration normale
Analyse des indicateurs spécifiques	Privilégier l'anonymat ; sinon, le consentement (si données sensibles) ; et dans tous les cas, assurer le non-détournement de finalité (surveillance), la proportionnalité des informations collectées, et l'information des salariés	Si anonymat : non Si données personnelles : oui	Déclaration normale

Opérations de soutien psychologique et accompagnement social	Si la responsabilité du traitement revient à l'entreprise : ☞ Recueillir le consentement (privilégier les dispositifs basé sur le volontariat) Si la responsabilité du traitement revient au sous-traitant ou personnel de santé : ☞ Ajouter des clauses de confidentialité spécifique vis-à-vis de l'employeur ☞ Donner les moyens aux personnels de santé salariés d'assurer la sécurité des données Garantir l'anonymat des données remontées pour le suivi et l'évaluation des risques	Oui : auprès du prestataire ou personnel de santé	Déclaration normale (si consentement)

Gestion des opérations de communication, formations et sensibilisation	Privilégier l'intervention du personnel de santé	Oui	Déclaration normale (ou Norme simplifiée 46)
Gestion des actions de prévention et d'amélioration de la qualité de vie	Privilégier l'intervention du personnel de santé Assurer la proportionnalité et la pertinence des données personnelles nécessaires aux actions de prévention Eviter tout détournement de finalité en déterminant les destinataires des données	Oui : auprès du prestataire ou service en charge de l'action de prévention	Déclaration normale
Accompagnement social	Privilégier l'intervention du personnel de santé, responsable de traitements	Oui : auprès du prestataire	Autorisation (ou norme simplifiée)
Gestion des situations avérées et/ou signalées d'atteinte à la santé mentale des travailleurs	Privilégier le formulaire type à remplir sans zone de libre commentaire pour le signalement Recenser et délimiter le périmètre de chaque dispositif Définir les personnes	Oui, dans la limite de la confidentialité de l'identité des témoins Droit de rectification et	Demande d'autorisation

	autorisées à utiliser les dispositifs de signalement et adapter les procédures en conséquence Déterminer et former les destinataires des informations en interne Si la procédure n'est pas facultative : anonymat Garantir l'information et le recueil du consentement Déterminer préalablement les mesures d'investigation autorisées Assurer les durées de conservation Anonymiser les informations servant à l'évaluation des risques Assurer la sécurité et la confidentialité des données	de suppression : oui, dans la limite de l'utilité de conserver ces informations dans l'hypothèse d'un contentieux	

LE DPO : VERS UNE REDÉFINITION DU RÔLE DES CIL EN TANT QU'ACTEURS CLÉ DE LA PROTECTION DES DONNÉES PERSONNELLES

par Clémence SCOTTEZ

Introduction

De nombreux organismes abordent encore la question de la protection des données personnelles sous le seul angle de la formalité préalable à réaliser auprès de l'autorité compétente, sans mesurer pleinement les enjeux de cette matière pour leur activité.

Il est en effet fréquent que le service des correspondants de la CNIL reçoive des appels de type « Bonjour, mon entreprise vient d'installer des caméras dans le hall d'accueil, il semblerait que ce système doit être déclaré auprès de votre autorité mais j'ai entendu parler d'un correspondant qui pourrait m'épargner ces formalités » … Cette entrée en matière résume à elle seule la manière dont est encore perçue l'application de la loi « Informatique et Libertés ». La personne à l'origine de l'appel ignore que la loi ne vise pas le dispositif technique en tant que tel mais bien les images des individus que celui-ci pourrait capter et qu'il ne s'agit d'ailleurs pas du seul « traitement » de données personnelles devant être déclaré et surtout encadré pour le compte de son entreprise.

Pour certains responsables de traitement plus aguerris, la déclaration reste souvent perçue comme concluant la mise en place d'un nouveau dispositif interne, formalité dont le principal enjeu réside dans le choix de la norme la plus adaptée (autorisation, avis, déclaration, norme simplifiée, etc.).

Ce constat appelle sans doute une sensibilisation accrue des organismes à l'esprit des règles de protection des données européennes, résumé par l'article 1er de la loi française, à savoir que « l'informatique doit être au service de chaque citoyen (...). Elle ne doit porter atteinte ni à l'identité humaine, ni aux droits de l'homme, ni à la vie privée, ni aux libertés individuelles ou publiques ». Il démontre surtout une méconnaissance des enjeux posés par la protection des données personnelles pour la pérennité de leur activité, dans un contexte réglementaire, technologique et social en mutation.

Perçue parfois comme une source de coût ou de lourdeur administrative, la législation « Informatique et Libertés » permet avant tout d'entretenir le sentiment de sécurité des personnes, salariés, usagers ou clientes, « livrant » leurs données personnelles à l'organisme. À défaut d'une telle relation de confiance, la pérennité de l'activité économique peut être mise à mal.

C'est afin de consolider l'espace de confiance que le Parlement européen a entrepris de réviser la directive 95/46/CE du 24 octobre 1995 en matière de protection des données personnel. Sans remettre en cause les principes et objectifs de la directive, la proposition de règlement européen élaborée à ce titre, crée un cadre uniforme et renforcé en tenant compte des évolutions technologiques des deux dernières décennies.

Présentée comme une priorité stratégique de la vice-présidente de la Commission européenne, Madame Viviane Reding, la proposition de texte, renforce, en son état actuel[366], les moyens de contrôle des

[366] Résolution législative du Parlement européen du 12 mars 2014 sur la proposition de règlement du Parlement européen et du Conseil relatif à la protection des personnes physiques à l'égard du traitement des données à caractère personnel et à la libre circulation de

personnes sur leurs données personnelles, tout en mettant l'accent sur la responsabilité des organismes quant à la protection de ces données.

La proposition de règlement allège significativement les formalités préalables à réaliser auprès des autorités de contrôle, tout en élevant son niveau d'exigence quant aux procédures internes démontrant la conformité des organismes, par la mise en place de mesures techniques et organisationnelles effectives garantissant la protection des données. Le développement de nouveaux outils tels que la « vérification de conformité », « les études d'impact sur la vie privée », ou encore les procédures de notification des violations de données personnelles, participent également à la responsabilisation des organismes tout en permettant de moduler l'application des règles juridiques en fonction des conséquences posées par les traitements sur la vie privée des personnes concernées. L'introduction d'une certaine proportionnalité dans l'application des règles ou l'allégement des formalités préalables ne sauraient toutefois être exploitée par les organismes pour justifier des insuffisances internes et l'absence de tout processus de pilotage dédié à ces questions. Aussi faut-il connaître, organiser et baliser le terrain sur lequel ces mesures ont vocation à s'appliquer.

C'est dans cette optique qu'est créé le Détaché à la protection des données personnelles (désigné dans le présent article par l'acronyme « DPO » pour *Data Protection Officer*) en tant que garant de l'engagement responsable de son organisme (I).

Le DPO peut être présenté comme une version plus perfectionnée des actuels délégués à la protection des données issus de la directive

---

ces données (règlement général sur la protection des données) (COM(2012)0011 – C7-0025/2012 – 2012/0011(COD)) (Procédure législative ordinaire: première lecture) de 1995, qui emprunterait également certaines caractéristiques à son homologue anglo-saxon le *Chief Privacy Officer*. Si son portrait peut être esquissé dans les grandes lignes (II), le DPO ne renvoie pas à un, mais à plusieurs profils adaptables en fonction des besoins de la structure qui le désigne. Outre des compétences professionnelles adaptées, le DPO devra bénéficier d'un positionnement interne de nature à permettre l'exercice indépendant et effectif de ses missions (III).

Qu'il soit obligatoire ou facultatif, le DPO occupera une place centrale dans le paysage transformé de la protection des données. Identifier dès à présent les personnes présentant les qualités requises d'un DPO, établir une feuille de route permettant d'assumer l'ensemble de ses missions, sont des étapes préalables à une mise en conformité effective, dans la perspective du futur cadre européen unique en matière de protection des données (IV).

I. Le DPO garant de l'engagement responsable de son organisme

I.1. La responsabilisation accrue des organismes et l'obligation de rendre des comptes

Le législateur européen met à la charge des organismes un devoir de transparence et de rendre compte de leurs actes.

La proposition de règlement consacre à cet effet le principe d'*accountability*[367] (ou d'engagement responsable) qui exige des « responsables du traitement des données qu'ils mettent en

---

367 Ce principe figure dans les lignes directrices de l'Organisation de coopération et de développement économiques (OCDE) régissant la protection de la vie privée, adoptées en 1980 et a été intégré dans les « normes internationales de Madrid », élaborées par la Conférence internationale des commissaires à la protection des données et de la vie privée.

place les mécanismes internes nécessaires pour démontrer leur conformité aux parties prenantes externes, notamment aux autorités nationales chargées de la protection des données[368] ».

Son article 22 impose aux organismes d'« adopte(r) des règles appropriées et (de) met(tre) en œuvre des mesures techniques et organisationnelles adéquates et démontrables pour garantir, et être à même de démontrer de façon transparente, que le traitement des données à caractère personnel est effectué » dans le respect du règlement européen à venir.

Cette responsabilisation accrue se traduira notamment par la nécessité de conserver toute trace des actions tendant à respecter le règlement et par la tenue d'une « documentation[369] ».

Si elle peut être assimilée au registre actuel que doit tenir le correspondant, la documentation requise par le règlement est bien plus exhaustive[370]. Elle devra couvrir l'ensemble des traitements, indépendamment du régime de formalité applicable et témoigner d'un suivi détaillé de chacune de leurs caractéristiques[371], incluant

---

[368] Avis 3/2010 du groupe de l'article 29 sur le principe de responsabilité

[369] Article 28 de la proposition de règlement

[370] Article 48 du décret n° 2005-1309 du 20 octobre 2005 : « la liste précise, pour chacun des traitements automatisés ; 1° Les noms et adresse du responsable du traitement et, le cas échéant, de son représentant ; 2° La ou les finalités ; 3°Le ou les services chargés de le mettre en œuvre ;4°La fonction de la personne ou le service auprès duquel s'exerce le droit d'accès et de rectification ainsi que leurs coordonnées ; 5° Une description des catégories de données traitées, ainsi que les catégories de personnes concernées par le traitement ;6° Les destinataires ou catégories de destinataires habilités à recevoir communication des données ; 7° La durée de conservation des données traitées »

[371] Considérant 65 de la proposition de règlement : « Afin de pouvoir apporter la preuve qu'il se conforme au présent règlement, le responsable du traitement ou le sous-traitant devrait tenir à jour la documentation nécessaire au respect des exigences établies dans le présent règlement. Chaque responsable du traitement et sous-traitant devrait être tenu de coopérer avec l'autorité de contrôle et de mettre ces informations à sa disposition sur demande pour qu'elles servent à l'évaluation du respect du présent règlement. Néanmoins, il y a lieu

les délais impartis pour effacer chaque catégorie de données par traitement, en cas de sous-traitance, le périmètre de cette dernière encadré par un contrat *ad hoc*, ainsi que la trace des actions du délégué, en termes de conseil ou d'audit auprès du responsable de traitement.

L'existence de mesures techniques et organisationnelles appropriées permettant de répondre aux principes de protection des données dès la conception de nouveaux produits et par défaut, « tels que la réduction des données au minimum et la limitation de la finalité[372]. » dans « la totalité du cycle de vie d'une technologie, dès la toute première étape de conception jusqu'à son déploiement final, son utilisation et son élimination » doit aussi être démontrée.

Par nature évolutifs et dépendants du contexte économique, sociétal ou tout simplement internes à l'organisme, les risques présentés par un traitement de données seront en outre régulièrement évalués que ce soit par des « auditeurs indépendants internes ou externes », comme le prévoit le considérant 60 de la proposition de règlement ou par l'« examen de conformité » introduit par le nouvel article 33 bis[373].

Par ailleurs, les dispositifs de mise en conformité interne requis par la proposition de règlement peuvent être assimilés à une forme de régulation interne novatrice en ce qu'elle peut être sanctionnée par

---

d'accorder la même attention et la même importance aux bonnes pratiques et à la conformité, et pas seulement à la constitution de la documentation » ; article 26.3 « 3. Le responsable du traitement et le sous-traitant conservent une trace documentaire des instructions données par le responsable du traitement et des obligations du sous-traitant »

[372] Considérant 61 de la proposition de règlement

[373] L'examen de conformité permet de vérifier tous les deux ans qu'un traitement ayant fait l'objet d'une analyse d'impact est toujours mis en œuvre conformément à ladite analyse et que cette dernière est toujours d'actualité. Les résultats de ces vérifications, doivent être mis à la disposition de l'autorité de contrôle en faisant la demande.

l'autorité de protection des données personnelles compétente. L'adoption de règles et procédures de conformité internes se superposant aux cadres légaux applicables n'est pas un phénomène nouveau. Par le passé, certains secteurs d'activités, ont adopté, en amont de toute réglementation, des codes de conduite[374], de déontologie[375], charte[376] afin de moraliser leurs pratiques. La labellisation de certains produits ou procédures, prévue par l'article 11 de la loi « Informatique et Libertés » française, relève également d'une démarche volontaire de mise en conformité du responsable de traitement.

Les règles d'entreprise contraignantes (*Binding Corporate Rules* ou BCR) sont également fondées sur le principe d'engagement responsable des organismes multinationaux se matérialisant notamment par la création d'un recueil de bonnes pratiques précisant les mesures internes en matière de protection des données (procédure de contrôle interne, programmes de formation, réseau de délégués à la protection de la vie privée, système de gestion des plaintes). Dans leur ensemble, le respect de ces bonnes pratiques repose sur la bonne volonté de ses exécutants.

Sous l'empire du futur règlement européen, le caractère contraignant de ces règles internes prendra, semble-t-il, une nouvelle dimension, sous la menace d'un éventuel contentieux administratif ou pénal, comme le prévoit la proposition de

---

[374] Code de conduite sur l'utilisation des coordonnées électroniques à des fins de prospection commerciale de l'Union Française du Marketing Direct

[375] Code de déontologie de la communication directe électronique du Syndicat National de la Communication Directe

[376] Charte relative aux conditions de mise en œuvre des dispositifs de vidéoprotection déployés dans les gares, les boutiques S.N.C.F. et les trains de la vie quotidienne

règlement, et des risques pour l'image des organismes en cas de médiatisation de leurs manquements.

En effet, les responsables de traitement se verront doublement contraints de prouver leurs diligences, compte tenu :

- du risque de contrôle et de sanction par leur autorité de protection des données, pour des montants désormais dignes de leur attention[377] ;
- de la prise de conscience accrue des individus quant à la valeur de leurs données. Désormais en capacité d'agir, les personnes concernées seront de plus en plus enclines à demander des comptes aux organismes traitant leurs données, que ce soit par la voie amiable ou judiciaire.

Cette « capacité d'agir » pourrait prendre de l'épaisseur avec l'introduction d'action de groupe à la française par la loi relative à la consommation n° 2014-344 du 17 mars 2014[378] mais aussi grâce à la faculté ouverte par le futur règlement à certaines associations « d'introduire une action auprès d'une autorité de contrôle au nom des personnes concernées avec leur consentement ou d'exercer le droit de recours s'il ou elle est mandatée par les personnes concernées ou d'introduire une réclamation en son propre nom, indépendamment de celle de la personne concernée si elle estime que le règlement a été violé ».

---

[377] Pouvant atteindre 100.000.000 d'euros, ou 5 % du chiffre d'affaires annuel mondial pour les entreprises (art.79 de la proposition de règlement)

[378] La loi relative à la consommation n° 2014-344 du 17 mars 2014 crée une procédure d'action de groupe réservée aux associations nationales agréées de consommateurs permettant de réparer les préjudices matériels résultant d'une atteinte au patrimoine trouvant sa cause dans la violation des obligations légales et conventionnelles d'un ou des mêmes professionnels à l'occasion de la vente de biens ou de la fourniture de services ou en cas de pratiques anti-concurrentielles.

À cet égard, il est intéressant de noter que la dernière version du règlement votée par le parlement élargit la proposition initiale qui portait sur les seules violations de données à l'ensemble du respect de la réglementation.

I.2. La conduite de la mise en conformité nécessite un pilote qualifié

Prévenir les risques encourus en cas de non-respect des principes de protection des données suppose une véritable coordination en interne ainsi que la désignation d'une « tête de pont » capable de piloter la mise en conformité au futur règlement.

C'est dans cette perspective que le législateur européen crée le « Délégué à la protection des données personnelles » (désigné par l'acronyme DPO pour *Data Protection Officer*).

Les missions du DPO s'inscrivent dans la continuité du rôle assigné au détaché par la directive CE/95/46 du 24 octobre 1995. L'article 18 de la directive simplifie, voire dispense de certaines obligations déclaratives les organismes ayant désigné un « détaché à la protection des données à caractère personnel chargé notamment d'assurer, d'une manière indépendante, l'application interne des dispositions nationales prises en application de la [...] directive, de tenir un registre des traitements effectués par le responsable du traitement, et garantissant de la sorte que les traitements ne sont pas susceptibles de porter atteinte aux droits et libertés des personnes concernées. »

Dans les premières années de la mise en place du correspondant, certains organismes ont pu associer cette dispense à une exonération pure et simple du respect de la loi et désigner des

CIL « paravents » dans cette seule perspective. Le premier bilan des contrôles réalisés par la CNIL entre 2010 et 2011 auprès des correspondants mentionne en effet la présence de CIL « désinvestis (…) qui ne bénéficient ni des moyens, ni du soutien du responsable de traitement dans l'accomplissement de ses missions[379] ».

Toutefois, le nombre de CIL « paravent » ne cesse de se réduire, soit par une sensibilisation adéquate des organismes réalisant l'importance stratégique de la protection des données, soit par la formation progressive des CIL désignés qui ont su s'approprier et diffuser une culture informatique et libertés au sein de leurs structures.

La présence d'un expert est en effet essentielle pour conseiller l'organisme sur les nouvelles manières d'exploiter les données, valoriser en conséquence son patrimoine informationnel, rationaliser les coûts et éviter des erreurs stratégiques lors du lancement de nouveaux produits ou services, optimiser en conséquence les investissements, la politique d'archivage et d'externalisation, les procédures internes relatives à la sécurité de l'information. Désigner un DPO compétent constitue en ce sens un avantage concurrentiel.

De manière plus générale, désigner un DPO s'intègre dans les nouvelles pratiques de gouvernance des entreprises en termes de mise en conformité (réduction des risques de contentieux administratif, judiciaire) ou dans le cadre de la « responsabilité sociétale de l'entreprise ».

---

[379] Voir http://www.cnil.fr/linstitution/actualite/article/article/controles-des-cil-des-moyens-qui-font-la-difference/

La présence d'une personne ou d'un service, interlocuteur unique symbolisant la protection des données au sein de l'organisme est en effet de nature à créer un climat de confiance avec les personnes extérieures (clients, fournisseurs, partenaires potentiels, autorités de contrôle) comme internes à l'organisme (instances représentatives du personnel notamment) et conduit *in fine*, à conjuguer logique économique et responsabilité sociale.

Par ailleurs, dans la perspective de l'adoption du règlement européen, la désignation par anticipation d'un CIL permet d'aborder de manière plus sereine la mise en application de règles aux effets transverses et multiples dont l'effectivité sera requise à court terme, soit seulement deux ans après l'entrée en vigueur du règlement.

Les références aux DPO sont distillées dans l'ensemble du règlement, plaçant son intervention dans une démarche de co-régulation, parallèle à l'action de l'autorité de protection des données.

Ainsi, le règlement prévoit l'obligation de consulter, soit le DPO, soit l'autorité de contrôle, si l'analyse d'impact réalisée sur un traitement révèle que ce dernier expose les personnes concernées à un risque particulier[380], afin de formuler des propositions avant le lancement des opérations. Le considérant 75 rappelle également la nécessité d'intégrer le DPO *ab initio* dans tout projet impliquant la mise en place d'un nouveau traitement ou la modification substantielle d'un traitement existant et de l'associer à toute étude d'impact en matière de vie privée.

[380] Telles que la privation d'un droit, utilisation de nouvelles technologies

Le DPO occupe aussi une place centrale dans la mise en œuvre des BCR en veillant, au sein du groupe d'entreprises, à leur respect, au suivi de la formation interne et au traitement des réclamations[381]. Le DPO pourra également piloter les examens de la conformité prévus par l'article 33 bis du règlement tous les deux ans, voire plus si des risques spécifiques naissent dans ce laps de temps. Enfin, le DPO sera l'interlocuteur privilégié de l'autorité de contrôle qui souhaiterait se voir communiquer les documents résultant des audits et examens de conformité. Indépendamment du caractère obligatoire ou facultatif de sa désignation, le DPO centralise donc les fonctions de point d'entrée, de pilote et de « vérificateur » de toute action interne tendant au respect de la protection des données et sera le garant de leur cohérence.

Dans ce contexte, maintenir ou désigner un DPO « fantôme » ou « paravent » s'avèrerait contre-productif pour les organismes concernés, qui se priveraient de ce fait d'un véritable expert veillant au respect des dispositions du futur règlement, dont la violation pourrait être lourdement sanctionnée. En effet, l'article 78 de la proposition de règlement prévoit une amende « pouvant atteindre cent millions d'euros ou au maximum 5 % du chiffre d'affaires annuel mondial dans le cas d'une entreprise » (nouvel article 78) pour tout manquement à ses dispositions.

II. Portrait du futur DPO

II.1. Un acteur à la croisée du détaché à la protection des données et du *Chief Privacy Officer*

[381] Considérant 83 et art. 43 de la proposition de règlement

Aujourd'hui, chaque État membre décline à sa propre façon la fonction de « détaché à la protection des données » tout en respectant dans les grandes lignes l'interdiction de conflit d'intérêt, les principes d'exercice indépendant de ses missions et de tenue d'une liste des traitements.

Le législateur européen homogénéise la fonction sur le territoire européen, en nivelant par le haut les exigences applicables au DPO. Celui-ci réunit les qualités des modèles nationaux reconnus, à l'exemple du correspondant Informatique et Libertés français (CIL), du *Datenschutzbeauftragte* (DSB) allemand tout en s'inspirant du modèle anglo-saxon né dans les années 2000 du *Chief Privacy Officer* (CPO).

Le modèle allemand présente des similitudes notables avec le futur DPO. Reconnue comme l'inspiratrice du détaché à la protection des données créé par la directive de 1995, l'Allemagne avait devancé cette dernière en rendant obligatoire, dès 1977, la désignation du DSB dans le secteur privé, puis dans le secteur public, à l'occasion de la transposition de la directive. Le DSB fait depuis figure d'institution locale en matière de protection des données, là où dans d'autres pays, il reste facultatif et souvent méconnu du public.

Le futur DPO présente également des points communs avec une vision plus anglo-saxonne de la fonction de détaché à la protection des données personnelles incarnée par les *Chief Privacy Officer*.

Créé en 1999 au sein de la société Alladvantage, le métier de CPO résulte d'un scandale impliquant la régie publicitaire

DoubleClick[382] et de la prise de conscience des associations de consommateurs. Contrairement au détaché à la protection des données, les missions du CPO ne sont pas légalement arrêtées mais issues de la pratique. Elles sont le fruit d'un constat partagé outre Atlantique, reconnaissant la nécessité de préserver la confidentialité et la sécurité des actifs immatériels des sociétés. C'est en ce sens que le rapport intitulé « La vie privée à l'heure des mémoires numériques » de M. Yves Détraigne et Mme Anne-Marie Escoffier observe que « Le CPO est comparable à un Correspondant Informatique et Libertés mais aux pouvoirs plus étendus. En effet, il dirige tout un service, à la différence du correspondant qui est seul. En outre, il est obligatoirement associé, très en amont, aux projets informatiques de l'administration à laquelle il appartient. C'est pourquoi les représentants américains ont estimé que le CPO « pourrait presque se comparer à une autorité de protection de données personnelles interne à l'administration, une sorte de « mini-CNIL »[383] »

La profession de CPO s'est d'ailleurs particulièrement développée dans les entités dont le modèle économique dépend de la collecte et de l'utilisation des données personnelles des consommateurs, dont le niveau de confiance constitue, de ce fait, un avantage concurrentiel.

---

[382] DoubleClick venait d'acquérir une base de données afin d'enrichir les profils de plus de 100 millions d'internautes collectés par le biais de bannières publicitaires en ligne. A la suite de ce scandale largement médiatisé, l'action de DoubleClick a chuté de 20 % en Bourse.

[383] Rapport d'information au nom de la commission des Lois constitutionnelles, relatif au respect de la vie privée à l'heure des mémoires numériques (http://www.senat.fr/rap/r08-441/r08-4411.pdf). L'AFCDP avait été auditionnée dans le cadre de ces travaux.

Par ailleurs, le CPO[384] semble d'ores et déjà familiarisé avec l'approche par les risques, nouveauté sur le point d'être introduite par la proposition de règlement européen en matière de protection des données. De même, les CPO disposent d'une certaine pratique s'agissant de la mise en place de mesures techniques et organisationnelles, de politique de protection des données ainsi que d'audit interne, outils dont l'adoption sera probablement requise par le futur règlement européen.

II.2. Qualités professionnelles et connaissances requises

Exploiter les retours d'expérience du CIL français, du détaché allemand et du CPO permettrait d'esquisser le « portrait-robot » du DPO, dont la proposition de règlement ne donne qu'un aperçu abstrait. Son article 35 évoque une série de « qualités professionnelles » et de « connaissances spécialisées de la législation et des pratiques en matière de protection des données » tout en rappelant la nécessaire compatibilité entre son positionnement interne et les tâches qui lui sont dévolues par le texte européen. En pratique, les profils des CPO comme des correspondants français sont extrêmement variés et regroupent, dans des proportions variables, des juristes, des qualiticiens, des responsables de la sécurité des systèmes d'information, des directeurs des systèmes d'information, des informaticiens, des responsables conformité, déontologues, communicants, etc.

Cette liste non exhaustive fait écho à la diversité des occupations du DPO, qui couvrent la formation, le conseil, la mise en conformité,

[384] Les fonctions du CPO ont été précisées dans les années 2000 après l'adoption de différentes lois sectorielles liées à la protection des données, à l'image de la loi fédérale de 1974 « US Privacy Act » qui ne s'appliquait qu'aux données détenues par l'administration fédérale.

l'adoption et l'application de mesures techniques et organisationnelles, la réalisation d'études d'impact, l'intégration des principes de protection de la vie privée dès la conception et par défaut, le contrôle et audit internes. En résumé, tout comme le CIL mais de manière plus marquée, le DPO devra réunir à lui seul, ou avec ses collaborateurs, certaines qualités propres aux fonctions d'informaticien, de juriste, de pédagogue, de qualiticien et d'expert en sécurité des systèmes d'information.

Le considérant 75 offre une liste « à la Prévert » des qualifications nécessaires au DPO, à savoir, « une connaissance étendue du contenu et de l'application de la législation en matière de protection des données, y compris les mesures et procédures techniques et organisationnelles ; la maîtrise des exigences techniques concernant la protection de la vie privée dès la conception, la protection de la vie privée par défaut et la sécurité des données ; une connaissance spécifique du secteur d'activité, conformément à la taille du responsable du traitement ou du sous-traitant et au caractère sensible des données à traiter; la capacité de mener à bien des inspections, des consultations, à établir une documentation et à effectuer des analyses de fichiers ; et la capacité à travailler avec des représentants des employés », tels que le comité d'entreprise ou les représentants du personnel.

La proposition de règlement précise en outre que l'organisme devra « permettre au délégué à la protection des données de participer à des programmes de formation avancée afin de tenir à jour les connaissances spécialisées requises dans le cadre de l'exécution de ses tâches ». Ces précisions sont importantes et érigent en obligation les prescriptions très générales présentes dans certaines lois nationales. À titre d'exemple, des pays tels que l'Allemagne exige que le détaché soit doté de « capacités » appropriées, les Pays-Bas renvoient à des « connaissances adéquates » et la France parle de « qualifications nécessaires », sans pour autant instaurer d'examen permettant de vérifier la réunion de ces qualités chez le détaché. Le Luxembourg prévoit en revanche un agrément des détachés par l'autorité de protection des données[385].

Par ailleurs, il peut être judicieux de s'inspirer du référentiel applicable à la délivrance de label en matière de procédures d'audit de traitements proposé par la CNIL[386], pour illustrer de quelle manière pourraient se matérialiser ces prérequis. En effet, dans la mesure où l'audit et le contrôle de conformité feront partie intégrante de la vie des futurs DPO, les critères inscrits dans le référentiel pourraient donner un avant-goût des aptitudes et expériences attendues du futur DPO. Ainsi, le référentiel exige notamment des auditeurs une expérience professionnelle de cinq ans minimum, une formation à la méthodologie d'audit (principes, procédures techniques, documents relatifs à l'audit et bien sûr, portant sur le cadre juridique pertinent pour le domaine audité) de 20 heures minimum, une expérience de vingt jours d'audit au minimum, un perfectionnement assorti d'une évaluation continue, un master 1 de droit obtenu a minima pour les auditeurs juridiques et une expérience minimale de deux ans dans le domaine « Informatique et Libertés ». Ces exigences ont d'ores et déjà été adoptées par de nombreux organismes, en tant que

---

385 Pour plus d'informations, consulter la carte des CIL en Europe sur http://www.cnil.fr/linstitution/missions/informer-conseiller/correspondants/carte-des-cil-en-europe/

386 Délibération no 2011-316 du 6 octobre 2011 portant adoption d'un référentiel pour la délivrance de labels en matière de procédure d'audit tendant à la protection des personnes à l'égard du traitement des données à caractère personnel

responsable de traitement à l'image du groupe La Poste, ou en tant que cabinet d'audit et de conseil.

Elles ne seront toutefois pas forcément adaptées aux DPO internes de petites structures ne mettant en place que des traitements courants.

II.3. Un DPO adapté selon les structures

La diversité des besoins des organismes face aux problématiques de protection de la vie privée est prise en compte par l'article 35.5 de la proposition de règlement qui fixe le niveau de connaissance requis du DPO « en fonction du traitement des données effectué et de la protection exigée pour les données à caractère personnel traitées par le responsable du traitement ou le sous-traitant. »

Le poids des obligations et le rôle du DPO seront donc variables en fonction de la taille de la structure et surtout de la nature des traitements mis en œuvre. Ainsi, une entreprise de trois cents personnes dont l'activité consiste à fournir des matières premières aux professionnels, n'appellera pas le même investissement que celui requis pour une structure d'une dizaine de personnes mais dont le modèle économique repose sur des techniques de *data mining*, d'enrichissement de bases de données ou sur la fourniture de services personnalisés.

Il n'existe donc pas un, mais des profils de DPO, pouvant agir en interne à plein temps ou à temps partiel, seul ou aidé d'une équipe, ou encore en externe pour le compte de plusieurs organismes. Dans cette logique, si le volume ou la complexité de l'activité l'exigent, les fonctions du DPO pourront être réparties entre les membres d'une équipe dédiée dont il conviendra de définir les modalités d'organisation et d'activité. À l'inverse, lorsque la nature de traitements mis en œuvre n'appelle pas la présence à plein temps d'un référent en matière Informatique et Libertés, l'externalisation du DPO pourrait être judicieuse, sous réserve que ce dernier ait une connaissance appropriée du secteur dans lequel évolue l'organisme qui l'a désigné.

En interne, les missions du DPO peuvent converger avec différentes fonctions. Ainsi, les qualiticiens disposent des compétences nécessaires pour établir des normes internes, protocoles permettant de satisfaire les exigences de la réglementation. Les responsables conformités traditionnellement chargés de maîtriser les risques de non-conformité en toute indépendance des services opérationnels, dans un esprit d'étroite collaboration avec l'organe décisionnel, se rapprochent aussi du DPO. Les responsables de la sécurité des systèmes d'information analysent également les actifs immatériels d'un organisme de manière assez voisine du DPO tout en étant capables d'évaluer les coûts de la mise en conformité des systèmes d'information.

Toutes ces fonctions, présentées à titre d'exemple, sont très transversales et requièrent une connaissance approfondie des mécaniques de l'organisme. C'est en ce sens qu'elles pourraient être utilement mises à profit lorsque, dans une optique coût-avantage, l'organisme décide de désigner un DPO en interne.

Pour les plus petites structures, la mutualisation (lorsque la désignation est facultative) ou l'externalisation de la fonction de DPO peut apparaître intéressante. L'article 35 de la proposition de règlement prévoit à cet égard que le DPO :

- « peut accomplir ses tâches sur la base d'un contrat de service. » ;
- peut être désigné pour plusieurs des entités d'une même autorité ou organisme public « compte tenu de [leur] structure organisationnelle » ;
- peut être désigné au sein d'une association ou d'autres organismes représentant des catégories de responsables de traitement, *uniquement lorsque la désignation n'est pas obligatoire* et quel que soit le nombre de personnes chargées de la mise en œuvre des traitements, contrairement à l'actuel cadre juridique en France[387].

Petites comme grosses structures pourront donc recourir à un DPO externalisé, initié à la pratique « Informatique et Libertés », capable d'apporter un œil neuf et soumis à une obligation de confidentialité quant aux informations, pouvant relever de différents secrets (secret des affaires, bancaire, etc.), auxquelles il accède dans le cadre de ses fonctions.

De nombreux cabinets d'audit et de conseil proposent d'ores et déjà leurs services à des structures qui, en dépit de leur taille réduite, manipulent des données appelant un encadrement strict (start-up spécialisée dans le marketing en ligne, développeur d'applications, société spécialisée dans l'e-santé).

La capacité d'action d'un DPO externalisé différera toutefois d'un DPO interne, dans la mesure où il ne pourra pas être présent quotidiennement au sein de la structure qui le désigne et porter la bonne parole de manière continue auprès du responsable de

---

[387] En France, désigner un CIL externalisé est interdit dans les cas où « plus de 50 personnes sont chargées de la mise en œuvre ou ont directement accès aux traitements » pour lesquels un correspondant est désigné (sauf dans le cas d'un CIL mutualisé).

traitement et ses collaborateurs. De même, son indépendance pourrait être questionnée, s'il agit dans le cadre d'un contrat de service dont le renouvellement dépendra de son client, ou encore s'il se trouve dans le besoin de consulter « de sa propre initiative[388] » l'autorité de contrôle, tout en bénéficiant de l'aval de son client.

Externalisation comme mutualisation sont deux options intéressantes pour les petites structures ne disposant pas d'employés dotés des qualifications requises ou ne pouvant dégager les ressources internes suffisantes.

III. Quel sera le statut et la place du DPO au sein des organismes ?

III.1. L'exercice indépendant de ses missions par un positionnement interne adapté

Aujourd'hui, le détaché à la protection des données doit pouvoir faire prévaloir les principes de protection des données lorsqu'il se trouve dans une situation conflictuelle. Cette indépendance d'esprit suggérée par l'emploi même du terme « détaché » suppose d'apprécier sans pression ni parti pris les problématiques « Informatique et Libertés ».

Dans la continuité de la directive de 1995, la proposition de règlement européen pose une série de critères, en termes de positionnement interne, de statut et de conditions d'exercice des missions visant à asseoir dans les faits cette indépendance, sans

---

[388] Article 37 de la proposition de règlement : « h) faire office de point de contact pour l'autorité de contrôle sur les questions liées au traitement, et consulter celle-ci, le cas échéant, de sa propre initiative. »

pour autant affaiblir le lien de confiance devant unir le responsable de traitement et son DPO.

L'article 36. 2 de la proposition de règlement prévoit que les organismes « veillent à ce que le délégué à la protection des données accomplisse ses missions et obligations en toute indépendance et ne reçoive aucune instruction en ce qui concerne l'exercice de sa fonction. Le délégué à la protection des données fait directement rapport à la direction exécutive du responsable du traitement ou du sous-traitant. Le responsable du traitement ou le sous-traitant désignent à cette fin un membre de la direction exécutive chargé de veiller au respect des dispositions du présent règlement. »

L'indépendance du DPO passe effectivement par un positionnement interne lui permettant de rapporter directement aux instances décisionnelles de son organisme, sans subir d'interférence ou de pression intermédiaire. Ce constat a d'ores et déjà amené certains États membres à placer leur « CIL » local « directement [...] sous l'autorité du directeur de l'organisme public ou privé » (Allemagne) ou encore à prévoir qu'il ne reçoive « dans le cadre de l'exercice de ses fonctions, aucune instruction de la part du responsable de traitement ou de l'organisation qui l'a désigné » (Pays-Bas et France).

La nouvelle version de la proposition de règlement issue de la résolution législative du Parlement européen adoptée le 12 mars 2014 adjoint à ce principe une disposition pratique requérant l'identification d'un membre de la direction, chargé de répercuter les conseils et alertes du DPO auprès de ses pairs. Une telle approche présente non seulement l'avantage de donner voix au chapitre au DPO mais également de garantir au responsable de traitement un accès direct aux alertes et conseils du DPO ainsi qu'une véritable compréhension des risques qu'il encourt[389].

Par ailleurs, aux termes de l'article 35.6, les autres fonctions professionnelles du délégué à la protection des données doivent être compatibles avec ses missions. L'indépendance du DPO doit se manifester par l'absence de tout conflit d'intérêt. Cette exigence est déjà intégrée sans plus de précision dans la législation française. Elle est en revanche plus détaillée en Allemagne, où le détaché ne peut occuper des fonctions de direction ou un poste ayant trait à la gestion des ressources humaines, à l'administration des systèmes d'information, ou travailler dans un département mettant en œuvre des traitements de données sensibles ou de grande envergure. Semblent épargnées les fonctions juridiques, conformité, qualité ou celles traitant de la sécurité des systèmes d'information.

Il est effectivement préférable que le responsable de traitement dispose d'un interlocuteur ayant le recul nécessaire pour évaluer les risques et les besoins dans sa discipline, en l'affranchissant de tout ascendant interne ou externe (délégué du personnel, chef de service, clients, etc.) et de contingences matérielles ou financières.

L'impartialité et l'indépendance du DPO ne signifient pas qu'il agit en électron libre sans en référer à son employeur ou organisme de rattachement dès lors que la proposition de règlement lui impose de « fai(re) directement rapport à la direction exécutive » de son activité. Il paraît, du reste, cohérent dans une démarche de responsabilisation (*accountability*) des responsables de traitement,

---

[389] L'avantage de ce rattachement était déjà relevé dans le rapport relatif à la protection des personnes physiques à l'égard des traitements de données à caractère personnel et modifiant la loi n° 78-17 du 6 janvier 1978 relative à l'informatique, aux fichiers et aux libertés de Monsieur Francis Delattre.

de les mettre en mesure de réagir promptement, en éliminant les interférences de communication avec le DPO.

III.2. Une protection spéciale contre le licenciement

Aux termes du considérant 75 de la proposition de règlement, les « délégués à la protection des données, qu'ils soient ou non des employés du responsable du traitement et qu'ils exécutent ou non cette tâche à plein temps, devraient (…) bénéficier d'une protection spéciale contre le licenciement[390] ». L'article 35.7 précise à cet égard que « le délégué à la protection des données ne peut être démis de ses fonctions que s'il ne remplit plus les conditions requises pour l'exercice de celles-ci », durant son mandat.

La proposition de règlement rejoint ici le régime protecteur institué par certains États membres au bénéfice de leur détaché à la protection des données. Par exemple, le détaché allemand ne peut être licencié que pour une cause grave, ou à défaut, qu'à l'issue d'un délai de douze mois suivant la fin de sa mission[391]. Les Pays-Bas vont plus loin en accordant au détaché la même protection contre le licenciement que celles bénéficiant aux membres des instances représentatives du personnel (un accord préalable des tribunaux de première instance serait nécessaire)[392].

---

390 Considérant 75 de la proposition de règlement

391 § 4f et 4g de la « Loi fédérale pour la protection des données » ; Dispositions respectives des « Lois pour la protection des données » des Länder's

392 Extrait du guide sur le correspondant à la protection des données néerlandais traduit en français : « l'article 21 alinéa 4 de la Loi sur les comités d'entreprise s'applique par analogie au CPD. Ce dernier acquiert donc une protection équivalente à celle des membres d'un comité d'entreprise. Cela a pour conséquence qu'il n'est pas possible de mettre fin à son emploi sans l'autorisation préalable du juge d'instance. Le juge d'instance n'accorde son autorisation que s'il lui semble plausible que cette cessation n'a pas de rapport avec les activités du CPD. Cette disposition vise à garantir l'indépendance du correspondant à la

Ces législations diffèrent de la loi française beaucoup plus souple quant aux conditions de rupture des relations entre le responsable de traitement et son correspondant. Ainsi, l'article 53 du décret d'application de la loi Informatique et Libertés indique que la fin de mission « pour un motif tenant à un manquement aux devoirs de sa mission » ne peut être effective qu'après avoir saisi la CNIL pour avis.

Plus consensuelle, cette disposition a été introduite lors des débats parlementaires de 2004 en réponse à certains députés et sénateurs souhaitant faire du CIL un salarié protégé au sens du code du travail. Si elle ne laisse pas l'employeur seul juge de ce qu'il faut entendre par « manquement aux devoirs » de la mission du CIL, cette disposition n'empêche pas pour autant de licencier celui-ci pour des motifs graves dûment constatés et qui lui sont directement imputables. Ainsi, le CIL ne peut se soustraire, lorsqu'il est salarié, à une décharge pour faute, relevant d'une procédure disciplinaire classique[393].

Notons par ailleurs que la « protection spéciale contre le licenciement » évoquée par la proposition de règlement vise le DPO de manière générale sans exclure expressément les DPO non employés de l'organisme et donc externes. Or les conditions de rupture d'un contrat de travail ne sont pas les mêmes que celles d'un contrat de service. En l'absence de précisions du législateur européen, toute tentative d'anticiper les effets de cette disposition sur les relations avec les DPO externes semble hasardeuse.

---

protection des données. Le CPD ne doit pas subir de préjudice en raison de sa fonction pour ce qui concerne ses chances de promotion ou de répartition du travail ». Pour plus d'information, voir http://www.dutchdpa.nl/Pages/en_ind_wetten_zelfr_fg.aspx

[393] En pratique, la saisine pour avis de la CNIL au titre d'une fin de mission du CIL n'est que rarement voir jamais mise en œuvre dans la mesure où les parties concernées règlent, comme dans toutes relations de travail classiques, les conflits éventuels en interne.

En tout état de cause, le DPO ne semble pas pouvoir, tout comme son prédécesseur, déroger aux mécanismes classiques de responsabilité civile et pénale du droit français.

Il peut voir sa responsabilité civile engagée, dans les conditions du droit commun et les limites applicables lorsque le CIL est également le salarié de l'organisme. Ainsi, la responsabilité du commettant du fait de ses préposés instaurée par l'article 1384 du code civil, requiert que le CIL salarié ait agi dans un cadre étranger à ses attributions, sans autorisation et hors de ses missions pour que sa responsabilité délictuelle soit engagée[394]. En outre, sa responsabilité pourrait être engagée en cas de violation de son obligation de loyauté vis-à-vis de son employeur (issue du principe d'exécution de bonne foi des contrats[395]). C'est par exemple à ce titre que le CIL, comme tout autre employé, ne peut dénigrer ouvertement son employeur. La saisine de la CNIL en cas de difficultés rencontrées dans ses missions ne semble pas contraire au devoir de confidentialité dès lors qu'elle est expressément prévue par la loi.

Par ailleurs, le CIL ou le futur DPO peut être condamné, comme toute autre personne, au titre du délit de complicité sanctionné par l'article 121-7 du code pénal[396], sous réserve de prouver son intention d'aider à la commission de l'infraction. La mise en cause de sa responsabilité en tant qu'auteur principal de l'une des infractions aux règles de protection des données pourrait en revanche être questionnée, dans la mesure où les articles 226-16 et

[394] Arrêt de la Cour de cassation, rendu par l'Assemblée plénière le 19 mai 1988

[395] Articles 1134 du code civil et L 1222-5 du code du travail

[396] aux termes duquel « est complice d'un crime ou d'un délit la personne qui sciemment, par aide ou assistance, en a facilité la préparation ou la consommation »

suivants du code pénal ne sanctionnent, le cas échéant, que le responsable de traitement. Or le CIL ou DPO ne peut avoir ce statut, en raison de l'interdiction de tout conflit d'intérêt et des garanties d'indépendance inhérentes à sa fonction.

En résumé, si le statut de CIL ou de DPO ne constitue pas un blanc-seing pour son titulaire, la proposition de règlement ne le soumet pas, en l'état, à un régime de responsabilité particulier.

III.3. Moyens nécessaires à l'exercice de ses missions

L'indépendance du DPO ne sera pleinement effective que si son organisme lui donne les moyens d'exécuter ses tâches. C'est dans cette logique que l'article 36 de la proposition de règlement rappelle, d'une part, que « le responsable du traitement ou le sous-traitant veillent à ce que le délégué à la protection des données soit associé d'une manière appropriée et en temps utile à toutes les questions relatives à la protection des données à caractère personnel » et d'autre part, qu'ils « aident le délégué à la protection des données à exercer ses missions et obligations énoncées à l'article 37 et au maintien de ses connaissances professionnelles ».

Ériger la fourniture de moyens adéquats en obligation à la charge du responsable de traitement permet de sanctionner l'organisme se refusant ou tout simplement ignorant les besoins du DPO, en termes de moyens humains, matériels ou encore de formation professionnelle. La crédibilité du futur DPO dépendra de la volonté de l'organisme d'assurer son rayonnement et de le mettre en capacité de maîtriser les opérations qui sont soumises à son examen. L'action du DPO sera aussi tributaire des moyens de communication interne mis à son service, que ce soit par une lettre de mission précisant ses fonctions, son périmètre d'action, l'obligation de collaborer et de lui fournir toute information utile etc., ou, par exemple, par la création d'espace dédié sur l'intranet de l'organisme, l'utilisation de support de communication papier ou numérique, etc.

L'allocation de ressources ne doit pas dépendre de la personne occupant momentanément le poste de DPO mais être pérenne dans le temps et bénéficier à la fonction dans son ensemble. Ce rappel est d'autant plus important que la proposition de règlement limite la durée du mandat du DPO à « quatre ans lorsqu'il s'agit d'un salarié ou de deux ans lorsqu'il s'agit d'un prestataire externe ». La « précarité » de la fonction doit donc être contrebalancée par une certaine permanence des moyens internes, matériels comme humains, afin de garantir la continuité des actions de chaque DPO, un historique cohérent, condition *sine qua none* de la stabilité de la fonction.

En conclusion, il est essentiel de rappeler que le manquement à l'une des obligations relatives à la désignation d'un DPO est susceptible de se voir appliqué de « l'une au moins des sanctions suivantes :

- un avertissement par écrit lors d'une première infraction non intentionnelle ;
- des vérifications périodiques régulières de la protection des données ;
- une amende pouvant atteindre cent millions d'euros ou au maximum 5 % du chiffre d'affaires annuel mondial dans le cas d'une entreprise, le montant le plus élevé devant être retenu. »

La résolution votée par le parlement européen en mars 2014 pose ce principe sans distinguer en fonction de la nature de la violation. Le législateur européen laisse ici le soin aux autorités de contrôle de rendre « effective, proportionnée et dissuasive » la sanction administrative appliquée, en tenant compte « des facteurs suivants :

- la nature, la gravité et la durée de la non-conformité ;
- du fait que l'infraction a été commise de propos délibéré ou par négligence ; le degré de responsabilité de la personne physique ou morale et les violations antérieurement commises par elle ;
- le caractère répétitif de l'infraction ;
- le degré de coopération avec l'autorité de contrôle en vue de remédier à la violation et d'atténuer les éventuels effets négatifs de l'infraction ;
- les catégories particulières de données à caractère personnel affectées par l'infraction ;
- la gravité du dommage, y compris du préjudice extrapatrimonial, subi par les personnes concernées ;
- les mesures prises par le responsable du traitement pour atténuer le préjudice subi par les personnes concernées ;
- tous avantages financiers escomptés ou perçus, ou toutes pertes évitées, imputables directement ou indirectement à l'infraction ;
- le niveau des mesures et procédures techniques et d'organisation mises en œuvre conformément à :
    - l'article 23 – Protection des données dès la conception et protection des données par défaut ;
    - l'article 30 – Sécurité des traitements ;
    - l'article 33 – Analyse d'impact relative à la protection des données ;

- o l'article 33 bis – Évaluation de la conformité de la protection des données ;
  - o l'article 35 – Désignation du délégué à la protection des données.
- le refus de coopérer ou l'obstruction faite au déroulement des inspections, audits et contrôles menés par l'autorité de contrôle conformément à l'article 53 ;
- toute autre circonstance aggravante ou atténuante applicable au cas concerné. »

Ainsi, le défaut de compétence, de moyen, ou en termes d'indépendance et de positionnement interne du DPO pourraient être sanctionné, avec plus ou moins de gravité en fonction des preuves de conformité que pourra fournir le responsable de traitement. On peut toutefois légitimement s'interroger sur l'existence de telles preuves, si l'organisme n'a pas mis en place les processus organisationnels internes et de mesures de pilotage appropriés en confiant leur gestion à une personne ou une équipe réunissant les qualités du futur DPO.

IV. Poser dès à présent les jalons de la mise en conformité au futur règlement

IV.1. L'officialisation des bonnes pratiques

La proposition de règlement acte le passage à l'âge mature de l'actuel détaché à la protection des données.

Pour ne prendre que l'exemple français, si la liste des missions du CIL fixées par l'article 49 du décret d'application du 20 octobre 2005 semble plus courte que celle prévues par l'article 37 de la proposition de règlement, le texte européen ne fait qu'officialiser certaines bonnes pratiques d'ores et déjà développées par les correspondants expérimentés tout en encourageant une forme d'approche par les risques, par la création de nouveaux outils.

En confrontant les dispositions françaises actuelles et celles de la proposition de règlement, il peut être constaté que :

- le CIL est aujourd'hui tenu de veiller « au respect des obligations prévues par la loi », en conseillant le responsable de traitement en amont et en aval de la mise en œuvre de tout traitement, en l'informant des manquements constatés, en traitant les réclamations des personnes concernées et en établissant la liste des traitements ainsi que le bilan annuel qu'il présente au responsable de traitement ;
- l'exécution de ces missions implique, conformément à l'article 37 du texte européen, de :
    - « sensibiliser (…) l'organisme sur ses obligations « notamment en ce qui concerne les mesures et procédures techniques et organisationnelles » ;
    - « contrôler la mise en œuvre et l'application des règles internes (…) » qui doivent être adoptées à cet effet, « y compris la répartition des responsabilités, la formation du personnel participant aux traitements, et les audits s'y rapportant (…) ; » ainsi que « l'information des personnes concernées et l'examen des demandes présentées dans l'exercice de leurs droits » ;
    - tenir à jour la documentation matérialisée aujourd'hui par le registre des traitements ;

- o et coopérer, si besoin, avec l'autorité de contrôle.

En résumé, les véritables nouveautés introduites par le texte européen[397] consistent à :

- conserver une trace documentaire de son activité de conseil interne et des réponses reçues,
- intégrer et documenter les exigences relatives :
  - o à la protection des données dès la conception ;
  - o à la protection des données par défaut ;
  - o à la sécurité des données ;
  - o aux analyses d'impact ;
  - o ainsi que les éléments de conformité en cas de violation de données à caractère personnel.

À cela s'ajoute le renforcement de sa position d'interlocuteur privilégié tant en interne, vis-à-vis des instances représentatives du personnel et des employés, qu'en externe, vis-à-vis des personnes concernées par les traitements et de l'autorité de contrôle[398]. Les détachés actuellement en poste peuvent dès à présent établir une feuille de route relative aux mesures organisationnelles et techniques à mettre en place en fonction des traitements mis en œuvre par leur entité.

---

[397] Article 37 de la proposition de règlement

[398] Voir proposition de règlement : Art.37.h : le DPO doit « faire office de point de contact pour l'autorité de contrôle sur les questions liées au traitement, et consulter celle-ci, le cas échéant, de sa propre initiative. » ; Art.35.10 : « Les personnes concernées ont le droit de prendre contact avec le délégué à la protection des données au sujet de toutes questions relatives au traitement de données les concernant et de demander à exercer les droits que leur confère le présent règlement. » ; Art.31 : le DPO « fait office de point de contact en cas de violation des données »

IV.2. Créer un terrain favorable à la mise en place des mesures techniques requises par le futur règlement

Anticiper l'entrée en vigueur du règlement en mettant en œuvre des concepts aussi poussés que l'intégration de la protection des données dès la conception ou par défaut, l'analyse d'impact, l'examen de conformité, sans baliser au préalable les pratiques de l'organisme en matière de vie privée s'avérerait stérile.

Ces procédures techniques doivent être précédées par la formalisation de processus de pilotage clairs traduisant l'implication de l'organe décisionnel en termes de *leadership* et d'engagement, la gestion de l'inventaire des traitements et des tiers intervenant dans leur mise en œuvre, la gouvernance interne en termes de répartition des rôles et responsabilités en interne et l'allocation de ressources humaines bien formées et la gestion des activités de tierces parties intervenant dans la réalisation de traitement. La formalisation des processus ne doit pas être circonscrite aux très grandes structures et doit également être prise en compte dans de plus petites entités. En pratique, une PME de cent personnes devra également s'organiser pour répartir les responsabilités, identifier les personnes former, etc. même si cette tâche ne concerne qu'un groupe très restreint de personnes. L'objectif est ici de construire le fil rouge de la mise en conformité et de le pérenniser, indépendamment de la personne occupant le poste de DPO lors de leur création.

De manière schématique, il convient, dans un premier temps, qu'une personne ou service « tête de pont » compétente au regard des critères du futur règlement, soit identifiée. Cette personne ou service doit être reconnu(e) et bénéficier du soutien de l'organe décisionnel de son entité.

Ce soutien pourrait idéalement être incarné par une personne occupant un poste suffisamment élevé pour bénéficier de l'écoute des dirigeants de la structure tout en entretenant des liens privilégiés avec le futur DPO.

En parallèle, le DPO doit identifier et échanger avec :

- les personnes intervenant dans le processus de mise en œuvre des traitements, que ce soit au niveau de la gestion des ressources humaines, du métier (marketing, maîtrise d'ouvrage, production, développeurs, etc.) ou encore dans des fonctions support de type direction des achats ou de l'informatique ;
- les personnes qui, en interne, du fait de leur domaine de compétence, pourront coordonner leur action avec celles du DPO et devenir acteurs de la mise en conformité de l'organisme (direction juridique, informatique, sécurité des systèmes d'information, conformité, communication, etc.).

Les premières pourront recevoir une formation élémentaire leur permettant d'identifier les traitements et de solliciter le DPO au bon moment pour déminer toute forme de risque.

Les secondes devraient être invitées à contribuer au processus de mise en conformité, en mettant à profit leurs compétences spécifiques. Par exemple, les juristes pourraient être sollicités afin d'assurer une veille juridique continue, créer des catalogues de clauses type conformes pour encadrer le recours à de la sous-traitance, assister le DPO/CIL dans l'interprétation de la règlementation. La sécurité informatique pourrait être mise à contribution pour créer une première méthode d'analyse de risques vie privée, les maîtrises d'œuvre pourraient également collaborer à la création de listes de prérequis « Informatique et Libertés » servant de grille de lecture avant de lancer tout projet informatique, etc.

L'image du CIL « évangélisateur », fréquemment utilisée dans la profession, prend ici tout son sens. L'assistance de la communication interne dans cette démarche peut être précieuse et conduire progressivement à sensibiliser l'ensemble du personnel pour créer une véritable culture « Informatique et Libertés » interne. La communication du CIL / DPO ne doit pas prendre une coloration trop technique mais vulgariser les principes et rappeler leur sens pour marquer les esprits. Le retour sur investissement de ce type de sensibilisation ne sera pas immédiat pour les personnes formées mais deviendra digne d'intérêt pour ces dernières si elles réalisent que les règles inculquées les concernent à titre personnel, en tant qu'individu.

Il est également crucial de mettre en exergue auprès des opérationnels l'avantage concurrentiel et « réputationnel » que constituerait la confiance renforcée des clients - usagers envers l'organisme respectant les principes de protection de la vie privée.

Communication et formation du personnel concerné permettront au DPO d'établir et d'alimenter en parallèle une cartographie ou plus simplement un recensement des traitements, indispensable « fil rouge » de l'action du CIL/DPO. Bien que la proposition de règlement n'impose pas en tant que tel d'établir une liste des traitements, sa constitution reste fondamentale. Le DPO sera en effet tenu de rendre des comptes, auprès de l'autorité de contrôle et des personnes concernées, quant aux démarches de mise en conformité appliquées à chaque traitement mis en œuvre au sein de son organisme.

Ces processus de pilotage devront être formalisés pour pouvoir être dupliqués par toute autre personne, être bien compris par le management et le personnel. Un état des lieux avant ou lors de la prise de fonction est indispensable pour détecter les modifications de traitements porteuses de risques ou plus simplement la mise en œuvre de nouveaux traitements, auxquels les principes de protection des données dès la conception ou par défaut pourront utilement s'appliquer.

En effet :

- l'instauration de procédures internes permettant d'intégrer les principes de respect de la vie privée avant la création de nouvelles opérations suppose d'identifier la source de ces créations ;
- la mise en place de politiques de protection des données écrites et contraignantes doit tenir compte des spécificités organisationnelles internes et de la typologie des traitements mis en œuvre ;
- la mise en place de procédures de gestion des demandes d'accès, de rectification et d'effacement, efficaces et transparentes pour les personnes concernées suppose de cartographier précisément les services chargés de la mise en œuvre ;
- cette exigence est transposable à la gestion efficace des violations de données personnelles et aux notifications afférentes ;
- la réalisation d'étude d'impact sur la vie privée sur certains traitements suppose d'être en mesure de les identifier et d'analyser les risques, avec l'aide des opérationnels et des services informatiques ;

- enfin, la mise en œuvre et la supervision de procédures de vérification impliquent une répartition des responsabilités claire en interne et une cartographie précise des traitements et des flux de données.

L'ensemble de ces actions a pour objectif de créer une architecture de confiance, témoignant de l'engagement de l'organisme à garantir une véritable protection des données personnelles qui lui sont confiées, pas seulement du point de vue de la sécurité mais également dans une optique de respect de la vie privée.

Or la confiance des usagers, clients, employés, est une condition de pérennité voire d'existence de l'organisme responsable de traitement. Dans un climat devenu anxiogène, du fait de l'apparition de nouvelles techniques particulièrement intrusives dont la presse se fait régulièrement l'écho, la confiance des personnes constitue un véritable facteur de différenciation sur le marché. Garantir la confidentialité des données, que celles-ci soient collectées, par exemple, lors de la navigation de l'internaute, à l'occasion d'un acte commercial, devient ainsi un argument commercial de poids pour des acteurs notamment européens souhaitant se démarquer de leurs concurrents américains. Cette tendance est particulièrement forte sur le marché des prestations informatiques fournies aux entreprises, qui, pour des enjeux d'image et d'intelligence économique, recherche souvent des prestataires conformes aux contraintes réglementaires européennes.

Dans ce contexte, considérer que la désignation du DPO ne sert qu'à exécuter une nouvelle contrainte règlementaire serait réducteur. La création d'un tel poste peut bien au contraire être créatrice de valeur.

SÉSAME, OUVRE-TOI !
par Bruno RASLE

Et si, en termes de sécurité des données à caractère personnel, on commençait par la base, c'est-à-dire le mot de passe ? Le couple identifiant-mot de passe (login-password) est de loin la solution de contrôle d'accès logique la plus répandue. Pourtant nous avons tous connaissance des imperfections de ce dispositif simple et ancien : mots de passe notés sur un petit bout de papier ou sur un tableau blanc, mots de passe identiques pour accéder à plusieurs services, mots de passe faibles et jamais changés, mots de passe transmis en clair avec l'identifiant, mot de passe communiqué à des collègues... Dans son principe même, le mot de passe présente de multiples défauts : il est difficile d'en retenir plusieurs, il est facile à deviner si faible et difficile à retenir si fort, il est facile à espionner lors de la saisie, il peut être intercepté, aucun signal ne nous alerte si quelqu'un se l'est approprié ... et pourtant, malgré tous ces inconvénients, la plupart des contrôles d'accès logiques l'utilise, bien que certains annoncent régulièrement sa mort prochaine. Au-delà de ces annonces pas toujours désintéressées, ce chapitre vise à donner à un Correspondant Informatique et Libertés les connaissances élémentaires lui permettant de se faire sa propre opinion quant à la pertinence de ce mode de protection d'accès[399], à l'heure où une série de délibérations de la CNIL met l'emphase

---

[399] Ce texte est focalisé sur l'identification d'utilisateurs, mais il convient de ne pas oublier les mots de passe « applicatifs », par exemple utilisés par les applications pour accéder aux bases de données. Optimiser la gestion de ses mots de passe « humains » sans se pencher sur celle des mots de passe embarqués dans les applications équivaut à renforcer sa porte d'entrée et laisser une fenêtre ouverte à l'arrière de sa maison. Maintes applications ont accès aux bases de données qui hébergent les données les plus stratégiques pour les entreprises. Logiquement, ces mots de passe doivent être protégés, modifiés régulièrement et rester inconnus des développeurs. La réalité est malheureusement souvent autre.

sur des défauts de sécurité. Ce texte a aussi pour ambition de responsabiliser les utilisateurs, car, comme le rappelle Bernard Foray dans son ouvrage « La Fonction RSSI, Guide des pratiques et retours d'expérience » (Dunod, 2007), « Le mot de passe, c'est la première pierre de la construction d'une culture sécurité ».

Pas une semaine ne se passe désormais sans qu'une décision de justice, une délibération de la CNIL où une actualité ne montre que les enjeux liés à la protection des données à caractère personnel et à la conformité à la loi Informatique et Libertés méritent désormais d'être considérés à leur juste mesure par les directions des entreprises.

Ainsi, au détour de la nouvelle loi Consommation[400], la Commission Nationale Informatique et Libertés s'est vue dotée d'un nouveau pouvoir de contrôle, à distance. Ses agents peuvent constater les non-conformités, de leurs bureaux, par la simple visite d'un site Web[401]. La constatation des indexations de données personnelles « sensibles » par les moteurs de recherche ne nécessitera plus de mission de contrôle sur place (on pense ici, par exemple, aux données de patients qui avaient été indexées par le moteur de recherche Google car librement accessibles[402], ce qui a donné lieu, courant 2013, à plusieurs contrôles de la CNIL). La Commission pourra ainsi rapidement constater et agir en cas

---

[400] Loi n° 2014-344 du 17 mars 2014 relative à la consommation

[401] *CNIL, Un pouvoir d'investigation renforcé grâce aux contrôles en ligne*, disponible sur http://www.cnil.fr/linstitution/actualite/article/article/un-pouvoir-dinvestigation-renforce-grace-aux-controles-en-ligne/, mars 2014

[402] T. Duvernoy et L. Minano, *Enquête : des données médicales confidentielles accessibles sur le web*, Actusoins, 1er mars 2013

d'incident de sécurité sur Internet exposant des données personnelles. Elle pourra aussi vérifier la conformité des mentions d'information figurant sur les formulaires en ligne ou les modalités de recueil de consentement des internautes en matière de prospection électronique. On peut imaginer que ses agents en profiteront pour s'intéresser aux processus d'identification et d'authentification[403], et de constater, par exemple, qu'un site adresse à l'utilisateur, dans un seul courriel en clair l'ensemble des informations : nom, prénom, identifiant et mot de passe. La CNIL précise toutefois qu'il n'est pas question qu'elle tente des intrusions aux systèmes d'information, dans le respect de la loi Godfrain[404].

Une décision du Tribunal de grande instance de Paris[405] a également été remarquée : le juge a estimé que la société victime a participé à la réalisation de son propre préjudice. Certes, le pirate a été puni... mais la sanction financière qui devait être de 100.000 € à son encontre a été « allégée » par le juge à hauteur de 30.000 € car, pour ce dernier, la société avait participé à la réalisation de son propre préjudice en sécurisant de façon insuffisante l'accès aux adresses électroniques de ses clients et prospects. Cette décision est sans doute à marquer d'une pierre blanche, comme l'avait été en

---

403 Par convention et dans le cadre de ce texte, le contrôle d'accès logique par simple mot de passe est dénommé identification, et non authentification. Cette dernière suppose que l'utilisateur fasse la « preuve » de son identité, et la fourniture d'un simple mot de passe ne répond pas à cette exigence. Pour justifier l'utilisation du vocable « authentification », ne faudrait-il pas un procédé plus robuste ? À titre d'exemple, le contrôle d'accès logique mis en place par l'ASIP Santé (par identification puis *One Time Password*), est qualifié par la CNIL d'authentification dans sa délibération n° 2013-096 du 25 avril 2013, autorisant la mise en œuvre, à titre expérimental, du service national de messagerie sécurisée de santé : « les mesures mises en place apparaissent conformes aux dispositions de l'article L110-4 du code de la santé publique, [et] sont de nature à garantir une authentification fiable des émetteurs et destinataires des messages ».

404 Loi n° 88-19 du 5 janvier 1988 relative à la fraude informatique

405 Tribunal de grande instance de Paris 3e section, 4e chambre Jugement du 21 février 2013

son temps celle de la Cour de cassation (chambre criminelle) en octobre 2001[406]. La Cour « a condamné le premier à 50.000 francs d'amende et le deuxième à 30.000 francs d'amende... que le système informatique mis en place n'assurait pas une protection suffisante de la confidentialité des données enregistrées ; Jean C., président du SIMTPA et Jean-Claude D. directeur de ce syndicat ...que le fait qu'à un moment donné, la mauvaise utilisation des mots de passe ait pu permettre à des administratifs de prendre connaissance des données médicales recueillies dans le système, constitue en l'espèce le seul délit de l'article 42 de la loi du 6 janvier 1978 devenu 226-16 du Code pénal. »

Ce jugement est ancien. Les choses ont-elles évolué depuis ? Lors de son intervention donnée dans le cadre des JSSI 2013 de l'OSSIR et intitulée « Retours d'expérience sur des campagnes d'audit de sécurité[407] », Patrick Chambet, RSSI de C2S, a présenté les dix vulnérabilités les plus fréquemment relevées au sein du Groupe Bouygues (ce qu'il appelle le *Wall of shame*). En premier vient « Mots de passe par défaut / triviaux », l'on trouve « Stockage non sécurisé de mots de passe » en huitième position et « Post-it® trouvés dans des endroits inattendus » vient en dixième position. Dans les leçons à en tirer et les bonnes pratiques à faire progresser figure « Définir et mettre en œuvre des politiques de mots de passe... encore et toujours ». Et c'est probablement une telle situation que les agents de la CNIL ont relevée lors des contrôles qu'ils ont effectués courant 2012 au sein de la Fédération Française d'Athlétisme (FFA). La délibération de la formation restreinte n°

---

406 Cour de cassation, chambre criminelle, Audience publique du mardi 30 octobre 2001, n° de pourvoi: 99-82136, Le Syndicat National Professionnel des Médecins du Travail, partie civile

407 www.ossir.org/jssi/jssi2013/1A.pdf

2014-293 du 17 juillet 2014 – qui formalise une sanction de 3.000 € avec publicité – indique que « la sécurité du système d'information de la FFA, qui comprend environ un million de personnes, et de l'espace de l'athlète sur le site Web FFA était insuffisante », épingle « la robustesse des mots de passe permettant d'accéder au système d'information » et estime « que la modification des paramètres afin d'imposer une robustesse et un renouvellement des mots de passe permettant l'accès aux systèmes d'information sont des mesures de sécurité élémentaires ».

« Tu m'aimes, je t'aime : partageons notre mot de passe ! »

Le mot « secret » est étrange... D'après sa définition, une chose secrète doit rester strictement confidentielle, ne doit jamais être partagée avec un tiers, ne doit jamais être divulguée... Pourtant, trop souvent, les utilisateurs n'hésitent pas à communiquer leurs mots de passe à un ami, un collègue, voire à un supérieur hiérarchique. Ainsi, selon une étude menée fin 2011, 30 % des adolescents américains partageraient leurs mots de passe avec leur petit(e) ami(e)[408]. Par ailleurs, certains employeurs américains exigent des candidats l'accès total à leur compte personnel MySpace ou Facebook, notamment pour vérifier s'ils ne sont pas liés à des gangs. Des États envisagent de légiférer pour mettre le holà à cette pratique. Les administrateurs informatiques n'ont pas non plus à connaître les mots de passe des utilisateurs. En temps normal, ils n'ont aucunement besoin de ces droits et ne doivent pas commettre d'usurpation de personnalité[409]. Les administrateurs

---

[408] *Young, in Love and Sharing Everything, Including a Password*, The New York Times, par Matt Richtel, 17 janvier 2012.

[409] Pour cette même raison, durant un contrôle sur place de la CNIL, il est sain de créer des droits spécifiques aux agents effectuant la mission, pour leur permettre d'accéder aux ressources et pour ne pas « polluer » la traçabilité des accès et des actions.

doivent résister à d'éventuelles injonctions hiérarchiques à violer le secret des mots de passe des utilisateurs.

Voici quelques affaires qui se sont déroulées plus près de chez nous. En 2012, une brigadière de police a été écrouée. Elle renseignait son amant, un dealer présumé de Seine-Saint-Denis, grâce à des consultations du fichier STIC (Système de Traitement des Infractions Constatées) et des cartes grises. Pour détourner les soupçons, elle prenait soin d'utiliser le mot de passe que lui avait confié une collègue naïve[410]. Trois ans auparavant, la CNIL avait pourtant formulé des constats à ce sujet, qu'elle avait formalisés dans son document « Contrôle du STIC : Les propositions de la CNIL pour une utilisation du fichier plus respectueuse du droit des personnes ». Au sein du chapitre « Définir une politique de gestion des habilitations et des mots de passe plus stricte » on relève le passage suivant : « La CNIL constate que si la traçabilité des accès et des connexions au STIC est techniquement possible, cette fonction de contrôle n'est pratiquement jamais utilisée (seulement 120 contrôles en 2008). Aucun système d'alerte en temps ne permet de détecter des utilisations anormales de cet énorme fichier auquel 100.000 fonctionnaires peuvent accéder et qui donne lieu à 20 millions de consultations par an. »

En 2001, l'adjoint du directeur technique d'une régie publicitaire, avait été licencié pour faute grave pour avoir tenté, par emprunt du mot de passe d'un autre salarié, de se connecter sur le poste informatique du directeur de la société. La Cour de cassation a rejeté son pourvoi et l'a condamné aux dépens[411]. En 2006, une

---

[410] Le Nouvel Observateur, *La policière et le dealer, couple improbable dans une affaire de stup*, 26 octobre 2012

[411] Cassation sociale 21 décembre 2006 n° 0541165

secrétaire commerciale avait été également licenciée pour faute grave. Devant partir à son cours de gymnastique, elle avait transmis son mot de passe à un collègue, en infraction de la charte informatique de l'entreprise. Contestant son licenciement, elle a saisi la juridiction prud'homale de demandes indemnitaires. La Cour de cassation a considéré que le non-respect volontaire par un salarié de la charte informatique rend impossible son maintien dans l'entreprise et justifie un licenciement pour faute grave[412].

Par un arrêt du 25 mars 2014[413], la Cour d'appel de Versailles a condamné une société de maintenance à la suite du piratage du système de téléphonie d'une de ses clientes et de nombreux appels émis vers le Timor Oriental. La société de maintenance qui avait pourtant, une fois informée du piratage, mis en œuvre un plan d'intervention rapide permettant de sécuriser les lignes, a été condamnée pour manquement à ses obligations contractuelles. La Cour conclut qu'il appartenait à la société de maintenance « de vérifier l'état de sécurisation de l'installation téléphonique de sa cliente et de vérifier que celle-ci utilisait l'installation dans des conditions optimales de sécurité et d'efficacité qu'elle devait s'assurer qu'elle était informée de la nécessité de modifier son mot de passe régulièrement ». Les constatations montraient que l'installation téléphonique n'avait jamais été valablement sécurisée puisqu'elle comportait toujours le mot de passe par défaut…00000.

On rappellera que l'utilisation des mots de passe peut servir à des fins de preuve. C'est une pratique insérée dans le code civil à l'article 1316-2 par la loi 2000-230 du 13 mars 2000, article

412 Cour de cassation, chambre sociale, Audience publique du mardi 5 juillet 2011, n° de pourvoi : 10-14685

413 www.legalis.net/spip.php?page=jurisprudence-decision&id_article=4083

1 : « Lorsque la loi n'a pas fixé d'autres principes, et à défaut de convention valable entre les parties, le juge règle les conflits de preuve littérale en déterminant par tous les moyens le titre le plus vraisemblable, quel qu'en soit le support ». C'est la raison pour laquelle on relève fréquemment ce type de clause au sein des contrats de service ou au sein des chartes « la saisie du mot de passe confidentiel remis à l'utilisateur, vaudra preuve de l'utilisation du système entre les parties ». Ceci a été confirmé par l'arrêt de la Cour de cassation, Chambre civile 1 du 8 janvier 2009 (06-17.630, Inédit) et au niveau européen par l'arrêt T-333/99 du 18 octobre 2001 (X c. Banque Centrale Européenne).

Le choix judicieux de l'identifiant

On trouve peu de littérature sur ce sujet. Pourtant l'identifiant (encore appelé login ou compte) est l'un des éléments qui doivent être fournis par l'utilisateur pour « montrer patte blanche ». Soit l'identifiant est une valeur « publique » - le cas le plus fréquent est l'adresse email, mais on pense aussi au numéro de téléphone portable souvent utilisé pour se connecter à son compte personnel chez son opérateur de téléphonie mobile[414] - soit il s'agit d'un élément arbitraire fourni par l'organisme qui gère la ressource[415]. Cette dernière approche est illustrée par les banques, mais aussi par

[414] Certains comptes clients des opérateurs de téléphone mobiles sont protégés par un identifiant qui correspond au numéro de téléphone, et par un mot de passe composé seulement de quatre chiffres. Une intrusion permet à un pirate de lire le journal des appels et des SMS, de changer le téléphone associé au compte (et donc recevoir les appels/SMS du compte), d'acheter un nouveau téléphone avec la carte bancaire associée au compte, de changer le mot de passe ainsi que l'adresse mail du compte. Ce type de faille est utilisé par les pirates pour récupérer les mots de passe à usage unique (*One Time Password*) envoyés sur les téléphones mobiles de leurs victimes.

[415] Et dans ce cas, la confidentialité de cet identifiant doit également être préservée. On remarque ainsi que la saisie de cet élément, sur la page d'identification des clients de Free afin d'accéder à leur espace personnel, se fait par un clavier virtuel, alors que la saisie du mot de passe se fait de façon traditionnelle.

le ministère des Finances : toute personne qui souhaitait déclarer ses revenus de l'année 2013 en ligne devait commencer, pour obtenir un mot de passe, par saisir non pas un seul identifiant mais trois : son numéro fiscal, son numéro de télédéclarant et son revenu fiscal de référence. Ce dernier numéro se trouvant sur le dernier avis d'impôt, on conçoit la difficulté pour un cybercriminel de prendre connaissance de l'ensemble de ces différentes composantes. Dans ce dernier cas, il ne lui suffit pas de deviner le mot de passe, mais bien le couple identifiant et mot de passe. En première approche la CNIL s'était montrée réservée sur ce procédé. Dans un avis rendu public en 2006, elle craignait que ce dispositif entraîne un affaiblissement du niveau de sécurité du dispositif et avait demandé que cela reste exceptionnel et ponctuel dans le cadre de la télédéclaration des revenus. Le bilan présenté par le ministère des finances a dû être convaincant et la méthode permet d'alléger considérablement les serveurs de la direction générale des impôts, qui n'ont plus à gérer de certificats électroniques. Compte tenu de sa sensibilité et de la doctrine de la CNIL, on écartera bien sûr la possibilité d'utiliser le NIR comme identifiant de connexion (login).

Le mot de passe, pierre angulaire de la majorité des dispositifs d'identification

Un mot de passe est un moyen d'identification qui permet d'utiliser une ressource ou un service – ou de prendre connaissance d'une information – dont l'accès logique est limité et protégé[416]. Le mot

[416] Les parents d'une jeune américaine de sept ans ont posté la photo de la note que leur fille avait déposée à leur attention sur l'ordinateur familial. Le couple avait osé annoncer qu'il comptait restreindre son accès à Internet. Le mot disait : « Si vous mettez un mot de passe, je ferais de votre vie un enfer ! ». Disponible sur www.huffingtonpost.com/2012/05/16/girl-leaves-parents-note-computer-password_n_1522528.html

de passe est le secret[417] qui permet à la ressource de vérifier que l'utilisateur qui vient de saisir son identifiant est bien légitime à accéder. Une bonne analyse ne doit donc pas se limiter à l'étude du mot de passe, mais bien au couple « identifiant + mot de passe » (ces éléments sont appelés « crédentiels »).

Pour cette étude, nous prenons pour postulat qu'une analyse de risques préalable et une analyse de valeurs ont été menées, et que leurs conclusions ont permis de mettre en place un contrôle d'accès logique par identification par simple saisie d'un identifiant et d'un mot de passe. En présence de risques d'un niveau supérieur, d'autres approches doivent être étudiées, comme la possession, en sus, d'un élément physique (par exemple, dans le domaine de la santé, la CPS – Carte du Professionnel de Santé), l'ajout d'un OTP[418], voire le recours à la biométrie.

Il peut arriver que le « mot » de passe soit en fait une véritable phrase : les Anglo-Saxons utilisent alors le terme de *passphrase*[419] (phrase de passe – mais ce terme n'est pas usité en français). La plus célèbre des *passphrase* est celle utilisée dans le conte Ali Baba et les Quarante Voleurs : « Sésame, ouvre-toi ! ».

---

[417] Trois types de secret peuvent être produits pour « montrer patte blanche » : ce que l'on sait (comme le mot de passe), ce que l'on a (un badge, une clé physique, une carte à puce), ce que l'on est (biométrie). L'identification par mot de passe est faible, car elle ne met en œuvre qu'un seul type de secret.

[418] *One-time password* : Mot de passe à usage unique, valable pour une seule identification, généralement transmis via SMS.

[419] On imagine que c'est la méthode appliquée par les utilisateurs qui doivent s'identifier grâce à un mot de passe comportant ...24 caractères mis en place en 2014 à la suite de la demande de la CNIL dans le cadre d''un dispositif de *whistleblowing* (dispositif d'alerte) qui était soumis à son autorisation.

La composition et la longueur du mot de passe sont des éléments cruciaux pour la sécurité[420]. Un mot de passe trop court[421] ou constitué uniquement de lettres peut s'avérer facile à découvrir par un cybercriminel[422], comme nous le verrons plus loin. Dans son document « Recommandations de sécurité relatives aux mots de passe[423] », l'ANSSI (Agence Nationale de la Sécurité des Systèmes d'Information) indique deux approches permettant de se créer un mot de passe résistant ET facile à retenir. La méthode phonétique consiste à utiliser les sons de chaque syllabe pour fabriquer une phrase facile à retenir. La phrase « J'ai acheté huit cd pour cent euros cette après-midi » deviendra ght8CD%E7am[424]. La méthode des premières lettres consiste à garder les premières lettres d'une phrase (citation, paroles de chanson...) : la citation « un tiens vaut mieux que deux tu l'auras » donnera 1tvmQ2tl'A.

Mais ces critères ne sont pas les seuls à prendre en compte : ainsi, le code PIN associé aux cartes bancaires ne comporte que quatre chiffres, ce qui, isolé, correspond à une faiblesse extrême mais que d'autres dispositions viennent équilibrer. La durée de vie est l'un des autres paramètres qui influe sur sa résistance (un mot de passe

---

420 Concernant la « résistance » des différentes structures de mots de passe, on se reportera utilement à l'article *Password strength* de Wikipedia dans sa version en langue anglaise.

421 Dans sa délibération du 5 juillet 1988, la CNIL jugeait insuffisantes les mesures de sécurité qu'avait prises le syndicat hôtelier qui permettait à ses membres de mettre en commun, via Minitel, le signalement des clients qui partaient à la cloche de bois. Le service vidéotex était protégé par un mot de passe composé de quatre caractères : la Commission préconisait, à l'époque, le recours à des mots de passe d'au moins 6 caractères. Nostalgie…

422 Jusqu'en 2010 (apparition de la version Oracle 11g), les mots de passe acceptés par Oracle n'étaient constitués que de lettre majuscules. Source : www.oracle-base.com/articles/11g/case-sensitive-passwords-11gr1.php

423 La version du 5 juin 2012 est disponible sur http://www.ssi.gouv.fr/IMG/pdf/NP_MDP_NoteTech.pdf

424 Dans son guide pratique Sécurité, la CNIL donne pour exemple « un Chef d'Entreprise averti en vaut deux » pour mémoriser 1Cd'Eaev2.

est d'autant plus robuste qu'il est changé régulièrement), de même que les modalités de transmission, de connexions et de gestion de ces mots de passe.

Il peut être intéressant, au moment où l'utilisateur crée son mot de passe personnel, de vérifier la complexité du mot de passe et d'afficher une indication de sa résistance. Le vérificateur peut alors valider que le mot de passe comprend bien le nombre minimal requis de caractères (par exemple huit), qu'il est constitué à partir de caractères de types différents (lettres minuscules, lettres majuscules, chiffres et caractères spéciaux[425]), qu'il n'a aucune correspondance avec le nom du compte (l'identifiant) ni l'appellation de la ressource protégée et qu'il diffère des précédents mots de passe.

Faut-il interdire certaines combinaisons ?

Dans les cas où le choix du mot de passe est laissé à l'utilisateur[426] (mot de passe personnel), il convient de rendre impossible certaines combinaisons trop évidentes, qui pourraient être facilement trouvées par un cybercriminel[427]. Fréquentes sont les études qui montrent que les mots de passe les plus populaires

---

[425] L'expert Jesper M.Johansson fait plaisamment remarquer que le mot de passe « Mot 2 passe » respecte scrupuleusement cette contrainte, tout en présentant une faiblesse conceptuelle.

[426] Mot de passe imposé ou personnel ? La tendance est actuellement de laisser l'utilisateur composer son propre mot de passe. Cela n'a pas toujours été le cas. Ainsi, dans l'une de ses délibérations datant du 5 juillet 1988 (relative à une liste noire mise en place par le syndicat hôtelier), la CNIL avait suggéré de préférer des mots de passe générés à partir de chaînes de caractères aléatoires, plutôt que de laisser les utilisateurs les choisir eux-mêmes.

[427] Les informations postées par les utilisateurs sur les réseaux sociaux sont mises à profit par les pirates, qui y trouvent facilement des éléments liés au vécu de la personne (date et lieu de naissance, hobby, etc.) que celle-ci aurait pu utiliser pour concevoir son mot de passe.

sont « 123456 », « password », « azerty », ou tout simplement l'identifiant, voire même un blanc[428].

Le magazine Capital, dans son édition d'avril 2007[429], a épinglé plusieurs sites Web insuffisamment protégés : « Pas très imaginatifs les administrateurs du Web des Deux-Alpes ! Ils ont choisi, comme code secret, le mot « admin », à l'image de bien de milliers d'autres gestionnaires de sites. Une fois la place investie, nous avons modifié le prix des forfaits… ». Selon une étude parue en 2006[430], 13 % des mots de passe serveurs et routeurs n'ont jamais été modifiés et possèdent encore le mot de passe par défaut qui figure dans le manuel d'installation[431]. Ainsi, toutes les bases de données Oracle sont livrées avec plusieurs comptes par défaut. L'un d'entre eux, baptisé « Scott » a pour mot de passe « tiger » ... ce qui correspond au nom du chat de la sœur de Bruce Scott, l'un des tout premiers développeurs de la base de données. Ceci explique que l'une des premières tentatives d'un pirate essayant de s'introduire dans une base de données Oracle pour en prendre le contrôle ou en exfiltrer le contenu, est de tenter tout simplement de se connecter sur le compte *Scott* avec le mot de passe *tiger*. Comme l'indique Marc Gavini[432], « Il ne faut pas créer cet utilisateur en production... changez au moins son mot de passe. Inutile de faciliter la tâche des hackers ».

---

[428] En mars 2014, la CNIL a posté une page spécifique intitulée « Comment construire un mot de passe sûr et gérer la liste de ses codes de sécurité ? ». Cette page cite une étude selon laquelle 17 % des internautes utilisent leur date de naissance comme mot de passe, alors que le secret ne devrait pas avoir de lien avec son détenteur.

[429] « Comment je suis entré par effraction chez… » par Damien Bancal

[430] *US Privileged Password Survey*, septembre 2006, Cyber-Ark

[431] Et sur plusieurs sites Web, dont www.phenoelit.org/dpl/dpl.html

[432] *Oracle: Exploitation de bases de données en environnement de production sous Unix*, par Marc Gavini, Editions ENI, 2011

Dans un papier intitulé *Why Your Data Breach Is My Problem*[433], les chercheurs Stefan Frei et Bob Walder indiquent qu'à force d'être exposées lors de *Data Breach*, certaines données très personnelles – et ne pouvant pas être changées –, comme la date de naissance et le numéro de sécurité sociale[434], seraient condamnées à moyen terme à être considérées comme « publiques » : ces données ne pourraient donc plus être utilisées comme des éléments fiables d'identification, les cybercriminels ayant pris l'habitude de collecter soigneusement et de « croiser » les informations obtenues[435].

Enfin, il faut en finir avec le dogme des « mots de passe de 8 caractères » : comme l'a montré une étude publiée en 2011[436], un mot de passe de 16 lettres présente un bien meilleur ratio résistance/ergonomie[437] qu'un mot de passe de 8 caractères, composé avec des lettres minuscules et majuscules, des chiffres et des signes spéciaux. Avec une résistance quasiment identique, la seconde approche fait peser une charge bien moins lourde sur l'utilisateur. Il ne faut donc pas hésiter à sortir du postulat du mot de passe de 8 caractères complexes, mais plutôt chercher à trouver le « bon équilibre » et une solution qui apporte le niveau de sécurité

---

433 https://www.nsslabs.com/reports/why-your-data-breach-my-problem

434 Concernant spécifiquement le numéro de sécurité sociale, il est fortement déconseillé aux USA de l'utiliser comme identifiant. Les auteurs de l'étude recommandent d'ailleurs aux entreprises américaines « de se préparer à la promulgation éventuelle d'une loi fédérale qui interdirait aux entreprises d'utiliser cette donnée comme moyen de vérification de l'identité ». La page Web *State laws restricting private use of Social Security numbers* liste les états américains qui interdisent déjà l'utilisation du numéro de sécurité sociale pour accéder à des ressources.

435 Voir KrebsOnSecurity, *How Much Is Your Identity Worth?*, 8 novembre 2011

436 *Of passwords and people: Measuring the effect of password-composition policies*, Komanduri, Shay, Gage Kelley, Mazurek, Bauer, Christin, Faith Cranor, Egelman.

437 La quasi-totalité des faiblesses que l'on peut reprocher aux mots de passe proviennent des êtres humains qui doivent les créer, les mémoriser et les utiliser. Il faut donc impérativement intégrer un volet ergonomie dans tout projet d'identification.

adéquat et suffisant sans créer de frustration pour le détenteur du mot de passe. Des tests ergonomiques s'imposent pour mesurer les oublis de mots de passe, les erreurs dans leur saisie, voire les abandons au moment de leur création.

Cette étude indique aussi la distribution de l'utilisation des caractères spéciaux dans les mots de passe[438]. Au lieu d'être égales, les fréquences vont d'un rapport de 1 pour le signe « > » à 362 pour le signe « @ » en passant par 345 pour le signe « ! ». La troisième position est détenue par le signe « $ » (mais les répondants étaient américains). Cette même étude cite une idée déjà exprimée l'année précédente par S.Schechter, C.Herley et M. Misenmacher dans leur article *Popularity is everything: A new approach to protecting passwords from statistical-guessing attacks* : lors de la création du mot de passe, il conviendrait de refuser ceux qui sont déjà trop souvent utilisés par d'autres personnes (sur le modèle de ce qui est fait pour les identifiants : il est impossible à deux utilisateurs d'avoir le même).

Pour sourire, signalons deux anecdotes qui illustrent notre propos : en juin 2010, la chaîne de télévision TF1 diffuse un reportage sur la correction de l'épreuve du baccalauréat. A l'écran, une représentante de l'académie de Versailles insiste sur les précautions de sécurité qui sont prises par le ministère pour empêcher toute tentative de fraude. Derrière elle, sur un tableau blanc, on relève l'inscription suivante : « identifiant : vpc2010 mot de passe : m151307 », ainsi que l'URL de la ressource sensible[439]... En 2010 également, on a appris que l'équipe du Président Bill

---

[438] Certains experts évoquent la possibilité d'utiliser des caractères issus des alphabets grec, hébreux ou cyrillique.

[439] *Correction du Bac, TF1 diffuse login et mot de passe d'un espace privatif de l'académie de Versailles* dans un reportage du JT de 13 heures, Zataz.com, 25 juin 2010.

Clinton avait perdu les codes déclenchant le feu nucléaire à la fin des années 90[440]. Ces codes sont supposés être en permanence à la disposition du locataire de la Maison-Blanche. C'est au moment de leur remplacement que le collaborateur en charge de leur sécurité a avoué n'avoir aucune idée de l'endroit où ils se trouvaient. Si l'on en croit les services officiels, les procédures ont été modifiées après l'incident.

Le cœur qui saigne

On vous l'a dit, on vous l'a répété… Il ne faut jamais saisir son numéro de carte bancaire si le cadenas n'est pas fermé. Il devrait en être de même lors de toute saisie de mot de passe, car celui-ci est transmis en clair à la ressource à laquelle vous voulez accéder. Le CIL doit donc vérifier ou faire vérifier que toute saisie en ligne d'informations critiques se fait bien sous la protection du protocole HTTPS[441]. Cette belle certitude a été ébranlée en avril 2014, à la découverte d'une faille de sécurité dans certaines versions du logiciel OpenSSL, sur lequel s'appuie une grande partie de la sécurité du Web. Baptisée du nom de *Heartbleed* (« cœur qui saigne »), cette faille permet à un attaquant de provoquer un contournement de la politique de sécurité d'un serveur Web et une atteinte à la confidentialité des données qu'il héberge. Des chercheurs ont montré que la vulnérabilité pouvait être exploitée pour compromettre les certificats utilisés par les serveurs Web pour réaliser le chiffrement de la connexion avec les internautes : les

---

440 *President Bill Clinton Lost Nuclear Codes While in Office*, par John Donvan, abcNews, 20 octobre 2010

441 Popularisé par le symbole du cadenas fermé, l'HyperText Transfer Protocol Secure — littéralement « protocole de transfert hypertexte sécurisé » — est la combinaison du protocole HTTP avec une couche de chiffrement et garantit en théorie la confidentialité des données envoyées par l'utilisateur et reçues du serveur.

mots de passe auraient donc pu être écoutés par un tiers, et ceci depuis deux ans. Très rapidement la CNIL a recommandé à tout responsable de traitement mettant en œuvre une version vulnérable d'OpenSSL de mettre à jour les serveurs concernés, de révoquer et renouveler les clés de chiffrement et les certificats utilisés, mais aussi d'inviter les utilisateurs à renouveler leurs mots de passe[442]. La CNIL précisait qu'elle comptait vérifier la bonne prise en compte de ces mesures dans le cadre des contrôles qu'elle opère régulièrement[443]. Parmi les sites français, Darty a confirmé à la presse avoir utilisé une version vulnérable d'OpenSSL, et avoir corrigé le problème le 9 avril : les utilisateurs du site de commerce ont été « vivement invités » à changer de mot de passe[444].

Le 14 avril 2014, la CAR (*Canada Revenue Agency*) a préféré suspendre son site. Son responsable a indiqué disposer d'éléments indiquant que « la vulnérabilité a été exploitée pour extraire, des bases de données personnelles relatives aux assujettis, environ 900 numéros de sécurité sociale ». Un mois après la découverte de la faille dans la librairie OpenSSL, des chercheurs ont constaté qu'il restait encore près de 320.000 serveurs vulnérables sur la Toile[445]. Là encore, les Correspondants Informatique et Libertés doivent s'assurer que le nécessaire a été fait, bien fait et à temps.

---

[442] Il convient de prévoir aussi la rotation des mots de passe embarqués dans les applications se connectant en Webservice sur les ressources concernées.

[443] *Faille de sécurité Heartbleed : comment réagir ?*, page mise en ligne le 16 avril 2014 sur le site Web de la CNIL.

[444] Le Monde, *Faille Heartbleed : les sites pour lesquels il est conseillé de changer son mot de passe*, le 11 avril 2014, par Michaël Szadkowski

[445] http://blog.erratasec.com/2014/05/300k-servers-vulnerable-to-heartbleed.html#.U2z4T1eS68A

Comment s'y prennent les cybercriminels ?

Lors de la conception d'un procédé d'identification à base de mot de passe, il convient d'essayer d'adopter le point de vue de l'assaillant. Quelles sont les principales techniques utilisées par le cybercriminel pour réussir à prendre connaissance des mots de passe ?

Il peut l'obtenir par *social engineering* (ingénierie sociale), directement auprès du détenteur du compte ou bien auprès de tiers qui ont connaissance du secret. La pratique consiste à exploiter la naïveté des individus pour obtenir des informations. Avec beaucoup d'aplomb, le pirate peut ainsi obtenir le mot de passe d'un individu en se faisant passer pour un administrateur technique, ou, à l'inverse contacter l'équipe de *help-desk* en demandant de réinitialiser le mot de passe en prétextant un caractère d'urgence. C'est ainsi que Kevin Mitnick[446] a pu accéder aux systèmes informatiques de Fujitsu, Motorola, Nokia, Sun Microsystems et du Pentagone.

Le pirate peut aussi arriver à ses fins auprès du détenteur du compte par une opération de *phishing*[447]. Dans ses conseils publiés à la suite de la faille *Heartbleed*, la CNPD (Commission Nationale pour la Protection des Données) luxembourgeoise recommande aux

---

[446] Kevin Mitnick est un pirate informatique qui se faisait appeler « Le Condor ». Il est le premier cybercriminel à avoir figuré sur la liste des dix fugitifs les plus recherchés du FBI. En 1995, il est condamné à cinq ans de prison pour délit informatique. En 2002, il coécrit un livre traitant de l'ingénierie sociale et basé sur ses expériences personnelles : L'Art de la supercherie.

[447] Appelée aussi hameçonnage ou filoutage, le *phishing* est une technique utilisée par des fraudeurs pour obtenir des renseignements personnels dans le but de perpétrer une usurpation d'identité ou un détournement de fonds. La technique consiste à faire croire à la victime qu'elle s'adresse à un tiers de confiance — banque, administration, etc. — afin de lui soutirer des renseignements personnels : mot de passe, numéro de carte de crédit, date de naissance, scan haute définition de pièces d'identité, etc.

utilisateurs particuliers « d'être vigilant dans les prochains jours quant aux courriels qui leur sont destinés. En effet, la situation actuelle est propice à des tentatives de *phishing* (hameçonnage), dans lesquelles il leur est demandé de changer leur mot de passe et où ils sont incités à se connecter sur de faux sites (par exemple, on leur fait croire qu'ils accèdent au site de leur banque mais il s'agit d'un site pirate). En cas de doute, la CNPD recommande de contacter par téléphone la société qui leur aurait envoyé le courriel pour demander la confirmation de l'authenticité de la communication. ».

Il peut l'obtenir également par une opération de *pharming*. Ne devant pas être confondue avec le *phishing*, cette technique d'escroquerie consiste à rediriger le trafic Internet d'un site Web vers un autre site lui ressemblant à s'y méprendre afin d'inciter les internautes (en confiance) à saisir leur nom d'utilisateur et mot de passe dans la base de données[448]. Généralement dirigées contre les sites bancaires ou financiers, ces attaques visent à obtenir les données confidentielles des internautes afin d'accéder à leur compte, d'usurper leur identité ou de commettre des délits en se faisant passer pour eux. Pour réaliser cette attaque, les pirates utilisent une méthode appelée « empoisonnement DNS » (*Domaine Name System*[449]*Poisoning*) : l'attaquant exploite une vulnérabilité du serveur DNS qui accepte alors des informations incorrectes qu'il transmet par la suite aux utilisateurs qui effectuent la requête visée

---

[448] Dans le *phishing*, la victime a cliqué sur un lien qui mène vers un faux site. Dans le *pharming*, la victime a bel et bien saisi la bonne URL dans son navigateur, mais elle a été « aiguillée » par le DNS « empoisonné » vers un faux site.

[449] Le DNS est un service permettant de traduire un nom de domaine (par exemple afcdp.net) en l'adresse IP de la machine portant ce nom. Vu le peu de soin apporté à ce dispositif en termes de sécurité (alors qu'il est crucial), on aurait pu croire que l'acronyme signifie « Dernier de Nos Soucis ».

par l'attaque[450]. Plus le procédé d'identification sera techniquement résistant, plus ces différentes techniques seront mises en œuvre par les pirates pour obtenir ce qu'ils recherchent.

Le cybercriminel peut essayer d'espionner la frappe au clavier de la personne qui saisit son mot de passe par la mise en place d'un enregistreur de frappes (*keylogger*), qui saisit tout texte tapé par un utilisateur à son insu. Le CIL veillera à l'affichage de conseils de sécurité à l'attention des utilisateurs afin de les aider à assurer une bonne « hygiène » de leurs ordinateurs[451]. Le pirate peut aussi essayer de « casser » le mot de passe, soit en ligne (en se connectant sur la ressource, comme le fait un utilisateur légitime), soit en mode déconnecté après avoir exfiltré de l'organisme cible la liste des empreintes des mots de passe[452] : il convient de sécuriser l'accès à celle-ci et de placer une alerte en cas de tentatives de copie. Les bases de données abritant des données sensibles – dont les empreintes des mots de passe – sont plus souvent qu'on l'imagine accessibles par Internet, à l'insu des informaticiens. En 2007, l'expert sécurité David Litchfield a révélé avoir trouvé 492.000 bases de données accessibles librement sur Internet, sans aucune protection[453] : « Il n'est pas possible de dire combien de ses ressources sont intégrées dans des chaînes de commandes en ligne,

---

450 Voir http://fr.wikipedia.org/wiki/DNS_poisoning

451 C'est également dans cette page que l'on peut placer une mention relative à la Loi Godfrain n° 88-19 du 5 Janvier 1988, qui punit les accès et le maintien frauduleux dans les systèmes de traitement automatisé de données, de même que les tentatives pour fausser ou entraver leur fonctionnement. On peut aussi inviter l'utilisateur à ne pas mémoriser les mots de passe dans son navigateur Internet. Si une personne mal intentionnée prend le contrôle de l'ordinateur d'un utilisateur, il lui suffit alors de récupérer le fichier contenant la liste des mots de passe enregistrés pour pouvoir se connecter sur des sites à accès protégé.

452 Nous verrons plus loin qu'il s'agit en fait de la base des empreintes/hash des mots de passe, ces derniers de devant jamais être conservés en clair.

453 SearchSecurity, *Survey finds thousands of database servers open to attack*, par Robert Westervelt, 14 novembre 2007

mais un demi-million de serveurs accessibles, c'est largement plus que suffisant pour permettre aux criminels de récupérer des données sensibles ». De plus, il suffit de la présence au sein de l'organisme d'un seul PC infecté et sous le contrôle d'un pirate pour que soient exfiltrées des informations de grande valeur.

Si l'extraction a été détectée mais n'a pu être empêchée, il est recommandé de procéder à la rotation (au renouvellement) des mots de passe, le cybercriminel risquant de parvenir plus ou moins rapidement à surmonter la protection mise en place. L'absence d'un tel dispositif en cas de violation de données à caractère personnel, dans l'hypothèse d'une généralisation de la notification à laquelle sont déjà soumis certains acteurs au titre de l'ordonnance n° 2011-1012 du 24 août 2011, pourrait être amèrement regrettée dans un futur proche[454].

L'attaque par force brute consiste à tester, de manière exhaustive et « idiote », les différentes possibilités de mots de passe. Tous les caractères étant testés, ce mode est, à la longue, infaillible. Afin d'augmenter la pertinence de l'algorithme, les tentatives sont d'abord effectuées pour les caractères les plus utilisés statistiquement. Combien de temps faut-il à un attaquant pour parvenir à ses fins ? Sans tenir aucun compte de la latence due au réseau de communication, il faut, par exemple, 35 minutes à un simple ordinateur de bureau pour trouver un mot de passe composé de huit lettres minuscules, 253 jours en cas d'utilisation des lettres minuscules et majuscules et des chiffres, 23 ans si on y ajoute tous

---

[454] La fonction de gestion des mots de passé doit pouvoir permettre à l'exploitant de déclencher la modification des mots de passe associés à une liste ou un bloc d'utilisateurs, voire à leur totalité.

les caractères spéciaux[455]. Si le pirate utilise un réseau d'ordinateurs, il ne lui faudrait, en revanche, « que » 83 jours pour parvenir à ses fins dans cette dernière configuration. Certaines sondes réseau sont capables de détecter ces attaques, surtout quand elles sont menées sans discrétion (encore faut-il exploiter les alarmes). Un mot de passe « robuste » prendra plus de temps pour être cassé par cette méthode, surtout si un « gel » est imposé en cas d'échecs d'identification répétés. Pour réduire le temps nécessaire pour découvrir le mot de passe, les cybercriminels segmentent-ils l'attaque et confient-ils à des PC zombis[456] la tâche de tester – chacun – une partie du dictionnaire[457], permettant ainsi à une attaque qui aurait dû, en théorie, prendre plusieurs années, d'être couronnée de succès en quelques semaines ?

L'attaque par dictionnaire consiste à tester une série de mots de passe potentiels, les uns à la suite des autres, en espérant que le mot de passe soit contenu dans le dictionnaire. Cette méthode repose sur le fait que de nombreuses personnes utilisent des mots de passe courants (par exemple : un prénom, une couleur ou le nom d'un animal[458]). C'est pour cette raison qu'il est toujours conseillé de ne pas utiliser de mot de passe comprenant un mot ou un nom. Les cybercriminels se sont constitué des dictionnaires comprenant les

---

455 *Password recovery speed – How long will your password stand up*, disponible sur www.lockdown.co.uk

456 Ordinateur contrôlé à l'insu de son utilisateur par un pirate, suite à une infection par un malware (virus ou cheval de Troie). Certains cybercriminels gèrent des « parcs » de plusieurs centaines de milliers PC zombies (les « botnets »), qu'ils louent à des tiers peu scrupuleux pour réaliser des opérations de déni de service ou diffuser des pourriels (spams).

457 La version *Distributed John* permet cette répartition du calcul sur plusieurs ordinateurs en réseau afin d'augmenter l'efficacité du cassage.

458 Dans son livre *The art of intrusion* (Wiley publishing, 2006), Kevin Mitnick relate le cas d'étudiants américains qui avaient deviné le mot de passe utilisé par les salariés de la firme Coca-Cola qui protégeaient les distributeurs de boissons : Pepsi !

mots de passe les plus fréquemment choisis par les utilisateurs, les prénoms, les noms de pays et de ville, les noms propres de personnages illustres (mais aussi de héros de cinéma, de BD, etc.). Les mots peuvent être « déclinés » dans leurs différentes variantes (en changeant par exemple la casse de certaines lettres ou en les remplaçant par leurs équivalents en *leet speak*[459]. Les mots peuvent être aussi répétés. Il existe aussi des dictionnaires correspondant à l'ensemble des numéros de plaque d'immatriculation, des numéros de sécurité sociale, des dates de naissance, etc. Ainsi le logiciel *John the Ripper*[460] est fourni avec une liste de règles qui permettent d'étendre l'espace de recherche et d'explorer les failles classiques dans l'élaboration des mots de passe par les utilisateurs.

Qu'est-ce qu'une fonction de hash ?

L'attaque la plus redoutable est tout de même le vol de la base de mots de passe. C'est la raison pour laquelle il convient de les « hasher ». Contrairement à l'idée reçue, la ressource (le site Web, par exemple) ne conserve jamais (ne doit jamais conserver) les mots de passe en clair. À la première saisie du mot de passe, une fonction de hash est appliquée et seule l'empreinte obtenue est conservée. Lors des saisies suivantes le même procédé est appliqué. Si les deux empreintes sont identiques, l'identification est réussie. Cette procédure permet aussi d'éviter que les administrateurs

[459] De l'anglais *elite speak* (« langage de l'élite »), le *Leet speak*, est un système d'écriture utilisant les caractères alphanumériques d'une manière peu compréhensible pour le néophyte. Le principe est d'utiliser des caractères graphiquement voisins des caractères usuels, par exemple 5 au lieu de S, 4 au lieu de A, etc.

[460] *John the Ripper* est un logiciel libre de cassage de mot de passe. Ces logiciels ne sont pas toujours utilisés dans un but malicieux. Certains RSSI les utilisent pour tester la résistance des mots de passe choisis par les utilisateurs et les alerter sur les risques encourus. Dès qu'un mot de passe est craqué par l'administrateur sécurité, celui-ci doit immédiatement demander à l'utilisateur de le changer pour un mot de passe plus robuste.

techniques ne puissent être en mesure de connaître (et d'usurper) les mots de passe des utilisateurs. Si c'était le cas, un utilisateur indélicat pourrait toujours prétendre que l'intrusion dont il est l'auteur a été réalisée par un administrateur, dont on sait qu'il a souvent accès à tous les fichiers et toutes les ressources du système d'information.

Le Correspondant Informatique et Libertés doit vérifier que les mots de passe sont bel et bien stockés sous une forme inintelligible (cette vérification aboutit quelques fois à quelques surprises). Suite à plusieurs contrôles, la CNIL a adressé en 2012 un avertissement public à la société FNAC Direct[461]. Parmi les manquements sanctionnés, la commission pointait une violation de l'article 34 de la loi relatif à la sécurisation des données, les informations relatives à plusieurs millions de cartes bancaires ayant été stockées sans protection suffisante : « établi que dans la même base de données apparaît le nom du porteur de la carte, son numéro de carte bancaire, la date d'expiration de celle-ci, et parfois son cryptogramme visuel, l'ensemble de ces éléments étant conservé dans la même base, en clair, sans hachage ni chiffrage ». En juillet 2014, la société éditrice du site www.regimeducan.com a reçu un avertissement public de la part de la CNIL[462], suite à trois contrôles sur place. Parmi les griefs reprochés au responsable de traitement, on relève que « les mots de passe des comptes clients étaient conservés en clair ».

Mais que recouvre la technique de hash ? Il s'agit d'une fonction mathématique très particulière qui présente deux caractéristiques

---

461 Délibération n° 2012-214 du 19 juillet 2012

462 http://www.cnil.fr/fileadmin/documents/La_CNIL/decisions/20140711_deliberation_regimecoache.pdf

spécifiques qui en font tout son intérêt : il est tout d'abord impossible, à partir du résultat de cette fonction, de deviner la valeur de départ : à titre d'analogie, on retiendra l'image de la vitre cassée qu'il est impossible de ramener à son état d'origine en recollant les morceaux, de la feuille de papier froissée qu'on ne peut rendre à l'état initial ou des peintures mélangées que l'on souhaiterait dissocier pour retrouver les couleurs de départ. La deuxième qualité d'une fonction de hash est de donner un résultat univoque (jamais deux valeurs de départ ne donneront le même résultat). C'est une fonction très souvent utilisée, par exemple pour vérifier qu'un document placé en archives probantes n'a pas été modifié depuis son dépôt, ou bien pour vérifier que deux personnes partagent bien le même secret, sans que jamais ce secret soit exposé.

La fonction en elle-même est appelée fonction de hash ou prise d'empreinte. Son résultat est appelé hash, empreinte[463], condensat, condensé, résumé de message ou encore signature. Cette empreinte est de longueur fixe, quelle que soit la valeur d'entrée (le résultat d'un mot ou d'une longue phrase ou d'un document donnera une chaîne de caractères de même longueur, qui dépend de l'algorithme sélectionné). Quand une fonction de hash est employée à des fins de sécurité, ses concepteurs font en sorte que le moindre changement de la donnée initiale (modification d'un seul caractère, par exemple) entraine une perturbation importante de l'empreinte, afin de rendre difficile une recherche inverse par approximations successives. Ce phénomène est appelé « effet avalanche ».

---

[463] L'auteur recommande cette sémantique et déconseille l'expression « somme de contrôle » dans ce contexte.

Le calcul de l'empreinte consomme peu de ressources informatiques, mais le stockage des résultats peut quelquefois poser problème (l'empreinte d'un mot de passe de huit caractères peut atteindre une longueur de plus de cent caractères). Les concepteurs de ces fonctions cherchent donc à trouver le compromis idéal[464].

Très rapidement il a été découvert des imperfections dans les fonctions sélectionnées. Elles concernent la « robustesse » de l'algorithme (il s'avère possible, à partir d'une empreinte, de découvrir la valeur de départ) ou l'unicité du résultat produit (on parle dans ce cas de « collision » quand deux données de départ donnent un même résultat). Le Correspondant Informatique et Libertés devrait donc également s'assurer – si besoin en s'appuyant sur le RSSI – que l'algorithme de hash utilisé respecte l'état de l'art. Ainsi les procédés MD5 et SHA-1 sont aujourd'hui déconseillés[465], alors que la famille SHA-2 (principalement SHA-256) répond aux attentes. Prévoyant une possible faiblesse de cette dernière famille, le NIST (*National Institute of Standards and Technology*) avait lancé en 2007 une compétition pour trouver un remplacement au SHA-1. Fin 2012, c'est l'algorithme KECCAK qui a remporté la coupe. Baptisé SHA-3, cette nouvelle fonction va sans doute mettre du temps avant de se répandre, car SHA-2 n'a pas été encore compromis par une attaque significative.

---

[464] Signalons une solution élégante tirée des travaux de Gilles Trouessin, membre de l'AFCDP et l'un des rares experts français dans l'art de l'anonymisation : il « suffit » d'exprimer l'empreinte non pas en codage hexadécimal, mais dans un codage d'ordre supérieur (comme la Base 36, par exemple). Gilles Trouessin est l'un des co-auteurs de la méthode FOIN (Fonction d'occultation d'identifiant nominatif), procédure élaborée à la fin des années 90 par le Centre d'études des sécurités des systèmes d'information (CESSI) de la CNAMTS.

[465] Pour aller plus loin, se reporter à l'excellent article de Kévin Drapel, *Les fonctions de hachage cryptographiques*, initialement paru dans le défunt magazine Login. Disponible sur http://fr.wikibooks.org/wiki/Les_fonctions_de_hachage_cryptographiques

« Pouvez-vous me passer le sel ? »

Dans le cas où un cybercriminel parviendrait à exfiltrer la liste des empreintes de mots de passe conservée par la ressource, le fait de « hasher » les mots de passe ne suffit-il pas à assurer une sécurité qui respecte « l'état de l'art » ? Les cybercriminels disposent de techniques qui leur permettent de découvrir les mots de passe les plus faibles, notamment en utilisant des tables arc-en-ciel (*rainbow table*). Hacher les mots de passe n'est donc pas suffisant[466]. Il vaut mieux y ajouter une pincée de sel.

C'est ici qu'intervient le « petit plus de nos grands-mères ».

Si on compare l'algorithme de hash à une recette de cuisine (qui est publiée, que tout le monde connaît…y compris le cybercriminel), le sel correspond à ce « petit truc de cuisine » que vous a légué votre grand-mère, ce qui rendait son plat si particulier. Le principe est simple : avant de procéder à la prise d'empreinte du mot de passe, on le « concatène » avec une valeur qui est ce fameux sel[467] Rappelez-vous l'effet « avalanche » : ceci va se traduire par un condensat totalement différent, mais toujours de même longueur. Même grâce à ses dictionnaires, l'attaquant ne peut plus remonter jusqu'à la valeur d'origine (le mot de passe), tant qu'il n'a pas connaissance du fameux sel. Ainsi, si le mot de passe « AFCDP » donne l'empreinte f42edc3ec7cc4b9647a12abee3a5d8ad en utilisant la fonction

---

[466] Un expert a réussi, avec le logiciel ocl-Hashcat-plus, à « cracker » une empreinte (sans sel) et à retrouver le mot de passe suivant : « Ph'nglui mglw'nafh Cthulhu R'lyeh wgah'nagl fhtagn1 ».
Disponible sur http://arstechnica.com/security/2013/08/thereisnofatebutwhatwemake-turbo-charged-cracking-comes-to-long-passwords/

[467] Le sel (également appelé « germe » dans certains documents de l'ANSSI, ou « seed ») devient donc l'élément hautement confidentiel qu'il convient de protéger très précieusement.

MD5468, il donne avec la même fonction un résultat complétement différent si j'y ajoute le sel[469] « 38 » (le condensat de « AFCDP38 » est alors 560d7e6704e555c1ccfb1cc2f582f2a4). On en déduit donc que toute précaution utile doit désormais être prise pour choisir ce nouveau « petit secret » avec soin[470] et en assurer la confidentialité… Les Correspondants Informatique et Libertés ont lu avec profit le document que le G29 a publié en mars 2014 et intitulée *Opinion 03/2014 on Personal Data Breach Notification* (693/14/EN - WP13). Il y est bien spécifié que le fait de hacher les mots de passe n'est pas considéré comme suffisant par le groupe qui représente les autorités de contrôle pour arguer de l'inintelligibilité des données dans le cas d'une violation à un traitement de données.

Les « CNIL » intégreront-elles ce principe dans leur doctrine locale ? Dans ce cas, seul un procédé de hash conforme à l'état de l'art et mettant en œuvre un sel a une chance de vous éviter la notification aux personnes concernées[471].

---

[468] Le site Web http://www.sinfocol.org/herramientas/hashes.php vous permet d'obtenir l'empreinte obtenue à partir de plus de 130 procédés.

[469] Dans la réalité, le sel est d'une longueur bien plus grande. De plus l'emplacement du sel par rapport au mot de passe est également gardé secret (avant, après, la moitié avant et l'autre moitié après, etc.).

[470] La bonne pratique est de ne pas utiliser une clé de salage unique (la même pour toutes les tables comprenant des mots de passe) mais de la générer aléatoirement pour chaque enregistrement. A titre d'exemple, un système comme Joomla est capable de gérer, pour chaque utilisateur, un sel dynamique (un par utilisateur) et un sel statique (unique pour tous).

[471] Pour le moment ne sont concernés que les opérateurs, dans le cadre de l'ordonnance n° 2011-1012 du 24 août 2011 relative aux communications électroniques, mais il est probable que la mesure se généralise dans le cadre du futur règlement européen.

Le lion et la girafe

Une approche, de plus en plus répandue, permet de compliquer la tâche des pirates : celle du mot de passe « jetable »[472]. Après la saisie fructueuse de l'identifiant et du mot de passe statique, la ressource l'adresse – le plus souvent via un SMS – pour qu'il soit fourni dans un laps de temps donné. Cela suppose de disposer du numéro de téléphone portable de la personne, et que le téléphone mobile soit desservi par le réseau au moment de l'identification. Le fait qu'il soit transmis par un canal différent de celui emprunté par l'utilisateur renforce la sécurité : il est difficile pour un cybercriminel d'espionner à la fois la connexion Internet et la communication téléphonique. Cette approche permet de qualifier de « forte » l'identification car elle requiert en l'occurrence la conjonction de deux facteurs : la connaissance d'un secret (le mot de passe statique personnel) et la possession d'un élément matériel (le téléphone portable avec son n° d'appel associé). Souvent appelé par son appellation anglaise OTP (*One-time password*), le mot de passe jetable pallie plusieurs des faiblesses du mot de passe statique traditionnel : il compense une durée de vie du mot de passe personnel souvent trop longue et offre une excellente résistance aux attaques en ligne par dictionnaire et en force brute. L'OTP n'a pas besoin d'être complexe, puisqu'il est conçu à la volée par la ressource et ne peut être utilisé qu'une fois : un pirate ne sera pas en mesure de l'utiliser par la suite car il ne sera plus valide. En revanche, il nécessite la mise en œuvre de technologies complémentaires. Les banques s'en servent notamment pour augmenter le niveau de sécurité sur des transactions de transferts de

[472] Sans surprise, cette technique présente tout de même quelques faiblesses, surtout si elle a mal été implémentée au niveau du serveur, et des cybercriminels ont réussi – sous certaines conditions – à la contourner, par exemple dans un scenario de type man-in-the-middle.

fonds vers d'autres comptes extérieurs, opérations jugées plus sensibles qu'une simple consultation.

Il existe d'autres implémentations du principe d'OTP : avec la « liste à biffer », l'utilisateur saisit, en plus de son mot de passe personnel statique, un code figurant sur une liste qui lui a été fournie par la ressource. Les codes sont « consommés » dans l'ordre, les uns après les autres. La liste peut prendre la forme d'une carte comportant une matrice, également fournie par la ressource[473]. Le défi est exprimé sous forme de coordonnées (« Qu'elle est la valeur qui figure dans la matrice qui vous a été remise, dans la troisième case de la deuxième ligne ? »). Une solution commerciale a élégamment supprimé la possession de la carte (élimant ainsi les risques de pertes et les frais liés à sa fabrication et à son envoi) : à sa connexion initiale, l'utilisateur est invité à configurer lui-même un « secret » supplémentaire exprimé sous forme d'un déplacement simple dans un échiquier (par exemple deux cases en diagonale vers le haut à droite). Suite à la saisie de l'identifiant et du mot de passe statique personnel, la ressource affiche à l'utilisateur une matrice comportant, par exemple, des photographies d'animaux. Le défi est traduit par l'affichage sur l'écran de l'une des photos (par exemple celle du lion). On attend que l'utilisateur clique sur la case illustrée d'une girafe, située à l'arrivée du déplacement dans la matrice. Les « token[474] » qui figurent aux porte-clés de certains informaticiens appartiennent aussi à la famille OTP : les deux parties (le *token* et la ressource) sont synchronisées sur le temps

---

[473] Exemple de la banque Crédit Mutuel.

[474] Petit dispositif électronique de la taille d'une clé USB, générant des nombres synchronisés destiné à l'authentification.

universel[475] et utilisent le même algorithme de génération du mot de passe unique (affiché sur un écran à cristaux liquides minuscule dont est équipé le *token*) : l'utilisateur dispose alors de quelques instants pour le saisir sur la ressource.

Le brahmane Sissa face au roi Belkib

Ne nous leurrons pas. C'est bien le cybercriminel qui a la partie la plus facile. La mission du CIL et de son partenaire RSSI est de lui rendre la vie difficile. Techniquement, cela se traduit souvent par une bonne gestion du temps, qui est essentielle, car la question est moins de savoir si un cybercriminel va réussir à prendre connaissance des mots de passe, que de savoir combien de temps il lui faudra pour atteindre cet objectif.

Lorsqu'un algorithme d'empreinte est présenté par son concepteur comme « impossible à casser », il faut traduire par « très difficile à circonvenir en un temps raisonnable…mais à la longue tout est possible ». Le Correspondant Informatique et Libertés doit donc obtenir une estimation fiable de la part de son RSSI – au besoin en se faisant assister par un expert – du temps qu'il faudrait à un assaillant pour prendre connaissance des mots de passe. L'intérêt de l'organisme est de prendre toute mesure permettant d'allonger ce temps, par exemple en ajoutant un « gel » entre deux tentatives d'identification en ligne. Cette temporisation peut être d'une valeur peu perceptible par un humain (c'est le cas de la technique dite du

[475] Cette approche présente l'avantage d'être utilisable même dans des zones non desservies par le réseau de téléphonie mobile, par exemple dans une salle informatique. C'est l'une des raisons pour lesquelles elle est très répandue au sein des équipes d'exploitation informatique.

Blowfish[476], dans laquelle le procédé de hash utilisé pour comparer le mot de passe qui vient d'être saisi et l'empreinte stockée est de plus en plus lent) ou se concrétiser par une période de blocage plus longue suite à plusieurs tentatives consécutives infructueuses[477]. Cette temporisation peut être constante (dix minutes, par exemple, entre chaque série de tentatives) ou bien croissante : à titre d'exemple, un doublement du temps d'attente entre deux séries de tentatives[478] rend le délai rédhibitoire aussi bien pour l'utilisateur légitime (qui utilise dans ce cas la fonction « Mot de passe oublié ») que pour le cyberpirate. Il convient bien sûr de mettre en œuvre une alerte sur les log[479] d'identification afin de détecter ce type d'évènements. On peut aussi opter pour une approche plus radicale : le compte est désactivé et le mot de passe invalidé au bout d'un certain nombre d'échecs (ce qui se fait au niveau des guichets automatiques de banque et des cartes bancaires, au bout de trois tentatives erronées). Ces précautions sont très efficaces contre les attaques en force brute et par dictionnaire, mais là aussi, des tests ergonomiques préalables sont recommandés si vous ne voulez pas voir votre service relations clients pris d'assaut.

Il faut également être capable d'estimer le temps qu'il faudrait à un pirate qui a réussi à exfiltrer une base d'empreintes de mots de

---

[476] Du nom que les anglo-saxons ont donné aux poissons qui se gonflent en cas de danger et dont la plupart des espèces sont toxiques. Les procédés techniques PBKDF2, bcrypt et scrypt mettent en œuvre cette fonction « retardatrice ».

[477] Plusieurs des paramètres propres aux systèmes UNIX permettent de déterminer ces critères, comme PASSWORD_LIFE_TIME (durée de vie du mot de passe), FAILED_LOGIN_ATTEMPTS (nombre de tentatives consécutives autorisées), ou PASSWORD_LOCK_TIME (durée du gel – période de blocage).

[478] Sur le modèle de l'histoire de l'échiquier et des grains de blé, qui met en scène le brahmane Sissa et le roi Belkib : Sissa demande pour récompense le riz que le roi placera sur un échiquier, à raison dans chaque case du double de grains de riz par rapport à la case précédente.

[479] Dans le jargon informatique, le log est un « événement », enregistré dans un « log file ».

passe pour « casser » le hash : si le temps nécessaire est estimé à quatre mois (par exemple), les mots de passe devraient avoir une durée de vie inférieure. En cas de preuve ou de forte suspicion de vol de la liste des empreintes de mots de passe, la rotation de ceux-ci devrait être enclenchée[480] : le pirate se retrouve alors en possession d'informations sans aucune utilité. C'est sans doute ce qui explique la demande qu'eBay a adressée à ses utilisateurs en mai 2014[481]- incitant au changement du mot de passe[482] - alors que l'entreprise précisait dans sa communication que les mots de passe qui figuraient dans la base accédée par les pirates étaient « chiffrés[483] ». En janvier 2014 et dans une situation apparemment proche, Orange a précisé à 800.000 de ses clients concernés par une exposition de leurs données personnelles que les mots de passe n'avaient pas été impactés[484].

Pas de recette miracle

En 2007, la CNIL avait pointé les failles de sécurité du Dossier Médical Personnel (DMP), dont les mots de passe étaient trop

[480] Les solutions d'IAM (*Identity and Access Management*) les plus avancées prévoient la possibilité de suspendre temporairement un compte si l'on pense que celui-ci a été compromis, dans l'attente des résultats de l'enquête.

[481] Se référer aux nombreux articles parus à l'occasion, comme « *Piraté, eBay conseille de changer de mot de passe* », Le Point, 21 mai 2014 (source AFP).

[482] Il est indispensable d'enjoindre les utilisateurs à concevoir un nouveau mot de passe qui n'ait aucun lien avec l'ancien : des études ont montré que plus de 40 % des utilisateurs se contentaient de créer une nouvelle variante, ce qui permet au pirate de trouver facilement le nouveau mot de passe en partant de l'ancien.

[483] Il convient de veiller à utiliser la bonne sémantique. L'une des caractéristique d'une fonction de hash, c'est d'être irréversible, alors qu'un chiffrement est réversible (ce qui a été chiffré peut être déchiffré). Pour les puristes, le terme « chiffré » est ici impropre.

[484] Voir *Orange victime d'une intrusion informatique*, E.Erconali, L'Informaticien, 30 janvier 2014, disponible sur www.linformaticien.com/actualites/id/31886/orange-victime-d-une-intrusion-informatique.aspx

facilement réductibles[485]. Mais de quoi dépend la robustesse d'un mot de passe ? Une erreur commune est de se focaliser uniquement sur leur longueur et leur composition. En fait la robustesse d'un contrôle d'accès logique dépend en pratique d'un ensemble de critères, au premier rang desquels, bien sûr, figure la force intrinsèque du mot de passe, c'est à dire sa complexité. Mais il faut également prendre en compte les mécanismes mis en œuvre pour transmettre l'élément secret et pour vérifier le mot de passe et ses caractéristiques ; le nombre d'échecs d'identification autorisés avant blocage d'un compte protégé par le mot de passe ; les mécanismes d'alerte éventuels. Compte tenu de ce qui précède, il n'existe pas de recette miracle pour déterminer à coup sûr ce qu'est un bon mot de passe. À titre d'exemple, le choix paraît naturel entre un mot de passe de huit caractères complexes et un mot de passe composé uniquement de quatre chiffres. Si nous précisons maintenant que, dans le premier cas, le mot de passe est transmis en clair à l'utilisateur lors de sa conception et qu'il est possible à un cybercriminel de tester toutes les combinaisons sans aucune limite ni déclenchement d'une alarme d'aucune sorte, et que, au contraire, dans le cas du mot de passe composé de quatre chiffres, seuls trois tentatives sont autorisées avant suspension du compte, et que toutes les précautions ont été prises en respect de l'état de l'art pour sécuriser les empreintes de ces mots de passe… laquelle de ces deux approches vous apparaît à présent la plus sûre ?

Comme les mots de passe, les procédures doivent être robustes

Il est essentiel de mettre en place des mesures organisationnelles et des procédures robustes, mises en œuvre lors de plusieurs phases critiques : lors de la création de compte (initialisation et première

[485] Conclusions des missions de contrôles relatives à l'expérimentation du DMP, avril 2007

fourniture du mot de passe), lors de la rotation du mot de passe, lors de la fourniture d'un mot de passe transitoire (en cas d'oubli du mot de passe personnel). Il est encore fréquent de voir des cas qui font dresser les cheveux sur la tête : certains sites Web obligent à se créer un compte et un mot de passe… et vous adressent un courriel (en clair) comportant l'intégralité des informations dont rêve tout cybercriminel : prénom, nom, adresse email, identifiant, mot de passe ! Cette pratique sera sans doute assimilée dans le futur à une violation à un traitement de données personnelles[486]. Ce scénario présente un risque accru si le mot de passe saisi est celui qui contrôle l'accès à des comptes bancaires en ligne. C'est pourquoi la CNIL recommande d'utiliser des mots de passe différents pour tous ses comptes. Ainsi, en cas de compromission du mot de passe, les autres comptes ne seront pas exposés[487].

Le mot de passe initial doit être de préférence fourni sur un canal sûr. Lorsque ce mot de passe initial est fourni par l'administrateur du système ou lorsqu'il est communiqué sur un canal non confidentiel, il doit absolument être changé dès la première connexion de l'utilisateur. L'ANSSI indique que l'administrateur qui a fourni un mot de passe sur un canal non sûr « doit avoir une vigilance plus soutenue afin de s'assurer que le mot de passe n'est

---

[486] C'est la raison pour laquelle le CIL doit s'intéresser au libellé des courriels adressés aux utilisateurs dans le cadre de la gestion des mots de passe, et notamment lors de l'envoi d'un mot de passe provisoire, quand la personne a oublié son mot de passe. Ce courriel ne doit contenir que le strict nécessaire et l'utilisateur doit formuler le plus vite possible un nouveau mot de passe personnel (il ne devrait pas pouvoir continuer à utiliser longtemps le mot de passe provisoire qui lui a été transmis par un canal non sécurisé).

[487] Les utilisateurs du navigateur Google Chrome savent-ils que, par défaut, les mots de passe qu'ils utilisent pour visiter des sites tiers et mémorisés dans Chrome sont transmis à Google, et que cette récupération se fait d'une façon telle que la société américaine est en mesure de les déchiffrer ? La NSA pourrait-elle y avoir accès ? (voir « *Comment Chrome envoie tous vos mots de passe à Google* », par Guillaume Champeau, Numerama, 18 août 2014).

pas utilisé par un tiers ». Il est recommandé également, dans ce cas de figure, de ne laisser que peu de temps à l'utilisateur pour créer son propre mot de passe.

Le renouvellement (rotation) des mots de passe est également une phase critique : les mots de passe doivent avoir une date de validité maximale, à partir de laquelle l'utilisateur ne doit plus pouvoir s'identifier sur le système si le mot de passe n'a pas été changé. Ceci permet de s'assurer qu'un mot de passe découvert par un utilisateur mal intentionné ne sera pas utilisable indéfiniment dans le temps. Cela constitue également une protection naturelle contre le phénomène des « droits fantômes », liés aux utilisateurs qui n'ont plus aucune légitimité à accéder au service. Dans sa délibération n° 2014-294 du 22 juillet 2014 (sanction de 5.000 € avec publicité, à l'encontre de la société Loc Car Dream), la formation restreinte de la CNIL a critiqué le non renouvellement des mots de passe : bien que l'entreprise ait pris le soin d'opter pour des mots de passe de douze caractères alphanumériques pour accéder à un traitement de géolocalisation, la Commission a remarqué « que le mot de passe est resté inchangé depuis l'installation de ce dispositif, soit environ plus de deux ans ».

La procédure de réinitialisation en cas d'oubli ou perte du mot de passe par un utilisateur devra être pensée de telle façon qu'elle ne soit pas mise à profit par les cybercriminels. Certains services demandent à l'utilisateur de répondre à une question secrète qu'il a lui-même configurée lors de la création de son compte (par exemple le nom de jeune fille de sa grand-mère). Il est également recommandé de protéger la procédure par un test de Turing[488] (ou

[488] Alan Turing (1912-1954), mathématicien et informaticien anglais, est considéré comme l'« inventeur » de l'ordinateur. Durant la Seconde Guerre mondiale, il joue un rôle majeur

Captcha[489]) afin d'éviter que des robots n'invalident les comptes pour perturber le fonctionnement du service.

Plusieurs autres points méritent réflexion. Faut-il par exemple rendre techniquement impossible la connexion simultanée sous le même code utilisateur et le même mot de passe ? De quelle façon afficher les dates et heures de la dernière connexion pour donner une chance réelle à l'utilisateur de détecter une usurpation de ses droits. La CNIL le préconise pour faciliter le repérage d'éventuelles intrusions frauduleuses sur le système, mais sur de nombreux sites cette indication est quasi invisible, et aucune information n'est délivrée aux utilisateurs : que doivent-ils faire très concrètement ?

Le Correspondant Informatique et Libertés, en synergie avec le RSSI, a tout intérêt à s'assurer que soit formalisée une politique relative aux mots de passe[490], en tant qu'élément crucial pour une

---

dans les recherches pour casser les codes générés par la machine Enigma, utilisée par les nazis. En 1952, un fait divers lié à son homosexualité lui vaut des poursuites judiciaires. On lui donne le choix entre la prison et la castration chimique par prise d'œstrogènes. Il se suicide par empoisonnement au cyanure le 7 juin 1954. Le test de Turing est une proposition de test d'intelligence artificielle fondée sur la faculté d'imiter la conversation humaine. Décrit par Alan Turing en 1950 dans sa publication *Computing machinery and intelligence*, ce test consiste à mettre en confrontation verbale un humain avec un ordinateur et un autre humain, à l'aveugle. Si l'homme qui écoute les conversations n'est pas capable de dire lequel de ses interlocuteurs est un ordinateur, on peut considérer que le logiciel de l'ordinateur a passé avec succès le test.

489 Marque commerciale de l'université Carnegie-Mellon et acronyme de *Completely Automated Public Turing test to tell Computers and Humans Apart*, le CAPTCHA est un test permettant de différencier de manière automatisée un utilisateur humain d'un ordinateur. Le site affiche une série de chiffres et de lettres, dans des polices de caractères étranges, sur un fond brouillé. À l'utilisateur de saisir ce qu'il arrive à lire et de prouver qu'il est un être humain et non pas un programme informatique...

490 À titre d'exemple : « Toute opération effectuée à partir de ses mots de passe ou codes confidentiels personnels sera réputée, a priori, être de son fait. Dans le même temps il est interdit d'utiliser le compte (ou matricule) d'un autre utilisateur sans son autorisation. Chaque utilisateur doit respecter les règles de création et de gestion des mots de passe définies par la Direction de la Sécurité des SI, et notamment : choisir des mots de passe ou codes secrets sûrs; lorsqu'elle est proposée par l'application, ne pas répondre à la sollicitation

prise de conscience de l'importance de la sécurité. Mais cette démarche ne doit pas se limiter aux seuls utilisateurs. En application du principe de *Privacy by Design*, une version spécifique doit être conçue spécifiquement pour les chefs de projets, les maîtres d'ouvrage et les développeurs. En annexe de son registre, le CIL peut ainsi conserver trace des analyses menées et du relevé de décision (Pourquoi l'adresse email a-t-elle été retenue comme identifiant ? Quel raisonnement a mené à imposer la rotation du mot de passe tous les trois mois ?), ce qui permettra de s'y reporter en cas d'audit, de contrôle ou de changement du niveau de risques qui obligerait à revoir les choix faits. Une fois cette politique formalisée, le plus dur reste à faire : veiller à sa stricte application. Le Maréchal Foch l'exprimait ainsi : « Si le commandement devait se borner à donner des ordres, ce ne serait pas difficile. Il faut les faire exécuter ».

Une obligation de moyen, pas de résultat

La Directive 95/46/CE – dont est issue notre loi Informatique et Libertés – indique dans son considérant 46 que « la protection des droits et libertés des personnes concernées à l'égard du traitement de données à caractère personnel exige que des mesures techniques et d'organisation appropriées soient prises tant au moment de la conception qu'à celui de la mise en œuvre du traitement, en vue d'assurer en particulier la sécurité et d'empêcher ainsi tout traitement non autorisé ; qu'il incombe aux États membres de veiller au respect de ces mesures par les responsables du traitement ; que

de mémorisation du mot de passe ; ne pas communiquer ses mots de passe ou codes secrets à un tiers, sous réserve des nécessités liées à la continuité du service, telles que définies par chaque responsable de service ; Ne pas enregistrer les mots de passe pour les accès distants sur le PC portable ou sous quelque forme que ce soit (étiquette, post-IT, etc.) ; respecter la limite de ses droits. »

ces mesures doivent assurer un niveau de sécurité approprié tenant compte de l'état de l'art et du coût de leur mise en œuvre au regard des risques présentés par les traitements et de la nature des données à protéger ». Plusieurs points spécifiques ne se retrouvent pas dans l'article 34 de la loi Informatique et Libertés qui dispose simplement que « Le responsable du traitement est tenu de prendre toutes précautions utiles, au regard de la nature des données et des risques présentés par le traitement, pour préserver la sécurité des données et, notamment, empêcher qu'elles soient déformées, endommagées, ou que des tiers non autorisés y aient accès ». Ainsi, l'article 34 de la loi Informatique et Libertés pouvant être interprété par une obligation de moyen – et non de résultat –, des discussions intenses peuvent opposer RSSI et CIL sur les notions « d'état de l'art » et de « coût de mise en œuvre » des mesures de sécurité envisagée. Ces débats[491] ne peuvent se tenir de façon constructive sans qu'une étude de valeurs et de risques (pour les personnes concernées en priorité) ait préalablement été menée.

Voici un exemple dans lequel l'état de l'art n'était pas respecté : en juin 2012, la base des mots de passe de LinkedIn était attaquée. Un hacker a publié sur la Toile un fichier comprenant 6.458.020 mots de passe… uniquement protégés par un hash sans sel. Il a suffi au chercheur en sécurité Jeremi Gosney trente secondes pour déchiffrer 20 % des mots de passe les moins sécurisés (comme *linkedin*, *love* ou … *password*), deux heures pour cracker le tiers suivant, une journée pour en déchiffrer 64 %. Après six jours de travail, le chercheur a reconstitué 90 % des millions de mots de

[491] C'est à cette occasion que CIL et RSSI peuvent s'entendre sur une sémantique commune, par exemple pour établir une claire différence entre mot de passe provisoire initial, mot de passe personnel et mot de passe transitoire (envoyé par le système en cas d'oubli). Les règles pouvant être différentes pour chacune de ces catégories.

passe dérobés car c'est l'algorithme SHA-1 qui était utilisé par le réseau social, dont les faiblesses étaient pourtant connues. Certains membres de l'AFCDP, concernés, ont reçu le courriel suivant : « Nous avons découvert que certains mots de passe ont été compromis et mis en ligne sur un site de hackers. Nous avons immédiatement mené une enquête et avons des raisons de croire que l'un des mots de passe publiés correspond à votre compte. Bien qu'une minorité de mots de passe ait été décodée et publiée, nous ne pensons pas que le vôtre en fasse partie. Par mesure de précaution, nous avons désactivé votre mot de passe et nous vous conseillons de suivre les étapes ci-dessous pour le réinitialiser. Si vous avez réinitialisé votre mot de passe au cours des deux derniers jours, aucune action supplémentaire n'est nécessaire. Si vous utilisiez le même mot de passe sur d'autres sites, nous vous recommandons de les changer également. ». Un mois plus tard, en juillet 2012, c'était au tour du Figaro de s'excuser auprès de 162 de ses lecteurs : « *Une faille informatique*[492] *a permis de consulter en clair les mots de passe d'un petit nombre (moins de 200 sur plusieurs centaines de milliers) des internautes inscrits au Figaro.fr et ayant déposé récemment des commentaires. Le Figaro.fr présente ses excuses aux internautes concernés pour ce désagrément. Alertés le 10 juillet 2012 au soir, les équipes techniques du Figaro.fr ont pu identifier et corriger ce problème dans la journée. Par mesure de sécurité, les mots de passe des internautes concernés ont été réinitialisés d'office par nos équipes. Un lien de génération d'un nouveau mot de passe sécurisé leur a été adressé* ». Un an après, c'est au tour d'OVH, piraté, de contacter ses clients[493], qui ont reçu le message

---

[492] Dans ce cas, la vulnérabilité consistait en un bug de Drupal.

[493] *OVH piraté, la base de données des clients Europe exposée*, Journal du Net, par Virgile Juhan, 22 juillet 2013, disponible sur http://www.journaldunet.com/solutions/dsi/ovh-hacke-0713.shtml

suivant : « Récemment, nous avons relevé un incident de sécurité sur notre réseau interne au siège social d'OVH. Nous avons immédiatement sécurisé et enquêté sur l'incident. Nous avons relevé que la base de données des clients Europe aurait pu être illégalement copiée. Cette base comporte les données suivantes : le nom, le prénom, l'adresse, la ville, le pays, le téléphone, le fax et le mot de passe chiffré. Les informations sur les cartes bancaires ne sont pas concernées puisqu'elles ne sont pas stockées par OVH. Même si le chiffrement[494] du mot de passe de votre identifiant est très fort, nous vous conseillons de changer le mot de passe dans les plus brefs délais. »

En janvier 2013, l'ICO (*Information Commissioner's Office*, équivalent de la CNIL et de la CADA pour la Grande-Bretagne), a infligé une pénalité financière de 250.000 £ (soit environ 300.000 €) à *Sony Computer Entertainment Europe Limited* suite à l'incident de sécurité qui avait affecté, en avril 2011, des millions d'informations personnelles - dont les mots de passe et les détails des cartes bancaires. L'enquête de l'autorité de contrôle a montré que l'attaque aurait pu être contrée si les mises à jour logicielles indispensables avaient été effectuées. Elle a pointé également du doigt une gestion des mots de passe pour le moins « perfectible ». Là encore, l'état de l'art n'avait pas été respecté.

[494] A nouveau, il s'agit ici d'une sémantique erronée mais compréhensible pour le public visé. Est-ce la raison pour laquelle même la CNIL l'utilise quelques fois ? A titre d'exemple, on le relève dans sa délibération n° 2013-392 du 5 décembre 2013 autorisant le SYMEV à mettre en œuvre un traitement pour finalité la gestion et la prévention des impayés des Commissaires-priseurs : « L'intégrité des données ainsi que la protection des mots de passe sont assurées par un chiffrement » (dans la version du puriste, il faut traduire par «« L'intégrité des données est assurée par un chiffrement, tandis que la protection des mots de passe l'est par un procédé de hash ») .

Un utilisateur ne pourrait gérer que cinq mots de passe

Une étude a montré qu'en moyenne un collaborateur du Département du Commerce (USA) utilise neuf mots de passe[495]alors qu'un utilisateur ne pourrait en gérer que cinq au maximum, et encore, s'il les utilise fréquemment[496]. On comprend donc que certains d'entre nous aient pris l'habitude de les noter sur un support papier ou dans notre Smartphone. Lors des contrôles sur place effectués par la CNIL, il n'est pas rare de voir les agents soulever les claviers, à la recherche de petits papiers autocollants portant les précieux codes. Mais pourquoi ne pas conserver sur support papier les mots de passe, dans un endroit bien sécurisé ? L'expert sécurité Bruce Schneider recommande dans ce cas d'utiliser une astuce similaire au code rendu célèbre par George Sand dans une lettre destinée à Alfred de Musset[497], en notant non pas le mot de passe mais une suite de mots dont les premières lettres forment le secret, les chiffres étant remplacés par des mots basés sur leur forme[498] (9 est un ballon d'enfant au bout de sa ficelle, 6 un éléphant qui barrit, 3 une belle poitrine…).

Pour les utilisateurs grand public, il existe des « gestionnaires de mots de passe » qui permettent de constituer une base de données

---

495 2014, *United States Federal Employees' Password management behaviors Case study*, NIST

496 1999, *Users are not the Enemy*, Anne Adams & Martina Angela Sasse, Department of Computer Science, University College London

497 L'astuce consiste à lire une ligne sur deux (procédé littéraire appelé acrostiche). La lettre commence ainsi : « Cher ami, Je suis toute émue de vous dire que j'ai/ bien compris l'autre jour que vous aviez/ toujours une envie folle de me faire/ danser. Je garde le souvenir de votre/ baiser et je voudrais bien que ce soit/ une preuve que je puisse être aimée/ par vous. ». En fait la lettre a été attribuée à tort à Amantine Aurore Lucile Dupin. Il s'agit d'un canular qui remonte à la fin du XIXe siècle.

498 *Remembering Passwords*, disponible sur http://changingminds.org/techniques/memory/remembering_passwords.htm

sécurisée et qui vous permettent de ne retenir qu'un mot de passe « maître ». Celui-ci vous ouvre l'accès à tous les autres, qui pourront être très longs, très complexes et tous différents, car c'est l'ordinateur qui les retient à votre place. Il existe de nombreuses solutions sur le marché. Parmi les logiciels libres régulièrement mis à jour, la CNIL cite l'outil Keepass[499]dont la sécurité a été évaluée par l'ANSSI[500] (Agence Nationale de Sécurité des Systèmes d'Information) - mais aussi Passreminder ou Passwordsafe.

Ce même principe se retrouve en environnement professionnel.

Le principe du mécanisme de SSO (*Single Sign On*) est de rassembler tous les mots de passe que l'utilisateur doit mémoriser dans un coffre-fort numérique. C'est ce dispositif qui prend à sa charge la création, la rotation et la protection de chaque mot de passe individuel. Le déploiement de ce type de solution correspond à une augmentation générale du niveau de sécurité : chaque mot de passe géré par le SSO peut être plus long, plus complexe et changé plus fréquemment, de plus les mots de passe ne sont plus notés. Par contre, le point critique devenant la procédure qui permet d'accéder aux mots de passe stockés, il vaut mieux protéger son accès par une authentification forte… et non pas la fourniture d'un « simple » mot de passe[501].

Il existe des solutions SSO spécifiquement adaptées à la gestion des mots de passe partagés (et non pas rattachés à une seule personne).

---

[499] http://keepass.info

[500] Voir www.ssi.gouv.fr/IMG/cspn/anssi-cspn_2010-07fr.pdf. L'ANSSI avertit bien que « la certification ne constitue pas en soi une recommandation du produit par l'Agence nationale de la sécurité des systèmes d'information, et ne garantit pas que le produit certifié soit totalement exempt de vulnérabilités exploitables. »

[501] Sur la critique de l'approche SSO, voir *SSO/RSO/USO/oh no?*, de Michael B.Scher, décembre 2004

Comme l'indiquent Laurent Bloch et Christophe Wolfhugel dans leur ouvrage *Sécurité informatique, Principes et méthodes*[502], « De mauvaises pratiques héritées des premiers temps de l'informatique conduisent encore beaucoup de systèmes à être utilisés par plusieurs personnes qui se connectent sous un compte unique dont tout le monde connaît le mot de passe : une telle habitude doit être combattue sans relâche, parce que sur un tel système, aucune sécurité n'existe ni ne peut exister. »

La chasse aux fantômes

Il est de bonne pratique que de procéder régulièrement à des revues de comptes, afin de prévenir l'existence de comptes malveillants, périmés ou inconnus. Cette démarche s'effectue en lien avec le service des ressources humaines, qui gère le rôle des employés[503]. Lorsqu'un collaborateur quitte la société, les comptes et mots de passe utilisateurs qui lui étaient associés sont-ils immédiatement révoqués[504] ? Les comptes inutilisés pendant une durée prolongée (comptes inactifs) sont-ils automatiquement désactivés sur le système au-delà d'un délai prédéfini ? On peut aller plus loin et imaginer utiliser les plannings d'absence : est-ce normal qu'un collaborateur en congés ou en arrêt maladie se soit connecté à une ressource sensible ? Il est possible d'étudier le relevé des comptes

---

[502] Eyrolles, 2006

[503] Attention à bien respecter le code du travail. Le fait qu'un collaborateur ne soit pas présent (même pour une longue durée) ne signifie pas forcément qu'il ne fait plus partie de l'entreprise.

[504] Dans la procédure de test du PCI DSS (*Payement Card Industry Data Security Standard*), le point 8.1.3.a recommandé de « Sélectionner un échantillon d'employés qui ont quitté la société au cours des six derniers mois, et passer en revue les listes d'accès pour examiner à la fois l'accès local et l'accès distant, afin de vérifier que leur ID ont été désactivées ou supprimées de la liste d'accès ». http://fr.pcisecuritystandards.org/_onelink_/pcisecurity/en2frfr/minisite/en/docs/PCI_DSS_v3.pdf

inactifs, le relevé des identifiants qui se connectent simultanément, de ceux qui se connectent à partir d'un grand nombre d'adresses IP.

Naturellement, tous ces contrôles, qui constituent des traitements de données à caractère personnel, doivent être mis en conformité avec la loi Informatique et Libertés. Il est également utile de prévoir, lors de l'étude de chaque nouveau traitement, une éventuelle sous-finalité de vérification du bon usage des moyens d'identification.

Lors de l'Université AFCDP des CIL de 2010, le Commissaire principal Yves Crespin, alors chef de la BEFTI[505], avait relaté quelques expériences vécues. Dans le cas d'une entreprise de transports maritimes, confrontée à une attaque de son système d'informations avec pertes de données, la brigade était facilement remontée jusqu'à un ancien administrateur technique, remercié quelques mois auparavant par la société. Il avait tout bonnement conservé ses droits. L'informaticien avait alerté à plusieurs reprises sa direction de la sécurité insuffisante du système d'information : son attaque n'avait d'autre but que de le prouver. De plus, il avait installé des logiciels espions dans l'espoir de surprendre un échange entre directeurs de service, le regrettant et reconnaissant a posteriori son mérite. Pour Yves Crespin, « il aurait fallu écouter ce collaborateur avec plus d'attention… ».

Dans le même registre, le policier recommandait de penser aux stagiaires, qui peuvent être instrumentalisés dans le cadre d'opération d'espionnage industriel. Les mots de passe inchangés, même suite au départ d'un administrateur clé, sont monnaie courante : « Dans plus de la moitié des dossiers que ma brigade

[505] Brigade d'enquêtes sur les fraudes aux technologies de l'information.

traite, nous mettons en évidence des problèmes de sécurité classiques ».

En 2007, le compte-rendu d'une réunion secrète du comité directeur d'une société cible d'une OPA s'est retrouvé dans la presse. L'enquête a rapidement mis en évidence qu'un ancien administrateur réseau avait quitté l'entreprise sans que ses droits soient invalidés. Dans la même veine, la question « Avez-vous connaissance d'anciens collaborateurs qui ont quitté l'entreprise et qui disposent toujours des droits d'accès à l'infrastructure ? » recueillait 28 % de réponses positives dans une enquête menée en 2008 par la société Cyber-Ark.

La mort du mot de passe ?

En 2004, Bill Gates avait prédit que les mots de passe allaient être de moins en moins utilisés[506] grâce à un nouveau système d'identification basé sur une carte sur laquelle devaient figurer des informations personnelles et un code-barre qui servirait d'identifiant. La même entreprise a repris la même prédiction en dévoilant son « mot de passe image » lors du lancement de Windows 8 (il est demandé de reproduire sur l'écran une séquence de mouvements secrets sur une photographie choisie). Les tenants de la biométrie[507] tiennent naturellement le même discours. Cela peut être une solution[508], mais les mots de passe ne disparaîtront pas aussi vite que cela. Gwendal Le Grand, chef du service d'expertise

---

[506] *Bill Gates prédit la fin des mots de passe*, Clubic. La même année, il avait également annoncé la fin des spams…

[507] Certaines banques américaines utilisent déjà des logiciels capables de reconnaître votre voix, en plus du simple PIN classique demandé.

[508] La proposition de loi déposée par Monsieur Gaëtan Gorce et votée à l'unanimité au Sénat le 27 mai 2014 limiterait l'usage de la biométrie qu'à des strictes nécessités de sécurité, et non de confort (voir le chapitre sur la biométrie au sein de cet ouvrage).

informatique de la CNIL, interrogé par 20 Minutes en août 2012, estime que « le mot de passe n'est pas obsolète ».

On a vu que certaines approches – comme celle de l'OTP – permettaient de pallier plusieurs de ses faiblesses. En fait, ce qui est à souhaiter, c'est la mort du mauvais mot de passe. Bien utilisé, le mot de passe a encore de beaux jours devant lui. Cormac Herly et Paul C. van Oorschot, dans leur article « *A research agenda acknowleddging the Persistence of Passwords*[509] », recommandent tout d'abord de commencer par se poser la question « La protection par mot de passe est-elle adaptée à notre projet ? », de définir les objectifs et d'identifier les menaces réelles (et non pas supposées).

On peut aussi s'interroger pour savoir si certaines doctrines ne sont pas au final contre productives. Ainsi, exiger de façon uniforme et non adaptée au contexte, des renouvellements à fréquence élevée et une trop grande complexité de mot de passe, peut induire des comportements qui diminuent la sécurité. Certaines règles trop strictes peuvent faire plus de mal que de bien[510] et participer de l'abandon de cette approche, au profit de techniques plus intrusives pour la vie privée. S'agissant de protection de données personnelles, le CIL devra s'assurer que son responsable de traitement remplit sa part des efforts (protection de la base d'empreinte, généralisation du SSL, juste équilibre sécurité/ergonomie, etc.).

---

[509] http://research.microsoft.com/apps/pubs/?id=154077

[510] Voir sur ce thème l'excellent papier « *Meilleures pratiques pour gérer les mots de passe : les politiques relatives aux utilisateurs finaux doivent trouver l'équilibre entre le risque, la conformité et la convivialité* », Ant Allan, Gartner, in. Perspectives n° 99, juillet-août 2014.

Ne reste plus, alors, qu'à responsabiliser les utilisateurs vis-à-vis du choix et de la gestion de leur mot de passe[511], car « Le mot de passe, c'est comme une brosse à dents : on la change régulièrement, on ne la partage pas avec ses amis, et on ne la laisse pas traîner ! ».

[511] L'un des leviers passe par les CGU (Conditions Générales d'Utilisation), qui doivent comprendre un chapitre dédié à ce sujet.

L'OUBLI NUMÉRIQUE, UNE AMNÉSIE COLLECTIVE ?

par Joëlle JOURET et Corentin HELLENDORFF

« Oublier » est une caractéristique profondément ancrée dans toute vie humaine. En effet, seules les informations nécessaires sont mémorisées, les autres étant, au fil du temps, oubliées. Les évolutions technologiques nous permettent désormais de garder une trace d'une quantité innombrable de données. Le principe de pouvoir faire valoir un « droit à l'oubli » semble alléchant sur papier mais qu'en est-il de son application pratique ? Le « droit à l'oubli » reste un concept flou et sa mise en œuvre nécessite des critères clairs permettant d'effectuer la juste balance entre les intérêts, parfois contradictoires, en présence. Dans la présente contribution, notre intention est de se pencher tout d'abord sur la question de savoir s'il s'agit d'un droit nouveau ou s'il existait déjà, sans être nommé, dans les textes européens relatifs à la protection des données. Nous examinerons ensuite les limites du droit à l'oubli numérique, la mise en balance avec d'autres droits et les difficultés potentielles de la mise en œuvre d'un tel droit, tout en nous référant d'une part à la réforme européenne en cours et à l'arrêt de la Cour de justice de l'Union européenne en la matière d'autre part.

I. Introduction

Par le passé, la *damnatio memoriæ* ou condamnation de la mémoire visait à supprimer la moindre trace d'existence laissée par une personne publique, cette condamnation vouait à l'oubli la personne concernée. Que ce soit sous la République « au IVe siècle avant

Jésus-Christ »[512] comme l'évoquait Jean-Michel Brugière, ou dans la civilisation égyptienne, c'était alors un moyen d'empêcher la personne d'exister.

L'expression de droit à l'oubli ne fait son apparition en France qu'en 1965 lors d'un procès au sujet du film *Landru*. Suite à la récente décision de la Cour de Justice de l'Union européenne, la question du droit à l'oubli, numérique cette fois, qui est sous-jacente dans les négociations relatives à la révision du cadre de protection des données, devient brûlante.

« Oublier » est une caractéristique profondément ancrée dans toute vie humaine. En effet, seules les informations nécessaires sont mémorisées, les autres étant, au fil du temps, oubliées. Les évolutions technologiques nous permettent désormais de garder une trace d'une quantité innombrable de données, certaines ayant en mémoire à elles-seules « plus de souvenirs que n'en peuvent avoir eu tous les hommes depuis que le monde est monde[513] ». Ce qui était autrefois une tare devient une qualité !

D'après certaines études relatives à l'effet de l'Internet sur notre mémoire[514], les expériences effectuées concluent que l'Internet est devenu notre système de stockage externe principal et que la

---

[512] Le « droit à » l'oubli numérique, un droit à oublier – Jean-Michel Bruguière – D. 2014. 299

[513] Jorge Luis Borges, *Funes ou la mémoire*, dans Fictions, Œuvres complètes, Paris, Gallimard, Bibliothèque de la Pléiade, t. I, 1993

[514] *Google Effects on Memory: Cognitive Consequences of Having Information at Our Fingertips*, Betsy Sparrow, Jenny Liu, Daniel M. Wegner, publié en ligne le 14 Juillet 2011, Science du 5 août 2011 : Vol. 333 no. 6043 pp. 776-778, DOI: 10.1126/science.1207745, http://www.sciencemag.org/content/333/6043/776.abstract; *Searching for the Google Effect on People's Memory*, John Bohannon, Science du 15 Juillet 2011: Vol. 333 no. 6040 p. 277, DOI: 10.1126/science.333.6040.277, http://www.sciencemag.org/content/333/6040/277.summary

mémoire humaine s'adapte aux nouvelles technologies. Doit-on pour cela demander aux machines de se rapprocher de plus en plus de l'esprit humain en leur demandant d'oublier ?

Le principe semble alléchant sur papier mais qu'en est-il de son application pratique ?

Dans la présente contribution, notre intention est, dans la mesure où il est généralement présenté comme une nouveauté, de se pencher tout d'abord sur la question de savoir s'il s'agit réellement d'un droit nouveau ou s'il existait déjà, sans être nommé, dans les textes européens relatifs à la protection des données. Nous examinerons ensuite les limites du droit à l'oubli numérique et comment la balance avec d'autres droits pourrait être effectuée ainsi que les difficultés potentielles de la mise en œuvre d'un tel droit. Il est également important d'analyser l'article s'y référant qui est en discussion dans le projet de règlement européen. Enfin, nous nous pencherons sur les critères qui, selon la Cour de Justice de l'Union Européenne doivent être pris en compte dans le cadre de la mise en œuvre du droit à l'oubli.

II. Une nouveauté à valeur ajoutée ?

Le droit à l'oubli numérique est actuellement présenté comme une nouveauté. Cela est-il vraiment le cas ? Un certain nombre de droits de la personne concernée existent déjà dans les textes européens de protection des données[515]. Nous nous concentrerons particulièrement sur le droit de rectification, d'opposition et le droit

[515] Principalement la Directive 95/46/CE du Parlement européen et du Conseil, du 24 octobre 1995, relative à la protection des personnes physiques à l'égard du traitement des données à caractère personnel et à la libre circulation de ces données Journal officiel n° L 281 du 23/11/1995 p. 0031 - 0050

à l'effacement des données. Le droit à l'oubli existe-t-il déjà depuis 1995 ou même depuis le 28 janvier 1981[516], sans être nommé ? Pouvait-il déjà, par extension, être appliqué aux nouveaux développements technologiques ? Est-ce une action purement marketing?

Plus simplement, penchons-nous sur la question de la valeur ajoutée de la « création » d'un droit à l'oubli numérique. Commençons par nous interroger sur la notion de droit à l'oubli. Il s'agit, selon nous, d'une notion particulièrement large et recouvrant par là une grande quantité d'acceptions.

Elise Defreyne, dans sa tentative de définition de ce droit[517], parle d'ailleurs d'un droit « multi facettes ». Selon elle, ce droit recouvre à tout le moins deux « facettes » principales. Tout d'abord le droit à l'oubli « lié à la redivulgation (par la presse) du passé judiciaire d'une personne ». Dans ce cas, il vise « à reconnaître un droit subjectif aux personnes ayant subi l'évocation fautive d'anciens faits criminels pour lesquels elles ont été condamnées ». Ensuite, le droit à l'oubli « lié à l'effacement des données numériques et, en particulier, les données disponibles sur Internet ».

Nous nous concentrerons sur la deuxième « facette » du droit à l'oubli, à savoir le droit à l'oubli numérique. La Directive 95/46/CE contient trois droits dont l'objet se rapproche d'un droit à l'oubli. Il s'agit d'une part, du droit de rectification des données et du droit à l'effacement des données prévus tous deux en son article 12 et

---

[516] Convention 108

[517] Revue du Droit des Technologies de l'Information, E.Defreyne, Vol. 2013, *Le droit à l'oubli et les archives journalistiques*, Editions Larcier

d'autre part, du droit d'opposition au traitement des données mentionné en son article 14.

La condition de l'application de l'article 12, b) est que le traitement n'est pas conforme à la directive 95/46/CE. Le texte de la Directive relève deux exemples d'incompatibilité : le caractère incomplet ou inexact des données.

La jurisprudence[518] de la Cour de Justice estime que,

> s'agissant de l'article 12, sous b), de la directive 95/46, [...] il convient de rappeler qu'une telle incompatibilité peut résulter non seulement du fait que ces données sont inexactes, mais, en particulier, aussi du fait qu'elles sont inadéquates, non pertinentes ou excessives au regard des finalités du traitement, qu'elles ne sont pas mises à jour ou qu'elles sont conservées pendant une durée excédant celle nécessaire, à moins que leur conservation s'impose à des fins historiques, statistiques ou scientifiques. Il découle de ces exigences, prévues à l'article 6, paragraphe 1, sous c) à e), de la directive 95/46, que même un traitement initialement licite de données exactes peut devenir, avec le temps, incompatible avec cette directive lorsque ces données ne sont plus nécessaires au regard des finalités pour lesquelles elles ont été collectées ou traitées. Tel est notamment le cas lorsqu'elles apparaissent inadéquates, qu'elles ne sont pas ou plus pertinentes ou sont excessives au regard de ces finalités et du temps qui s'est écoulé.

[518] CJUE, Arrêt C 131/12 du 13 mai 2014, §92-93

Les conditions d'exercice de l'article 14, a) transposées par la loi de confiance en l'économie numérique[519], article 38 de la loi Informatique et Libertés, sont liées à la situation particulière de la personne concernée qui doit justifier de raisons prépondérantes et légitimes.

Le droit à l'oubli vise l'objectif d'effacer des données ou à tout le moins de rendre leur accès par les tiers plus difficile. Or, nous remarquons que les droits de rectifications, d'effacement et d'opposition ont également pour objectif final de supprimer les données en tenant compte par exemple de la durée légitime de conservation des données. Nous nous trouvons donc dans une situation de confusion possible entre plusieurs droits.

Comme mentionné par l'avocat général Jääskinen[520], nous ne pensons pas que la Directive 95/46/CE prévoit un droit à l'oubli général « en ce sens qu'une personne concernée pourrait restreindre ou faire cesser la diffusion de données à caractère personnel qu'elle juge préjudiciables ou contraires à ses intérêts. Ce sont la finalité du traitement et les intérêts auxquels celui-ci contribue, si on les compare à ceux de la personne concernée, qui sont les critères qu'il convient d'appliquer lorsque les données sont traitées en l'absence du consentement de ladite personne, et non les préférences subjectives de cette dernière. À elle seule, une préférence subjective ne constitue pas un motif légitime prépondérant au sens de l'article 14, sous a), de la directive. »

Cela ne signifie pas pour autant que le droit à l'oubli constitue une totale nouveauté. Effectivement en France, une ordonnance de

[519] Loi n° 2004-801 du 6 août 2004 – art. 5 JORF 7 août 2004

[520] Conclusions de l'Avocat général M. Niilo Jääskinen présentées le 25 juin 2013 dans l'affaire C-131/12, points 104 à 108

référés du Tribunal de Grande Instance de Paris rendue le 25 juin 2009[521] confirmée depuis[522] avait déjà consacré un tel droit à l'encontre de Google en référençant un article de presse. Joël Boyer (ancien secrétaire général de la CNIL ayant rendu cette décision) revenant par la même occasion sur une jurisprudence établie par la Cour de cassation[523] qu'il présentait alors « comme un droit élémentaire à l'heure de la société de conservation et d'archivage numérique sans limite de toute donnée personnelle et de l'accessibilité immédiate et globalisée à l'information [...] »

Comme mentionné ci-dessus, nous estimons qu'une confusion est possible avec les droits visés aux articles 12, b) et 14, a) quant à leur objectif. Les conditions d'exercice, quant à elles, peuvent être différentes. Ainsi, le droit à l'oubli pourrait constituer « un droit de suite[524] » du droit à l'effacement des données. C'est d'ailleurs sans doute ce qui explique la corrélation de l'article 17 du projet de règlement négocié actuellement au sein du Conseil de l'Union européenne[525], qui titre « droit d'être oublié et d'effacement ». Le droit à l'effacement étant lié au droit à l'oubli de façon corrélative. Cet article 17 sera développé dans le point suivant.

Le droit à l'oubli n'est donc pas, à proprement parler, une nouveauté, un droit autonome. Il s'agit plutôt d'une amélioration du

---

[521] TGI de Paris, ord. Réf., 25 juin 2009, C. Vernes c/SAS les Echos, légipresse n° 2 66, III p. 215, novembre 2009 (Note Nathalie Mallet-Poujol), n° 09/55437

[522] TGI Paris, ord. réf., 15 février 2012, legalis.net

[523] Cass. 1ère civ., 20 nov. 1990, n° 89/12580 ; JCP 1992, II, 21908, note Ravanas

[524] *Droit à l'oubli : quel rôle pour le délégué à la protection des données personnelles ?*, Bruno Rasle, septembre 2013, AFCDP

[525] Proposition de règlement Proposition de règlement du Parlement européen et du Conseil relatif à la protection des personnes physiques à l'égard du traitement des données à caractère personnel et à la libre circulation de ces données, version consolidée du 16 décembre 2013, article 17 p. 96

droit à l'effacement des données, de son extension. Comme le rappelait l'avocat général Jääskinen dans ses conclusions « [...] la proposition de la Commission de règlement général sur la protection des données prévoit, dans son article 17, un droit à l'oubli. Cette proposition semble toutefois s'être heurtée à une opposition considérable, et n'est pas supposée constituer une codification du droit existant, mais une innovation juridique importante. [...] ».

III. Le projet de Règlement

Comme mentionné ci-dessus, l'article 17 du projet de règlement révisant la Directive 95/46 « crée » un droit à l'oubli ou plus particulièrement, un droit de suite au droit à l'effacement des données. Le premier paragraphe de l'article 17 traite du droit à l'effacement des données et en donne les conditions d'exercice. Le deuxième paragraphe de l'article 17 prévoit que lorsque le responsable du traitement a rendu les données publiques et qu'il est obligé d'effacer les données en vertu du premier paragraphe, le responsable du traitement, en tenant compte de toutes les technologies disponibles et du cout de leur mise en œuvre, doit prendre les mesures nécessaires, y compris les mesures techniques, pour informer les responsables de traitement qui traitent les données que la personne concernée leur a demandé d'effacer tout lien, copie ou reproduction de ces données personnelles. Ce mécanisme prouve que le droit à l'oubli n'existerait pas si aucune suppression de données n'est demandée.

Le texte voté au sein de la Commission LIBE du Parlement européen le 21 octobre 2013[526] ne fait pas référence à un « droit à l'oubli » mais parle uniquement du droit à l'effacement. Il en va de même de la résolution législative du Parlement européen du 12 mars 2014[527] sur la proposition de règlement

La rédaction de ces articles, que ce soit dans la proposition de règlement ou dans la position de la Commission LIBE, était antérieure à la décision de la Cour de Justice de l'Union Européenne[528]. Une analyse s'impose donc afin de prendre en compte l'arrêt de la Cour du 13 mai 2014. Nous voyons cependant déjà plusieurs questions surgir lorsqu'il s'agira de mettre ces articles en pratique : cela vise-t-il uniquement le « online » ou devra-t-on également l'appliquer au « offline » ? Comment appliquer cela aux réseaux sociaux ? Comment gérer ce droit dans le cadre de l'exception domestique ? Comment tenir compte des règles prévues dans la Directive 2000/31/CE et particulièrement des règles sur la responsabilité des intermédiaires de l'Internet ? Toutes ces questions, et d'autres encore, demandent une attention particulière lors de la rédaction de ces articles. Il ne s'agit pas de créer uniquement un principe qui serait vide d'application.

---

[526] Projet de rapport sur la proposition de règlement du Parlement européen et du Conseil relatif à la protection des personnes physiques à l'égard du traitement des données à caractère personnel et à la libre circulation de ces données (règlement général sur la protection des données) (COM(2012)0011 – C7-0025/2012 – 2012/0011(COD))

[527] Résolution législative du Parlement européen du 12 mars 2014 sur la proposition de règlement du Parlement européen et du Conseil relatif à la protection des personnes physiques à l'égard du traitement des données à caractère personnel et à la libre circulation de ces données (règlement général sur la protection des données) (COM(2012)0011 – C7-0025/2012 – 2012/0011(COD))

[528] CJUE, Arrêt C-131/12 Google Spain SL, Google Inc. / Agencia Española de Protección de Datos, Mario Costeja González du 13 mai 2014

IV. Possibilité et limites

Nous verrons d'une part comment articuler le droit à l'oubli numérique avec d'autres droits pouvant être en potentielle opposition avec celui-ci et d'énumérer, d'autre part, s'il existe d'autres problèmes et limites à la mise en œuvre pratique d'un tel droit. Est-ce que la « création » d'un droit à l'oubli n'engendre pas une attente disproportionnée dans l'esprit des personnes concernées ?

Comme tout droit, le droit à l'oubli n'est pas absolu et doit toujours être mis en balance avec d'autres droits. Nous voyons principalement deux droits qui pourraient se voir affectés par la mise en œuvre d'un droit à l'oubli : le droit à la liberté d'expression et le droit des archives. La balance entre différents droits est toujours un exercice difficile qui nécessite une évaluation au cas par cas.

IV.1. Qui fait la balance des intérêts ?

La première question qui se pose dans le cadre d'une balance d'intérêts est de savoir qui est le plus à même de l'effectuer. La Cour de Cassation avait, dès 1990, rejeté le droit à l'oubli comme une règle générale de droit[529]. « C'est pourquoi le droit à l'oubli a cessé d'être un principe, pour n'être qu'une norme, parmi d'autres, que le juge met dans le plateau de la balance des intérêts en compétition » ajoutait alors Théo Hassler[530]. Dans la Directive actuelle, la 95/46/CE, l'exercice est laissé aux États membres, étant

---

529 Cass. 1re civ., 20 nov. 1990, Monanges c/ Kern, JCP 1992, II, n° 21908, note J. Ravanas

530 Théo Hassler, *Droits de la personnalité : rediffusion et droit à l'oubli*, Recueil Dalloz, 2007, n° 40, p. 2829

entendu que ce sont les cours et tribunaux de l'ordre judiciaire qui en seront chargés.

Il n'est pas envisageable de systématiquement aller en justice pour recueillir l'avis des juges sur la manière dont la balance doit s'opérer. Il n'est pas non plus, selon nous, une bonne chose de laisser cette faculté au responsable du traitement. En effet, le responsable du traitement pourra discrétionnairement décider si dans un cas précis le droit à la protection des données d'une personne concernée prime sur les autres droits en présence. Ce n'est pas, selon nous, le rôle du responsable du traitement. En outre, il serait dans une situation d'insécurité juridique constante dans la mesure où ses décisions seraient toujours perçues comme favorisant ses propres intérêts.

La participation d'un acteur indépendant serait en revanche plus souhaitable. Le Correspondant Informatique et Libertés (CIL) pourrait ainsi procéder à une analyse préalable et orienter le responsable de traitement vers une application objective du « droit à l'oubli ».

Nous pensons également que les autorités de protection des données ont un rôle à jouer. Elles pourraient, au-delà de la protection des données à caractère personnel, être les gardiennes d'un bon équilibre entre les différents droits potentiellement en conflit. Néanmoins, afin d'éviter des interprétations divergentes au sein des États membres de l'Union européenne, nous estimons que le cadre et les lignes directrices permettant une balance d'intérêt devraient être fixés au niveau européen.

IV.2. Le droit à l'oubli et les archives numériques

Lorsqu'il s'agit d'effacer des données, la question se pose également de savoir si cela ne va pas avoir à long terme un effet négatif sur l'histoire et plus particulièrement sur les droits qui existent en matière d'archives. La question est importante surtout dans le cadre d'une évolution croissante vers l'utilisation des nouvelles technologies pour le stockage des informations. En effet, il est devenu la norme de pouvoir accéder en ligne à toute sorte d'archives telles que par exemple celles de la presse.

Le droit à l'oubli soulève beaucoup d'inquiétudes chez les historiens[531], généalogistes, archivistes… Il est certain que l'accès très aisé et sans limite aux données nécessaires à leurs études ou recherches présente un grand avantage pour l'exercice de leur activité.

La Cour européenne des droits de l'homme, dans l'affaire *Times Newspapers*[532], estime que « la mise à disposition d'archives sur Internet contribue grandement à la préservation et à l'accessibilité de l'actualité et des informations. Les archives en question constituent une source précieuse pour l'enseignement et les recherches historiques, notamment en ce qu'elles sont immédiatement accessibles au public et généralement gratuites. ». Dans ce cadre, le droit à l'oubli numérique est perçu comme une menace[533]. Deux droits seraient donc en conflit : les droits des

---

531 http://www.lemonde.fr/technologies/article/2013/10/03/le-droit-a-l-oubli-numerique-inquiete-les-historiens_3489513_651865.html

532 CEDH, Times Newspapers Ltd c. Royaume Uni, 10 mars 2009, §27, cette revue, 2009, p. 87, note de Q. Van Enis

533 Revue du droit des technologies de l'Information, Azeene Aramazani, Le droit à l'oubli et Internet, n° 43/2011, p.38, Editions Larcier

historiens, généalogistes et archivistes et le droit à la protection des données. La question se pose, dès lors, de savoir comment les pondérer. Faut-il obliger les grands quotidiens à supprimer leurs archives après un certain laps de temps ? Faut-il obliger, après un certain nombre d'années, l'anonymisation des données personnelles dans les articles de presse qui sont archivés en ligne ?

D'un autre côté, il faut aussi préserver le droit à la protection des données des personnes concernées. Il ne serait pas proportionné qu'une personne qui a commis une erreur de jeunesse y soit encore confrontée plus de vingt ans après. Le droit à l'oubli doit donc, dans certains cas et sous certaines conditions être garanti. La personne concernée qui souhaite faire valoir son droit à l'oubli pourrait, en effet, le faire parce que l'information, quoique correcte et licite, est devenue « préjudiciable par l'écoulement du temps[534] ». C'est ici qu'est le nœud du problème. Une information correcte et publiée licitement peut être pertinente à un moment donné mais ne plus l'être quelques années plus tard. La gestion de ce type de situation n'est pas aisée. Comme d'autres auteurs[535], nous ne pensons pas que la suppression pure et simple d'un article soit une bonne solution dans la mesure où elle se heurte de plein fouet à la liberté d'expression et risque de représenter une certaine forme de censure.

L'anonymisation des données présentes dans l'article de presse pourrait apporter une solution intermédiaire. Mais dans ce dernier cas, nous ne disposons pas de critères suffisamment précis pour permettre, au responsable du traitement, de traiter les demandes d'anonymisation.

---

[534] Ibid., p. 90

[535] Revue du Droit des technologies de l'information, E. Defreyne, n° 51/2013, Le droit à l'oubli et les archives journalistiques, p.89

Un arrêt du tribunal de première instance de Bruxelles[536] peut constituer la base de notre discussion. Il s'agissait de la demande d'anonymisation d'articles de presse disponibles sur Internet et faisant état de condamnations judiciaires concernant une personne en particulier. Le juge est d'avis que les règles de protection des données « s'appliquent aux archives disponibles sur Internet, via des moteurs de recherches, dès lors qu'il s'agit d'un traitement automatisé ». La personne concernée entend faire reconnaître un droit à l'oubli alors que les quotidiens concernés invoquent un devoir de mémoire propre à la fonction journalistique. La personne concernée estime d'abord que le traitement de données est illicite parce que le traitement de données relatives à des condamnations judiciaires n'est pas autorisé lorsqu'il s'agit d'archives journalistiques. Elle considère, en effet, que l'exception prévue à l'article 9[537] de la Directive 95/46/CE n'est pas applicable aux archives. Le juge n'est pas du même avis et considère que l'exception journalistique couvre également les archives des quotidiens. La personne concernée fait alors valoir que si l'exception est d'application pour les archives journalistiques, cette exception ne peut « s'appliquer que pour une durée limitée ». La personne concernée invoque ici l'application du principe de finalité et de proportionnalité.

Malheureusement, le juge ne répond pas à cet argument et se contente d'énoncer que « le législateur n'a pas, pour ce qui concerne l'activité journalisme, déterminé une période au-delà de laquelle toute diffusion d'information devrait se faire de façon

---

536 Civ. Bruxelles, 9 octobre 2012, 12/5019/A, inédit. http://www.concernedhistorians.org/content_files/file/LE/288.pdf

537 L'article 9 de la Directive 95/46/CE vise à exempter les responsables du traitement de l'interdiction de traiter des données relatives à des condamnations judiciaires lorsqu'il s'agit de traitement de données effectuées aux seules fins de journalisme.

anonyme, par le responsable du traitement ou par un tiers parce que la période nécessaire pour rendre compte de l'actualité serait dépassée ».

Nous soutenons, ici, la très juste analyse de Mme Defreyne[538] :

> L'on peut [...] regretter que le tribunal n'ait pas approfondi le deuxième point invoqué par le demandeur, qui laissait une marge de manœuvre pour fonder l'application du droit à l'oubli dans le domaine des archives de presse numériques. En effet, même si l'archivage d'un article de presse pourrait tomber sous l'exception des activités journalistiques, il doit toujours respecter les principes de finalité et de proportionnalité. Or, [...], la combinaison de ces deux principes peut être considérée comme un fondement du droit à l'oubli. Et approfondir le raisonnement ne signifie pas forcément adopter une conclusion finale différente. En effet, en appliquant le principe de proportionnalité, le juge aurait pu considérer que le droit à l'oubli ne pouvait pas être accordé au demandeur au motif que les faits présentent toujours un intérêt actuel à être divulgués.

Nous estimons, donc, qu'à défaut de critères précis permettant d'opérer une juste balance, les principes de finalité et de proportionnalité doivent toujours guider le choix d'anonymiser ou non un article de presse disponible dans des archives numériques.

---

538 Revue du Droit des technologies de l'information, E. Defreyne, n° 51/2013, Le droit à l'oubli et les archives journalistiques, p 94-95

Une dernière solution à envisager est la désindexation de l'article litigieux. Cela renvoi à l'arrêt de la Cour de Justice qui sera développé par la suite.

Nous pouvons en déduire que les solutions existantes ne sont pas sans poser de questions et que l'équilibre entre l'existence d'un droit à l'oubli numérique et celui des archives numériques est extrêmement délicat. Nous n'en sommes qu'aux prémices de sa mise en œuvre. Néanmoins, il est certain que l'analyse doit avoir lieu au cas par cas et que le droit à l'oubli numérique dans ce cadre doit être balisé afin de ne jamais aboutir à changer l'histoire.

IV.3. Le droit à l'oubli et la liberté d'expression

La question se pose aussi de savoir si cela pourrait avoir un impact négatif à long terme sur la liberté d'expression en représentant une nouvelle forme de censure.

Nous déduisons de la combinaison de l'article 9 et du considérant 37 de la Directive 95/46/CE que les dispositions relatives à la protection des données peuvent faire l'objet de dérogations ou de limitations en cas de traitement de données à des fins de journalisme ou d'expression artistique ou littéraire, et plus généralement à des fins de liberté d'expression.

La protection de la vie privée - et par conséquence le droit à l'oubli - doit être conciliée avec certaines libertés fondamentales, et notamment la liberté d'expression. Il est évident, que comme pour tout droit fondamental, la balance doit s'opérer. Cette balance doit avoir lieu au cas par cas et tenir compte des principes de finalité et de proportionnalité.

Le droit à la liberté d'expression, peut, légitimement, faire, en partie, échec à la protection accordée par la loi Informatique et Libertés française. Un exemple de ce constat peut être trouvé dans l'ordonnance de référé du 12 octobre 2009 rendue par le TGI de Paris[539]. L'affaire de 2009 était relative à la révélation, en ligne, d'une probable liaison. En effet, la demanderesse reprochait la mise en ligne par un tiers d'un texte révélant cette liaison sur son site internet personnel. Elle considérait que le texte constituait une donnée à caractère personnel et que le traitement de ces données personnelles avait été effectué sans son consentement. À l'appui de son argumentation, elle invoquait le non-respect de l'article 7 de la loi Informatique et Libertés.

Le juge ne fait cependant pas droit à la demande et précise que

> le principe constitutionnellement et conventionnellement garanti de la liberté d'expression interdit de retenir une atteinte distincte liée à une éventuelle violation des règles instituées par la loi du 6 janvier 1978, laquelle n'est pas une des normes spécialement instituées pour limiter cette liberté dans le respect du second alinéa de l'article 10 de la convention européenne susvisée.

Un exemple contraire de la balance des intérêts est l'arrêt du 13 mai 2014 de la CJUE[540]. En effet, dans ce cas-ci, le droit à la protection des données prime le droit à la liberté d'expression. Pour plus de clarté, la description des faits relatifs à cette affaire sera faite ci-

---

[539] Tribunal de grande instance de Paris, Ordonnance de référé du 12 octobre 2009, Mme X, Société L. & Com / Jean Hervé C., *Philippe de Villiers: la liberté d'expression prime sur la loi Informatique et libertés*, Legalis.net, Brève, 15 octobre 2009, http://www.legalis.net/spip.php?page=breves-article&id_article=2755

[540] CJUE, Arrêt C 131/12 du 13 mai 2014

dessous. La CJUE estime qu'une information, à l'origine licite, peut avec l'écoulement du temps devenir « inadéquate, pas ou plus pertinente ou excessive au regard des finalités du traitement en cause », ce qui n'est pas sans rappeler la définition déjà donnée par Gérard Lyon-Caen du droit à l'oubli : « la prescription des faits qui ne sont plus d'actualité[541] ». Cela a pour conséquence que le traitement des données à caractère personnel n'est plus conforme à l'article 6, §1, c) à e) de la Directive 95/46/CE[542]. Nous pouvons soutenir ce développement qui est une simple application du principe de finalité déterminée.

La Cour estime ensuite que face au constat de non-conformité avec la Directive 95/46, il faut apprécier la demande de suppression des données en recherchant « un juste équilibre » entre « l'intérêt légitime des internautes potentiellement intéressés à avoir accès à l'information et les droits fondamentaux de la personne concernée au titre des articles 7 et 8 de la Charte[543] ». La Cour en conclut que les droits fondamentaux au titre des articles 7 et 8 de la Charte « prévalent, en principe, non seulement sur l'intérêt économique de l'exploitant du moteur de recherche, mais également sur l'intérêt du public à trouver l'information lors d'une recherche portant sur le nom de la personne concernée[544] ».

Nous regrettons que la Cour n'ait pas développé plus avant le raisonnement lui permettant d'aboutir à une telle balance d'intérêt. De plus, il est évident que le test de proportionnalité dépendra de la personne qui traite l'information. L'analyse de la CJUE pose,

---

[541] C. Costaz, *Le droit à l'oubli*, Gaz. Pal. 1995. 2. Doctr. 962

[542] CJUE, Arrêt C 131/12 du 13 mai 2014, §93

[543] CJUE, Arrêt C 131/12 du 13 mai 2014, §81

[544] CJUE, Arrêt C 131/12 du 13 mai 2014, §97

d'ailleurs, beaucoup de questions et soulève des inquiétudes lorsqu'il s'agit de la liberté d'expression. En effet, le 16 mai 2014, l'OSCE, Organisation pour la Sécurité et la Coopération en Europe, en charge de la liberté d'expression, a exprimé quelques inquiétudes suite à cet arrêt[545].

L'OSCE estime que « la décision de la Cour pourrait affecter de manière négative l'accès à l'information[546]». L'OSCE ajoute que « si des charges et des restrictions excessives sont imposées aux intermédiaires et aux fournisseurs de contenus, le risque de censure détournée ou d'autocensure apparaît immédiatement », et que « les restrictions indues aux médias et aux activités journalistiques sont inacceptables, indépendamment des plateformes et des technologies ».

IV.4. Attente disproportionnée ?

Finalement, est-ce que la « création » d'un droit à l'oubli n'engendre pas une attente disproportionnée dans le chef des personnes concernées ?

En effet, comme le souligne Bruno Rasle[547], l'utilisation des termes « droit à l'oubli » renvoie à une attente sociale forte. La vulgarisation de ces termes peut faire penser aux personnes concernées que les données sont complètement effacées. Or, au vu de la configuration de l'Internet, il est fort probable que les données restent disponibles quelque part. Effacer les données de la liste affichée des résultats d'un moteur de recherche ou sur Internet ne

---

[545] http://www.osce.org/fom/118632

[546] Le texte du communiqué de presse étant en anglais, il s'agit ici d'une traduction libre.

[547] *Droit à l'oubli : quel rôle pour le délégué à la protection des données personnelles?*, Bruno Rasle, septembre 2013, AFCDP

signifie pas qu'elles ne sont plus disponibles. Nous soutenons sur ce point l'analyse de Bruno Rasle qui estime que[548] : « Tout un chacun pourrait comprendre qu'il détient un droit qui lui permet d'exiger en toutes circonstances auprès de tout organisme d'effacer toute information le concernant. Utilisée sans précaution, cette expression peut donc être source de litiges et de frustrations, car ce droit (ou ce qui s'en approche) ne peut être absolu. »

L'emploi des termes « droit à l'oubli » était très présent dans les premiers commentaires de l'arrêt récent de la CJUE[549] mais semble aujourd'hui remplacé par les termes de droit à l'effacement des données. A titre d'exemple le Groupe Article 29 évoquait dans son communiqué de presse du 23 mai 2014[550], dix jours après cet arrêt, « un droit à l'oubli ». Le 6 juin 2014, ces termes ne sont plus employés et sont remplacés par droit de demander l'effacement de résultats de recherche contenant une information à caractère personnel[551].

IV.5. Des problèmes pratiques

Au-delà des difficultés liées au juste équilibre entre les droits et au risque de créer une attente disproportionnée dans le chef des personnes concernées, de nombreuses questions pratiques se posent encore lorsqu'il s'agit de mettre en œuvre un « droit à l'oubli ». Ces problèmes pratiques se cristallisent lors des tentatives de mise en œuvre de la récente décision de la CJUE d'accorder « un droit à

---

548 Ibid.

549 CJUE, Arrêt C 131/12 du 13 mai 2014

550 Communiqué de Presse, Groupe Article 29, 23 mai 2014 http://ec.europa.eu/justice/data-protection/article-29/press-material/press-release/art29_press_material/20140523_wp29_press_release_ecj_google.pdf

551 En anglais dans le texte : *right to request the deletion of the search results links containing information relating to them*

l'oubli » aux personnes concernées vis-à-vis des prestataires de moteurs de recherche.

En effet, afin de faire droit à la demande d'être oubliée d'une personne concernée, il faut tout d'abord pouvoir l'identifier ou plutôt l'authentifier. Comment faire ? Comment gérer l'existence d'homonymes ou de noms très répandus ?

Ce problème n'est pas neuf puisqu'il se posait déjà il y a plusieurs siècles. Lorsqu'était appliquée la sentence de *damnatio memoriae*[552], l'acharnement à effacer certains noms avait engendré la confusion. Ainsi l'obligation de faire disparaître le nom de « Geta » (27 mars 189 - 26 décembre 211) de tous les monuments publics avait également engendré l'effacement d'une partie du nom de Lucius Lusius Geta[553] (Gouverneur d'Egypte).

De là découle l'effet pervers de ce droit à l'oubli. La personne veut être oubliée mais, à cette fin, l'authentification s'impose et cette étape technique exige la collecte de données supplémentaires. Afin de s'assurer de ne pas désindexer à tort, *Google Inc.* avait, dès lors, durant les premiers jours de la mise en œuvre de droit à l'oubli exigé par la CJUE, demandé, dans le formulaire à compléter pour exercer ce droit, une copie de la pièce d'identité de la personne concernée. Cela implique, donc, la mise en place de procédures pour le traitement des demandes des internautes. Il faudra toutefois tenir compte des spécificités propres à chaque État membre. En effet, exiger une copie de la pièce d'identité est interdit dans plusieurs pays de l'Union Européenne, *Google Inc.* a, depuis, dû modifier son formulaire.

---

[552] *Le droit à l'oubli numérique, un droit à oublier* – Jean-Michel Bruguière – D. 2014. 299

[553] Paul Mertens, *La damnatio memoriae de Géta dans les papyrus*, Hommages à Léon Herrmann, Bruxelles, coll. Latomus n° 44, 1960, p. 541-552

L'authentification effectuée, imaginons que suite à la balance des intérêts – connus – en présence, les données concernées soient effacées. C'est ici que surgit une autre difficulté. Comment gérer des demandes contradictoires ? Comment faire, si une fois l'information effacée, des tiers s'opposent à l'effacement de cette information ? Faut-il créer une procédure de réexamen ? Faut-il se tourner vers l'autorité de protection des données ou les tribunaux ? Nous ne le savons pas.

Pour que tous les intérêts en présence puissent être représentés et assurer la transparence du processus, il faudrait une certaine publicité de l'effacement demandé. Dans ce cas de figure aussi, nous nous heurtons à une difficulté : l'attention est attirée sur une information qui doit être effacée ou qui l'a déjà été. Les plus curieux se tourneront alors vers un autre moteur de recherche ou vers le quotidien de presse à l'origine de l'information.

La décision de la CJUE, ayant autorité uniquement au sein de l'Union européenne, elle ne s'applique effectivement qu'aux seuls moteurs de recherche disposant d'un établissement au sein de l'Union Européenne, or, vu le fonctionnement d'Internet, il est évident que les moteurs de recherche couvrent bien plus que le seul territoire de l'Union européenne. *Google Inc.* a, à l'heure actuelle des extensions dans plus d'une centaine de pays.

Afin de faire face à ces questions extrêmement difficiles, *Google Inc.* s'est doté d'un comité consultatif regroupant notamment Eric Schmidt (ancien PDG de Google), Jimmy Wales (fondateur du site Wikipedia), Luciano Floridi (Oxford Internet Institute), Peggy Valcke (Université catholique de Louvain), Jose Luis Piñar (ancien directeur de l'Agence espagnole pour la protection des données), et le rapporteur spécial de l'ONU sur la liberté d'expression, Frank La Rue.

Nous le voyons, l'exercice de ce droit est loin d'être aisé. De nombreuses questions se posent encore sur sa mise en œuvre pratique. Une réflexion approfondie devrait être mise en place afin d'en cerner les contours qui restent actuellement flous.

En attendant cette réflexion, nous pensons que l'accent doit être mis sur l'éducation des personnes concernées : les risques encourus lors de l'utilisation de l'Internet sont encore mal connus, particulièrement en matière de protection des données. Même si l'on commence, petit à petit, à voir les choses évoluer dans le sens d'une plus grande prise de conscience, il reste encore beaucoup à faire. La simple connaissance des règles en matière de protection des données souffre d'un déficit flagrant.

V. Arrêt de la Cour de Justice/ Critères

Nous l'avons analysé précédemment, beaucoup de questions se posent lorsque l'on pense au fonctionnement pratique d'un droit à l'oubli. Dans ce contexte, l'attente de l'arrêt et de l'analyse de la Cour faisait naître chez nous un intérêt certain. Notre déception fut grande lorsque l'arrêt fut publié. Notre sentiment est que la Cour s'est prononcée dans une optique plus politique que juridique. Cette décision est lourde de conséquences, tant pratiques que techniques, pour un exploitant de moteur de recherche. Les analyses de cette décision et leurs conclusions parfois divergentes sont nombreuses. Les avis ne sont pas unanimes, ou plutôt ils le sont sur le fait que l'arrêt de la Cour pose plus de questions qu'il n'en résout.

Le 5 mars 2010, un particulier de nationalité espagnole, a introduit auprès de l'AEPD (Agence Espagnole de Protection des Données), une réclamation à l'encontre, d'une part, du journal espagnol *La Vanguardia Ediciones SL*, et, d'autre part, à l'encontre de *Google Spain* et de *Google Inc.* Cette réclamation se fondait sur le fait que, lorsqu'un internaute introduisait son nom dans le moteur de recherche du groupe Google, il obtenait des liens vers deux pages du quotidien de *La Vanguardia* datant de 1998, sur lesquelles figurait une annonce pour une vente aux enchères immobilière liée à une saisie pratiquée en recouvrement de dettes de sécurité sociale. Or la personne concernée fait valoir que la saisie dont il avait fait l'objet, avait été entièrement réglée depuis plusieurs années et que la mention de celle-ci était désormais dépourvue de toute pertinence.

Cette réclamation visait, d'une part, à obtenir de l'éditeur du périodique *La Vanguardia Ediciones SL* la suppression ou la modification des pages en cause afin que les données à caractère personnel n'y apparaissent plus. Cette demande est rejetée par l'autorité de protection des données espagnole, la publication ayant été légalement publiée.

D'autre part, la réclamation visait, à ce qu'il soit ordonné à *Google Spain* ou à *Google Inc.* de supprimer ou d'occulter ses données personnelles afin qu'elles cessent d'apparaître dans les résultats de recherche et ne figurent plus dans les liens du journal espagnol.

Par une décision du 30 juillet 2010, le directeur de l'AEPD accueille la réclamation présentée à l'encontre de *Google Spain* et *Google Inc.* et leur demande de prendre les mesures nécessaires pour retirer les données de l'index et rendre impossible l'accès futur à ces dernières. L'AEPD a considéré que cette obligation peut incomber directement aux exploitants de moteurs de recherche, sans qu'il soit nécessaire d'effacer les données ou les informations du site Web où elles figurent, notamment lorsque le maintien de ces informations sur ce site est justifié par une disposition légale.

Google Spain ainsi que *Google Inc.* introduisent alors deux recours devant l'Audiencia Nacional, juridiction de renvoi demandant l'annulation de la décision du 30 juillet 2010. C'est cette juridiction qui porte trois questions préjudicielles à l'appréciation de la Cour de Justice de l'Union Européenne. L'arrêt de la Cour de Justice C-131/12 se penche donc sur plusieurs aspects, nous n'en traiterons cependant qu'un dans le cadre de cet article à savoir l'aspect relatif au « droit à l'oubli ».

La question qui retiendra notre attention est donc la suivante :

> En ce qui concerne la portée du droit d'obtenir l'effacement et/ou de s'opposer à ce que des données concernant l'intéressé fassent l'objet d'un traitement, en relation avec le droit à l'oubli, la Cour est priée de dire si : Le droit d'obtenir l'effacement et le verrouillage des données à caractère personnel et celui de s'opposer à ce qu'elles fassent l'objet d'un traitement (droits régis par les articles 12, sous b), et 14, [premier alinéa,] sous a), de la [directive 95/46]) doivent être interprétés comme permettant à la personne concernée de s'adresser aux moteurs de recherche afin de faire obstacle à l'indexation des informations concernant sa personne, publiées sur des sites web de tiers, en invoquant sa volonté que ces informations ne soient pas connues des internautes lorsqu'elle considère que ces informations sont susceptibles de lui porter préjudice ou lorsqu'elle désire que ces informations soient oubliées,

alors même qu'il s'agirait d'informations publiées légalement par des tiers ?[554]

Cette question préjudicielle comporte deux volets : le droit à l'oubli existe-t-il dans l'état actuel du droit ? Dans l'affirmative, est-il possible d'exercer ce droit à l'encontre d'un moteur de recherche ?

Près d'un an avant que la CJUE ne rende cet arrêt, le 25 juin 2013, l'Avocat général Niilo Jääskinen avait présenté ses conclusions[555]. Il estimait alors que la réponse à apporter à la question est la suivante : « Le droit d'obtenir l'effacement et le verrouillage des données à caractère personnel, prévu à l'article 12, sous b), et le droit d'opposition, prévu à l'article 14, sous a), de la directive 95/46, ne permettent pas à la personne concernée de s'adresser aux moteurs de recherche afin d'empêcher l'indexation des informations concernant sa personne, publiées sur des sites Web de tiers, en faisant valoir qu'elle souhaite que ces informations ne soient pas connues des internautes, lorsqu'elle estime que lesdites informations sont susceptibles de lui porter préjudice ou qu'elle désire que celles-ci soient oubliée ». Il considère, en effet, que vu la nature d'un moteur de recherche et le traitement de données en cause, il ne peut pas être considéré comme un responsable du traitement.

Fait très rare, la Cour, quant à elle, a décidé de ne pas suivre l'opinion de l'avocat général sur ce point. La Cour considère alors que l'exploitant d'un moteur de recherche, dans le cas d'espèce, doit être considéré comme un responsable du traitement et que la personne concernée peut, dès lors, s'adresser directement à lui. Elle

554 CJUE, Arrêt C 131/12 du 13 mai 2014, §20

555 Voir http://curia.europa.eu

ajoute que dans le cadre d'une demande d'une personne concernée d'obtenir l'effacement de ses données,

> il convient notamment d'examiner si la personne concernée a un droit à ce que l'information en question relative à sa personne ne soit plus, au stade actuel, liée à son nom par une liste de résultat affichée à la suite d'une recherche effectuée à partir de son nom, sans pour autant que la constatation d'un tel droit présuppose que l'inclusion de l'information en question dans cette liste cause un préjudice à cette personne[556].

Ce développement tend à répondre au second volet de la question préjudicielle que nous analysons. La personne concernée peut s'adresser directement à l'exploitant d'un moteur de recherche. Est-ce qu'ipso facto la réponse au premier volet de la question, à savoir l'existence d'un droit à l'oubli, doit pour autant être affirmative ? Nous ne le pensons pas.

La Cour ne fait que reconnaitre que l'information litigieuse n'est plus conforme aux principes de base de la Directive 95/46/CE. Elle estime, en effet, que par l'écoulement du temps, le traitement des données en cause est devenu contraire aux principes de finalité et de proportionnalité. C'est parce que le traitement n'est plus conforme à ces deux principes que la personne concernée peut exercer le droit d'effacement et de verrouillage de l'article 12 ou d'opposition de l'article 14 de la Directive.

La Cour ne reconnait donc pas un nouveau droit à la personne concernée mais applique les principes déjà existants dans la

---

[556] CJUE Arrêt C131/12 du 13 mai 2014, §100

législation et se contente de faire la balance des intérêts en présence. La Cour considère que dans le cadre du traitement effectué par le moteur de recherche, les droits de la personne concernée « prévalent, en principe, non seulement sur l'intérêt économique de l'exploitant du moteur de recherche, mais également sur l'intérêt du public à trouver l'information lors d'une recherche portant sur le nom de la personne concernée[557] ».

Nous soutenons le fait que « Cette affirmation semble cependant critiquable en dehors de toute prise en compte du contexte de l'opposition des libertés et intérêts en cause[558] ». La Cour encourage donc les responsables de traitement, les autorités de protection des données et les Cours et tribunaux à rechercher la juste balance entre les différents droits mais ne donne pratiquement aucun critère pour le faire[559]. L'avocat général Jäaskinen avait, quant à lui reconnu l'impact d'Internet sur la balance à faire entre les différents intérêts en présence[560]. Nous regrettons que cette approche n'ait pas été suivie par la Cour.

Ainsi, la Cour, dans son arrêt, sans prise en compte du contexte général et du fonctionnement de l'Internet, fait prévaloir le respect de la vie privée (principe de finalité et de proportionnalité) ainsi que la protection des données à caractère personnel sur le droit à l'information et à la liberté d'expression, surprenant jusqu'au

---

[557] CJUE, Arrêt C 131/12 du 13 mai 2014, §97

[558] Droit à l'oubli : la Cour de Justice européenne rend un arrêt militant !, E. Wéry et T. Léonard, 15.05.14, http://www.droit-technologie.org/actuality-1648/droit-a-l-oubli-la-cour-de-justice-europeenne-rend-un-arret-militant.html

[559] *The Court of justice of EU's Judgment on the Right to be forgotten : an international perspective*, Christopher Kuner, 20 mai 2014, http://www.ejiltalk.org/the-court-of-justice-of-eus-judgment-on-the-right-to-be-forgotten-an-international-perspective/

[560] Conclusions de l'avocat général M. Niilo Jäaskinen, 25 juin 2013 dans l'affaire C 131/12, §31.

Groupe Article 29 composé des autorités de protection des données de l'Union Européenne qui a pour la première fois consacré un communiqué de presse à un arrêt rendu par la Cour de Justice[561]. La Cour de Justice ajoute, heureusement, qu'un équilibre est nécessaire entre les droits et prévoit que[562] :

> Cet équilibre peut toutefois dépendre, dans des cas particuliers, de la nature de l'information en question et de sa sensibilité pour la vie privée de la personne concernée ainsi que de l'intérêt du public à recevoir cette information, lequel peut varier, notamment, en fonction du rôle joué par cette personne dans la vie publique.

Cela signifie que les personnes publiques et notamment les personnalités politiques pourraient avoir plus de difficultés à se prévaloir de leur droit à l'oubli. Ce critère n'existe pas dans la législation de protection des données. Les droits des personnes concernées peuvent s'exercer indépendamment de la nature publique ou privée du demandeur. Nous comprenons qu'il s'agit d'un critère à prendre en compte lorsque l'on s'interroge sur l'intérêt du public à avoir accès à l'information mais nous estimons également que ce critère est un peu léger lorsqu'il s'agit de faire la balance entre des droits fondamentaux et qu'il pourrait amener à des discriminations. Quels autres droits fondamentaux sont déjà remis en cause de la sorte ? La Cour aurait pu être plus précise et se prononcer par exemple sur le fait de savoir s'il y a une différence à opérer entre le cas où l'information est postée par la personne elle-même ou pas. L'arrêt de la Cour a, en principe, vocation à s'appliquer plus largement qu'à un seul moteur de recherche. Toute

---

561 Op.cit.

562 Point 81 de l'Arrêt C 131/12

base de données, en ligne, disposant d'une fonction de recherche sera concernée ; or, nous voyons mal comment cela pourra être le cas, particulièrement pour les réseaux sociaux.

Par ailleurs, la Cour ne s'est prononcée que sur le fait de déréférencer un article sur la base d'un nom et prénom. Que se passera-t-il si le moteur de recherche reçoit une demande basée sur une autre donnée à caractère personnel, comme par exemple une adresse, un numéro de téléphone ?

Enfin, comme nous l'avons déjà développé, faire reposer le test de proportionnalité sur les intermédiaires d'Internet et plus particulièrement sur les moteurs de recherche n'est pas, selon nous, la meilleure des solutions. Ces intermédiaires devront prendre position sur un contenu qui est publié par des tiers. Ils seront amenés, dans certains cas, à constater que l'information en question ne respecte pas la législation relative à la protection des données. Ceci n'est pas sans rappeler également le risque potentiel de censure. En ce sens, nous soutenons l'analyse de E. Wéry et T. Léonard[563] qui estiment que cela « les entraîne très loin de la neutralité qui, a priori, est l'apanage des intermédiaires sur l'internet et conditionne leur exonération de responsabilité prévue par la directive e-commerce 2000/31/CE. Et comporte ainsi le risque d'impliquer leur responsabilité au cas où ils évaluent mal la situation du demandeur à l'oubli… Est-ce vraiment leur rôle ? ».

L'avocat général Jäaskinen l'avait bien compris. Il estime, en effet, que la Cour ne doit pas

---

[563] *Droit à l'oubli : la Cour de Justice européenne rend un arrêt militant !*, E. Wéry et T. Léonard

conclure que ces intérêts concurrents pourraient être mis en balance de façon satisfaisante dans les situations individuelles, sur la base d'une analyse au cas par cas, en laissant aux fournisseurs de services de moteur de recherche sur Internet le soin de statuer. De telles procédures de notification et de retrait, si elles étaient exigées par la Cour, conduiraient vraisemblablement soit au retrait automatique de liens vers tout contenu faisant l'objet d'une opposition, soit à un nombre ingérable de demandes traitées par les fournisseurs de services de moteur de recherche sur Internet les plus populaires et importants. Dans ce cadre, il convient de rappeler que les procédures de notification et de retrait qui apparaissent dans la directive 2000/31 sur le commerce électronique portent sur des contenus illicites, alors que la présente affaire concerne une demande tendant à faire supprimer des informations légales et légitimes qui sont entrées dans la sphère publique.

Plus particulièrement, les fournisseurs de services de moteur de recherche sur Internet ne devraient pas se voir accablés d'une telle obligation. Celle-ci serait constitutive d'une ingérence dans la liberté d'expression de l'éditeur de la page Web, qui ne jouirait pas, dans une telle situation, d'une protection juridique adéquate, puisque toute procédure de notification et de retrait non réglementée constituerait une affaire privée entre la personne concernée et le fournisseur de services de moteur de recherche. Cela reviendrait à ce qu'un particulier censure son contenu publié. C'est une chose totalement différente que les États aient des obligations positives de fournir un recours effectif à l'encontre de l'éditeur portant atteinte au droit à la vie privée, qui, dans le cadre de l'Internet, concernerait l'éditeur de la page Web[564].

La Cour décide, une fois encore, de ne pas suivre l'avis de son avocat général créant par-là, comme le relève très justement Christopher Kuner[565], un risque potentiel d'une sorte d'« Internet européen », séparé de l'Internet global. En effet, les résultats de recherche et le contenu Internet pourraient, finalement, être affichés différemment au sein de l'Union par rapport au reste du monde. Le risque existe, dès lors, que le moteur de recherche décide de contourner les exigences de la Cour de Justice en délocalisant ses activités. Il convient de réfléchir aux conséquences d'un tel risque même si cela ne fait pas partie du cadre de la présente analyse.

VI. Conclusion

Il faut dépasser la nécessaire différenciation des droits, l'alternative entre l'octroi de la liberté d'expression, l'existence d'archives numériques ou d'un droit à l'oubli pour penser à dégager des critères clairs permettant d'atteindre la juste balance entre les différents intérêts en présence, balance qui doit toujours être appréciée au cas par cas.

Le moteur de recherche peut être vu comme un des intermédiaires d'Internet qui, entre autres, permet de savoir qui détient des informations à caractère personnel et consécutivement de désigner le responsable du traitement auprès duquel nos droits peuvent être exercés. Le moteur de recherche permet un accès plus facile à

---

564 Conclusions de l'avocat général M. Niilo Jääskinen, 25 juin 2013 dans l'affaire C 131/12, §133 et 134

565 *The Court of justice of EU's Judgment on the Right to be forgotten : an international perspective*, Christopher Kuner, 20 mai 2014, http://www.ejiltalk.org/the-court-of-justice-of-eus-judgment-on-the-right-to-be-forgotten-an-international-perspective/

l'information nous concernant puisqu'il effectue, pour nous, le tri dans l'immense amas de données qu'est Internet. Vu le caractère chronophage, voire impossible de l'analyse des demandes de déréférencement, le risque existe qu'un moteur de recherche décide d'effacer tous les noms et prénoms de son indexation. Il est vrai que s'adresser directement au prestataire de moteur de recherche peut sembler, *prima facie*, être la solution la plus efficace. Il n'en est rien.

En cas de suppression automatique de tous les noms et prénoms, les personnes concernées, d'une part, bien que plus protecteur, auraient moins de contrôle sur leurs données personnelles et plus de mal à savoir où elles se trouvent pour le cas échéant les faire effacer ou rectifier et d'autre part, cela aboutirait à une forme de censure dans la mesure où plus aucune balance d'intérêt ne serait effectuée.

Nous l'avons vu, le droit à l'oubli ne doit pas être un droit autonome. Il est un droit de suite. Créer un droit à l'oubli autonome engendre plus, auprès des personnes concernées, une attente disproportionnée qu'une mise en œuvre de précaution lorsqu'elles mettent en ligne leurs données à caractère personnel.

Un droit qui s'exerce a posteriori, tel que le droit à l'oubli interprété par la Cour de Justice, oblige le responsable du traitement à se pencher sur le contenu visé par une demande « d'oubli ». Il oblige également le responsable de traitement à conserver une trace de l'effacement dans l'hypothèse où une autre personne concernée voudrait connaître la raison de la disparition de son contenu. Dès lors, loin d'apporter un effacement discret du contenu, le droit à l'oubli attire l'attention sur le fait qu'un contenu « souhaite être oublié ».

La balance des intérêts est entre les mains du responsable de traitement. Faute de critères clairs permettant de trouver le juste équilibre, une donnée personnelle désindexée par un moteur de recherche, considéré par la Cour de justice comme responsable du traitement, pourrait ne pas être désindexée par un autre qui n'effectuerait pas la même balance d'intérêts.

L'arrêt récent comme la proposition de règlement actuellement débattue est, nous l'avons vu, extrêmement flou quant aux critères à prendre en compte lors de la mise en balance des différents intérêts en présence. Cela engendre une quantité incalculable de difficultés, particulièrement lors de la mise en œuvre pratique d'une demande de droit à l'oubli.

Le droit au déréférencement, reconnu par la Cour de Justice, amènera une application variable du droit à l'oubli selon les responsables de traitement ou encore le pays dans lequel ils se situent, non-uniformisé au niveau européen. En outre, les moteurs de recherche ne sont pas, en tant que tiers, les mieux placés pour apprécier le déréférencement d'un article en potentielle contradiction avec la législation relative à la vie privée. Leurs décisions seront donc inévitablement considérées comme partiales.

Le « droit à l'oubli » reste un concept flou et sa mise en œuvre nécessite des critères clairs afin d'éviter d'innombrables actions en justice dans les années à venir. L'actuelle révision des textes européens en matière de protection des données nous semble être le moment idéal pour se pencher sur la question.

LE LABEL CNIL COMME OUTIL DE CONFORMITÉ
par Johanna CARVAIS

La CNIL multiplie la création d'outils à destination des entreprises et administrations, interlocuteurs récurrents de la Commission, pour les aider dans leur mise en conformité tant au regard de la loi qu'au regard des bonnes pratiques. Les Correspondants Informatique et Libertés, en tant qu'acteurs incontournables, sont destinés à utiliser et à diffuser ces instruments de la conformité.

Au cœur des outils, parmi lesquels on retrouve notamment les guides, les packs de conformité et les règles internes d'entreprises (BCR) visant au développement d'un véritable comportement responsable en matière de protection des données, se trouve le label CNIL. Il s'inscrit à la fois comme un avantage concurrentiel pour les titulaires du label et comme un indicateur de confiance pour les consommateurs et clients des organismes candidats.

En pleine expansion, et à la lumière des enjeux européens de demain, le label est appelé à devenir incontournable pour ceux qui souhaitent se distinguer.

Alors que la loi « Informatique et Libertés » mentionne le pouvoir de labellisation de la CNIL depuis dix ans, le label CNIL est devenu en pratique un outil de la conformité uniquement depuis 2012 (date de la délivrance des premiers labels).

La modification de la loi du 6 janvier 1978[566], intervenue en 2004, avait en effet prévu la possibilité pour la Commission de délivrer des labels « à des produits ou des procédures tendant à la protection des personnes ». Ce mécanisme de labellisation avait alors été interprété par la Commission, dans son règlement intérieur[567], comme un mécanisme en deux temps.

D'une part la CNIL crée des référentiels, listant les exigences à satisfaire et servant de repère pour son analyse de la conformité. Initialement, le référentiel ne pouvait être adopté par la CNIL que si, à l'origine, émanait une demande d'une organisation professionnelle ou d'une institution regroupant principalement des responsables de traitement. C'est d'ailleurs ce qui a été le cas pour les trois premiers référentiels de la CNIL. Puis, la loi Hamon du 17 mars 2014[568] est notamment venue préciser que la Commission pouvait également déterminer, de sa propre initiative, les produits et procédures susceptibles de bénéficier d'un label. Cette action, si elle émane de la Commission, doit alors correspondre à un réel besoin du secteur d'activités (plaintes, sanctions CNIL, demandes d'associations de consommateurs… qui jusqu'à présent ne permettaient pas la création d'un référentiel) et ne saurait émaner d'un seul acteur du marché. Cette nouveauté permet à la CNIL une plus grande latitude dans le choix de ses prochains référentiels.

---

[566] Loi n° 78-17 du 6 janvier 1978 relative à l'informatique, aux fichiers et aux libertés.

[567] Version modifiée par la délibération n° 2011-249 du 8 septembre 2011. Cette version a été à nouveau modifiée depuis et les modalités du pouvoir de labellisation ont été maintenues (délibération n° 2013-175 du 4 juillet 2013 portant adoption du règlement intérieur de la CNIL).

[568] Loi n° 2014-344 du 17 mars 2014 relative à la consommation. La loi Hamon a également introduit de manière très claire dans la loi Informatique et Libertés (article 11-3 c), la possibilité pour la CNIL de vérifier que les conditions qui ont permis la délivrance du label sont maintenues et, le cas échéant, la possibilité qu'elle détient de retirer le label.

D'autre part les demandeurs peuvent, indépendamment de leur appartenance à l'organisme originaire de la création du référentiel, déposer une demande de délivrance au regard des référentiels existants. Cette demande peut être faite par un ou plusieurs organismes si les compétences nécessaires pour obtenir le label sont réparties entre plusieurs structures.

À ce jour, il existe quatre référentiels. Les deux premiers ont été adoptés en même en temps, en octobre 2011 et concernent des procédures (les formations en matière de protection des données et les procédures d'audit de traitement). Adopté en janvier 2014, le troisième référentiel porte, lui, sur un produit : les services de coffre-fort numérique. Enfin, le quatrième référentiel de décembre 2014 porte sur les procédures de gouvernance Informatique et Libertés.

Sur la base de ses référentiels, la CNIL délivre ses labels pour une durée de trois ans, renouvelable *ad vitam aeternam* six mois avant la date d'échéance. Elle peut également vérifier à tout moment pendant la période de validité du label que les conditions qui ont permis sa délivrance sont bien maintenues. Cette vérification peut bien évidemment s'effectuer par tout moyen. Une personne ayant recours à un produit ou une procédure labellisés peut également signaler à la Commission tout doute quant à la conformité de ceux-ci au référentiel. En cas de non-conformité, la Commission peut alors décider de retirer le label précédemment attribué.

Pour ce faire, un Comité de labellisation a été créé qui est constitué de trois commissaires issus des dix-sept de la formation plénière. Il a pour mission de proposer des orientations relatives à la politique de labellisation. Il élabore notamment des projets de référentiels et évalue la conformité des demandes de délivrance. Il se réunit en pratique tous les trois mois environ.

Pour faire fonctionner son pouvoir de labellisation, la CNIL avait, jusqu'à récemment, mis en place une équipe transversale chargée de la promotion des labels. Cette organisation a été pérennisée dans la restructuration de la Commission, avec la création d'un pôle dédié à cette activité. Cette accommodation des moyens de la CNIL est le reflet de l'évolution de sa mission et annonce une promotion accrue de ses labels.

I. Un label CNIL, pour quoi faire ?

Souvent considéré comme contraignant et exigeant, le label de la CNIL est aussi perçu positivement par les candidats qui cernent très vite l'avantage qu'ils pourraient tirer de l'affichage d'un tel logo et de l'intérêt, pour eux, de pouvoir se prévaloir du label CNIL.

I.1. Le label : un avantage concurrentiel

Le label est un outil qui va permettre au titulaire de prouver sa conformité à des exigences établies. Plutôt que de les fonder sur le strict respect de la loi, la CNIL a pris pour habitude d'aller au-delà de la loi et de veiller à ce que les exigences qui vont servir de référence à l'analyse de la conformité reflètent *a minima* les recommandations usuelles de la CNIL et les bonnes pratiques en règle générale. En effet, tout le monde est censé respecter la loi. Un label qui attesterait de la conformité à la loi devrait donc en théorie être délivré à tous. Or, ce qui fait la force et l'intérêt d'un label est justement qu'il va servir à distinguer les bons acteurs des moins bons. En ce sens, il ne pourra être délivré à tous les acteurs d'un même marché, sauf à perdre en crédibilité. Il doit permettre de discerner les acteurs et de mettre en avant ceux qui l'ont obtenu afin de leur donner un véritable avantage concurrentiel. Le label sera donc perçu, à ce titre, comme un atout économique.

Il donne également une bonne image de l'organisme qui a réussi à obtenir le label, car cela s'inscrit généralement dans une politique globale dite d'*accountability*, à savoir de responsabilité en matière de protection des données personnelles. L'image de l'entreprise est bonifiée par la nature même du label. Qui mieux qu'une autorité de protection des données peut délivrer un label sur ce sujet ? L'autorité de délivrance, associée à l'aspect d'un logo bleu, blanc, rouge, ajoute à l'impact du label CNIL, d'autant que la liste des labellisés est facilement accessible sur le site de la Commission.

Après la première année d'obtention du label, il est généralement demandé aux titulaires d'adresser à la CNIL un rapport d'activités. Ce bilan a pour but de vérifier que les procédures labellisées sont mises en œuvre conformément au référentiel auquel elles se rapportent ; de contrôler que le logo « Label CNIL » est utilisé conformément au règlement d'usage de la marque collective ; et de mesurer l'impact du label pour les organismes l'ayant obtenu. L'organisme doit donc fournir entre autres :

- le nombre de prestations réalisées en utilisant la procédure labellisée, leur champ et leur durée ;
- le nombre de prestations prévues dans l'année à venir ;
- le fait que la prestation n'a pas subi de changement significatif ;
- un exemplaire du document de présentation de la procédure labellisée contenant le logo « Label CNIL » ;

- un retour d'expérience (augmentation du nombre de demandes d'intervention, charge moyenne par prestation pour l'organisme, etc.) ;
- et, le cas échéant, les difficultés rencontrées.

Ces retours d'expérience (par le biais des rapports annuels d'activités) sont très positifs, ils sont généralement la preuve qu'une fois le label obtenu, l'organisme vend mieux (cela lui permet de remporter des appels d'offres par exemple), vend plus (les prestations sont plus fréquentes) voire plus cher.

I.2. Le label : un atout de crédibilité pour le CIL

Si l'obtention d'un label pour une de ses prestations délivrées en externe permet à l'organisme d'en tirer un avantage concurrentiel, la pratique a vu multiplier des demandes pour des procédures internes, généralement dispensées, conduites ou appuyées par le Correspondant Informatique et Libertés (CIL). Si initialement les référentiels n'avaient pas été conçus à destination des procédures internes, l'obtention d'un label CNIL permet ici sans nul doute d'accroître la crédibilité et la légitimité du CIL. En effet, il arrive que le CIL développe une formation à l'attention de ses collaborateurs ou qu'il donne son aide à la conception d'un questionnaire d'audit de traitement pour le service de contrôle interne. Dans ce cas, l'obtention du label CNIL viendra renforcer le bienfondé de son expertise et de ses compétences.

Le CIL peut également être perçu comme un relais pour la création de nouveaux référentiels. Si, seul, il ne peut porter une demande auprès de la CNIL pour créer un nouveau référentiel, il peut néanmoins se rapprocher d'une association, d'une fédération, d'un syndicat qui pourrait porter sa demande. En ce sens, il est un acteur clé du développement des labels CNIL.

Aujourd'hui, plus de cinquante demandes de délivrance ont été formulées et près d'une quarantaine ont déjà donné lieu à l'obtention d'un label, parmi lesquels figurent cinq labels pour des procédures internes. La CNIL reçoit en moyenne deux nouveaux dossiers chaque mois depuis la création des premiers référentiels. Cette saisine constante depuis la création des premiers référentiels permet de prouver que la démarche s'inscrit bien dans la pérennité.

II. La démarche de conformité

Si par « conformité » on entend conformité aux bonnes pratiques, sans obligation légale, alors il s'agit d'une attitude volontaire et responsable. À l'image de la politique de protection de l'environnement qui a, en dix ans, réussi à modifier les mentalités en imposant un tri sélectif des déchets par les ménages, la protection des données a besoin d'encouragement et de sensibilisation pour se propager.

II.1. Une attitude volontaire encouragée

Le candidat peut sembler initialement hésitant avant de déposer un dossier, de peur de ne pas atteindre les 100 % de conformité et de voir son dossier rejeté, ou pire, que cette information soit relayée sur la place publique. En effet, le candidat, même volontaire et rigoureux, craint d'ouvrir les portes de ses secrets industriels et commerciaux (en transmettant par exemple le support de ses formations). Or, la CNIL adopte ici sa casquette de « régulateur » et non de « gendarme ». Le but n'est pas de rappeler à l'ordre puisqu'il n'y a, rappelons-le, aucune obligation, mais bien d'accompagner, de guider, d'encourager les comportements des organismes qui veulent faire la différence. Pour ce faire, la CNIL a décidé de mettre en place un pôle dédié aux labels où les agents instructeurs établissent des évaluations successives jusqu'à ce que les 100 % de conformité soient atteints. Jusqu'à présent, il a été décidé de ne présenter au Comité de labellisation que les dossiers jugés conformes par les services (il arrive toutefois que certaines exigences donnent lieu à interprétation et nécessitent, de fait, l'avis du Comité de labellisation). En tout état de cause, et afin de rassurer les postulants, la CNIL rappelle que les refus ne sont pas rendus publics (contrairement aux délivrances, renouvellements ou retraits) et les dossiers de demandes de délivrance ne sont pas communicables au titre de la loi CADA[569].

Pour faciliter les démarches des candidats potentiels, la CNIL a notamment mis à leur disposition une procédure dématérialisée de dépôt en ligne des demandes de délivrance de label et une foire aux questions (FAQ) contenant une trentaine de questions-réponses. Une adresse mail dédiée a également été créée pour toute demande de conseil liée aux labels ou tout suivi de dossier ou encore pour toute demande de création d'un nouveau référentiel (label@cnil.fr).

L'idée est, une fois encore, de promouvoir un label gratuit mais contraignant, grâce à la présence d'une autorité de proximité et de soutien.

---

[569] La CADA a pu confirmer à la CNIL que ces dossiers relevaient de l'exception du II de l'article 6 de la loi du 17 juillet 1978, au regard de la protection du secret en matière industrielle et commerciale. Pour rappel, les demandeurs fournissent notamment leurs documents de travail tels que les supports de formation, les questionnaires d'audit et les rapports d'audit de leur produits et services afin d'attester de leur conformité aux exigences de la CNIL. La transmission de ces documents à des tiers serait effectivement de nature à porter atteinte à leur secret industriel et commercial.

II.2. Un comportement responsable à maintenir

Une fois le label obtenu, il faut savoir que le titulaire s'astreint à respecter le référentiel et à adopter, de manière générale pour l'ensemble de ses traitements, une attitude exemplaire. Cela s'accompagne habituellement d'une politique du changement en interne, de la conduite d'audits, de mise en place de procédures, de désignation d'un CIL, et le cas échéant d'adoption de BCR (*Binding Corporate Rules*, règles internes d'entreprises)... Tout cela s'intègre dans une prise de conscience plus large qui dépasse le seul périmètre de la protection des données et s'inscrit dans une « responsabilité sociétale d'entreprise » traduisant un comportement transparent et éthique.

Au-delà des règles générales, le titulaire du logo s'astreint au respect du règlement d'usage de la marque collective « Label CNIL » qui lui est transmis en même temps que la vingtaine de logos personnalisés. Ce règlement prévoit notamment que la marque doit être utilisée en lien direct avec le produit ou la procédure labellisés, l'apposition de la marque de manière générale et indéterminée étant strictement interdite. Le règlement fixe également des limites à l'utilisation de la marque déposée, comme le fait que le titulaire s'engage à ne pas utiliser la marque à des fins politiques, polémiques, contraires à l'ordre public et aux bonnes mœurs.

Ce corpus de règles oblige le titulaire à un comportement rigoureux qui correspond à ce que le consommateur perçoit du label, à savoir un marqueur de confiance et de qualité.

III. Un label tourné vers l'avenir

Dans la mesure où le label correspond à la fois à une attente des professionnels du marché et à celle des consommateurs, il va se développer dans plusieurs branches d'activités. Les enjeux en matière de protection des données - notamment sur la proportionnalité des dispositifs, sur la conservation limitée de données, sur l'information des personnes et sur les mesures de sécurité nécessaires a minima pour encadrer les traitements - sont de plus en plus pointés du doigt par les particuliers, soucieux de plus de transparence de la part des responsables de traitement.

III.1. La promotion du label CNIL en France

Après ses trois premiers standards (relatifs aux formations, procédures d'audit et services de coffre-fort numérique), la CNIL a continué à vouloir développer ses référentiels dans d'autres secteurs d'activité.

Plusieurs sujets sont souvent évoqués tels que le *cloud computing*, les logiciels de gestion des cookies, les logiciels de registre de CIL, les systèmes de management de la vie privée... Mais il ne faut pas oublier que pour adopter un référentiel, la CNIL doit s'assurer que la demande formulée pour la création d'un nouveau label correspond à un besoin du marché et n'émane pas de la volonté d'un seul acteur pour l'aider à vendre sa nouvelle solution. Autant dire que, plus la CNIL reçoit des demandes similaires et plus ces dernières concernent d'acteurs, plus la CNIL voit un intérêt à agir.

La CNIL a finalement choisi d'adopter très récemment un référentiel pour les procédures de gouvernance Informatique et Libertés dans le but d'aider les organismes, privés et publics, à définir et appliquer les règles et bonnes pratiques de gestion des données personnelles et à pouvoir s'en prévaloir. Le correspondant - pierre angulaire de ce dispositif - est donc reconnu comme l'acteur principal du pilotage de la mise en conformité.

Ce nouveau référentiel pourra être considéré à la fois comme un outil méthodologique pour les CIL dans l'exercice de leurs fonctions et comme l'objectif à atteindre pour les organismes désireux de se distinguer par l'encadrement exemplaire des données personnelles qu'ils sont amenés à traiter, et cela, quel que soit leur secteur d'activité.

III.2. Le projet de règlement européen : l'ébauche d'un label européen

En parallèle aux actions de la CNIL, le label de protection des données fait de plus en plus parler de lui au niveau européen. En effet, le projet de règlement européen et les travaux de la Commission européenne visent à s'assurer de la possibilité, de la faisabilité et de la nécessité de promouvoir les labels en matière de vie privée et de protection des données au sein de l'Europe.

Dans l'attente de l'adoption du règlement européen prévue pour 2015, les positions de la Commission européenne et du Parlement européen nous donnent déjà quelques pistes à explorer.

La position adoptée par la Commission des libertés civiles, de la justice et des affaires intérieures (LIBE) en date du 21 octobre 2013 – notamment son article 39[570] – retient une formulation

[570] Extrait de l'article 39 : « *The Member States and the Commission shall encourage, in particular at European level, the establishment of data protection certification mechanisms and of data protection seals and marks, allowing data subjects to quickly assess the level of data protection provided by controllers and processors.* »

suffisamment souple pour permettre, à tous les schémas de certification, de coexister :

- un label européen établi au niveau européen sous la gouvernance d'un État membre ;
- un label privé délivré par une entreprise ;
- un label national public délivré par un État membre ;
- un label national public délivré par une autorité de protection des données ou par un tiers accrédité par elle.

La difficulté résidera dans l'établissement des critères de reconnaissance mutuelle prévue par actes délégués de la Commission.

La position du Parlement européen, adoptée en plénière, en date du 12 mars 2014 – et notamment ses amendements 52[571] et 136 – retient la création d'un label européen qui aurait pour but de générer un climat de confiance chez les personnes concernées et une sécurité juridique pour les responsables du traitement. Cela devrait également permettre d'exporter les normes européennes de protection des données en permettant aux entreprises non européennes d'entrer sur le marché européen en obtenant cette certification. Dans cette hypothèse, ce sont les autorités de protection des données – ou des tiers mandatés par elles - qui

---

[571] Extrait de l'amendement 52 : « *Afin de favoriser la transparence et le respect du présent règlement, la création de mécanismes de certification, ainsi que de labels et de marques normalisées en matière de protection des données, devrait être encouragée pour permettre aux personnes concernées d'évaluer rapidement, de manière fiable et vérifiable, le niveau de protection des données offert par les produits et services en question. Un « label européen de protection des données » devrait être établi au niveau européen afin de générer un climat de confiance chez les personnes concernées et une sécurité juridique pour les responsables du traitement et, dans le même temps, exporter les normes européennes de protection des données en permettant aux entreprises non européennes d'entrer sur les marchés européens en obtenant cette certification.* »

certifieraient la conformité aux normes dont les exigences seraient reprises du règlement européen.

Que le label de la CNIL coexiste, dans l'avenir, avec d'autres labels grâce à des mécanismes de reconnaissance mutuelle entre autorités ou qu'il s'intègre dans le probable futur label européen, il est tentant de dire que le label a de belles années à venir.

IV. Conclusion

Le label s'impose donc comme l'un des outils de la conformité en matière de protection des données. Qu'il ait pour but d'aider le CIL dans ses missions, de « booster » l'économie de l'organisme titulaire du label ou d'aider le consommateur à se repérer dans la jungle des produits et services liés aux données personnelles, le label s'affiche en toute transparence avec fierté et persévérance.

À l'heure où le règlement européen devient inéluctable et où les scandales liés à la protection des données (dans la droite ligne de l'affaire Snowden et des récentes failles de sécurité) se multiplient, le label en matière de protection des données s'annonce incontournable pour ceux qui veulent se démarquer et anticiper.

La CNIL joue ici pleinement le rôle pour lequel elle a été créée, à savoir veiller à ce que l'informatique soit au service du citoyen et qu'elle ne porte atteinte ni à l'identité humaine, ni aux droits de l'homme, ni à la vie privée, ni aux libertés individuelles ou publiques. Pierre angulaire du système français de protection des données et précurseur en Europe en matière de labellisation par une autorité publique de protection des données, la CNIL a vocation à donner l'exemple avec son label CNIL. Il est vrai qu'à l'image du « label rouge » ou du « label bio », le label CNIL atteste d'un comportement transparent et éthique. Reste à lui souhaiter le même succès…

L'ARTICLE 330
par Georges COURTELINE

L'Article 330 est une pièce de théâtre, une comédie en un acte, de Georges Courteline, créée le 12 décembre 1900 au Théâtre Antoine dans une mise en scène d'André Antoine, avec Dumény dans le rôle de La Brige, André Antoine dans le rôle du Président, Gabriel Signoret dans le rôle du Substitut, Tunc dans le rôle de l'Huissier.

Une salle d'audience au Palais de Justice. Au lever du rideau, mouvement de scène, brouhaha de conversations et, presque aussitôt, coup de sonnette. Le calme se fait à l'instant même. Un garçon de bureau se précipite et va ouvrir à deux battants la porte de la chambre de conseil.

L'HUISSIER. — Le tribunal ! Découvrez-vous, Messieurs !
Les trois juges viennent prendre leurs places. Tout le monde s'assied.
LE PRÉSIDENT — L'audience est reprise !... Appelez, huissier.
L'HUISSIER — Le Ministère Public contre La Brige. Outrage public à la pudeur. — La Brige !
La Brige s'avance à la barre.
LE PRÉSIDENT — Vos nom, prénoms et domicile.
LA BRIGE — La Brige, Jean-Philippe, trente-six ans, 5 bis, avenue de La Motte-Picquet.
LE PRÉSIDENT — Votre profession.
LA BRIGE — Philosophe défensif.
LE PRÉSIDENT — Comment ?
LA BRIGE — Philosophe défensif.

LE PRÉSIDENT — Qu'est-ce que vous voulez dire par là ?

LA BRIGE — Je veux dire que, déterminé à vivre en parfait honnête homme, je m'applique à tourner la loi, partant à éviter ses griffes. Car j'ai aussi peur de la loi qui menace les gens de bien dans leur droit au grand air que des institutions en usage qui les lèsent dans leurs patrimoines, dans leur dû et dans leur repos.

LE PRÉSIDENT — Voilà de singulières doctrines.

LA BRIGE — Les doctrines, inspirées par la sagesse même, d'un homme qui, n'ayant de sa vie bu outre mesure, frappé ni injurié personne, fait tort d'un sou à qui que ce soit, ne s'est jamais levé le matin sans se demander avec inquiétude s'il coucherait le soir dans son lit.

LE PRÉSIDENT — Vous êtes anarchiste ?

LA BRIGE, haussant les épaules. — Ah ! Là ! Là !... La République serait bien ce qu'il y a de plus bête au monde, si l'anarchie n'était plus bête qu'elle encore. Non, je suis pour Philippe Auguste, ou pour Louis X dit le Hutin.

LE PRÉSIDENT — Vous n'avez jamais eu de condamnations ?

LA BRIGE — Jamais.

LE PRÉSIDENT — Ça m'étonne.

LA BRIGE — Je vous crois sans peine, mais je suis un gaillard habile.

LE PRÉSIDENT, ironique — Soit dit sans vous flatter.

LA BRIGE — Sans me flatter, en effet, puisque j'ai résolu le difficile problème de pouvoir, à trente-six ans, justifier à la fois et d'un passé sans tache, et d'un casier judiciaire sans souillure.

LE SUBSTITUT — Voilà de bien grands mots : mettons les choses au point. Vous n'avez jamais eu de condamnations, c'est vrai, mais les renseignements recueillis sur votre compte ne sont guère en votre faveur. Ils vous représentent comme un personnage de commerce presque impossible, comme une façon de Chicaneau,

processif, astucieux, retors, éternellement en bisbille avec le compte courant de la vie. Les juges ne sont occupés qu'à trancher vos petits différends avec le commun des mortels, et les archives des commissariats regorgent de procès-verbaux dont votre nom fait les frais.
LA BRIGE — Monsieur, chacun, en ce bas monde, étant maître de sa vie, en dispose comme il l'entend. Pour moi, j'ai commencé par mettre la mienne au service de celle des autres, dans l'espérance que les autres s'en apercevraient un jour et me sauraient gré de mes bonnes intentions. Malheureusement, il est, pour l'homme, deux difficultés insolubles : savoir au juste l'heure qu'il est, et obliger son prochain. Dans ces conditions, écœuré d'avoir tout fait au monde pour être un bon garçon et d'avoir réussi à n'être qu'une poire, dupé, trompé, estampé, acculé, finalement, à cette conviction que le raisonnement de l'humanité tient tout entier dans cette bassesse : « Si je ne te crains pas, je me fous de toi », j'ai résolu de réfugier désormais mon égoïsme bien acquis sous l'abri du toit à cochons qui s'appelle la Légalité.
LE PRÉSIDENT — Quand vous aurez fini de faire du paradoxe, le tribunal passera à l'examen de la cause.
LA BRIGE — Je ne fais pas de paradoxe : je n'en ai fait de ma vie et ne suis pas près d'en faire, en ayant le dégoût, l'exécration et la crainte, comme d'une fille publique qu'il est. La vérité, c'est que nous vivons dans un pays d'où le bon sens a cavalé, au point que M. de La Palice y passerait pour un énergumène, et qu'un homme de jugement rassis, d'esprit équilibré et sain, ne saurait prêcher l'évidence, la démontrer par A + B, sans se voir taxé d'extravagance et menacé, à l'instant même, de la camisole de force.
LE PRÉSIDENT — Finissons-en.

LE SUBSTITUT — J'allais le dire. Vous êtes ici pour répondre aux questions qui vous seront posées et non pour vous répandre en périodes oratoires qui n'ont rien à faire en cette enceinte.

LA BRIGE — Qu'on me questionne.

LE PRÉSIDENT — Vous savez de quoi vous êtes prévenu ?

LA BRIGE — Du tout. De quoi ?

LE PRÉSIDENT — D'avoir montré votre derrière.

LA BRIGE — Moi ?

LE PRÉSIDENT — Vous.

LA BRIGE — A qui ?

LE PRÉSIDENT — A treize mille six cent quatre-vingt-sept personnes dont les plaintes sont au dossier.

LA BRIGE — J'invoque la pureté notoire de mes mœurs. Montrer mon derrière ! Pour quoi faire ?

LE PRÉSIDENT — C'est ce qu'établiront les débats. En attendant, treize mille six cent quatre vingt sept personnes déclarent, je vous le répète, l'avoir vu.

LA BRIGE — Trop poli pour les démentir, je consens à ce qu'elles l'aient vu, mais je nie formellement le leur avoir montré.

LE SUBSTITUT — Vous jouez sur les mots.

LA BRIGE — Pas si bête ! Je m'efforce, au contraire, de les emprisonner dans leur véritable sens, dès lors, de présenter les choses sous leur véritable jour.

LE PRÉSIDENT — Bref, vous niez les faits qui vous sont reprochés ?

LA BRIGE — Je nie tomber sous le coup de l'article 330 qui prévoit et punit le délit d'outrage public à la pudeur.

LE PRÉSIDENT — Vous pouvez vous asseoir. (La Brige se rassied.) Il y a des témoins ?

LE SUBSTITUT — Il y en aurait eu trop, Monsieur le président. Le Ministère Public a donc pris le parti de n'en faire citer aucun.

Aussi bien, le délit, hors de discussion, fait l'objet d'un constat de Me Legruyère, huissier à Paris, constat dressé en bonne et due forme dans les termes requis par la loi et dont je demanderai au tribunal la permission de lui donner lecture.

LE PRÉSIDENT — Le tribunal vous écoute. Lisez, Monsieur le substitut.

LE SUBSTITUT, lisant. — « L'an 1900, le 21 septembre, j'ai, Jean, Alfred, Hyacinthe... »

LA BRIGE, à mi-voix — Tous les huissiers s'appellent Hyacinthe ; on n'a jamais su pourquoi.

L'HUISSIER — Silence !

LE SUBSTITUT — « ... Jean, Alfred, Hyacinthe Legruyère, huissier près le tribunal de première instance séant à Paris, été requis par la Société des Transports Électriques de l'Exposition de 1900, aux fins de dresser dû et légal constat contre La Brige, Jean-Philippe, comme contrevenant habituellement aux lois sur la morale publique et scandalisant par l'exhibition constante de sa nudité la pudeur des personnes véhiculées du Champ-de-Mars aux Invalides, au moyen du Trottoir Roulant. En conséquence, nous étant rendu sur ledit Trottoir Roulant, et étant parvenu avenue de La Motte-Picquet, devant l'immeuble numéroté 5 bis, nous avons nettement distingué, au fond d'un appartement révélé à tout un chacun par l'écartement d'une croisée grande ouverte, une sorte de sphère imparfaite, fendue dans le sens de la hauteur, offrant assez exactement l'aspect d'un trèfle à deux feuilles, et que nous avons reconnue pour être la partie inférieure et postérieure d'une personne courbée comme pour baiser la terre. »

LA BRIGE — Je ne baisais pas la terre.

L'HUISSIER — Silence, donc !

LE PRÉSIDENT — Tout à l'heure.

LA BRIGE — Je cherchais une pièce de deux sous.

LE SUBSTITUT, lisant — « Trente-sept minutes après, le Trottoir Roulant ayant achevé son parcours, nous nous trouvâmes ramené à notre point de départ, où étant, nous pûmes constater que les choses étaient toujours dans le même état. Une deuxième fois, idem. Une troisième fois, idem. Une quatrième fois, idem. »

LE PRÉSIDENT, à La Brige. — Vous cherchiez toujours vos deux sous ?

LA BRIGE — Ils avaient glissé sous un meuble, je tâchais de les ramener à moi avec le bout de mon parapluie.

LE PRÉSIDENT, haussant les épaules. — En voilà des explications ! Achevez, Monsieur le substitut.

LE SUBSTITUT, lisant — « Nous avons également remarqué que les faits relatés ci-dessus, loin de passer inaperçus aux yeux des personnes placées sur la plate-forme électrique, paraissaient exciter chez la plupart d'entre elles un mécontentement des plus vifs, d'où des protestations nombreuses et de bruyantes exclamations, au nombre desquelles il convient de mentionner les suivantes : « C'est dégoûtant ! — Goujat ! — Cochon ! — Ô Ciel ! — Qu'est-ce que je vois ! — C'est une infamie. — Amélie, je te défends de regarder par là... ». De tout quoi nous avons dressé le présent constat pour la requérante en faire tel usage que de droit, et lui en avons laissé la présente copie dont le coût est de 11 fr. 25, plus une feuille de papier spécial du prix de 60 centimes. »

LE PRÉSIDENT — La Brige !

LA BRIGE, qui se lève. — Monsieur le Président ?

LE PRÉSIDENT — Avez-vous des observations à présenter ?

LA BRIGE — J'ai à présenter ma défense.

LE PRÉSIDENT — Vous tâcherez d'être bref.

LA BRIGE —Je tâcherai d'être clair. Je n'ai que faire de la parole, si le tribunal qui me la donne me marchande en même temps le droit de m'en servir.

LE SUBSTITUT — Le tribunal vous a épargné des dépositions accablantes.
LA BRIGE, souriant. — Je lui fais grâce d'une plaidoirie d'avocat. Nous aurons donc rivalisé de générosité et de grandeur d'âme. Au reste, voici les faits dans toute leur simplicité. — Le 15 janvier 1898, muni d'un bail trois, six, neuf, je vins occuper au premier étage de la maison située 5 bis avenue de La Motte-Picquet, un appartement de 1.500 francs. J'aime ce coin que le voisinage des couvents et des quartiers de cavalerie emplit du bruit des sonneries et des cloches, où les dimanches de beau temps attablent les soldats et le peuple aux terrasses des cabarets, et qui trouve le moyen de n'être plus Paris tout en n'étant pas la province. Il est favorable à l'étude et propice à la rêverie. J'y rêvais donc en paix et y étudiais dans le calme, comme j'en avais acquis le droit, lorsque la Société des Transports Electriques, sous prétexte de concourir à la gloire de l'Exposition, vint contribuer de façon imprévue au pittoresque du quartier. Et, de cet instant, ce fut gai ! De huit heures du matin à onze heures du soir, prenant par conséquent sur mon sommeil du soir si j'entendais me coucher tôt et sur mon sommeil du matin si j'entendais me lever tard, le trottoir — le trottoir roulant ! — se mit à charrier devant mes fenêtres des flots de multitude entassée : hommes, femmes, bonnes d'enfants et soldats ; tous gens d'esprit, d'humeur joviale, qui débinaient mon mobilier, crachaient chez moi et glissaient de tribord à bâbord en chantant à mon intention : « Oh ! Là ! Là ! C'te gueule, c'te binette ! », cependant qu'échappés à des doigts bienveillants les noyaux de cerise pleuvaient dans ma chambre à coucher, alternés de cacahouètes, d'olives et de pépins de potiron. (Rire des magistrats.) Je demanderai au Tribunal la permission de ne pas m'associer à sa joie, que je comprends, mais que je ne saurais partager, pour des raisons qui me sont propres.

LE PRÉSIDENT — Au fait ! Au fait !
LA BRIGE — J'y arrive. — Légitimement stupéfait, fort de l'article 1382 du Code Civil ainsi conçu : « Tout fait qui cause à autrui un dommage oblige celui qui l'a causé à en donner réparation », j'assignai en référé la Société des Transports Électriques qui me dit : « Je ne vous connais pas ; je ne sais pas ce que vous voulez me dire. J'ai passé, moi, Société, avec la Commission de l'Exposition, un contrat m'autorisant à faire rouler mon trottoir du Champ-de-Mars aux Invalides en passant par l'avenue de La Motte-Picquet. Si, en me concédant ce pouvoir, l'Exposition a outrepassé le sien, prenez-vous-en à elle, et laissez-moi tranquille. »
LE PRÉSIDENT — La Société avait raison.
LA BRIGE — Cent fois ! Aussi, ayant, sans récriminations, payé les frais du procès, assignai-je en référé la Commission de l'Exposition qui me dit : « Je ne vous connais pas ; je ne sais pas ce que vous voulez me dire. J'ai passé moi, Exposition, des contrats synallagmatiques avec les concessionnaires de terrains, contenus, circonscrits, enfermés à l'intérieur de mes palissades. Est-ce votre cas ? Ai-je pris avec vous des engagements que je n'ai pas tenus ? — Non ? — Eh bien, qu'est-ce que vous me chantez ? Si la Ville de Paris a méconnu son devoir en me laissant le pouvoir de concéder un droit, prenez-vous-en à elle et laissez-moi tranquille. »
LE PRÉSIDENT — L'Exposition avait raison.
LA BRIGE — Tellement raison que, pas une minute, l'idée ne me vint de discuter. Ayant donc, pour la seconde fois, acquitté le montant de la carte, j'assignai en référé la Ville de Paris qui me dit... — car cette histoire, en vérité, a l'air d'un refrain de ballade, d'une scie de café-concert ! — ... qui me dit : « Je ne vous connais pas ; je ne sais pas ce que vous voulez me dire. J'ai, moi, Ville de Paris, moyennant une somme de... cédé à Tailleboudin, votre propriétaire, un terrain que je possédais avenue de La Motte-Picquet, avec droit,

pour lui, d'y bâtir un immeuble et d'en tirer des revenus. Vous appelez-vous Tailleboudin ! Avons-nous fait affaire ensemble ? Hein ? Non ? Alors, qu'est-ce que vous réclamez ? — Si votre appartement a cessé de vous plaire, allez demeurer ailleurs et laissez-moi tranquille. »

LE PRÉSIDENT — La Ville avait raison.

LA BRIGE — Parbleu ! — Aussi, beau d'opiniâtreté, assignai-je en référé Tailleboudin, mon propriétaire...

LE PRÉSIDENT — ... Qui vous dit : « Je ne vous connais pas... »

LA BRIGE — Au contraire !... qui me dit : « Je vous connais ! Vous êtes un joyeux farceur, et tout cela c'est des trucs pour ne pas payer le terme. Eh bien, mon garçon, ça ne prend pas. Des pépètes ou la saisie ; allez, allez ! ». En vain j'objectai : « Permettez ! L'article 1719 qui régit les contrats de louage oblige le propriétaire à entretenir sa maison en parfait état de service. » — « Je me moque, répondit cet homme, de l'article 1719, car l'article 1725 dit que le propriétaire n'est nullement responsable du trouble apporté par des tiers dans la jouissance de la chose louée. L'avenue de La Motte-Picquet n'est pas à moi. Alors ?... C'est au Conseil d'État à trancher la question. Si vous n'êtes pas satisfait, allez vous plaindre à lui et laissez-moi tranquille. »

LE PRÉSIDENT — Votre propriétaire est un homme de bon sens qui vous donnait un excellent conseil. Il fallait en effet constituer avoué, puis, devant le Conseil d'État, assigner la Ville de Paris qui aurait assigné à son tour la Société des Transports Électriques, sauf le recours de cette Société contre la Commission de l'Exposition, avec le ministre du Commerce comme civilement responsable. C'était bien simple ! (Au substitut.) Les gens sont extraordinaires; ils se noieraient dans un verre d'eau. (À La Brige.) Bref ?

LA BRIGE — Bref, il résultait de l'anecdote que, tout le monde étant dans son droit, je me trouvais être dans mon tort sans avoir rien fait pour m'y mettre.

Ici le président exprime d'un geste vague le regret de l'homme qui n'y peut mais.

LA BRIGE — C'est alors que j'imaginai de me plonger dans le faux jusqu'au cou afin d'être aussitôt dans le vrai, puisque, neuf fois sur dix, la Loi, cette bonne fille, sourit à celui qui la viole.

LE PRÉSIDENT — Au nom de la Justice, devant laquelle vous êtes, je vous rappelle au respect de la Loi.

LA BRIGE — La Justice n'a rien à voir avec la Loi, qui n'en est que la déformation, la charge et la parodie. Ce sont là deux demi-sœurs, qui, sorties de deux pères, se crachent à la figure en se traitant de bâtardes et vivent à couteaux tirés, tandis que les honnêtes gens, menacés de gendarmes, se tournent les pouces et le sang en attendant qu'elles se mettent d'accord.

LE SUBSTITUT, exaspéré. — Un mot de plus et je requiers contre vous la juste application de la peine.

LA BRIGE — De laquelle ?... Vous prenez les gens pour des enfants. L'article 222 ne prévoit et ne punit que l'outrage aux magistrats. Pour ce qui est de la Loi elle-même, j'ai le droit d'en penser ce que je veux et de dire tout haut ce que j'en pense.

LE PRÉSIDENT — En tout cas, vous n'êtes pas ici à la Chambre des Députés. Vous vous moquez du monde ! L'article 330...

LA BRIGE — L'article 330 punit de trois mois à deux ans quiconque s'est rendu coupable d'outrage public à la pudeur ; je le connais aussi bien que vous.

LE PRÉSIDENT — À ce compte, aussi bien que moi, vous savez qu'il s'applique à vous comme à tout autre.

LA BRIGE — En principe, oui ; en l'espèce, non.

LE PRÉSIDENT — Comment non ? L'acte qui consiste à se mettre nu devant la foule ne constitue pas le délit d'outrage à la pudeur ?
LA BRIGE — Oui, en principe ; non, en l'espèce.
LE PRÉSIDENT — Parce que ?
LA BRIGE — Parce que l'outrage n'est l'outrage que s'il est effectué, consommé, accompli, dans les conditions de publicité exigées par le législateur.
LE PRÉSIDENT — Encore une fois, treize mille six cent quatre-vingt-sept personnes...
LA BRIGE — ... ont vu mon derrière, c'est convenu. Et après ? Elles n'avaient qu'à ne pas le regarder.
LE SUBSTITUT — C'est trop commode !
LA BRIGE — Trop commode !... Est-ce que je l'ai mis à la fenêtre, mon derrière ?... exposé au soleil comme un melon pas mûr ?... « Nous avons distingué, dit l'huissier Legruyère, AU FOND D'UN APPARTEMENT... » — Ce qui est trop commode, Monsieur, c'est de s'emparer du bien des autres et d'en user comme du sien ; c'est de leur carotter leur monnaie sous le prétexte mensonger d'assurer leur droit au sommeil, à l'intimité et au repos, en vertu d'un pouvoir dont on ne dispose pas ; délit prévu et puni par l'article 405.
LE PRÉSIDENT — Ah ça, mais vous connaissez le Code...
LA BRIGE, souriant. — ... Comme un simple malfaiteur. Il est même inouï de penser que la connaissance du Code et la crainte de ses conséquences constituent le seul terrain commun aux gens de bien et à la crapule. (Mouvement du président.) Oh ! Monsieur le Président, pardon ; il faudrait cependant s'entendre et régler à chacun son compte. (Tirant un papier de sa poche) De l'exploit d'huissier que voici, — car si vous avez, vous, le constat qui me condamne, j'ai, moi, celui qui m'innocente, — il résulte que mon logement, situé cinq mètres au-dessus du niveau de la rue, en face

d'un terrain non construit, échappe au regard des passants et, plus encore, à celui des voisins, par la raison qu'il n'y en a pas. Il faut donc que les mécontents qui se plaignent d'avoir vu mon derrière aient accompli des prodiges et payé dix sous pour le voir, et alors de quoi se plaignent-ils puisque je le leur ai montré ?

LE SUBSTITUT — Vous compliquez la question à plaisir. Vous savez bien que la Justice et l'Administration font deux.

LA BRIGE — Deux quoi ?... Je vous défie de le dire.

LE PRÉSIDENT — Vos démêlés avec la Ville ne sont pas du ressort de la Correctionnelle. Si vous avez à vous plaindre des bureaux, prenez-vous-en à eux...

LA BRIGE — ... et laissez-nous tranquilles; je prévoyais l'objection. Il est malheureusement fâcheux que les bureaux, alliés comme larrons en foire quand il s'agit de faire casquer le contribuable, excipent de leur incompétence et se cachent les uns derrière les autres, sitôt qu'il est question de lui régler son dû... En ce qui me concerne, voici : quitte avec les contributions, ayant, par conséquent, payé de mes deniers le droit de respirer — que Dieu me donna pour rien — puis-je, oui ou non, si j'ai trop chaud, tenir mes fenêtres ouvertes ?

LE PRÉSIDENT — Oui.

LA BRIGE — Dans un logement qui est le mien, puisque j'en acquitte les termes, puis-je, oui ou non, si je perds deux sous, me baisser pour les ramasser ?

LE PRÉSIDENT — Oui.

LA BRIGE — Dans ce même logement, puis-je, oui ou non, si la fantaisie m'en prend, me déguiser en Mexicain ?

LE PRÉSIDENT — Oui.

LA BRIGE — En Turc ?

LE PRÉSIDENT — Oui.

LA BRIGE — Et en Écossais ?

LE SUBSTITUT, avec éclat. — Non !
LA BRIGE — Non ?
LE SUBSTITUT — Non !
LA BRIGE —Voilà du nouveau, et voici une drôle de Justice, qui, mise au pied du mur, forcée par la Logique, en arrive à se prononcer entre la Turquie et l'Écosse, au risque d'amener des complications et de troubler sur ses assises l'équilibre européen.
LE SUBSTITUT — C'est bon ! Assez ! Cela suffit ! Je vous vois venir avec vos gros sabots, vos histoires de deux sous et de jupe écossaise qui se soulève sous les courants d'air. M. le président a dit vrai : vous êtes venu ici pour vous moquer du monde.
LA BRIGE — Du monde, non, mais de la Loi, qui a bien tort de crier au scandale quand un bon garçon comme moi se borne à la châtier en riant. Gare, si un jour les gens nerveux s'en mêlent ! Lassés de n'avoir pour les défendre contre les hommes sans justice qu'une Justice sans équité, éternellement préoccupée de ménager les vauriens, et toujours prête à immoler le bon droit en holocauste au droit légal dont elle est la servante à gages !
Cependant, depuis un instant, le président est entré en conférence avec ses deux assesseurs. La Brige ayant achevé, le substitut se lève, d'un mouvement exaspéré, mais le président, d'un geste pacificateur, le calme et l'invite à se rasseoir. Après quoi :
LE PRÉSIDENT — La cause est entendue. (Il prononce.)
Le Tribunal, après en avoir délibéré ; Attendu qu'il résulte du constat de Legruyère, huissier, et de plaintes au nombre imposant de treize mille six cent quatre-vingt-sept, que La Brige, au mépris des lois sur la décence, a découvert, mis à jour et publiquement révélé une partie de son individu destinée à demeurer secrète ;
Attendu que le prévenu, tout en reconnaissant l'exactitude des faits qui font l'objet de la poursuite, objecte du droit absolu, dévolu à tout locataire, d'user à sa convenance d'un logis qui est le sien, et,

notamment, de s'y dépouiller de tout voile si le caprice lui en vient, à condition, bien entendu, de n'être une cause de scandale pour les voisins ni les passants, ce qui est précisément son cas ;

Attendu que La Brige, contraint et forcé, par les exigences de l'été, de tenir ses fenêtres ouvertes, donc de livrer sa vie privée au contrôle d'une foule indiscrète et goguenarde, prétend que son domicile est devenu l'objet d'une violation de tous les instants : argument d'autant plus sérieux que si le premier venu est en droit de plonger chez les particuliers et de regarder ce qui s'y passe du haut d'un trottoir surélevé, il peut procéder logiquement à l'accomplissement de la même opération au moyen d'une échelle, d'une perche, d'une corde à nœuds ou de tout autre appareil gymnastique, et que, dès lors, l'intimité du chez-soi devient un mot vide de sens...

LA BRIGE — C'est clair comme le jour.

L'HUISSIER — Silence !

LE PRÉSIDENT, prononçant. — Attendu qu'il n'est rien au monde de plus complètement sacré, de plus parfaitement inviolable, que la maison du prochain ; que Cicéron promulgue cette vérité première et qu'il y a lieu de tenir compte du sentiment de ce jurisconsulte...

LA BRIGE — Parfaitement !... C'est dans le PRO DOMO : « Quid est sanctius, quid est ornni religione... »

LE PRÉSIDENT — Je vais vous faire mettre à la porte.

LA BRIGE — Mille pardons !

LE PRÉSIDENT, prononçant. — Mais d'autre part :

Considérant que la Loi, en dépit de ses lâchetés, traîtrises, perfidies, infamies, et autres imperfections, n'est cependant pas faite pour que le justiciable en démontre l'absurdité, attendu que s'il en est, lui, personnellement dégoûté, ce n'est pas une raison suffisante pour qu'il en dégoûte les autres ;

Considérant qu'a priori un gredin qui tourne la Loi est moins à craindre en son action qu'un homme de bien qui la discute avec sagesse et clairvoyance ;
Considérant qu'en France, comme, d'ailleurs, dans tous les pays où sévit le bienfait de la civilisation, il y a, en effet, deux espèces de « droit », le bon droit et le droit légal, et que ce *modus vivendi* oblige les magistrats à avoir deux consciences, l'une au service de leur devoir, l'autre au service de leurs fonctions ;
Considérant, enfin, que si les juges se mettent à donner gain de cause à tous les gens qui ont raison, on ne sait plus où l'on va, si ce n'est à la dislocation d'une société qui tient debout parce qu'elle en a pris l'habitude ;
Pour ces motifs :
Déclare La Brige bien fondé en son système de défense...
LA BRIGE — Bravo !
LE PRÉSIDENT — ... l'en déboute cependant...
LE SUBSTITUT — Très bien !
LE PRÉSIDENT — ... et, lui faisant application de l'article 330 et du principe « tout cela durera bien autant que nous », le condamne à treize mois d'emprisonnement, à 25 francs d'amende et aux frais.
L'audience est levée.
Les juges se lèvent, tandis que l'œil au ciel, et de la voix de Daubenton au dernier acte du Courrier de Lyon.
LA BRIGE — J'en appelle à la postérité !
FIN

À PROPOS DES AUTEURS

Pascal ALIX, Membre AFCDP. Pascal Alix est avocat au Barreau de Paris, Correspondant Informatique et Libertés, membre de l'AFCPD et de l'IAPP, fondateur du site Internet AVOCIL.com. Il enseigne le droit des données personnelles à l'École de Formation du Barreau de Paris (EFB). Son cabinet (Virtualegis), présent sur Internet depuis 1999, a pour activité dominante le droit des technologies de l'information.

Jeanne BOSSI MALAFOSSE dispose d'une expérience significative dans diverses questions liées aux sciences de la vie, notamment dans le domaine des systèmes d'information de santé et s'agissant de la protection des données personnelles. Auparavant, Jeanne Bossi Malafosse était Secrétaire Générale de l'ASIP Santé. Avant cela, elle a passé 18 ans à la CNIL en tant que responsable de la division des affaires publiques et sociales, puis elle a été directrice adjointe des relations avec les usagers et du contrôle. Elle a notamment suivi les réformes sur la confidentialité et l'hébergement des données de santé au sein de la CNIL, puis les grands projets d'e-santé, tels que l'identifiant national de santé, le Dossier Médical Personnel (DMP) ou la messagerie sécurisée de santé (MSSanté), au sein de l'ASIP Santé.

Philippe BOUCHER, Journaliste et haut-fonctionnaire. Chef-adjoint au journal Le Monde (1973-1976) puis chef (1976-1978) du service des informations générales, il est éditorialiste entre 1978 et 1985 puis chroniqueur entre 1985 et 1991. Philippe Boucher est nommé conseiller d'État au tour extérieur en juin 1992 par François Mitterrand, avec lequel il avait noué des relations amicales dès avant l'accession de celui-ci à la présidence de République.

Armande BRU-FRANÇOIS, Membre AFCDP, Consultante Informatique et Libertés, Devoteam. Juriste de formation, spécialisée dans la protection des données à caractère personnel, Armande exerce des missions d'accompagnement des Correspondants Informatique et Libertés d'organismes de différents secteurs. Diplômée du Mastère Spécialisé « Gestion et Protection des Données à caractère personnel » de l'ISEP.

Isabelle CANTERO, Membre AFCDP, est Juriste au sein de la société d'avocats Caprioli & Associés au sein duquel elle dirige le Pôle Vie privée/protection des données personnelles. Elle est également CIL externe, chargée d'enseignement à l'Institut Universitaire de

Nice Sophia Antipolis (Master Droit des nouvelles technologies) et auteur d'articles et conférences en droit des données personnelles.

Eric CAPRIOLI, Membre AFCDP, Avocat à la Cour de Paris, Docteur en droit avec une habilitation à diriger des recherches en droit. Il est spécialisé en droit des nouvelles technologies, de l'informatique et de la communication, ainsi qu'en droit de la propriété intellectuelle. Membre de la délégation française aux Nations Unies en matière de droit du commerce électronique depuis 1993, il est Vice-Président de la Fédération des Tiers de confiance (FNTC), Vice-Président du Club des Experts de la Sécurité de l'Information et du Numérique (CESIN) et chargé d'enseignement à l'Université Paris II Panthéon-Assas. Eric Caprioli est l'auteur, depuis plus de 20 ans d'ouvrages, articles et conférences en droit de la dématérialisation, de la sécurité de l'information et du Numérique, des données personnelles, de l'informatique et des technologies de l'information.

Johanna CARVAIS, Responsable des Labels, CNIL. En charge des labels depuis deux ans, Johanna Carvais exerce la fonction de Responsable du pôle Labels au sein de la Direction de la Conformité de la CNIL. Titulaire d'un troisième cycle de droit public des technologies de l'information et de la communication, elle a d'abord travaillé en cabinet d'avocats, puis six ans au sein du service des affaires juridiques de la Commission. Elle donne régulièrement des cours et rédige des articles pour des revues spécialisées.

Emmanuel CAUVIN, Membre AFCDP, *Data Protection Officer* au sein d'un grand groupe industriel.

Isabelle CHARPENTIER, Membre AFCDP. CIL et Responsable Qualité et Développement durable, Néotoa. Initialement chimiste dans l'industrie pharmaceutique en région parisienne, son retour en Bretagne en 1990 a abouti à une spécialisation en Qualité, dans l'industrie de la plasturgie pendant cinq ans puis de la nutrition animale durant une dizaine d'années. En poste depuis 2008 chez Néotoa, bailleur social essentiellement implanté en Ille et Vilaine, Isabelle assure que la qualité concerne toutes les activités de l'office. Cette démarche fait l'objet d'une certification ISO 9001 depuis 2006. Dans un souci de maîtrise des risques et d'équité sociale, l'organisme a désigné Isabelle comme CIL interne dès 2009.

Dominique CIUPA, diplômé ingénieur des télécommunications, s'est intéressé aux opérateurs de télécommunications et à leur mise en concurrence. Il a travaillé sur la sécurité des réseaux avec l'arrivée des accès Internet rapide avant le début des années 2000. Les problèmes étaient ceux de la disponibilité des services et de leurs performances. Dominique Ciupa a travaillé sur les solutions françaises et internationales de sécurité. Il a créé le magazine « Mag SecSecs » en 2003, et qu'il a rapproché du groupe PC Presse en 2007. Il exerce depuis 2005 une activité de conseil en sécurité autour de l'appréciation des risques, l'élaboration de plan de traitement, la rédaction de politiques de sécurité, la mise en œuvre de systèmes de management, l'audit, etc. Les questions de confidentialité, notamment pour les données à caractère personnel, y occupent une place essentielle. Il suit de près les normes internationales de systèmes de management, l'évolution des différents référentiels, français (dont les travaux de l'ANSSI, de la CNIL et de l'ASIP Santé), européens ou américains (le NIST).

Georges COURTELINE, Romancier et dramaturge français, élu à l'Académie Goncourt en 1926, né Georges Victor Marcel Moinaux (ou Moineau), le 25 juin 1858 à Tours, mort le 25 juin 1929 à Paris. Georges Courteline se définissait lui-même comme un observateur avisé de la vie quotidienne. Il met en scène des personnages comiques par le contraste qui existe entre leur modeste condition et leur ego très développé. Des fonctionnaires grisés par leur statut, des employés revendicatifs, des maris pleutres ou des dandys fêlés se retrouvent pêle-mêle dans une œuvre magistrale. Tout le génie de Courteline est de faire rire le public tout en attirant la sympathie et l'indulgence pour ces personnages si vrais et si humains.

Amandine DELSUC, Membre AFCDP. Responsable juridique et Correspondant Informatique et Libertés de l'ONG Action Contre la Faim depuis 2011, Amandine Delsuc s'est saisie de la question de la protection des données à caractère personnel, notamment au sein du monde associatif. À ce titre, elle est membre de l'Association française des correspondants à la protection des données à caractère personnel, au sein de laquelle elle co-anime le groupe de travail « Associations et

Fondations ». Elle a auparavant exercé la profession d'avocat dans le domaine du droit des affaires pendant six ans.

Florence EON, Membre AFCDP. Directrice du service juridique de l'ASIP Santé. Juriste experte en droit de la santé, Florence EON a exercé cette fonction en établissement de santé, en cabinet d'avocat, et depuis 2012 au sein du Service Juridique de l'ASIP Santé. À ce titre, elle contribue à la définition du cadre juridique des grands projets d'e-santé que mène l'agence : Dossier Médical Personnel (DMP), messagerie sécurisée de santé (MSSanté), système d'information des SAMU-Centres 15 (SI-Samu), projets de télémédecine, annuaires et référentiels.

Stéphanie FABER, Membre AFCDP, Avocate. Avec plus de 20 ans d'expérience en droit des affaires, Stéphanie Faber est en charge, à Paris, du département droit commercial, nouvelles technologies et données personnelles du cabinet international Squire Patton Boggs. Elle traite y tant des questions réglementaires que contractuelles et travaille quotidiennement en anglais. Elle est habituée à appréhender les différences culturelles et s'attache à intégrer les enjeux commerciaux de ses clients. Stéphanie intervient régulièrement dans le cadre de séminaires Informatique et Libertés et de formations universitaires. Elle est membre de l'AFCDP, de l'IAPP et du comité d'économie numérique de la CCI.

Corentin HELLENDORFF, Chargé de mission à l'AFCDP, basé à Bruxelles. Après un master en droit international et européen,

Corentin a eu l'occasion de participer à différentes réunions du groupe d'experts du Conseil de l'Union Européenne en charge de la protection des données (DAPIX) négociant le futur règlement européen relatif à la protection des données à caractère personnel.

Christophe JOLIVET est fondateur de Prosica (conseil, assistance technique et formation en sécurité de l'information et continuité des activités). Ingénieur spécialisé en protection des systèmes d'information et de communication sensibles, il est intervenu depuis une vingtaine d'années, soit en tant que consultant, soit en tant que RSSI au profit de nombreux groupes publics et privés européens. Il a participé à une expertise sur les problématiques de vote par internet et a occupé les fonctions de CIL étendu des sociétés Eutelsat SA et Fransat de 2007 à 2013.

Joëlle JOURET est juriste spécialisée en droit des technologies de l'information et de la communication (TIC). Joëlle a travaillé pendant six ans au sein du Ministère de la Justice belge comme juriste en charge de toutes les questions relatives à la protection des données. Dans ce cadre, elle a eu la chance de participer, au sein du groupe de travail DAPIX, aux négociations relatives au texte du règlement protection des données. Elle assure actuellement le poste de *Data Protection Officer* (DPO) chez Swift.

Sylvaine LUCKX est diplômée de Sciences-Po Paris, du DESS de Gestion de la Télématique, du Master des Télécoms et des Médias de l'Université de Paris-Dauphine où elle a travaillé à l'écriture d'ouvrages avec le Professeur Dominique Roux, ancien membre de l'Autorité de Régulations des Télécommunications. Elle est devenue en 2001 chef de rubrique pour Informatiques Magazine, avant d'écrire pour différentes revues informatiques et grand public (Courrier Cadres, Liaisons Sociales). Elle travaille depuis 2007 pour le magazine Mag Securs, où elle s'intéresse de près à la problématique des données personnelles et de leur sécurité. Elle a notamment interviewé le journaliste Philippe Boucher, l'ancien Président de la CNIL Alex Türk, et Isabelle Falque-Pierrotin, actuelle Présidente. La protection des données personnelles, plus qu'un sujet journalistique, constitue pour elle un impératif citoyen et un enjeu de démocratie.

Garance MATHIAS, Avocat au Barreau de Paris, Chargée d'enseignement. Membre notamment du CESIN, du CLUSIF, de l'AFCDP. Après avoir travaillé au sein de Cabinets internationaux, Garance Mathias a choisi de créer, il y a plus de dix ans, sa propre structure dédiée au droit des affaires et à l'accompagnement des entreprises sur les enjeux juridiques liés aux technologies avancées, aux données personnelles et à la sécurité des systèmes d'information. Garance Mathias enseigne, écrit de nombreux articles et intervient régulièrement lors de conférences ou lors de formations consacrées à ces sujets.

Aurélie MERQUIOL, Membre AFCDP. Avocate de formation, Aurélie s'est très tôt intéressée à la problématique informatique et libertés dans sa carrière en conseillant les entreprises sur ce sujet puis en entrant au service du CIL mutualisé de la profession notariale en 2008. Elle dirige actuellement la structure dédiée à la mise en conformité de cette profession, Cil.not.

Jérémie OUEDRAOGO. Juriste spécialisé en protection des données personnelles et en droit de l'informatique (IT LAw), il se passionne pour la diffusion de la culture Informatique et Libertés et dans l'accompagnement de la mise en conformité. Diplômé du Mastère Informatique et Libertés de l'ISEP, il a rédigé un mémoire de thèse professionnelle sur le thème, « Cookies : contraintes et enjeux d'une mise en conformité ». Il a également participé à la production de contenus à destination des enseignants et formateurs du C2i (Certificat Informatique et Internet) dans le cadre du projet « Droit du numérique », pour le compte du ministère de l'Enseignement supérieur et de la Recherche.

Bruno RASLE, Délégué général de l'AFCDP. Chef de projet Informatique et Libertés à la CNAF (Mission de l'Audit, de la Conformité Informatique et Libertés, de la Sécurité du Système d'Information). Auteur du livre *Halte au Spam* (Eyrolles, 2003), Bruno Rasle a été membre du groupe de contact anti-spam mis en place par la DDM (Direction du Développement des Médias, services du Premier ministre), pour lequel il a organisé un cycle de conférences. Il est l'organisateur du premier séminaire français sur le sujet, le *Spam Forum Paris*, qui s'est tenu dans une salle mise à disposition par l'Assemblée nationale. Bruno Rasle forme les CIL depuis 2007 dans le cadre du Mastère spécialisé « Informatique et Libertés » de l'ISEP et a créé un « Kit de survie Technique pour CIL, avocats et juristes ».

Julien ROSSI, Membre de l'AFCDP. Chargé de missions pédagogiques à l'université de Szeged (Hongrie). Julien a suivi un Master en Affaires européennes à l'Institut d'Études Politiques de Lille où il a publié un mémoire de recherche sur la jurisprudence de la Cour de justice de l'Union européenne sur les autorités nationales de protection des données personnelles, avant de faire un stage de fin d'études à l'Autorité nationale pour la protection des données et la liberté de l'information, en Hongrie, puis au service international de la Commission Nationale Informatique et Libertés. Il est chargé de missions pédagogiques à l'Institut d'Études Régionales et Internationales (IERI) de l'université de Szeged, en Hongrie.

Clémence SCOTTEZ, CNIL. Juriste. Spécialisée en droit des nouvelles technologies, Clémence Scottez est juriste au service des affaires économiques de la Direction de la Conformité de la CNIL. Titulaire d'un 3e cycle en droit du multimédia et de l'informatique, elle a consacré trois ans à l'instruction de plaintes au sein de la CNIL, puis a travaillé au pôle juridique NTIC/Informatique et Libertés d'un groupe bancaire, pour rejoindre par la suite le service des correspondants de la CNIL et accompagner les CIL de différents secteurs et d'entreprises de toutes tailles dans l'accomplissement de leurs missions.

À PROPOS DE L'AFCDP

www.afcdp.net

L'AFCDP a été créée dès 2004, dans le contexte de la modification de la Loi Informatique & Libertés qui a officialisé un nouveau métier, celui de « Correspondant à la protection des données à caractère personnel » (ou CIL, pour Correspondant Informatique & Libertés).

L'AFCDP est certes l'association représentative des CIL, mais elle rassemble largement. Au-delà des professionnels de la protection des données et des Correspondants désignés auprès de la CNIL, elle regroupe toutes les personnes intéressées par la protection des données à caractère personnel. La richesse de l'association réside – entre autres – dans la diversité des profils des adhérents : Correspondants Informatique & Libertés, délégués à la protection des données, juristes et avocats, spécialistes des ressources humaines, informaticiens, professionnels du marketing et du e-commerce, RSSI et experts en sécurité, qualiticiens, archivistes et Record Manager, déontologues, consultants, universitaires et étudiants.

L'AFCDP est à la fois un lieu privilégié où les professionnels de la protection de la vie privée peuvent échanger en toute convivialité sur leurs pratiques professionnelles ; identifier et partager de bonnes pratiques ; contribuer à l'adoption de règles pertinentes et applicables par les différents législateurs, tant nationaux qu'européens ou internationaux.

L'AFCDP encourage la discussion et les échanges d'informations en matière de protection des données personnelles en vue de faciliter la communication entre ses membres et de promouvoir les meilleures pratiques. L'AFCDP entretient un dialogue avec la CNIL et d'autres autorités concernées au niveau français et européen par la protection des données personnelles.

En 2011, en compagnie de la GDD (Allemagne), la NGFG (Pays-Bas) et l'APEP (Espagne), l'AFCDP a fondé la confédération européenne des associations de *Data Privacy Officer*, CEDPO. L'Irlande, la Pologne et l'Estonie ont rejoint la confédération courant 2014. Cette confédération porte au niveau de Bruxelles la voix des professionnels concernés par le futur règlement européen sur les données.

Librement accessible sur le site www.afcdp.net : liste des membres, témoignages d'adhérents, abonnement à la lettre gratuite et mensuelle « L'Actualité des données personnelles », Statuts et règlement intérieur, composition du Conseil d'administration, communiqués de presse, Les bonnes raisons de désigner un CIL, Les idées fausses au sujet du CIL, Interview vidéo du « père » du CIL, etc.

Pour rejoindre l'AFCDP : www.afcdp.net/-Comment-adherer-

INDEX

BIBLIOGRAPHIE INFORMATIQUE ET LIBERTÉS

Pour aller plus loin sur les sujets liés à la conformité Informatique et Libertés et la protection des données à caractère personnel, voici une sélection d'ouvrages francophones (le site web de l'AFCDP les recense).

BENSOUSSAN Alain, *Code Informatique, Fichiers et Libertés*, Larcier, 2014

DESGENS-PASANAU Guillaume, *Le Correspondant Informatique et Libertés*, éditions Lexis Nexis, 2013, dans la collection « Droit & Professionnels », ISBN : 978-2711018864. Préfacé par Monsieur Alex Türk

MATTATIA Fabrice, *Traitement des données personnelles - Le guide juridique - La loi Informatique et Libertés et la CNIL - Jurisprudences*, Eyrolles, 2013

DESGENS-PASANAU Guillaume, NAFTALSKI Fabrice, REVOL Sophie, sous la direction de NAFTALSKI Fabrice, *Informatique et Libertés - Enjeux, risques, solutions et outils de gestion*, Lamy, collection « Conformité », 2013, ISBN 978-2721215826

DESGENS-PASANAU Guillaume, *La protection des données à caractère personnel*, Lexis Nexis, 2012, 294 pages

RENARD Isabelle et RIETSCH Jean-Marie, *Aide-mémoire de droit à l'usage des responsables informatique*, Dunod, 2012

MANACH Jean-Marc, *Au pays de Candy, enquête sur les marchands d'armes de surveillance numérique* (livre numérique), OWNI Éditions, 2012, 118 pages

HENNO Jacques, *Silicon Valley / Prédateurs Vallée ? Ou comment Apple, Facebook, Google et les autres s'emparent de nos données*, Editions Télémaque, 2011, 124 pages

DE FELCOURT Guy, *L'usurpation d'identité, ou l'art de la fraude sur les données personnelles*, CNRS Editions, 2011

COLLECTIF, *Données personnelles et vie privée*, Réseaux, volume 29, n° 167, juin-juillet 2011

FOREST David, *Droit des données personnelles*, Édition Gualino, Collection : Droit en Action, 2011, ISBN : 978-2-297-01502-8

TÜRK Alex, *La vie privée en péril - Des citoyens sous contrôle*, Odile Jacob, 2011

GARNIER Alain et HERVIER Guy, *Le réseau social d'entreprise*, Hermès Lavoisier, collection Management et Informatique, 2011

BELL Gordon, GEMMEL Jim, *Total recall*, Flammarion, Collection Documents et Essais, 2011

BROADBENT Stefana, *L'intimité au travail - L'irruption de la sphère privée et des communications privées dans l'entreprise*, Présence / Essai, 2011, ISBN : 978-2-916571-50-8

FORAY Bernard, *La Fonction RSSI - Guides pratiques et retours d'expérience*, Dunod, 2011

TANNIER Xavier, *Se protéger sur Internet, Conseils pour la vie en ligne*, Eyrolles, collection Accès Libre, 2011, ISBN 978 2 212 12774 4

ROQUES-BONNET Marie-Charlotte, *Le droit peut-il ignorer la révolution numérique ?,* livre tiré d'une thèse de doctorat de Madame intitulée *La constitution et l'Internet*, Université Toulouse I (premier prix de thèse « Informatique et Libertés » CNIL 2010). Editions Michalon, 2010

AGHROUM Christian, *Les mots pour comprendre la cybersécurité : Et profiter sereinement d'Internet*, Editions DIKO/Décode Lignes de repère, 2010

MANACH Jean-Marc, *La vie privée, un problème de vieux cons ?*, éditions Fyp, 2010, 224 pages, ISBN 9782916571393

KAPLAN Daniel, avec BELLEIL Arnaud, FRANCOU Renaud, NEPOTE Charles et RAVET Serge *Informatique, libertés, identités*, FING, 2010

ROCHELANDET Fabrice, *Economie des données personnelles et de la vie privée*, La Découverte, collection Repères, 2010

LEVARD Olivier, SOULAS Delphine, *Facebook : mes amis, mes amours ... des emmerdes ! La vérité sur les réseaux sociaux*, éditions Michalon, 2010, ISBN : 978-2-84186-517-8

COLLECTIF, *Touche pas à ma vie privée*, Que Choisir numéro spécial n° 81, 2009

DESGENS-PASANAU Guillaume, FREYSSINET Eric, *L'identité à l'ère numérique*, Dalloz, 2009, ISBN : 978-2247080618

COLLECTIF, *La régulation des données personnelles*, n° 42 de la revue Légicom, édité par Victoires Editions, 2009

FOREST David, *Abécédaire de la société de surveillance*, 2009, éditions Syllespe

COLLECTIF, sous la direction de MERZEAU Louise et d'ARNAUD Michel *Traçabilité et réseaux*, n° 53 de la revue Hermès, éditée par le CNRS, 2009

SADIN Eric, *Surveillance globale*, édition Climats, 2009

LACOUR Stéphanie (sous la direction de) ; KIRCHNER Claude (préface de), DE LAMBERTERIE Isabelle (postface de), *La Sécurité de l'individu numérisé, Réflexions prospectives et internationales*, L'Harmattan, 2009

FÉRAL-SCHUHL Christiane, *Cyberdroit : Le droit à l'épreuve de l'Internet,* Dalloz-Sirey (5e édition revue et augmentée), 2009

COLLECTIF, *Big Brother Awards, les surveillants surveillés*, La Découverte, 2008, ISBN : 2-35522-014-X

BENSOUSSAN Alain, *Informatique, Télécoms et Internet*, Francis Lefebvre, 2008 (4e édition)

ITEANU Olivier, *L'identité numérique en question – 10 scénarios pour la maîtrise juridique de son identité sur Internet*, Eyrolles, 2008

BENSOUSSAN Alain, *Informatique et Libertés*, Francis Lefebvre, 2008

CHASSIGNEUX Cynthia, *Guide pour l'élaboration d'une politique de confidentialité*, Montréal, Chaire L.R. Wilson sur le droit des technologies de l'information et du commerce électronique, 2008

DE BLOMAC Françoise, ROUSSELIN Thierry, *Sous surveillance ! Démêler le mythe de la réalité : Internet, satellite, téléphone portable, GPS, vidéo, biométrie, puces électroniques, fichiers...*, Editeur : Les Carnets de l'info, 2008, ISBN : 978-2-9166-2829-5

COLLECTIF, *La tyrannie technologique*, Editeur L'Echappée, 2007, ISBN : 2-915830-06-1

BLOT-LEFEVRE Philippe, CABAY Catherine, POUPIN Daniel, *Droit d'usage et protection des données numériques*, par Editeur Editéa, 2007, ISBN : 9782352020103

COLLECTIF, *Informatique diffuse*, Editions Tec & Doc. Rapport de synthèse des travaux du Groupe de l'OFTA (Observatoire Français des Techniques Avancées), 2007

COLLECTIF, *Libertés, Vie Personnelle et Informatique de a à Z*, Groupe Revue Fiduciaire, 2007, ISBN-10 : 2757900676, ISBN-13 : 978-2757900673

COLLECTIF, *Informatique et Libertés - Mode d'emploi*, Groupe Revue Fiduciaire, 2007, ISBN 2-7579-0067-6

ALBERGANTI Michel, *Sous l'œil des puces, La RFID et la démocratie*, Actes Sud, 2007, ISBN 978-2-7427-6701-4 / AS4542

WEBER Alain, *Biométrie et carte d'identité*, in *L'état des droits de l'Homme en France*, La Découverte, Collection Sur le Vif, 2006

MALLET-POUJOL Nathalie (dossier réalisé par), *Traçage électronique et libertés*, La Documentation française, n° 925, 2006

COLLECTIF, *Informatique et Libertés*, Editeur : Les Journaux Officiels, Collection : Aux sources de la loi n° 1947, 2005, ISBN : 2110758457 - EAN : 9782110758453

LAFFAIRE Marie-Laure, *Protection des données à caractère personnel*, Editions d'Organisation, Collection Guide Pratique, 2005, ISBN : 2-7081-3235-0

LARRIEU Jacques, *Droit de l'Internet*, Editeur : Ellipses, Collection Mise au point, 2004, ISBN 2729822348

BENSOUSSAN Alain, BARBRY Eric, *La loi du 21 juin 2004 pour la confiance dans l'économie numérique*, Editeur : La Gazette du Palais, 2004

BENSOUSSAN Alain, *Le tableau de bord juridique du DSI*, Editions Gartner France, 2004

CHASSIGNEUX Cynthia, *Vie privée et commerce électronique*, Prix de la Faculté des études supérieures pour la meilleure thèse dans la catégorie « sciences sociales » pour l'année 2004, 2004, ISBN : 2-89400-184-3

COSTES Lionel, DANGU Sophie, FINET Nathalie, MARCELLIN Sabine, *Droit de l'informatique et des réseaux*, Lamy, 2003, ISBN-10 : 272121019X, ISBN-13 : 978-2721210197

DE BENALCAZAR Isabelle, *Droit du travail et nouvelles technologies. Collectes des données, Internet, Cybersurveillance,*

Télétravail, Gualino Editeur, 2003, ISBN-10 : 2842006453, ISBN-13 : 978-2842006457

AOUN Frédéric, RASLE Bruno, *Halte au Spam*, Eyrolles, 2003

DUFOURNAUD Jean-Luc, *Informatique et Libertés ; les banques et le traitement des données*, Editeur : Revue Banque, 2002, ISBN : 2857390602 – EAN : 9782857390602

FENOLL-TROUSSEAU Marie-Pierre, HAAS Gérard, *La Cybersurveillance dans l'entreprise et le droit : Traquer, être traqué*, Editeur : Litec, 2002, ISBN-10 : 2711133907, ISBN-13 : 978-2711133901

DEVÈZE Jean, FRAYSSINET Jean, LUCAS André, *Droit de l'informatique et de l'Internet*, Presses Universitaires de France - PUF, Collection : Themis, 2001, ISBN-10 : 2130518222, ISBN-13 : 978-2130518228

VERBIEST Thibault, WÉRY Etienne, *Le droit de l'Internet et de la société de l'information. Droits européen, belge et français*, Editeur : Larcier, 2001, ISBN 2804407195

DE LAMBERTERIE Isabelle, LUCAS Henri-Jacques (sous la direction de), *Informatique, libertés et recherche médicale*, Editeur : CNRS Editions, 2001, ISBN-10 : 2271058813, ISBN-13 : 978-2271058812

RAY Jean-Emmanuel, *Le droit du travail à l'épreuve des NTIC*, Editions Liaisons, 2001, ISBN 2.87880.422.3

COLLECTIF, *RH & NTIC, évolution ou révolution ?*, Editions Liaisons, 2001, ISBN 2.87880.425.2

BOCHURBERG Lionel, CORNUAUD Sébastien, *Internet et la vie privée au bureau*, collectif, Delmas Express, 2001, ISBN-10 : 224704560X, ISBN-13 : 978-2247045600

FENOLL-TROUSSEAU Marie-Pierre, HAAS Gérard, *Internet et protection des données personnelles*, LexisNexis Litec, Collection Droit @ Litec, 2000, ISBN 2711131793

LEXIQUE FRANÇAIS-ANGLAIS « PROTECTION DES DONNEES PERSONNELLES »

Ce glossaire, établi par le Service des affaires européennes et internationales de la CNIL, est reproduit dans cet ouvrage avec l'aimable autorisation de la Commission Nationale Informatique et Libertés.

Accès non autorisé : *Unauthorised access*
Acte réglementaire : *Regulation*
Acte réglementaire unique : *Single regulation*
Activités personnelles ou domestiques : *Personal or domestic activities*
Adéquates, pertinentes et non excessives (données) : *Adequate, relevant and non excessive (data)*
Administration de soins (de traitement) : *Provision of medical services/care/treatment*
Administration électronique : *e-government*
Adresse électronique nominative du salarié : *Employee's designated e-mail address*
Alinéa : *First paragraph, subparagraph*
Anonymisation (procédé d') : *Anonymisation process*
Appartenance syndicale : *Trade union affiliation*
Astreinte : *Periodic Penalty Payments (Article 103 Treaty on the Functioning of the European Union)*
Ateliers d'information : *Targeted informational workshops*
Atteinte (grave) aux droits et libertés : *(Serious) breach of rights and liberties*
Atteinte à la vie privée : *Breach of privacy rights*
Audition sur convocation : *Summons for hearing*
Authentification : *Authentication*
Autorisation de la CNIL : *Authorisation by the CNIL*
Autorisation accordée : *Authorisation granted*
Autorisation rejetée : *Authorisation refused*

Autorisation réputée accordée : *Authorisation deemed granted*
Autorisation réputée refusée : *Authorisation deemed refused*
Autorisation unique : *Single Authorisation*
Autorité administrative indépendante (AAI) : *Independent administrative authority*
Autorité de contrôle : *Supervisory Authority*
Autorité de contrôle commune (ACC) : *Joint Supervisory Authority (JSA) Schengen and Customs ; Joint Supervisory Body (JSB) Europol*
Autorité de protection des données : *Data protection authority (DPA)*
Auxiliaires de justice : Representatives of the law
Avertissement : Warning
Avertissement à l'égard du responsable d'un traitement : Warning issued to a data controller
Avis (de la CNIL) : *Opinion (by the CNIL)*
Avis favorable : *Favourable opinion*
Avis favorable avec réserves : *Favourable opinion with reservations*
Avis défavorable : *Unfavourable opinion*
Avis préalable : *Prior opinion*
Avis réputé favorable : Opinion deemed *favourable*
Avis réputé défavorable : *Opinion deemed unfavourable*
Avis motivé : *Motivated opinion/justified opinion*
Bailleurs sociaux : *Providers of social housing*
Base de données- Banque des données : *Database – Databank*
Base légale ; base juridique : *Legal base; legal grounds*
Biométrie : *Biometric (data, devices) adjective, Biometric devices, biometric data*
Blanchiment d'argent/blanchiment de capitaux : *Money laundering*
Bureau (de la commission) : *CNIL executive committee*
Carte d'identité : *Identity card*
Casier judiciaire : *Criminal record*
Cession de données : *Licensing of data*
Chargé de la mise en oeuvre (du traitement) : *Processing implementation officer*
CIL : *CNIL registered data protection office, Privacy Officer (US)*

Clauses contractuelles : *Contractual clauses*
Clauses contractuelles types : *Standard contractual clauses*
CNIL : *French DPA ; French data protection authority ; CNIL*
Code civil : Civil Code
Code de conduite : *Code of conduct*
Code de procédure civile : *Civil Procedure Code*
Code de procédure pénale : *Criminal Procedure Code*
Collecte (de données) : *Data collection*
Collecte déloyale, frauduleuses ou illicite : *Unfair, fraudulent or unlawful collection of data*
Collectivité locale : *Local authority*
Collectivités locales : *Local authorities*
Collège : *CNIL or Commissioners*
Comité consultatif (de la CNIL en matière de la santé) : *Advisory Committee* (Uniquement en matière de la santé)
Comité d'entreprise : *Workers' Committee*
Conditions d'utilisation : *Conditions of use*
Commissaire (membre de la CNIL) : *Commissioner*
Commissaire du gouvernement : *Government Commissioner*
Commission d'accès aux documents administratifs (CADA) : *Freedom of Information Commission*
Communication (des données ; d'informations) : *Communication (of data, of information)* (Si la phrase utilise « informations» comme ayant un sens de « données », il faut donc utiliser *data* en anglais. Sinon, il faut utiliser *information*, toujours au singulier !)
Communication par voie électronique : *Electronic communication*
Conclusion d'un contrat : *Entering into a contract/Concluding a contract*
Conformité : *Compliance*
Conseil constitutionnel : *(French) Constitutional Council*
Conseil d'Etat : *The French Conseil d'Etat*
Consentement : *Consent*
Consentement libre : *Free consent*
Consentement exprès : *Specific consent*

Consentement éclairé : *Informed consent*
Consentement préalable : *Prior consent*
Conservation : *Data retention*
Durée de la conservation : *Data retention period*
Conservation d'archives : *Storing of archives ; Recordkeeping*
Constatations : *Findings*
Consultation des instances représentatives du personnel : *Consultation procedure involving personnel representative bodies*
Contournement (des règles) : *Circumvention of the rules*
Contravention : *Petty offences*
Contrôle (pouvoirs de contrôle) : *Supervision/Monitoring (Supervisory or investigatory powers)*
Contrôle a posteriori : *Ex post investigations*
Contrôles de validité et de cohérence : *Validity and consistency checks*
Contrôle préalable Contrôle ex ante : *Prior investigations Ex ante investigations*
Contrôle sur place : *Onsite investigations*
Convention du Conseil de l'Europe pour la protection des personnes à l'égard du traitement automatisé des données à caractère personnel (Convention 108 du Conseil de l'Europe) : *Council of Europe Convention 108 for the Protection of Individuals with regard to Automatic Processing of Persona Data (Council of Europe Convention 108)*
Convention européenne de sauvegarde des droits de l'homme et des libertés fondamentales (CEDH) : *European Convention for the Protection of Human Rights and Fundamental Freedoms (ECHR)*
Coordonnées de personnes à prévenir en cas d'urgence : *Emergency contact information*
Copie temporaire : *Temporary copy*
Correspondant dans un Etat membre de l'Union européenne : *Representative in an EU Member State*
Cour d'appel : *Court of Appeals*
Cour de justice de l'Union européenne : *Court of Justice of the European Union*
Cour des comptes : *Court of Audits*

Cour européenne de sauvegarde des droits de l'homme et des libertés fondamentales (CEDH) : *European Court for the Protection of Human Rights and Fundamental Rights (ECHR)*
Cour de cassation : *Court of Cassation*
Cybersurveillance : *Cyber surveillance*
Date d'inclusion : *Inclusion date*
Décision automatisée : *Automated decision*
Déclaration (d'un traitement) : *Notification (of data processing)*
Déclaration normale-Déclaration ordinaire : *Normal; ordinary notification*
Déclaration simplifiée : *Simplified notification*
Déclarer un traitement (à la CNIL) : *To notify the CNIL of a data processing*
Défense d'un droit en justice : *Defending one's right in court*
Délibération : *Deliberation*
Délivrance du récépissé : *After receiving the proof of...*
Demande d'autorisation (soumettre une demande d'autorisation à la CNIL) : *Authorisation Request (Request a CNIL authorisation)*
Demande d'avis (soumettre une demande d'avis à la CNIL) : *Request for an opinion (Request an official CNIL opinion)*
Demande de conseil : *Request for advice*
Dénoncer les atteintes au Procureur de la République : *Report the violations to the State Prosecutor*
Dénonciation au parquet : *Referring (a case) or notifying something to the public prosecutor*
Destinataire (d'un traitement de données) : *Data recipient*
Détaché à la protection des données : *Data Protection Official*
Détournement de finalité : *Purpose diversion*
Diagnostics médicaux : *Medical diagnosis*
Diffusion : *Communication (publication)*
Diffusion non autorisée : *Unauthorised communication/publication of data*
Directive 95/46/CE relative à la protection des personnes physiques à l'égard du traitement de leurs données à caractère personnel et à la libre

circulation de ces données : *Directive 95/46/EC on the protection of individuals with regard to the processing of personal data and on the free movement of such data*
Discrimination : *Discrimination*
Discrimination positive/diversité : *Affirmative action*
Discrimination à rebours : *Reverse discrimination*
Dispositif biométrique : *Biometric devices*
Dissimulation : *Concealment*
Dommages et intérêts : *Damages (general term) Can be compensatory or punitive damages. In common law, punitive damages are used when compensatory damages are deemed to be insufficient.*
Données agrégées : *Raw data*
Données ayant pour fin le suivi thérapeutique ou médical des patients (traitement de) : *(Processing of) data for the purpose of therapeutic and medicinal patient follow-ups*
Données biométriques : *Biometric data*
Données codées : *Encoded data*
Données comportant des appréciations sur les difficultés sociales des personnes : *Data containing the assessments of individuals' social difficulties*
Données de santé/ Données médicales : *Health data/ medical data*
Données génétiques : *Genetic data*
Données personnelles : *Personal data*
Données relatives aux infractions, condamnations ou mesures de sûreté (sécurité) : *Data relating to offences, criminal convictions or security measures*
Données sensibles : *Sensitive data*
Données traitées à des fins journalistiques ou d'expression littéraire ou artistique : *Data processed for journalistic purposes or for literary or artistic expression*
Données traitées à des fins scientifiques, historiques ou statistiques : *Data processed for the scientific, historical or statistical purposes*
Dossier disciplinaire : *Disciplinary file*
Dossier médical : *Medical record*

Droit à l'information (droit d'être informé) : *Right to be informed*
Droit à l'oubli : *Right to be forgotten*
Droit au déréférencement : *Right to be de-listed*
Droit au respect de la vie privée : *Right to the respect of private life / Right to privacy* (*Right to privacy* est communément utilisé au niveau mondial; en revanche, en droit de l'UE, la charte des droits fondamentaux utilise *right to the respect of one's private life*)
Droit d'accès : *Right of access*
Droit d'accès indirect : *Right of indirect access to one's data Indirect access rights*
Droit d'auteur : *Copyright*
Droit d'obtenir connaissance de la logique qui sous-tend tout traitement automatisé : *The right to be informed of the logic involved in any automated processing*
Droit d'opposition : *Right to object*
Droit de consultation : *Right to consult*
Droit de rectification (et d'effacement ou de suppression) : *Right to request the rectification (and erasure)*
Droit du travail : *Employment law (labour law)*
Droit en justice : *Legal claim*
Constatation d'un droit en justice : *Establishment of a legal claim*
Exercice d'un droit en justice : *Exercising a legal claim*
Défense d'un droit en justice : *Defending a legal claim*
Droit international privé : *Private international law*
Conflits des lois : *Conflict of laws*
Droit international public : *Public international law*
Droits de l'homme : *Human rights*
Durée de conservation : *Retention periods*
Effacement des données : *Erasure of data*
Effets et évènements indésirables : *Adverse effects and events*
Efforts disproportionnés : *Disproportionate efforts*
Empreinte digitale : *Digital fingerprint*
Empreinte génétique : *Fingerprint*

Engagement de conformité (à) : *Compliance commitment (to)*
S'engager à être conforme à : *Commit to comply with*
Enregistrement des conversations téléphoniques : *The recording of telephone conversations*
Enregistrement des données : *Recording of data*
Entrave à l'action de la CNIL : *Hindrance to the CNIL supervisory powers; hindering the CNIL supervisory powers*
Entreprise cotée : *Registered company*
Entreprise privée : *Private company*
Entreprise publique : *State-owned company*
Epidémiologie : *Epidemiology*
Equipement terminal de connexion : *Terminal connection equipment*
Exactitude des données : *Accuracy of the data*
Exécution d'un contrat : *Performance of a contract*
Exonération de la déclaration : *Exemption from notification*
Expert judiciaire : *Judicial expert; court expert*
Exploiter les données personnelles : *Utilise/Use personal data*
Extraction : *Retrieval*
Faille de sécurité : *Security breach*
Fiché (être) : *To be filed; to be put on file*
Fiche pratique : *Fact Sheet*
Fichier : *File (European Directive terminology: personal data filing system)*
Fichier de police : *Police file*
Fichier manuel : *Physical file/hard-copy file*
Fichier privé : *Private file*
Fichier public : *Public file*
Fichiers de gestion du contentieux : *Dispute management files*
Finalité : *Purpose*
Finalité explicite et légitime : *Explicit and legitimate purpose*
Finalité déterminée : *Predetermined purpose*
Finalité compatible : *Compatible purpose*
Finalité d'origine : *Original purpose*
Flux transfrontières de données : *International/cross border data flows*
Formalités préalables : *Prior formalities*

Formation contentieuse : *Litigation committee*
Formation plénière : *Plenary session*
Formation restreinte : *Restricted Committee*
Former un recours : *Appeal the decision, case, sanction*
Former un recours devant la Cour de Cassation, le Conseil d'état, etc. : *Appeal the decision (case, sanction, etc...) before the Court of Cassation, the State Council etc...*
Formulaire de collecte : *Standard data collection form*
Garanties appropriées : *Suitable safeguards*
Gestion de risque : *Risk management*
Gestion des services de santé : *Management of healthcare services*
GIE (groupement d'intérêt économique) : *Economic Interest Group*
Gravité (d'une violation) : *Severity (of a breach)*
Groupe de travail de l'article 29 (G29) : *Article 29 Working Party (WP29)*
Historique professionnel : *Employment history*
Identifiant : I*dentifier*
Identifiant unique : *Unique identifier*
Identifiant sectoriel : *Sector-based identifier*
Identification (des personnes) : *Identification of individuals*
Identité (humaine) : *(Human) Identity*
Incapacité juridique : *Legal incapacity*
Informations concernant les personnes décédées : *Data on deceased persons*
Informations du cache : *Cache data*
Informations non conformes à la loi / Informations non conformes au contenu des enregistrements : *Information that does not comply with/ Information that does not match the information*
Informations signalétiques : *Descriptive information*
Informatique : *Information technology (IT)*
Infractions pénales : *Criminal offences*
Recherche et poursuite d'infractions pénales : *Criminal investigations and prosecutions*
Injonction de cesser le traitement : *Injunction to stop processing*

Injonction de suspendre le transfert : *Injunction to suspend a transfer*
Instruire une plainte : *Examine a compliant*
Interconnexion (de fichiers) : *Interconnection of files*
Interdiction du traitement : *Prohibition on processing*
Interdiction temporaire : *Temporary ban*
Interdiction permanente : *Definitive ban*
Interruption du traitement : *Interruption of processing*
Juge judicaire : *Judge*
Juridiction d'instruction : *Judicial investigating authority*
Juridiction de jugement : *Court of trail*
Juridiction incompétente : *The jurisdiction is not competent for...* (Ne pas dire *incompetent jurisdiction*)
Labellisation (délivrance d'un label) : *labelliser : Privacy Seal ; certification procedure ; to certify*
Laboratoires d'analyses biologiques : *Biological analysis laboratories*
Les CNIL européennes : *European national data protection authorities* (*European DPAs*).
Lettre recommandée avec accusé de réception : *Registered letter with acknowledgement of receipt*
Liberté d'expression : *Freedom of expression*
Libertés individuelles et publiques : *Civil and individual liberties*
Libre circulation des biens, des personnes et des services et des capitaux : *Free movement of goods, persons, services and capital*
Licéité du traitement : *Lawfulness of processing*
Liste des traitements déclarés (« fichier des fichiers ») : *Register of notified processing*
Locaux professionnels : *Business premises*
Loi applicable (droit national applicable) : *Applicable law (applicable national law)*
Loi relative à l'informatique, aux fichiers et aux libertés : *Data Protection Act ; the French Data Protection Act*
Lots cliniques : *Clinical batches*
Loyale et licite (collecte...) : *Fair and lawful (collection of data)*
Mandat : *Mandate*

Durée du mandat : *Term of office*
Mandat renouvelé : *Renewed mandate*
Manquement(s) à la loi « Informatique et Libertés » : *Violations ; Breach(es) Data protection offences*
Manquement(s) à la déontologie des professions réglementées : *Breaches of ethics in regulated professions*
Marché intérieur : *Internal market*
Mauvaise foi : *Bad faith*
Mauvaise foi de l'organisme concerné : *The organisation has acted in bad faith)*
Médecine préventive : *Preventive medicine*
Médiateur : *Ombudsman*
Mentions légales ou conditions générales d'utilisation : *General Conditions of Use*
Mesures de sécurité : *Security measures*
Mesures de sécurité techniques : *Technical security measures*
Mesures de sécurité organisationnelles : *Organizational security measures*
Ministère (de) : Ministry[572] (of) ; Department[573] (of)
Mise en demeure : *Order*
Mettre en demeure : *To render an order*
Mission d'intérêt public : *Public interest mission*
Mission de contrôle : *Investigation*
Mission relevant de l'exercice de l'autorité publique : *Mission carried out in the exercise of an official authority*
Modification (des données) : *Alteration (of data)*
Motifs légitimes : *Legitimate grounds*
Droit de s'opposer à un traitement de données pour des raisons légitimes et prépondérantes : *Right to object to processing of data on legitimate and compelling grounds*
Neutralisation de la fonction… : *Overriding the ... (type of) function* (Ex: neutralisation de la fonction enregistrement : *Overriding the recording function*)

---

572 Britannique
573 U.S.A.

NIR (Numéro d'inscription au répertoire, numéro INSEE, numéro de sécurité sociale) : *Social Security number (SSN)*
Niveau de protection adéquat (équivalent ou suffisant) : *Adequate (equivalent/sufficient) level of protection*
Norme simplifiée : *Simplified standard*
Numéro d'identification : *Identifier; identification number*
Opinions politiques : *Political opinions*
Ordre de mission : *Mission order*
Ordre du jour : *Agenda*
Organigramme : *Organisation chart*
Organisations professionnelles : *Professional associations*
Organisme à but non-lucratif : *Non-profit organisation*
Packs de conformité : *Compliance packages*
Pays tiers (Pays non membre de l'Union européenne : *Third country ; non-EU Member State*
Personne : *Individual*
Personne concernée : *Data subject*
Personne morale : *Legal entity, legal person*
Personne morale de droit privé : *Private legal entity*
Personne morale de droit privé gérant un service public : *Private legal entity managing a public service*
Personne morale de droit public : *Public legal entity*
Personne physique : *Individual; natural person*
Pharmacovigilance : *Monitoring of the side effects of drugs/medicines*
Plainte (porter plainte) : *Claim-compliant (to lodge a claim/compliant)*
Porter atteinte : *To breach, to infringe, violation*
Porter atteinte à l'identité humaine : *Breaching human identity*
Porter atteinte à la vie privée : *Breaching privacy rights*
Porter atteinte aux droits de l'homme : *Breaching human rights*
Porter atteinte aux libertés individuelles et publiques : *Breaching individual and civil liberties*
Pouvoir de contrôle : *Supervisory power*
Pouvoir de sanction : *Sanction power*

Préalablement : *Prior to*
Préambule : *Preamble*
Considérant 58 du Préambule : *Paragraph 58 of Preamble*
Préjudice : *Harm, damage*
Prélèvement biologique identifiant : *Collection of biological identifiers*
Président : *Chair*
Président de la CNIL : *CNIL Chair*
Président du groupe de l'article 29 : *Article 29 WP Chair*
Presse audiovisuelle : *Radio and TV press, audiovisual press*
Prestataires de service : *Service provider*
Prévention de la délinquance : *Crime prevention*
Prise en charge thérapeutique : *Therapeutic care*
Procédure contradictoire : *Adversarial proceeding*
Procédure d'urgence : *Emergency procedure*
Procédure de déclaration ; procédure déclarative : *Notification procedure*
Procès-verbal : *Record, Minutes*
Procureur de la République : *Public prosecutor*
Services du Procureur de la République : *Public Prosecutor Office*
Professionnel de santé : *Health professional*
Professions réglementées : *Regulated professions*
Projet de loi : *Bill, draft law*
Proportionnalité : *Proportionality*
Prospection commerciale : *Marketing*
Prospection commerciale non sollicitée : *Unsolicited commercial communications*
Protection de la vie privée : *Protection of privacy, of private life*
Protection des données personnelles : *Data protection, protection of personal data*
Protocole de recherche : *Research protocol*
Question préjudicielle : *Submit a question for preliminary ruling*
Rapport annuel : *Annual report*
Rapprochement de données : *Cross-referencing of data*
Rapprochement des législations : *Approximation of laws*
Récépissé : *Proof of receipt*
Recommandation de la CNIL : *CNIL Recommendation*
Recours à des données personnelles : *Utilisation of personal data*

Recours administratif : *Administrative remedy*
Recours juridictionnel : *Judicial remedies*
Recueillir tout renseignement : *Collect any useful information*
Référé (en) : *Summary proceedings, summary procedure*
Registres destinés à l'information publique : *Registers intended for public information*
Règlement intérieur : *Internal rules of procedure*
Règles sectorielles : *Sectoral rules*
Remise en main propre : *Personally ; in person*
Rendement professionnel : *Performance at work*
Réparation du préjudice subi : *Compensation for damages suffered*
Représentant : *Representative*
Représentants du personnel : *Personnel's representatives*
Représentant légal : *Legal representative*
Réseaux de communications : *Communication networks*
Responsabilité(s) : *Liability (ties)*
Responsable de fichier : *Data controller*
Responsable de traitement (Maitre de fichier) : *Data controller*
Responsable du site d'origine : *Source website administrator*
Retrait de l'autorisation : *Withdrawal of an authorisation*
RNIPP (Répertoire national d'identification des personnes physiques) N° d'inscription au RNIPP : *National register for the identification of individuals, Social security number (SSN)*
Saisine de l'autorité judiciaire : *Referral to the judicial authority*
Saisine de la CNIL : *Submission of a case to the CNIL*
Sanction(s) : *Sanction(s)*
Sanction pécuniaire (amende) : *Financial sanction, financial penalty (fine)*
Sanction administrative : *Administrative sanction*
Sanction pénale : *Criminal sanction*
Sanctions prévues à l'article… : *Sanctions provided for in Article...*
Séance plénière : *Plenary session*
Secret commercial : *Trade secrets*

Secret des affaires : *Business secrecy*
Secret des correspondances : *Secrecy of correspondence*
Secret professionnel : *Professional secrecy*
Secret bancaire : *Banking secrecy*
Secret médical : *Medical confidentiality*
Secrétaire général : *Secretary General*
Secteur d'activité : *Business line*
Sécurité publique : *Public security*
Service des contrôles : *Investigations Department*
Services publics : *Public services*
Sexe : *Gender*
Signature électronique : *Digital signature*
Site d'origine : *Source website*
Source de risque : *Risk source*
Sous-traitant : *Data processor*
Stockage : *Storage*
Stockage intermédiaire ou transitoire : *Intermediary or temporary storage*
Suivi médical ou thérapeutique : *Medical or therapeutical follow-up*
Sûreté de l'Etat : *State security*
Système de traitement de données : *Data processing system*
Téléservices (services offerts à distance) : *Online services (services provided at a distance)*
Territoire : *Territory*
Tiers : *Third party*
Tiers autorisé : *Authorised third party*
Tiers non autorisé : *Unauthorised third party*
Titulaire (d'un droit) : *(right) holder*
Titulaire de l'autorité parentale : *Holder of parental rights*
Titulaire des données : *Data subject*
Transmission de données : *Data transmission*
Transposition de la directive : *Transposition of a Directive*
Usagers : *Users*
Variations individuelles : *Individual variability*
Verrouillage des données : *Blocking*
Vie privée : *Private life, Privacy*
Voix prépondérante : *Casting vote*
Vulnérabilité : *Vulnerability*

PROPRIÉTÉ INTELLECTUELLE

MES NOTES

Made in United States
North Haven, CT
04 November 2026

21775154R00320